# Alles, was Sie über
# GEMÜSE
## wissen müssen

Reader's Digest

# Inhalt

*Es gibt nichts Vergleichbares, das genauso aufregend wäre oder ein so zufriedenes Gefühl hinterlässt, wie selbst angebautes Gemüse zu ernten.*
— ALICE B. TOKLAS

# GEMÜSE VON A~Z

# Gemüsesorten – Übersicht

# Artischocken

*Cynara scolymus*

Artischocken ähneln in ihrem Aussehen riesigen grünen Disteln, und tatsächlich handelt es sich bei diesem Gemüse um die ungeöffneten, fest verschlossenen Blütenstände einer distelartigen Pflanze aus der Familie der Korbblütler. Artischocken werden hierzulande fast ausschließlich als Importware angeboten und sind vor allem im Frühjahr und Herbst im Angebot. Der begehrte Blütenboden, das Artischockenherz, ist von dicht aneinanderliegenden Hüllblättern umschlossen und mit vielen Faserhaaren, dem Heu, bedeckt, die vor oder nach dem Garen entfernt werden müssen, ebenso wie die zähen äußeren Blätter. Artischockenherzen können frisch zubereitet oder eingelegt verzehrt werden.

> Artischocken leiden selten unter Schädlingsbefall. Einzig die Blattlaus kann den Pflanzen Sorgen bereiten, und zuweilen ist auch Schneckenfraß zu beobachten.

## Anbau

Artischocken sind ausdauernde Pflanzen, die auch mit magerem Boden zurechtkommen, in nährstoffreicher und gut gewässerter Erde aber mehr Blütenstände hervorbringen. Junge Pflanzen oder Schösslinge können an einem sonnigen Standort in durchlässigen Boden gesetzt werden, sobald keine Nachtfröste mehr drohen. Die ersten Blütenstände können nach 2–3 Monaten geerntet werden. Für größere Erträge sollten die Pflanzen alle 3–4 Jahre in der Ruhephase geteilt werden.

*Ernte*  Eine Pflanze kann bis zu 20 Blütenstände hervorbringen. Trennen Sie als Erstes den größten Blütenstand mit einem 12 cm langen Stiel mit einem Messer oder einer Gartenschere ab.

## Sorten

Es gibt diverse Sorten, die eine Wuchshöhe von etwa 1,5 m erreichen. Die Sorte ‚Violetta‘ ist mit einer Höhe von gut 1 m etwas kleiner und bringt sehr dekorative Blütenstände hervor, die, wenn nicht geerntet, in leuchtendem Violett blühen.

## Kauf und Lagerung

Die Blütenstände sollten dicht geschlossen sein; die Blätter dürfen nicht vertrocknet oder braun sein. Das Schnittende des Stiels darf nicht trocken oder braun aussehen. Artischocken sollten möglichst am Tag des Einkaufs zubereitet werden, halten sich aber locker in ein feuchtes Tuch gewickelt bis zu 4 Tage im Gemüsefach des Kühlschranks.

## Gesundheit

Artischocken gelten als appetitanregend und verdauungsfördernd. Ihr Bitterstoff Cynarin regt den Gallenfluss und die Leberfunktion an, was insgesamt eine Cholesterin senkende und Fett verbrennende Wirkung hat.

Die attraktiven Blütenstände der Sorte ‚Violetta‘ machen auch als Zierpflanze im Garten auf sich aufmerksam.

*Rezept*

### Artischocken mit Zitronenbutter zum Dippen

*Das gegarte Fruchtfleisch hat einen süßlichen, leicht bitteren Geschmack. Der essbare Teil besteht aus einem fleischigen Boden, um den sich eng anliegende Blätter legen. Die feinen Haare über dem Boden müssen entfernt werden.*

Zähe äußere Blätter von 4 Artischocken abtrennen. Den Stiel so abschneiden, dass die Artischocken einen stabilen Stand haben. Artischocken mit Zitronensaft einreiben. Einen Topf Salzwasser aufkochen. Artischocken darin 15–20 Minuten garen, bis sich ein Blatt aus der Mitte einfach herausziehen lässt und der Boden leicht eingestochen werden kann. Über Kopf abtropfen lassen. Für den Dip 125 g Butter zerlassen. 1 zerdrückte Knoblauchzehe sanft darin anschwitzen. Saft von ½ Zitrone zugeben. Salzen und pfeffern.

Zitronenbutter in eine Schale füllen und mit den Artischocken servieren. Die Blätter einzeln abzupfen, in die Butter dippen und Fleisch mit den Zähnen abstreifen. Blattreste entfernen und den Boden am Schluss verzehren.

**Für 4 Personen**

# Asiatisches Blattgemüse

Asiatisches Blattgemüse ist einfach anzubauen und verleiht asiatischen Rezepten authentische Aromen. Einige Sorten lassen sich auch sehr gut in unserem gemäßigten Klima anbauen, obwohl sie noch nicht allzu verbreitet sind. Alle lieben einen sonnigen Standort in mittelschwerem, nährstoffreichem Boden. Am besten gedeihen sie bei guter Wässerung und guter organischer Düngung. Die Hauptschädlinge wie Schnecken oder Erdflöhe können durch sorgfältiges Waschen entfernt werden, und ein paar kleine Knabberlöcher in den Blättern tun dem Genuss keinen Abbruch.

## Pak Choi

*Brassica rapa var. chinensis*

Auch bekannt als Bok Choy, Senfkohl, Blätterkohl

Diese kleinen, nicht kopfbildenden Mitglieder der Kohlfamilie haben dicke, saftige grüne oder weiße Blattstiele und gerundete dunkelgrüne Blätter. Es gibt diverse Sorten, darunter auch Babyformen sowie grün- oder weißstielige Varietäten. Junge Blätter und Stiele können roh verzehrt werden. Größere Pflanzen werden gedämpft, blanchiert, im Wok gebraten oder geschmort.

Es gibt eine dunkelrote Form mit blassgrünen bis weißen Stielen, in Europa kennt man hauptsächlich die grün-weiße Sorte. Pak Choi schätzt konstante Temperaturen und höhere Luftfeuchtigkeit. Bei Trockenheit sollte er besprengt werden.

### Anbau

Pak Choi hat eine kurze Vegetationszeit und ist bereits nach 50–60 Tagen erntereif. Er wird von Mai bis August direkt ins Freiland mit einem Pflanzabstand von 20 cm und einem Reihenabstand von 25–30 cm gesät Je nach Wetterbedingungen können aber auch Pflänzchen vorgezogen werden.

**Ernte**   Die äußeren Blätter können einzeln vorsichtig abgedreht werden, solange die Pflanze noch im Wachstum ist. Alternativ kann nach etwa 8 Wochen die ganze Pflanze geerntet werden.

Asiatisches Blattgemüse gibt es in vielen Sorten, mit immer neuen Züchtungen, die auch für den Anbau in gemäßigten Zonen besser geeignet sind. Im Uhrzeigersinn von oben links: eine Choi-Sum-Varietät, chinesischer Brokkoli, grünstieliger Baby-Pak-Choi und ‚Moonbuk', eine Babyvarietät des weißstieligen Pak Choi.

Tatsoi wächst in flachen Rosetten mit glänzenden dunkelgrünen Blättern und bildet einen hübschen Blickfang im Gemüsebeet. Die Blätter sind mit ihrem pfeffrigen, senfartigen Geschmack eine aromatische Suppeneinlage.

*Rezept*

## Malaysische Nudelpfanne mit Blattgemüse

Dieses Rezept ist ein tolles Beispiel für die Verarbeitung von asiatischem Blattgemüse. Belacan ist eine wichtige Zutat in der Nyonya-Küche, die sich im 16. Jahrhundert entwickelte, als sich chinesische Handelsleute in Malaysia niederließen.

**Vorbereiten:** 10 Minuten/**Garen:** 10 Minuten/**Für 4 Personen**

500 g Hokkien-Eiernudeln
1 EL Belacan (malaysische Garnelenpaste)
1 EL Raps- oder Erdnussöl
1 lange rote Chilischote, entkernt und fein gehackt
1 große Knoblauchzehe, zerdrückt
2 EL kleine getrocknete Garnelen
1 EL Palm- oder Vollrohrzucker
etwa 600 g asiatisches Blattgemüse wie Pak Choi, Choi Sum,
    Chinesischer Brokkoli oder Wasserspinat, zerteilt

Die Nudeln in einer hitzebeständigen Schüssel mit kochendem Wasser übergießen. Abgedeckt nach Packungsangaben ziehen lassen. Das Wasser abgießen und die Nudeln abtropfen lassen.

Die Belacan-Paste flach drücken und in einen Wok oder in eine große Pfanne geben. Sanft erhitzen, bis die Paste zu duften beginnt. Öl, Chili, Knoblauch und Garnelen zugeben und 1 Minute rühren, bis die Belacan-Paste gleichmäßig verteilt ist und die Zutaten gut gemischt sind.

Palm- oder Vollrohrzucker, Blattgemüse und Nudeln zugeben und unter Rühren etwa 5 Minuten braten, bis die Gemüseblätter etwas zusammengefallen und die Stiele knackig gar sind. Mit 3–4 Esslöffeln Wasser ablöschen. Sofort servieren.

**Hinweis** Falls Sie keine Belacan-Paste bekommen oder der Geschmack zu intensiv ist, einfach durch dieselbe Menge Fischsauce ersetzen.

## Tatsoi
*Brassica rapa var. narinosa*

Auch bekannt als Rosetten-Pak-Choi

Dieses Blattgemüse wächst rosettenförmig mit weißen oder blassgrünen Stielen und flachen, löffelförmigen dunkelgrünen Blättern. Alle Teile des Gemüses sind zum Verzehr geeignet. Tatsoi kann bereits nach 7 Wochen geerntet werden. Zarte, junge Blätter eignen sich roh für Salate, Suppen und Wokgerichte. Dicke Stiele sollten geputzt, geschält und gedämpft oder blanchiert werden.

### Anbau
Samen oder Setzlinge werden mit einem Pflanzabstand von etwa 20 cm ausgebracht. Die Sorte ist winterhart und auch als Wintergemüse geeignet.

*Ernte* Wie bei Pak Choi.

## Chinesischer Brokkoli
*Brassica oleracea Alboglabra-Gruppe*

Auch bekannt als Kai Lan, Gai Lan

Etwa 9 Wochen nach Aussaat kann geerntet werden. Die Pflanzen werden bis zu 60 cm hoch und bilden weiße Blüten aus. Stiele und Blätter können gedämpft, blanchiert oder für Wokgerichte verwendet werden. Sie haben eine knackige Textur und einen milden, leicht bittersüßlichen Geschmack.

### Anbau
Samen oder Setzlinge können von März bis August ausgebracht werden. Damit die Pflanzen aufrecht wachsen und die Stiele dünn bleiben, sollte ein Pflanzabstand von etwa 15 cm eingehalten werden.

*Ernte* Chinesischer Brokkoli sollte möglichst jung und zart geerntet werden. Blätter mit Blütenständen und junge Blätter abschneiden. Chinesischer Brokkoli kann aber auch noch verzehrt werden, wenn sich einige Blüten geöffnet haben.

## Choi Sum
*Brassica rapa var. parachinensis*

Auch bekannt als Choy Sum, Choy Sam oder Chinesischer Blütenkohl

Choi Sum hat grüne Blätter und gelbe Blüten. Die Wuchshöhe beträgt 30 cm. Die blühenden Blattstiele werden etwa 8 Wochen nach der Aussaat geerntet und wie Chinesischer Brokkoli verwendet.

### Anbau
Choi Sum ist frostempfindlich und kann je nach Wetter von März bis August direkt ins Freiland gesät werden. Die Pflanzen werden auf 10–20 cm verzogen. Sehr heißes Wetter führt zu zäheren oder weniger Stielen oder zum Schossen.

*Ernte* Wie bei Chinesischem Brokkoli.

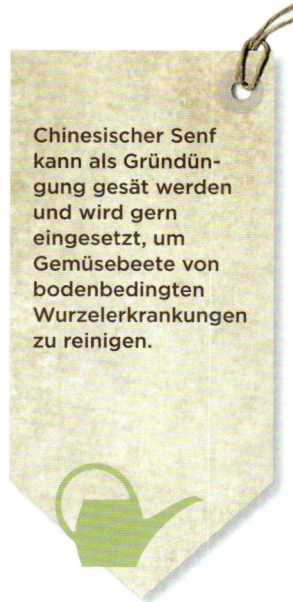

Chinesischer Senf kann als Gründüngung gesät werden und wird gern eingesetzt, um Gemüsebeete von bodenbedingten Wurzelerkrankungen zu reinigen.

Asiatisches Blattgemüse (im Uhrzeigersinn von oben): Chinakohl, Wasserspinat, Mizuna und Chinesischer Senf.

# Chinakohl

*Brassica rapa var. pekinensis*

Auch bekannt als Pekingkohl, Japankohl, Selleriekohl

Chinakohl wächst in länglichen geschlossenen Köpfen mit hellgrünen Blättern und breiten fleischigen, weißen Blattrippen. Je nach Wetterlage kann er 6–12 Wochen nach Aussaat geerntet werden. Chinakohl schmeckt roh in Salaten oder gegart in Schmor- oder Wokgerichten. Da die Blätter – auch in gegartem Zustand – formstabil sind, eignen sie sich gut zum Einwickeln und Aufrollen, ebenso wie zum Einlegen (Kimchi, siehe rechts).

## Anbau

Samen oder Setzlinge werden von März bis September ausgebracht. Für optimales Wachstum je nach Sorte Pflanzabstand von 20–30 cm einhalten.

*Ernte* Meist werden die ganzen Köpfe geerntet. Es können aber auch die äußeren Blätter abgeschnitten werden, solange das Herz intakt bleibt.

## Rezept

### Kimchi

*Das traditionelle eingelegte Gemüse aus Korea ist eine beliebte Beilage. Luftdicht verschlossen, hält es sich bis zu 3 Wochen im Kühlschrank.*

1 Chinakohl in Streifen schneiden und in ein Sieb über einen Teller geben. Mit 5 Esslöffeln Salz bestreuen, mischen und 30 Minuten ziehen lassen. Abspülen und gut abtropfen lassen. Den Kohl in ein sehr großes Einmachglas füllen.
1 geschälte und in Scheiben geschnittene Gurke, 12 dünn geschnittene Radieschen, 4 gehackte Frühlingszwiebeln, 3 in Scheiben geschnittene Knoblauchzehen und 3 cm frischen Ingwer, geschält und in Scheiben geschnitten, zufügen.
1 Esslöffel Salz, 60 ml Reisessig, 1 Esslöffel Chilipaste und 3 Liter Wasser in einer Schüssel verrühren, bis sich das Salz auflöst. Über das Gemüse gießen.
Glas verschließen und mindestens 2 Tage ziehen lassen. Ab und zu umrühren.
**Für 20 Portionen**

Asiatisches Blattgemüse
(von links nach rechts):
En Choi, eine weitere asiatische Spinatvarietät und
Pak Choi.

Asiatisches Blattgemüse
sollte am besten nur kurz
bei hohen Temperaturen
gegart werden, damit es
schön knackig bleibt.
Ideal ist Garen im Wok,
Dämpfen oder Blanchie-
ren. Nach dem Garen
sofort servieren, sonst
fällt das Gemüse in sich
zusammen.

## Chinesischer Senf
*Brassica juncea*

Auch bekannt als Gai Choi

Chinesischer Senf ist eine schnell wachsende, kälte-
unempfindliche Pflanze, die vom Frühjahr bis in
den Spätsommer direkt ins Freiland gesät werden
kann. Die Pflanze kann nach 6–7 Wochen geerntet
werden, einzelne Blätter bereits nach 4 Wochen. Zu
den breitblättrigen Formen (*B. juncea var. rugosa*)
gehören einige rote, dekorative Sorten, die bis zu
1 m hoch werden. Chinesischer Senf hat ein senf-
artiges Aroma und kann roh für Salate verwendet
werden, schmeckt aber auch in Wokgerichten, gedämpft oder eingelegt. Die Senfpflanze dient außerdem als Gründünger oder organischer Mulch zur
Unkrautbekämpfung.

### Anbau
Chinesischer Senf kann von April bis Mitte September gesät und sollte auf etwa 30 cm Abstand verzogen werden, damit die Pflanzen aufrecht wachsen
und die Stängel dünn bleiben.

*Ernte*   Je nach Bedarf können einzelne Blätter
oder die ganze Pflanze geerntet werden. Junge, zarte
Blätter haben ein milderes Aroma.

## En Choi
*Amaranthus tricolor*

Auch Chinesischer Spinat oder Gemüseamaranth

Die schnell wachsende Pflanze wird über 60 cm
hoch und hat längliche, grüne Blätter mit roten Flecken. Blätter wie Stängel sind essbar. Junge Blätter
schmecken roh in Salaten, größere Blätter werden
wie Blattgemüse möglichst kurz gegart.

### Anbau
En Choi kann nach den letzten Nachtfrösten direkt
ins Freiland gesät und sollte auf 15 cm verzogen
werden, übrige Jungpflanzen sind essbar. Junge
Blätter kann man bereits 4 Wochen später ernten.
En Choi lässt sich gut in Töpfen als Baby-Gemüse
züchten und ist dann nach 2–3 Wochen erntereif.

*Ernte*   Junge Blätter sollten regelmäßig abgeerntet und die Seitentriebe abgeschnitten werden, damit
die Pflanze buschiger wächst. Blätter schmecken am
besten frisch, halten aber im Kühlschrank 2 Tage.

## Mizuna
*Brassica juncea var. nipponica*

Auch bekannt als Japanischer Salat

In Japan wird die Pflanze als Salat verwendet. Sie
hat ein angenehmes Senfaroma, milder als das von
Chinesischem Senf. Die Pflanze bildet eine dichte,
etwa 50 cm hohe Rosette mit hellgrünen, stark ge-
fiederten Blättern. Es gibt rotblättrige Varietäten
wie ‚Ruby Streaks‘. Sehr ähnlich ist Mibuna, nur
sind die Blätter sehr lang und weniger gezackt.

### Anbau
Samen oder Setzlinge der kälteunempfindlichen
Pflanze können vom Frühjahr bis zum Herbst aus-
gebracht werden. Der Pflanzabstand liegt bei 30 cm.

*Ernte*   Die Blätter können wie bei Pflücksalat
nach Bedarf von außen abgenommen werden. Alternativ die ganze Rosette nach etwa 6 Wochen ernten.

### Kauf und Lagerung
Grünes Blattgemüse sollte eine kräftige Farbe und
gesunde Blätter haben, ohne welke oder gelbe bzw.
braune oder zerdrückte Stellen. Es hält in ein feuchtes Tuch gewickelt im Kühlschrank bis zu 2 Tage.

### Gesundheit
Asiatische Blattgemüsesorten sind gesund und kalorienarm. Pak Choi enthält größere Mengen an Beta-
Carotin, Vitamin C und einige B-Vitamine sowie
Eisen und Kalzium. Chinesischer Brokkoli und Chinesischer Senf sind Quellen für die Vitamine A, C
und K sowie Folsäure und Ballaststoffe. Auch Mizuna ist reich an Folsäure, Eisen und Vitamin C, die
das Immunsystem stärken. Glucosinolate und Antioxidantien haben eine krebsvorbeugende Wirkung.

# Auberginen

*Solanum melongena*

Auch bekannt als Eierfrucht, Melanzani

Dieses Gemüse, das vor allem in der mediterranen, orientalischen und asiatischen Küche verwendet wird, stammt ursprünglich aus Asien. Am bekanntesten sind Sorten mit schwarzvioletter Schale und cremeweißem Fruchtfleisch. Doch gibt es auch weiße, rote, gelbe, grüne, orangefarbene und zweifarbige Sorten. Neben der länglich-ovalen Form sind auch runde oder zylindrische Züchtungen in allen Größen auf dem Markt. Auberginen können gebraten, gefüllt, gegrillt, mariniert und für Dips, Currys und Schmorgerichte verwendet werden.

## Anbau

Auberginen schätzen nährstoffreichen, durchlässigen Boden und sind sehr wärmebedürftig. Aufgrund ihrer langen Kulturzeit von 5 Monaten empfiehlt es sich, Pflanzen vorzuziehen (oder Setzlinge zu kaufen), die nach etwa 8 Wochen, ab Ende Mai, mit einem Pflanzabstand von 45–60 cm ins Freiland gesetzt werden können. Am besten gedeihen sie jedoch im Gewächshaus ab Ende April. Gehen Sie behutsam mit den Pflänzchen um, um sie nicht zu stressen. Ab August können dann die ersten Früchte geerntet werden. Reifen Auberginen vor den ersten Herbstfrösten nicht ab, können sie abgeerntet und zum Nachreifen an einem warmen Ort gelagert werden. Auberginen wachsen strauchartig und erreichen eine Wuchshöhe von 40–60 cm; größere Sorten sollten mit einem Stab gestützt werden.

*Probleme*   Blattläuse, Raupen, Fruchtfliegen und Blattspinnmilben sind die Hauptschädlinge. Auberginen gehören wie Tomaten und Paprika zur Gattung der Nachtschattengewächse und sind anfällig für bodenbedingte Verticillium-Welke. Deshalb sollten Pflanzen dieser Gattung frühestens nach vier Jahren an derselben Stelle gepflanzt werden. Befallene Pflanzen sofort entfernen und vernichten.

*Ernte*   Auberginen können geerntet werden, wenn die Schale prall und glatt ist. Überständige Früchte beginnen zu schrumpeln und schmecken bitter, zäh und holzig. Die Früchte sollten am Stielansatz mit einer Gartenschere abgetrennt werden, um den Stamm nicht zu verletzen. Größere Sorten tragen 6–8 Früchte pro Pflanze.

Auberginen eignen sich sehr gut zum Grillen oder Braten. Sie sollten immer durchgegart werden. Beim Braten darauf achten, dass das Öl sehr heiß ist, bevor Sie das Gemüse hineingeben und die Pfanne oder der Wok nicht überfüllt wird, sonst saugen sich die Auberginen mit Fett voll (siehe Schweinefleisch mit Auberginen Seite 279 oder Escalivada Seite 240).

Die klassische Auberginenform ist länglich-oval, wie hier bei diesen glänzenden violetten und violett-weiß gestreiften Sorten. Die Schale der schlanken Fingerauberginen ist meist etwas heller.

### Mit anderem Namen

Die Aubergine stammt vermutlich vom indischen Subkontinent. Von dort aus verbreitete sie sich entlang der Handelsrouten nach Westasien. Sorten, die nach Europa kamen, trugen Früchte, die in Form und Farbe an Hühnereier erinnerten. So entstand die englische Bezeichnung *eggplant* (Eierfrucht). Im westlichen Mittelmeerraum entwickelte sich der arabische Name *al-badinjan* zum Portugiesischen *beringela* weiter, was in den portugiesischen Kolonien in Südostasien zu *brinjal* wurde. So wird sie in Südasien noch heute bezeichnet. Das katalanische *alberginia* wurde im Französischen zu *aubergine*.

OBEN: Die strauchige Auberginenpflanze mit ihren hübschen Blüten und den prächtigen tiefvioletten Früchten ist auch fürs Auge eine Bereicherung des Gemüsegartens.

RECHTS: Thaiauberginen gibt es in vielen Formen, Farben und Größen. Dazu gehören die etwa golfballgroßen grünen Sorten (links), die auch als „Apfelauberginen" bezeichnet werden, sowie die sehr kleinen Erbsenauberginen.

## Sorten

Klassische länglich-ovale Auberginen stammen von europäischen bzw. italienischen Sorten. Sie werden 15–25 cm lang. Die Farbe reicht von Schwarzviolett über Lila bis Hellgrün. ‚Purple Pickling' ist eine dunkelviolette, italienische Sorte. ‚Listada de Gandia' bringt Früchte mit weiß-violett gestreifter Schale hervor. Sie eignet sich für kühleres Klima.

Asiatische oder libanesische Sorten tragen 10 bis 20 cm lange, sehr schlanke Früchte. Sie wachsen in Bündeln von drei bis sechs Früchten und reifen rund 4 Wochen schneller als große ovale Sorten. Jede Pflanze produziert 40–50 Auberginen. Neben den vielen schwarzvioletten Sorten gibt es z. B. ‚Thai Green' mit schlanken, hellgrünen Früchten, die bis zu 30 cm lang werden können.

Viele Sorten haben längliche zylindrische Früchte mit dunkelvioletter, cremeweißer oder hellviolett-weiß gestreifter Schale. ‚Casper' ist eine robuste französische Sorte mit weißer Schale und mit bis zu 15 cm langen, schlanken Früchten.

‚Thai Round Green' ist eine beliebte Sorte in Asien. Sie produziert kleine, runde Früchte mit weiß-hellgrün gestreifter Schale und einem Durchmesser von etwa 5 cm.

## Kauf und Lagerung

Auberginen sollten prall sein, eine glatte Schale haben und schwer in der Hand liegen. Wählen Sie eher mittelgroße Exemplare, denn größere Früchte können älter sein und viele Kernchen enthalten. Bewahren Sie Auberginen lose im Gemüsefach des Kühlschranks auf, wo sie sich bis zu 3 Tage halten. Kleinere Auberginen sollten locker in eine Tüte zusammengepackt werden.

## Gesundheit

Da frühe Auberginensorten sehr bitter schmeckten, wurde die Pflanze in europäischen Gärten viele Jahrhunderte nur zu dekorativen Zwecken kultiviert. Auch glaubte man, der Verzehr verursache Aussatz, Krebs und Wahnsinn. Heute weiß man, dass Auberginen Phenole enthalten, die Blutzuckerspiegel und Blutdruck regulieren. Das Flavonoid Nasunin hilft bei der Regulierung des Cholesterinwerts.

### Gewusst wie

### Gesalzen

Um ihnen den bitteren Geschmack zu entziehen, sollten insbesondere größere Auberginen vor der Zubereitung gesalzen werden. Moderne Züchtungen machen diesen Schritt aber oftmals überflüssig.

Auberginen in Scheiben schneiden, leicht mit Salz bestreuen und 15–30 Minuten ziehen lassen. Vor dem Braten oder Frittieren abwaschen und trocknen. Das verhindert auch das Vollsaugen mit Öl. Zum Schmoren müssen Auberginen nicht eingesalzen werden. Sie nehmen den Geschmack des Schmorsafts an.

# Avocados

*Persea americana*

Botanisch gesehen, ist die Avocado eine Beere, sie wird aber im Allgemeinen eher wie ein Gemüse verwendet. Die birnenförmigen Früchte haben eine violettschwarze bis dunkelgrüne Schale und ein gelbgrünes Fruchtfleisch mit cremiger Konsistenz, in dem ein großer Kern eingebettet ist. Das weiche Fleisch wird roh für Salate, Aufstriche und Pasten und sogar in Desserts und Kuchen verwendet.

## Anbau

Der immergrüne Baum aus den Subtropen benötigt einen durchlässigen, tiefgründigen nährstoffreichen Boden. In unseren Breitengraden gedeiht er ausschließlich in Kübeln in Gewächshäusern, die vor Frost und Wind geschützt sind. Die jungen Pflanzen müssen vor direkter Sonne und starkem Wind geschützt werden. Avocadobäume benötigen bei trockenem Klima eine gute Bewässerung und schätzen regelmäßige Düngergaben.

*Probleme*  Die größte Gefahr für Avocadobäume ist Wurzelfäule. Schädlinge sind Fruchtfliegen, Thripse, Schild- und Blattläuse.

*Ernte*  Avocadofrüchte reifen erst nach der Ernte, was einige Tage bis zu einer Woche dauern kann. Veredelte Kultursorten bringen in 3 Jahren eine kleine, aber qualitativ hochwertige Ernte.

## Sorten

Zieht man ein Bäumchen selbst aus einem Kern, kann es bis zu 10 Jahre dauern, bis die Pflanze – eher mäßige – Früchte trägt. Veredelte Kultursorten garantieren eine verlässlichere Ernte. Sie sind zwar selbstbestäubend, doch sollte man mindestens zwei Varietäten kultivieren. Zu den bekanntesten Sorten gehören ,Hass' und ,Fuerte'.

## Kauf und Lagerung

Am besten kauft man Avocados, solange die Früchte am Stielansatz nur ganz leicht auf Fingerdruck nachgeben. Bei Zimmertemperatur kann die Frucht dann bis zur gewünschten Reife aufbewahrt werden. Neben Bananen reifen Avocados schneller. Festes

,Cukes' (auch bekannt als Cocktail- oder Fingeravocados) sind kleine Avocados, die in Form und Größe kleinen Gurken gleichen. Sie sind genau richtig für eine Portion.

Bei dieser Auswahl findet jeder die richtige Größe: die glatte grünschalige Sorte ,Reed' (Mitte), ,Hass' mit stark genarbter violettschwarzer Schale (oben) und ,Mini-Hass' (unten).

Avocado selbst ziehen: 4 Zahnstocher so in den Kern stechen, dass man den Kern damit in ein Wasserglas hängen kann. Nur die Hälfte sollte ins Wasser ragen. Bilden sich Wurzeln, zur Hälfte in Erde pflanzen, an einen sonnigen Ort stellen und regelmäßig wässern.

Diese Avocados sind fast erntereif. Avocadobäume können aus einem Kern gezogen werden, benötigen aber bis zu 10 Jahre, bevor sie Früchte tragen.

In der asiatischen Küche werden Avocados auch zu Desserts verarbeitet. Zerdrückt und gesüßt, wird Avocadofleisch als süße Creme serviert.

*Rezept*

### Avocadospalten

*Cremiges Avocadofleisch, perfekt ergänzt durch die Säure von Limetten.*

1 Avocado schälen, entkernen und in Spalten schneiden. Mit etwas Salz und frisch gemahlenem schwarzem Pfeffer würzen und mit Limettensaft beträufeln. Nach Belieben mit 1 Spritzer Tabascosauce verfeinern.

Avocadofleisch kann in Scheiben oder Würfel geschnitten werden; sehr weiches Fleisch eignet sich für Pasten und Aufstriche wie Guacamole. Angeschnittene Avocados können mit Kern (um Verfärbungen zu vermeiden) in Frischhaltefolie gewickelt bis zu 3 Tage im Kühlschrank aufbewahrt werden.

## Gesundheit

Fettsäuren machen ein Viertel des Kaloriengehalts von Avocados aus. Diese gesunden Fette fördern die Aufnahme von Vitaminen wie Vitamin A, das vor Herzerkrankungen schützt. Avocado im Salat erhöht die Aufnahme von Carotinoiden in Blattsalaten oder Spinat erheblich. Fettsäuren und Vitamin E machen Avocados ideal für beruhigende, feuchtigkeitsspendende Haar- und Gesichtsmasken.

### Herkunft

Der Anbau von Avocados in Mexiko und Zentralamerika lässt sich bereits im Jahr 291 v. Chr. nachweisen. In Peru wurden Mumien mit Avocadofrüchten bestattet. Die Azteken nannten die Frucht *ahuacati* („Hoden"), in Anspielung auf die am Baum hängende Frucht. Nach der Eroberung Mexikos und Perus durch die Spanier im 16. Jahrhundert gelangten Avocados nach Europa und in die Welt. Mit der Zeit entwickelte sich das aztekische Wort *ahuacati* im Spanischen zu *agucate* und dann zu Avocado.

# Blattsalate

Ein leckerer Blattsalat ist eine erfrischende und gesunde Bereicherung für jede Mahlzeit, und das nicht nur im Sommer. Frische, knackige Blattsalate lassen sich sehr leicht selbst im eigenen Garten oder auch in Töpfen ziehen. Dank immer neuer Züchtungen ist die Auswahl heute groß, und man kann aus grünen oder roten Sorten mit unterschiedlichen Formen, Texturen und Aromen wählen.

## Gartensalat

*Lactuca sativa*

Die Vielfalt ist überwältigend: von mehr oder weniger traditionellen Kopfsalaten bis hin zu praktischen Pflücksalaten. Salat ist ideal als Lückenfüller, um den Platz im Garten optimal zu nutzen.

## Anbau

Salat gedeiht am besten an einem sonnigen bis halbschattigen Standort in gut drainiertem, aber feuchtem Boden, der vor der Pflanzung mit Kompost angereichert wurde. Bei Nährstoff- oder Wassermangel werden Salate schnell bitter und neigen zum Schossen. Deshalb sollte auf regelmäßiges Wässern, Mulchen und Düngen geachtet werden.

Alle Salate lassen sich aus Samen ziehen: Dazu einige Samen im Horst, d.h. immer bis zu 5 Samen auf einmal, in 20–30 cm großen Abständen im gut vorbereiteten Boden aussäen. Die etwa 4 cm hohen Jungpflanzen dann pikieren (vereinzeln) und die stärkste stehen lassen. Für einen Zeitvorsprung von rund 4 Wochen kann man aber auch Setzlinge kaufen und einpflanzen. Für eine kontinuierliche Ernte sollte alle 4 Wochen nachgesät bzw. -gesetzt werden.

*Probleme*    Leider lieben Schnecken und Ohrwürmer junge Salatblätter. Pflanzenstress verursacht einen bitteren Geschmack, deshalb auf regelmäßige Wässerung und Düngung achten.

*Ernte*    Die Köpfe werden mit einem Messer dicht über dem Boden abgeschnitten oder samt Wurzel herausgezogen. Bei Pflücksalaten können, wie der Name schon besagt, einzelne Blätter von außen je nach Bedarf abgepflückt werden. Bei sehr heißem Wetter empfiehlt es sich, Salat früh am Morgen zu ernten, wenn die Blätter einen höheren Zuckergehalt haben.

## Sorten

Die Sorten sollten nach Anbauzeit sowie klimatischen und Bodenbedingungen ausgewählt werden. Man unterscheidet folgende Hauptgruppen:

*Kopfsalat*    Diese Sorten bilden einen Kopf aus mehr oder weniger dicht anliegenden Blättern, die geerntet werden, wenn die Pflanzen nach 8–10 Wochen ausgewachsen sind (bevor sie schossen und Blüten bilden). Wenn der Kopf geerntet ist, treibt die Pflanze nicht neu aus. Man unterscheidet frühe Sorten wie ‚Hofmanns Aurora‘ und spätere Sorten wie ‚Maikönig‘ oder ‚Attraktion‘. Neben den klassischen grünblättrigen Salaten gibt es auch rotblättrige wie ‚Brauner Trotzkopf‘.

Je nach System zählt Eissalat/Batavia (auch Krachsalat oder Eisbergsalat) als eigene Gruppe oder wird zu den Kopfsalaten gezählt.

*Pflück- oder Schnittsalat*    Salate dieser Gruppe bilden keine eindeutigen Köpfe, sondern stark beblätterte, kugelige Rosetten. Sie haben eine Reifezeit von 4–6 Wochen. Wenn der Herztrieb erhalten bleibt, lassen sich kontinuierlich Blätter von außen abschneiden. Bevor die Pflanze schosst, kann die ganze Rosette geerntet werden.

Zu den bekanntesten Sorten zählen ‚Grüner/Roter Eichblatt‘, ‚Lollo rossa‘ und ‚Lollo bionda‘ sowie rot- oder grünblättrige Kraussalate.

*Römischer Salat*    Diese auch „Binde-" bzw. „Römersalat" genannten Sorten mit langen Blättern und dicker Mittelrippe lassen sich sehr gut im Garten kultivieren. Man kann einzelne Blätter abnehmen oder warten, bis sich die Pflanze nach 8–10 Wochen voll entwickelt hat. In diesem Fall bildet sich ein zweiter Kopf, der häufig ein leicht

Der knackige Eisbergsalat gehört zu den beliebtesten Blattsalaten und ist auch außerhalb der Saison ganzjährig als Importware erhältlich.

Manche Salatsorten wie der Römische Salat schmecken auch in warmen Gerichten, z.B. in Suppen oder in einem Risotto.

Pflücksalate sind ideal in Mischkultur mit langsam wachsenden Gemüsesorten wie Weißkohl oder Blumenkohl. Gleichzeitig gepflanzt, ist der Salat bereits nach 8 Wochen erntefähig. Das Gemüse hat dann nach der Ernte mehr Platz, um sich zu entwickeln.

Blattsalate gibt es in vielen Formen, und sie sind mit ihren kräftigen Farben ein dekoratives Element für jeden Gemüsegarten (im Korb im Uhrzeigersinn von oben links): ‚Mignonette‘, Grüner Eichblatt, Roter Eichblattsalat, ‚Lollo bionda‘, ‚Lollo rossa‘, Kopfsalat und Römischer Salat; auf der rechten Bildseite auf dem Tisch (von oben): ‚Cos‘, Baby-Endiviensalat und eine rote ‚Cos‘-Baby-Variante.

## Durstlöscher

Blattsalat besteht zu über 90 Prozent aus Wasser, und angeblich löscht er sogar den Durst besser als Wasser selbst. Im Wüstenklima Westasiens wird er seit Langem als Speise geschätzt. Dort wurde er bereits im 7. Jh. v. Chr. in den Hängenden Gärten Babylons angebaut. Dem griechischen Geschichtsschreiber Herodot zufolge pflegten auch die persischen Könige um 550 v. Chr. Salat zu speisen.

Die alten Griechen sprachen Salat eine schlaffördernde Wirkung zu. So servierten sie ihn am Ende eines Abendmahls.

Frisée, Rucola, Mangold, Roter Kopfsalat, Rote-Bete-Blätter, Spinat: Mischungen wie diese bieten angenehme und interessante Aroma-, Textur- und Farbkontraste auf dem Salatteller.

bitteres Aroma hat. Aufgrund des schlanken Wuchses lassen sich die Pflanzen enger setzen. Die bekannteste Sorte ist ‚Cos‘, die traditionell für Caesar Salad verwendet wird. In den letzten Jahren ist auch die Babysorte ‚Little Gem‘ beliebt geworden.

## Mesclun

Die Bezeichnung stammt aus dem Provenzalischen und bedeutet so viel wie „Mischsalat“. Die Mischung besteht aus diversen Salatblättern. Viele Sämereien produzieren ihre eigene Mischung aus unterschiedlichen Blattsalaten und Blattgemüse, die jung geerntet, gewaschen und mit einem guten Dressing serviert werden. Kultiviert wird Mesclun wie Pflücksalat, jedoch können die ersten Blätter bereits nach 4 Wochen geerntet werden.

Eine Mesclun-Mischung kann beispielsweise aus jungen Senfkohlblättern wie ‚Ruby Streaks‘, ‚Flame Tree‘ oder ‚Lime Streaks‘, Mizuna, Mibuna, Mangold, Frisée, Radicchio, Rote Bete, Rucola, Tatsoi, Feldsalat, Endivien, Zichorien sowie rotem und grünem Pflücksalat bestehen.

## Rucola

*Eruca sativa*

Auch bekannt als Rauke, Ruke oder Senfkohl

Rucola mit seinem nussigen, leicht scharfen Aroma ist schon lange ein Klassiker: ob als Zugabe für Salatmischungen, Last-Minute-Zutat für Pasta, Pizza & Co. oder pur mit etwas Balsamicoessig und Parmesan. Die schnell wachsende, anspruchslose Salatpflanze ist bereits nach 3 Wochen erntefähig, wenn die Blätter etwa 15 cm lang sind. Am besten schmecken die jungen, zarten Blätter. Diese sollten bis zur Blüte der Pflanze regelmäßig abgeerntet

werden, sonst werden sie zu groß und schmecken scharf und leicht bitter. Blätter nicht zu tief abschneiden, damit die Pflanze weitertreibt und die ganze Saison hindurch geerntet werden kann. Die Kulturbedingungen sind dieselben wie für Blattsalat, wenngleich Rucola auch mit magereren Böden und Schatten gut zurechtkommt.

Auch die zartgelben Blüten sind zum Verzehr geeignet; sie haben ein süßliches Aroma mit einer pfeffrig-würzigen Note.

Egal, ob kultivierter oder wilder Rucola: Das pfeffrig-würzige Aroma der fein gezackten, länglichen Blätter ist eine geschmackliche wie optische Bereicherung für jede Salatmischung.

*Eissalat ist eine nordamerikanische Züchtung. Seinen Namen erhielt er in den 1920er-Jahren. Die an der Westküste der USA angebauten Salate wurden auf Eisblöcken gekühlt Tausende Kilometer mit der Bahn an die Ostküste transportiert.*

Das Geheimnis für eine gute Salaternte: Die Pflanzen schnell kultivieren und mit ausreichend Nährstoffen und Wasser versorgen.

*Rezept*

## San Choi Bau

*Diese klassische chinesische Vorspeise ist der perfekte Auftakt für ein asiatisches Menü, vor allem, wenn Kinder mit am Tisch sitzen. Denn hier darf gern mit den Händen gegessen werden.*

1½ Esslöffel Pflanzenöl in einem Wok oder einer großen Pfanne erhitzen. 2 gehackte Knoblauchzehen darin 30 Sekunden anbraten.
500 g Schweinehack zugeben und 5–6 Minuten leicht anbräunen.
Inzwischen 1½ Esslöffel Austernsauce, 2 Teelöffel Sojasauce und 2 Esslöffel Zucker in einer Schale verrühren. In einer zweiten Schale 2 Teelöffel Speisestärke mit 60 ml Wasser anrühren.
Eine Dose Wasserkastanien (250 g) abtropfen lassen und fein hacken. Wasserkastanien, Ringe von 2 Frühlingszwiebeln und die Saucenmischung zum Hackfleisch geben und 1 Minute rühren. Die Speisestärke unterrühren, bis die Sauce etwas eingedickt ist.
8 große Eissalatblätter waschen und trocken tupfen. Die Ränder mit einer Schere begradigen. Die Hackfleischmischung auf die Salatschalen verteilen und mit etwas Hoisinsauce beträufeln. Warm servieren.
**Für 4 Personen**

## Wilder Rucola
*Diplotaxis tenuifolia*

Auch bekannt als wilde Rauke

Die feinen Blätter dieser mehrjährigen Pflanze haben ein ausgeprägtes pfeffriges Aroma. Wilde Rauke kann unter bestimmten Bedingungen selbst aussamend sein und sich unkrautartig vermehren.

*Das Praktische an Pflücksalaten ist, dass nur so viel Blätter abgenommen werden können, wie gebraucht werden.*

## Kauf und Lagerung
Blattsalate sollten frisch und knackig aussehen und dürfen keine welken oder braunen Stellen haben. Zur Aufbewahrung den Salat von welken Blättern befreien und ins Gemüsefach des Kühlschranks geben. Vorher nicht waschen. So halten sich die Blätter bis zu 3 Tage.

## Gesundheit
Salat liefert reichlich Folsäure, Vitamin C und E, zellschützendes Lycopin sowie Alpha- und Beta-Carotin, wenngleich die Nährwerte der einzelnen Sorten variieren. Ein Salat als Vorspeise hat wenig Kalorien und füllt gleichzeitig den Magen, sodass bei einer Mahlzeit 7–12 % weniger Kalorien aufgenommen werden.

# Bohnen

Es gibt unglaublich viele Sorten von grünen Bohnen, die grob unterteilt werden in: Buschbohnen, Stangenbohnen und Feuerbohnen. Sie sind alle wärmeliebend und sollten bei Direktaussaat erst nach dem letzten Frost ausgebracht werden. Bohnen wachsen schnell und problemlos. Schlangenbohnen sind eine tropische Varietät, während Dicke Bohnen auch kühlere Temperaturen vertragen.

## Anbau

Alle grünen Bohnen brauchen einen sonnigen, windgeschützten Standort in lockerem, alkalischem Boden mit großzügiger organischer Düngung. Die Kerne werden im Mai in den warmen Boden gelegt und reichlich angegossen. Bis zur Keimung dann nicht mehr gießen, um Samenfäule zu vermeiden. Sobald der Keimling durch die Erde bricht, sollte rundum gemulcht werden, damit die Erde feucht und frei von Unkraut bleibt.

*Probleme*   Keimlinge und junge Pflanzen müssen unbedingt vor Schnecken geschützt werden. Weiße Fliege, Thripse und Milben können ebenfalls Probleme verursachen. Pilzerkrankungen treten je nach Klima und saisonalen Wetterbedingungen auf.

*Ernte*   Buschbohnen reifen in relativ kurzem Zeitraum von 3–4 Wochen, Stangenbohnen können sogar über rund 8 Wochen regelmäßig abgeerntet werden; allerdings benötigen sie einige Wochen länger bis zum Erntebeginn. Falls es die klimatischen Bedingungen erlauben, kann man über 4–6 Wochen sukzessive pflanzen. Bohnen sollten regelmäßig abgeerntet werden, damit die Pflanze weiter Früchte produziert. Die Hülsen möglichst jung, mit einer Länge von 10–15 cm pflücken, bevor die Kerne zu dick und die Hüllen zu faserig werden.

## Buschbohnen

*Phaseolus vulgaris var. nanus*

Buschig wachsende Variante der Gartenbohne

Die buschige Pflanze wird etwa 50 cm hoch und benötigt keine Rankhilfe. Die Ernte ist etwa 2 Monate nach Aussaat.

## Sorten

Wählen Sie eine der vielen Sorten aus, die sich am besten für Ihre klimatischen Bedingungen, den Standort und die gewünschte Pflanzzeit eignet. Die Sorte ‚Maxi‘ reift beispielsweise früh, ‚Caruso‘ ist robust, und ‚Purple Teepee‘ hat violette Hülsen.

## Stangenbohnen

*Phaseolus vulgaris var. vulgaris*

Rankende Variante der Gartenbohne

Die rankenden Bohnen erreichen eine Wuchshöhe von mindestens 2 m und benötigen unbedingt eine Rankhilfe in Form von Stangen, Spalieren, Bogen oder Pyramiden. Der Ertrag von Stangenbohnen ist mindestens dreimal so hoch wie der von Buschbohnen. Der Erntebeginn ist etwa 3 Monate nach der Aussaat.

## Sorten

Auch bei Stangenbohnen ist die Auswahl groß, und die Sorte sollte entsprechend den örtlichen Klima- und Bodenbedingungen ausgewählt werden. Eine bewährte Sorte ist die grüne ‚Neckarkönigin‘, die gelbe ‚Neckargold‘ reift früh.

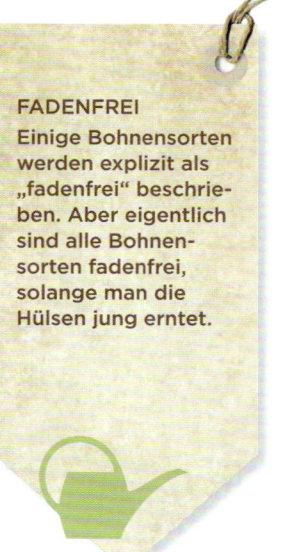

**FADENFREI**
Einige Bohnensorten werden explizit als „fadenfrei" beschrieben. Aber eigentlich sind alle Bohnensorten fadenfrei, solange man die Hülsen jung erntet.

Ein Rankkegel aus Weiden bietet ein stabiles Gerüst, an dem die Bohnen klettern können, und bildet gleichzeitig ein überaus dekoratives Element im Gemüsegarten.

OBEN: Feuerbohnen wurden in Europa zunächst nur wegen ihrer schönen, meist roten Blüten angebaut. Um einen Bogen oder an einem Spalier geführt, sind sie auch eine Zierde für jeden Garten.

RECHTS: Bohnen sind in einer großen Auswahl an Formen, Farben und Größen erhältlich. In der Schüssel zu sehen sind (von links) Grüne Bohnen, Borlotti- und Gelbe Bohnen, auch Wachsbohnen genannt; im Vordergrund (von links): breite Bohnen der Sorte ‚Italian Romano‘, Spargelbohnen und Dicke Bohnen.

**Damit grüne Bohnen beim Kochen nicht ihre schöne Farbe verlieren, einfach 1 Teelöffel Backpulver oder Natron zum Kochwasser geben. Um die blähende Wirkung von Bohnen zu mildern, mit Kümmel, Koriander oder Bohnenkraut würzen.**

## Feuerbohnen
*Phaseolus coccineus*

Auch bekannt als Käferbohne, Prunkbohne

Diese mehrjährige Rankbohne kann bis zu 7 Jahre alt werden, doch produziert sie über die Jahre immer weniger Bohnen und sollte dann vorzeitig ersetzt werden. Feuerbohnen kommen auch mit kühlerem, feuchterem Wetter zurecht und treiben jedes Frühjahr neu aus. Die Bohnen können vom Spätsommer bis in den Herbst hinein geerntet werden, bevor die Pflanze im Spätherbst/Winter abstirbt. Die Hülsen sind breit und dick, werden beim Kochen aber zart. Die Pflanzen bilden sehr schöne, große Blüten aus.

## Sorten

‚Preisgewinner‘ ist eine beliebte, ertragreiche Sorte, mit ihren roten Blüten auch optisch ansprechend.

Spargelbohnen wachsen schnell und kräftig. Die Hülsen sollten geerntet werden, wenn sie bis zu 40 cm lang und noch jung und zart sind. Sie sind vor allem in der asiatischen Küche eine beliebte Zutat.

## Spargelbohnen
*Vigna unguiculata var. sesquipedalis*

Auch bekannt als Schlangenbohnen

Diese fadenlosen Bohnen lassen sich nur in warmem, (sub-)tropischem Klima oder im Gewächshaus kultivieren. Die hellgrünen, runden, etwa 1 cm dicken Hülsen haben einen spargelähnlichen Geschmack. Rankende Sorten bilden bis zu 90 cm lange Hülsen aus; buschig wachsende Sorten werden etwa 30 cm lang.

## Gesundheit

Bohnen sind eine kalorienarme Eiweißquelle. Sie liefern aber auch große Mengen des Spurenelements Silizium, ein wichtiger Baustoff für Knochen, Bindegewebe, Haut und Haare. 100 g gegarte grüne Bohnen liefern etwa 8 mg Silizium. Silizium aus Bohnen ist zweimal besser verwertbar als das in den meisten anderen Gemüsesorten.

Grüne Bohnen enthalten darüber hinaus die Omega-3-Fettsäure ALS (Alphalinolensäure), die gut fürs Herz ist. 100 g Bohnen enthalten 0,6 mg ALS – sechsmal mehr als die meisten Hülsenfrüchte.

Dicke Bohnen sind erntereif, wenn sich die Kerne in der Hülse abzeichnen. Für etwa 500 g gepalte (von der Schote befreite) Bohnen benötigt man knapp 2 kg Hülsen.

# Dicke Bohnen
*Vicia faba*

Auch bekannt als Saubohnen, Favabohnen

Diese robuste, auch in kühlerem Klima gedeihende Pflanze hat einen aufrechten, buschigen Wuchs und wird 1–1,5 m hoch. Im Frühjahr produziert sie dicke Hülsen, die nur sehr jung als Ganzes verzehrt werden können. Üblicherweise lässt man die Bohnen aber ausreifen und löst die Kerne aus der Hülse. Dicke Bohnen werden auch als Gründüngung und als Vorkultur für Tomaten gepflanzt.

*Gewusst wie*

## Dicke Bohnen palen

Dicke Bohnen werden viel größer als Grüne Bohnen. Nur sehr junge Hülsen können ganz mit Schale verzehrt werden. Im Allgemeinen werden Dicke Bohnen aber aus der Hülse gelöst (gepalt) und die Kerne 3 Minuten blanchiert. Bei Bedarf die Bohnenkerne noch von der Haut befreien.

*Die Hülse längs mit dem Daumen aufbrechen und die Kerne herauslösen. Um die Schale leichter zu entfernen, die Kerne 3 Minuten blanchieren. Dann weiterverarbeiten.*

## Anbau

Dicke Bohnen sind Starkzehrer und fühlen sich in nährstoffreichem Boden am wohlsten. Für eine bessere Keimung die Kerne über Nacht einweichen. Die Aussaat kann im zeitigen Frühjahr oder im Spätherbst erfolgen. Die Reifezeit beträgt etwa 80 Tage. Die Pflanzen haben einen aufrechten Wuchs, sollten aber etwas gestützt werden, damit sie nicht durch Wind oder Starkregen bzw. das Gewicht der Hülsen knicken. Dicke Bohnen sollten in Einzelreihen im Abstand von 20 cm stehen. Einen Monat nach der ersten Aussaat kann eine Folgesaat ausgebracht werden, um die Erntezeit zu verlängern. Die oberen 10 cm der neuen Triebe nach der Blüte kappen, um ein gesundes Hülsenwachstum zu fördern.

*Probleme*    Nicht bestäubte Blüten sind hauptsächlich Ursache von zu kaltem Wetter oder zu wenig Nutzinsekten. Die Pflanzen bevorzugen zwar kühleres Klima, starker Frost wirkt sich jedoch negativ auf die Hülsenentwicklung aus. Bei wärmerem Wetter setzt sie wieder ein, wird aber sofort gestoppt, wenn es zu heiß und trocken ist. Frühmorgendliches Wässern optimiert die Feuchtigkeit und unterstützt das Wachstum. Eine gute Durchlüftung des Laubes beugt Pilzkrankheiten vor.

*Ernte*    Hülsen, die nicht länger als 10 cm sind, können als Ganzes verzehrt werden. Größere Bohnen sollten gepalt, gekocht und gehäutet werden. Blanchiert kann man sie gut einfrieren. Arbeiten Sie die Pflanzen nach der Ernte in den Boden ein, sie ergeben eine gute Gründüngung.

## Sorten

Es gibt verschiedene Sorten, die mehr oder minder große Hülsen bzw. Bohnen ausbilden. Beliebte Sorten sind z.B. ‚Hangdown' und ‚Dreifache Weiße'.

Bohnenwurzeln sind eine hervorragende Gründüngung und verbessern die Bodenqualität.

Einige Bohnensorten werden hauptsächlich getrocknet angeboten und sind lange lagerfähig. Vorheriges Einweichen verkürzt die Garzeit. Getrocknete Bohnen sind eine beliebte Zutat für Suppen, Eintöpfe und andere Wintergerichte. Ihre Bezeichnungen sind von Land zu Land unterschiedlich. Auf dem Bild sind zu sehen (im Uhrzeigersinn von oben links): weiße Riesenbohnen, Borlottibohnen (Wachtelbohnen), rote Kidneybohnen, Cannellinibohnen und Sojabohnen (Tisch Mitte).

*Rezept*

## Sojabohnen mit Ingwer und Sojasauce

Dieses japanische Gericht hält bis zu 4 Tage im Kühlschrank.

**Vorbereiten:** 15 Minuten + 3–4 Stunden Einweichen/**Garen:** 2¼ Stunden
**Für 4–6 Personen** als Beilage

    150 g getrocknete Sojabohnen
    75 g Zucker
    2 EL Sojasauce
    5 cm frischer Ingwer,
      geviertelt
    Salz

Die Sojabohnen waschen und in einer Schüssel 3–4 Stunden in warmem Wasser einweichen. Wasser abgießen.

In einem großen Topf 2 Liter Wasser zum Kochen bringen. Die Bohnen darin etwa 2 Stunden fast weich kochen.

Zucker, Sojasauce, Ingwer und 1 Prise Salz zufügen und weitere 15 Minuten köcheln lassen, bis die Zutaten eingedickt sind. Die Bohnen sollten gar, aber nicht zu weich sein. Zimmerwarm abkühlen lassen und servieren.

## Kauf und Lagerung

Frische Dicke Bohnen sollten eine feste, knackige Hülse mit kräftig grüner Farbe haben, ohne Flecken, schleimige oder trockene Stellen. Sie halten sich bis zu 5 Tage im Kühlschrank. Getrocknete Bohnen halten sich bis zu 1 Jahr an einem kühlen, dunklen Ort.

## Gesundheit

Dicke Bohnen enthalten wenig Fett, viel Protein, reichlich Ballaststoffe, Vitamin A und C, Kalium sowie Eisen. Menschen, die an Favismus (Bohnenkrankheit) leiden, einer genetisch bedingten Enzymkrankheit, sollten auf Dicke Bohnen verzichten.

Viele Bohnensorten kann man jung und zart als Ganzes verzehren. Oder man lässt sie ausreifen und an der Pflanze trocknen. Nach der Ernte werden die Bohnen gepalt und getrocknet. So sind sie lange haltbar. Gekocht passen sie gut zu Suppen, Eintöpfen, Dips und Salaten. Weiße Bohnen gibt es in vielen Größen, sie werden allgemein als ‚Cannellini' bezeichnet. Andere Bohnen zum Trocknen sind hellbraun gefleckte Borlottibohnen (Wachtelbohnen), Limabohnen oder rote Kidneybohnen. Die Bohne mit der größten wirtschaftlichen Bedeutung ist die Sojabohne, die in allen subtropischen und tropischen Regionen der Welt als Nahrungs- und Futtermittel angebaut wird.

# Chicorée, Radicchio und Endivien

## *Chicorée*
*Cichorium spp.*

Chicorée gehört zu den Zichoriengewächsen und hat einen ovalen, festen Blattkopf mit geschlossenen weißen Blättern und gelben Blattspitzen. Im ökologischen Landbau wachsen die Wurzeln im Sommer auf dem Feld heran, um dann im Winter in speziellen Treibhäusern ihre zarten Sprossen zu treiben. Sie werden im Dunkeln gezogen, damit die Blätter hell und zart bleiben – entweder ähnlich wie Spargel unter lockerer Erde oder unter lichtundurchlässiger Folie. Je grüner sich die Blattspitzen verfärben, desto bitterer schmecken sie. Die meisten Bitterstoffe sitzen im Wurzelansatz, der vor dem Kochen in der Regel keilförmig herausgeschnitten wird. Die Blätter können einzeln abgelöst werden, ganze Chicoréekolben sind ideal zum Braten oder Dünsten. Roter Chicorée ist eine Kreuzung aus Chicorée und Radicchio rosso. Beim Erhitzen verliert er jedoch seine attraktive Farbe.

## Anbau

Zichoriensalate bevorzugen nährstoffreichen, lockeren Boden und können von Juni bis Juli direkt ins Freiland gesät werden. Praktischer aber greift man auf vorgezogene Jungpflanzen zurück, die im Abstand von 25–30 cm gepflanzt werden. Der bittere Geschmack von Zichoriensalaten wird stärker, wenn sie älter geerntet werden oder in der Wachstumsphase Stress ausgesetzt sind. Durch das sogenannte Blanchieren kann dieser Effekt wieder abgemildert werden. Dafür müssen die Pflanzen 3 Wochen vor der Ernte mit einem Eimer, einer dicken Strohschicht oder einem lichtundurchlässigen Vlies abgedeckt werden. Ausgeschossene Pflanzen entwickeln bis zu 2 m hohe Blütenstände mit essbaren hellblauen Blüten.

*Probleme*   Die bitter schmeckenden Blätter von Zichoriengewächsen werden in der Regel selten von Insekten befallen.

*Ernte*   Wenn die Pflanze rosettenförmig wächst, können auch einzelne Blätter abgenommen werden. Ansonsten wird der ganze Kopf knapp über der Basis abgeschnitten, damit die Pflanze neu austreibt.

## Kauf und Lagerung

Chicoréestauden sollen fest geschlossen sein und keine braunen Stellen aufweisen. Feste Köpfe mit hellgelben Spitzen sind ein Zeichen von Frische. Sie sind sehr druckempfindlich und müssen kühl und dunkel gelagert werden.
Zichoriensalate sollten frisch und knackig aussehen und keine schadhaften, welken oder braunen bzw.

Der gelbe Chicorée ist bei uns gut bekannt, die rote Variante ist auf den Märkten aber immer häufiger zu sehen.

gelben Stellen aufweisen. Locker in ein feuchtes Tuch gewickelt, halten sie sich einige Tage im Kühlschrank. Ihr feines Bitteraroma macht sie zur idealen Vorspeise oder Beilage für Fleisch und Fisch (siehe Gemischte Bittersalate, Seite 228).

### *Chicoréegeschichte*

Wer den Chicorée „erfunden" hat, ist ungeklärt. Ob das wohlschmeckende Gemüse Mitte des 19. Jahrhunderts zufällig von einem Brüsseler Gärtner oder von belgischen Bauern entdeckt wurde, konnte nicht nachgewiesen werden. Der Überlieferung nach hatten in einem Gewächshaus oder Keller gelagerte Zichorienwurzeln im Dunkeln ausgetrieben und helle, wohlschmeckende Sprossen gebildet. Tatsache ist: 1873 wurde die kultivierte Staude erstmals auf einer Ausstellung präsentiert. Inzwischen gilt der Chicorée als das Nationalgemüse der Belgier.

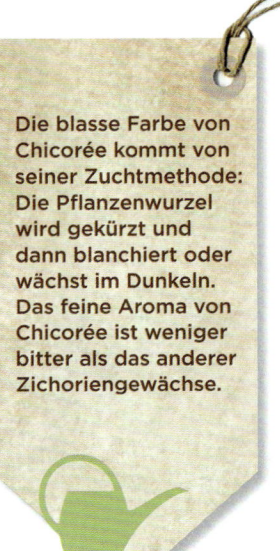

Die blasse Farbe von Chicorée kommt von seiner Zuchtmethode: Die Pflanzenwurzel wird gekürzt und dann blanchiert oder wächst im Dunkeln. Das feine Aroma von Chicorée ist weniger bitter als das anderer Zichoriengewächse.

## Gesundheit

Die Bitterstoffe in Zichoriengewächsen wirken appetitanregend und helfen bei Magenproblemen sowie Verstopfung. Außerdem fördern sie die Leber-Galle-Funktion. Verantwortlich für den bitteren Geschmack sind Sesquiterpenlactone, die, wie wissenschaftliche Studien belegen, die Bildung Fett verarbeitender Gallensäure stimulieren. Nicht selten werden Zichoriengewächse deshalb auch für die Herstellung von Kräuterlikören verwendet. Endivie und Radicchio sind außerdem gute Quellen für Inulin, ein Ballaststoff, der eine gesunde Darmflora fördert.

## Radicchio
### Cichorium intybus var. foliosum

Auch bekannt als Rote Endivie, Roter Zichoriensalat

Die italienische Salatspezialität hat sich inzwischen auch in Deutschland einen festen Platz im Gemüsegarten und in der Küche erobert. Verwandt mit Chicorée und Endivie, bildet Radicchio je nach Varietät rundlich geschlossene Köpfe oder Rosetten mit roten, hellgrünen oder beigeweißen, rot gesprenkelten Blättern aus. In Deutschland wird er als Freiland-

salat von August bis Oktober geerntet. Da Chicorée eine Pfahlwurzel ausbildet, lässt er sich schlecht verpflanzen. Bei starken Temperaturschwankungen während der Aufzucht oder wenn die Tage länger werden, kann es zu vorzeitigen Blütenbildungen (Schossen) kommen. Eine EU-weit geschützte Sorte ist der milde, zarte Radicchio di Treviso. Er wird rund um die norditalienische Stadt Treviso angebaut. Geviertelt oder halbiert, eignet er sich gut zum Grillen.

## Endivien
### Cichorium endivia

Endivien werden in zwei Gruppen eingeteilt: Die Glatte Endivie (auch Eskariol oder Winterendivie) hat feste, am Rand ungleichmäßig gezahnte Blätter, während die Krause Endivie (Frisée) zartere, fein gegliederte grüne und gelbe Blätter mit dicken weißen Blattrippen hat. Sowohl die Glatte wie die Krause Endivie bildet keinen festen Salatkopf, sondern eine große, flache Rosette. Während die robusten äußeren Blätter grün sind, ist das zartere Salatherz fast gelb und schmeckt milder. Die Endivie hat eine typische, leicht bittere Note. Deshalb passen fruchtige Dressings besonders gut zu diesem Salat. Gedünstet als Gemüse, ist die Endivie eine würzige Beilage zu herzhaften Gerichten.

**Das feine Bitteraroma macht Zichoriengewächse zur idealen Beilage für fettiges Fleisch (siehe auch Gemischte Bittersalate Seite 228).**

Bittersalate sind variantenreich (im Uhrzeigersinn von links): löwenzahnähnlicher Zichoriensalat, krause Endivie (Frisée), glatte Endivie, lose Radicchiosorte, Radicchio di Castelfranco und Radicchio di Treviso (Mitte).

### Zuckerhut

Fast wäre der Zuckerhut (Cichorium intybus var. foliosum) kulinarisch in Vergessenheit geraten. Er gehört zu den Zichoriengewächsen und ist ein typischer Wintersalat, der sich auch gut zum Kochen eignet. Er bildet dicht geschlossene, kegelförmige Köpfe mit festen hellgrünen Blättern. Seinen Namen verdankt der Zuckerhut seiner Form, nicht seinem Geschmack. Er hat nussige Aromen und eine leichte Bitternote, die sich mildern lässt, wenn man den Salat in lauwarmem Wasser wäscht. In unseren Gärten kann der Zuckerhut ab Anfang Oktober geerntet werden, verträgt aber auch leichten Frost mit Temperaturen bis zu –7 °C. Mit dem Wurzelballen in feuchte Erde eingeschlagen, hält er sich im Keller mehrere Wochen frisch.

# Erbsen

*Pisum sativum*

Diese Hülsenfrucht verträgt leichte Fröste, ist einfach anzubauen und sehr ertragreich. Wer bislang nur Tiefkühlerbsen kennt, für den werden frisch geerntete Erbsen ein echtes Erlebnis sein. Neben den Kernen sind auch die Hülsen und zarten Ranken zum Verzehr geeignet.

## Anbau

Erbsen benötigen einen sonnigen Standort und haben als Schwachzehrer einen geringen Nährstoffbedarf. Es reicht, wenn der Boden im Vorjahr 30 cm tief mit gut verrottetem organischem Dünger umgegraben wird. Saurer Boden sollte vorher gekalkt werden. Eine gute Drainage ist wichtig, da Erbsen zu Wurzelfäule neigen. Erbsen sind wie andere Leguminosen eine gute Vorkultur, denn ihre Wurzeln gehen eine Symbiose mit Knöllchenbakterien ein, die Stickstoff aus der Luft im Boden anreichern. Wenn die Erbsen abgeerntet sind, lässt man die Wurzeln im Boden. Als Nachkultur eignet sich am besten grünes Blattgemüse, das im stickstoffreichen Boden prächtig gedeiht.

*Säen*    Erbsen werden je nach Sorte und Witterung bereits im März ausgesät. In kühleren Regionen sollte so gesät werden, dass die Pflanzen blühen, wenn keine große Nachtfrostgefahr mehr besteht. Die ideale Blüte- und Erntetemperatur liegt bei 20 bis 25 °C; bei über 30 °C kommt es zu geringerer Bestäubung und zu niedrigeren Erträgen.

Erbsen werden am besten in feuchten Boden gesät. Dafür den Boden am Vortag gut wässern, die Samen mit einem Abstand von 5 cm etwa 2,5 cm tief legen und gut andrücken. Bis der Keimling nach etwa 1 Woche durchbricht, nicht mehr gießen.

Erbsen sind Rankpflanzen, weshalb sie nicht viel Bodenfläche beanspruchen und sich auch für kleine Gärten eignen. Höher rankende Sorten sollten an einer etwa 2 m hohen Rankhilfe aufgebunden werden, weil die Pflanzen durch Frühlingswinde leicht umgedrückt werden können, gerade wenn sie in voller Blüte stehen. Niedrigere Sorten werden etwa 60 cm hoch, sind aber ertragreicher, wenn sich die Ranken an einem Spalier (Maschendraht oder Reisig) festhalten können.

*Probleme*    Samen und Keimlinge müssen vor Nagern, Vögeln und Schnecken geschützt werden, bis die Pflanze etwa 10 cm hoch ist. Auch muss sie

*In England und Frankreich sind Zuckererbsen als „mangetout" bekannt, was nichts anderes bedeutet, dass bei diesen Erbsen alles – also auch die Hülsen – gegessen werden kann.*

regelmäßig auf Raupenschäden untersucht werden. Bei feucht-warmem Wetter im Frühjahr kann es zu Mehltau oder Erbsenwelke, einer Pilzerkrankung, kommen. Deshalb sollte eine Bewässerung von oben vermieden werden. Die Kerne in den Hülsen können vom Erbsenkäfer, der Erbsenblattlaus und vom Erbsenwickler befallen werden.

*Ernte*    Erbsen sind besonders ertragreich bei warmem Frühlingswetter; die Haupterntezeit beginnt bei Palerbsen ab Ende Juni, bei Markerbsen und Zuckererbsen ab Mitte Juni. Um die Erntezeit zu verlängern, können in Abständen von 2–3 Wochen Folgesaaten gelegt werden. Erbsen sollten, sobald sich die Kerne gut entwickelt haben, aber noch nicht voll ausgereift sind, täglich gepflückt werden. Dadurch wird der Fruchtansatz befördert. Wenn die Pflanze abgeerntet ist, wird sie abgeschnitten; die Wurzeln können im Boden bleiben, um den Stickstoffgehalt zu verbessern.

Markerbsen halten sich im Kühlschrank 2–3 Tage, schmecken aber frisch verzehrt am besten. Sie können blanchiert und eingefroren werden. Auch Zuckererbsen lassen sich gut einfrieren.

*Frische Erbsen wurden in Europa erst im 17. Jahrhundert beliebt, als der französische Adel sie für sich entdeckte.*

Erbsen sind Rankpflanzen, die hübsche Blüten entwickeln. Das Aroma und die Frische von selbst angebauten Erbsen sind unvergleichlich.

## Sorten

Erbsen lassen sich grob in drei Gruppen einteilen:

*Schäl- oder Palerbsen*    Sie können bereits im März gesät werden. Verzehrt werden in der Regel nur die Kerne, die sich aufgrund ihres hohen Stärkegehalts insbesondere zum Trocknen eignen und so sehr lagerfähig sind. Zu den beliebten Sorten zählen ‚Kleine Rheinländerin‘ oder ‚Maiperle‘.

*Markerbsen*    Sie sind kälteempfindlicher und sollten je nach Wetterlage erst im April gesät wer-den. Junge Erbsen können samt Hülse verzehrt werden; in der Regel lässt man aber die Kerne ausreifen, die ein knackig-süßes Aroma haben. Es gibt viele Sorten mit unterschiedlicher Rankhöhe, ‚Ambassador‘ z. B. wird 80 cm hoch, ‚Maxigolt‘ 90 cm.

*Zuckererbsen*    Zuckererbsen werden in unausgereiftem Zustand gepflückt und können deshalb samt Hülsen roh oder gegart verzehrt werden. Sie schmecken ebenfalls sehr knackig und süß (siehe folgende Seite).

Schäl- und Markerbsen (oben) werden geerntet, wenn sich die Kerne voll entwickelt haben. Sie müssen aus den Hülsen gepalt werden. Die Hülsen selbst sind für den Verzehr nicht geeignet. Zuckererbsen (unten) werden unausgereift geerntet, solange die Hülsen noch zart und knackig und die Kerne sehr klein sind. Sie können als Ganzes verzehrt werden.

Auch sehr junge Markerbsen können samt Hülse gegessen werden, ebenso wie die obersten 6 cm von zarten, jungen Erbsentrieben, z. B. als Salat. Das Kürzen der Triebe regt die Verzweigung und die Blüte an und fördert so den Ertrag.

# Zuckererbsen

*Pisum sativum saccharatum*

Auch bekannt als Zuckerschote, Mangetout, Kaiserschote

Diese süßen, knackigen Erbsen werden unausgereift geerntet und als Ganzes verzehrt. Da die Kerne nur wenig ausgebildet sind, sind die Schoten noch sehr flach. Sie können roh in Salaten oder kurz gegart, z. B. in Pfannengerichten, zubereitet werden. Anbaubedingungen siehe vorherige Seiten.

*Ernte* Die Hülsen bilden sich etwa 7–10 Tage nach der Blüte aus. In der Regel werden die Hülsen gepflückt, wenn sie 7–10 cm lang und etwa 2,5 cm breit sind. Zuckererbsen sollten mindestens alle 2–3 Tage abgepflückt und mit einer Schere oder einem scharfen Messer abgenommen werden. Überständige Erbsen bilden größere Kerne aus, werden zäh und verlieren an Aroma. Zuckererbsen schmecken erntefrisch am besten. Sie halten sich aber auch mehrere Tage im Kühlschrank und können blanchiert und eingefroren werden.

## Sorten

Wie bei anderen Erbsen gibt es auch hier unterschiedliche Wuchshöhen. So wird die Sorte ‚Sweet Golden‘ bis zu 140 cm hoch und produziert gelbe Hülsen. Andere Sorten wie ‚Norli‘ und ‚Ambrosia‘ wachsen niedriger und benötigen deshalb nur bedingt eine Rankhilfe.

*„Wie köstlich liegt die Erbse in der Hülse.“*

EMILY DICKINSON (1830–1886)

### Rezept

## Gemüsepfanne mit Zuckererbsen

Cashewkerne sorgen hier für Extra-Eiweiß.

Je 1 Esslöffel Sojasauce und Sesamöl, 1 Teelöffel Speisestärke, ¼ Teelöffel Sambal Oelek oder Chilipaste und 125 ml Wasser in einer Schale verrühren.

1 Esslöffel Pflanzenöl in einem Wok oder einer Pfanne erhitzen. 1 rote Zwiebel, in Spalten, und 1 gelbe Paprika, in Streifen, 150 g ungesalzene Cashewkerne oder Mandeln und 1 Esslöffel frisch geriebenen Ingwer darin 2–3 Minuten bei starker Hitze anbraten, bis die Kerne braun werden.

500 g Zuckererbsen und 3 diagonal in Ringe geschnittene Frühlingszwiebeln untermischen und 2–3 Minuten rühren. Die Sojasaucenmischung zufügen und 1–2 Minuten rühren, bis die Sauce eingedickt ist. Sofort servieren.

**Für 4 Personen**

Zuckererbsen sollten regelmäßig abgeerntet werden, um die weitere Blüte und Fruchtentwicklung der Pflanze anzuregen.

Frische, süße Zuckererbsen sind schnell zubereitet. Einfach in etwas Olivenöl schwenken, mit salzarmer Gemüsebrühe ablöschen und knackig gar dünsten.

Rezept

## Warmer gemischter Erbsensalat

Wenn gerade Saison ist, verwenden Sie unbedingt frisch gepalte Erbsen und frisch gepflückte Zuckererbsen für diesen leckeren Salat.

300 g frisch gepalte Erbsen und 200 g geputzte Zuckererbsen 1–2 Minuten in Salzwasser blanchieren. Das Wasser abgießen und die Erbsen abtropfen lassen. 2 Esslöffel Olivenöl in einer Pfanne erhitzen und darin 8 Frühlingszwiebeln, in Ringe geschnitten, 4 Minuten andünsten. In eine Schüssel geben und mit den warmen Erbsen vermengen. 125 g Rucola untermischen. 1 Esslöffel Zitronensaft und 2 Esslöffel Olivenöl verrühren und mit Meersalz und frisch gemahlenem schwarzem Pfeffer abschmecken. Das Dressing unter den Salat mischen. Mit 1 Teelöffel frisch gehacktem Thymian oder Minze garnieren und sofort servieren.
**Für 4 Personen**

*Mark- und Schälerbsen müssen gepalt werden. Bei Zuckererbsen reicht es, die Enden abzutrennen.*

## Armenessen und Kunstobjekt

In Europa wurden Erbsen erst im 17. Jahrhundert frisch verzehrt, als der französische Adel eine Vorliebe für grüne *petits pois* entwickelte. Bis dahin waren getrocknete gelbe Erbsen ein wichtiges Grundnahrungsmittel für die ärmere Bevölkerung. Sie wurden in der Regel als Brei zubereitet. Später haben es die grünen Schoten sogar in die Kunst geschafft. Hier das Gemälde von Sir Samuel Luke Fildes aus dem Jahr 1881: *Mädchen, Erbsen schälend.*

*Sie war eine richtige Prinzessin, da sie durch die zwanzig Matratzen und die zwanzig Eiderdaunendecken die Erbse gespürt hatte. So feinfühlig konnte niemand sein außer einer echten Prinzessin.*

H. C. ANDERSEN
(1805–1875),
DIE PRINZESSIN
AUF DER ERBSE

Auch niederwüchsige Erbsensorten sind dankbar für eine Rankhilfe, die mindestens so hoch ist wie die angegebene Wuchshöhe.

## Kauf und Lagerung

Frische Erbsen werden in den Hülsen angeboten. Diese sollten glatt und fest aussehen und die prallen Kerne dicht umschließen. Wenn die Hülse uneben aussieht, kann es sein, dass die innenliegenden Kerne bereits sehr groß und älter und nicht mehr so süß und knackig wie gewünscht sind. Mark- und Zuckererbsen sollten glatte Hülsen ohne schadhafte Stellen haben. In ein feuchtes Tuch gewickelt halten sich Erbsen 2–3 Tage im Gemüsefach des Kühlschranks.

## Gesundheit

Wenn Sie empfindlich auf den Konservierungsstoff Sulfit reagieren, könnten Erbsen Abhilfe schaffen. 100 g decken den Tagesbedarf an Molybdän; eine Unterversorgung mit diesem Spurenelement, so vermutet man, könnte eine Sulfit-Überempfindlichkeit auslösen. Darüber hinaus liefern Erbsen größere Mengen an Coumestrol. In einer Studie wurde beobachtet, dass Menschen, die täglich mindestens 2 mg dieser Substanz aus der Gruppe der Isoflavone zu sich nehmen, ein geringeres Risiko für Magenkrebs haben. Der hohe Ballaststoffgehalt von Erbsen verhindert zudem, dass der Blutzuckerspiegel nach dem Essen zu schnell ansteigt.

# Fenchel

*Foeniculum vulgare var. azoricum*

Bevor Fenchel gegart oder als Rohkost zubereitet wird, sollten die zähen Fäden von den äußeren Lagen entfernt werden.

Bereits in der Antike war der Fenchel im ganzen Mittelmeerraum als Heil- und Würzpflanze beliebt. Ursprünglich stammt der Wilde Fenchel aus Vorderasien. Durch Züchtung mit verwandten Arten entstand im Lauf der Jahrhunderte der Gemüsefenchel, der heute vor allem in Italien stark verbreitet ist. In Deutschland wurde er erst in den letzten Jahrzehnten bekannt.

## Gemüsefenchel

*Foeniculum vulgare var. azoricum*

Die weltweit verbreitete Gemüsepflanze bildet über der Erde eine zwiebelförmige, weiße Knolle mit fedrigem Laub aus. Gemüsefenchel gedeiht am besten auf humus- und nährstoffreichem Untergrund. Er gehört zu den sogenannten Langtagspflanzen, das heißt, er neigt zum Schossen bzw. Blühen, wenn die Tage länger werden.

Die einjährigen Pflanzen werden bis zu 60 cm hoch. Ihre Knollen mit den verdickten, gerippten Blattschuppen liefern verschiedene Vitamine – unter anderem fast doppelt so viel Vitamin C wie Orangen –, Beta-Carotinoide mit krebsschützender Wirkung sowie reichlich Mineralstoffe (speziell Kalium und Eisen). Wenn die Knollen etwa hühnereigroß sind, sollte man sie etwas anhäufeln und häufig gießen. Kulinarisch ist Fenchel vielseitig: Er kann roh gegessen, gekocht, gebraten, geschmort und gebacken werden. Seine Stängel dienen als aromatisches Bett für Krustentiere oder Fisch. Die gehackten frischen Blattspitzen schmecken würzig-süß nach Anis und aromatisieren Salate und Suppen.

*Fenchel war der Kosename, den Felix Mendelssohn-Bartholdy seiner Schwester Fanny Mendelssohn-Hensel gab. Allerdings spielte dabei weniger das Gemüse eine Rolle, sondern wahrscheinlich der Wortklang.*

## Ätherisches Fenchelöl

Fenchel wurde im Mittelalter unter anderem eingesetzt, um böse Geister zu vertreiben. Im alten China, Ägypten und Rom glaubte man, das Gemüse verleihe langes Leben, Mut und Stärke. Ätherisches Fenchelöl wird aus den getrockneten Samen des Gewürzfenchels (*F. vulgare var. dulce*) gewonnen und als Verdauungshilfe eingesetzt, sollte in der Schwangerschaft aber gemieden werden.

## Gewürzfenchel

*Foeniculum vulgare var. dulce*

Auch bekannt als Römischer Fenchel, Süßer Fenchel, Fencheldill

Die Knollen des Gewürzfenchels sind kleiner als die des Gemüsefenchels. Die Gewürzpflanze wird zu den Kräutern gezählt. Ebenso wie der Gemüsefenchel hat auch der Gewürzfenchel blaugrüne, fein gefiederte Blätter, die den Blättern des Dills ähneln, und große Dolden mit leuchtend gelben Blüten. Im Sommer bilden sie halbmondförmige, gerippte Samen aus, die würzig-süß schmecken. Sie eignen sich zum Aromatisieren von Fisch, Meeresfrüchten, Brot und Kuchen sowie zur Verfeinerung von Likören.

Für den sehr ausgeprägten Anisgeruch und -geschmack sorgen die im Fenchel enthaltenen

Die fleischige Wurzelknolle des Gemüsefenchels hat ein ausgeprägtes Anisaroma. Das federige, feine Fenchelgrün kann zum Garnieren von Fenchelgerichten verwendet werden.

ätherischen Öle Menthol, Anethol und Fenchon, die in der Naturheilkunde zur Herstellung von husten- und schleimlösenden Mitteln eingesetzt werden. Außerdem hemmen sie das Wachstum von bakteriellen Keimen und sorgen ganz nebenbei auch noch für einen frischen Atem. Gewürzfenchel ist auch ein hübscher Blickfang im Gemüsegarten, seine Blüten locken Bienen und andere Nutzinsekten an.

## Anbau

Fenchel schätzt einen sonnigen bis halbschattigen Standort und lockeren, humosen, nur leicht mit Kompost angereicherten Boden, damit sich die Knollen ordentlich entwickeln können. Fenchel ist frostempfindlich und sollte deshalb erst nach den letzten Nachtfrösten im Mai im Freiland ausgebracht werden. Ausgesäte Pflanzen werden, wenn sie etwa 5 cm hoch sind, auf 20–25 cm vereinzelt. Die erste Ernte kann nach etwa 12 Wochen erfolgen.

*Probleme*    Schnecken lieben die Knolle. Außerdem ist Fenchel anfällig für Echten Mehltau.

*Ernte*    Zwei bis drei Monate nach Aussaat können bereits kleine Knollen geerntet werden. Ihr Aroma ist milder und süßer als von größeren Exemplaren. Fenchel wird mit einem scharfen Messer direkt über dem Wurzelansatz abgeschnitten oder samt Wurzel herausgerissen.

## Kauf und Lagerung

Beim Kauf sollte man darauf achten, dass die Knolle fest und unversehrt ist – je heller die Knolle, desto zarter der Fenchel. Die Schnittstellen dürfen nicht braun oder eingetrocknet sein. Das Fenchelgrün muss leuchtend grün und frisch sein, die Stängel grün und knackig. Locker in ein feuchtes Tuch gewickelt, hält sich Gemüsefenchel ein bis zwei Wochen im Gemüsefach des Kühlschranks. Geputzte Knollen können eingefroren werden. Allerdings verliert das Fruchtfleisch dadurch seinen knackigen Biss, behält aber sein Aroma.

## Gesundheit

Fenchel ist eine gute Quelle für Ballaststoffe, herzstärkende Folsäure und blutdruckregulierendes Kalium. Auch die Samen des Gemüsefenchels haben gesundheitsfördernde Eigenschaften, jedoch werden die Blüten meistens abgeschnitten, bevor sie Samen entwickeln, um das Wachstum der Knolle zu fördern.

Fenchel und seine Samen werden schon seit Jahrtausenden in der Pflanzenheilkunde verwendet. Forschungen haben gezeigt, dass Fenchel eine milde hormonelle Wirkung hat und die glatten Muskeln der Atemwege sowie Magen und Darm beruhigt. So sind Fenchelsamen – als Tee, Extrakt oder auch zerdrückt – nach einem Essen ein beliebtes Hausmittel bei Verdauungsbeschwerden, Magenkrämpfen und Blähungen. Stillende Mütter trinken Fencheltee zur Förderung der Milchbildung, und für Säuglinge wirkt er beruhigend bei Koliken. Fenchelextrakt wird eine verjüngende Wirkung auf die Haut zugesprochen.

Allen Pflanzenteilen des Fenchels wird eine beruhigende Wirkung auf das Verdauungssystem zugesprochen. Wird Fenchel zusammen mit Kohl oder Topinambur gekocht, mildert er die blähende Wirkung der beiden anderen Gemüsesorten.

*Rezept*

### Fenchelgratin

Ein Klassiker der italienischen Küche. Servieren Sie das Gratin als Hauptgericht für 4 Personen mit toskanischem Landbrot oder als Beilage zu Fisch und Geflügel.

4 Fenchelknollen, geputzt
1 EL Zitronensaft
Salz, frisch gemahlener Pfeffer
2 EL Butter und mehr für die Form
2 EL Mehl
500 ml lauwarme Milch
100 g Sahne
2 EL Weißwein
frisch geriebene Muskatnuss
125 g frisch geriebener Fontina

Blattgrün von den Fenchelknollen entfernen und beiseitelegen. Die Knollen in ca. 5 mm dicke Scheiben schneiden und mit dem Zitronensaft 3 Minuten in kochendem Salzwasser blanchieren. Mit einem Schaumlöffel herausheben und in Eiswasser abkühlen lassen. In ein Sieb geben und gut abtropfen lassen.
Backofen auf 180 °C vorheizen. Butter in einem Topf zerlassen, Mehl einrühren und hellgelb anschwitzen. Unter Rühren Milch und Sahne zugießen und die Sauce einkochen lassen. Mit Weißwein, Salz, Pfeffer und Muskatnuss abschmecken.

Eine Auflaufform einfetten und die Fenchelscheiben hineinlegen. Die Sauce darübergießen, mit Käse bestreuen. Ca. 25 Minuten goldbraun überbacken. Blattgrün nach Belieben fein hacken und vor dem Servieren über das Gratin streuen.

# Gurken

*Cucumis sativus*

Dieses erfrischende Salatgemüse gedeiht vom Sommer bis in den Herbst hinein üppig in unseren Gärten. Knackig-saftige Gurken gibt es in vielen Größen und Formen.

## Anbau

Gurken sind wärmeliebend und sollten erst nach den Eisheiligen im Mai gesät werden. Eine Vorkultur in Töpfen ist möglich. Die Pflanzen mögen insbesondere bei rauerem Klima einen sonnigen, windgeschützten Standort mit nährstoffreichem Boden, in den vor der Pflanzung organischer Dung eingearbeitet wurde. Der Pflanzabstand liegt bei etwa 1 m. Erste Früchte können bereits nach 2–3 Monaten geerntet werden. Eine zweite Pflanzung im Frühsommer bringt bis in den Herbst hinein Erträge.

Einige Sorten sind kriechend, während andere rankend sind. Durch das Aufbinden an Spalieren ist das Laub weniger feucht und deshalb nicht so anfällig für Pilzkrankheiten; die Früchte sind so auch sauberer und seltener von Insekten befallen. Rankende Gurken haben einen hohen Wasserbedarf, weshalb der Boden gut gemulcht werden sollte, um nicht zu schnell auszutrocknen. Zu starke Hitze oder Kälte führt zu weniger Früchten.

*Probleme*   Mehltau kann durch eine gute Luftzirkulation des Laubes minimiert werden. Milben können bei heißem, trockenem Wetter zum Problem werden. Gießen Sie deshalb regelmäßig von unten.

*Ernte*   Gurken sollten regelmäßig abgeerntet werden, um eine kontinuierliche Blütenbildung anzuregen. Trennen Sie reife Gurken mit einer Schere oder einem Messer von der Pflanze ab, um sie nicht zu beschädigen.

## Sorten

Gurken gibt es in zahlreichen Farben von Dunkelgrün bis Cremeweiß, von Goldgelb bis Braun. Während Einlegegurken maximal 10 cm lang werden, erreichen andere Sorten eine Länge von bis zu 1 m. Des Weiteren gibt es rundliche, gerade wachsende oder gekrümmte Sorten mit glatter, rauer oder fast stacheliger Schale.

* ∗ Einlegegurken: Die frühen Früchte dieser Sorten können eingelegt werden (z. B. ‚Diamant').
* ∗ Salatgurken: Den Klassiker gibt es in vielen Längen, ‚Delistar' wird z. B. bis zu 18 cm lang, ‚Chinesische Schlangen' erreichen 45 cm.
* ∗ Schmorgurken: Sie sind kürzer und dicker als Salatgurken und sind roh nicht essbar. Man entfernt Schale sowie Kerne und schmort das Fruchtfleisch (z. B. Sorte ‚Fatum').

## Kauf und Lagerung

Gurken sollten vor allem an den Enden fest, faltenfrei und ohne Flecken oder Druckstellen sein. Sie halten sich bis zu 3 Tage im Gemüsefach des Kühlschranks. Angeschnittene Gurken an der Schnittstelle mit Frischhaltefolie abdecken.

## Gesundheit

Gurkenscheiben auf den Augen wirken kühlend und können Schwellungen unter den Augen oder Spannungskopfschmerz lindern.

Gurken enthalten neben Vitaminen und Mineralien auch Lignane, die das Risiko für Herz- und Gefäßkrankheiten reduzieren können, sowie Cucurbitacine – Bitterstoffe, die laut Wissenschaft die Signalübertragung in Krebszellen blockieren und so das Tumorwachstum hemmen können.

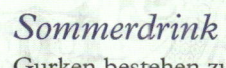

### Sommerdrink

Gurken bestehen zu 96 % aus Wasser – ein echter Durstlöscher.

Eine Gurke (600 g) schälen und entkernen. Mit einem Sparschäler einige Streifen zum Garnieren abschälen. Restliche Gurke mit 1 Esslöffel Honig, Saft von 1 Limette, 10 g frischen Minzeblättern und 4 cm frisch geriebenem Ingwer im Mixer pürieren. Über Eiswürfel in Gläser füllen und mit Gurkenstreifen garnieren. **Für 3 Gläser**

Gurken gibt es in vielen Formen und Größen (im Uhrzeigersinn von oben links): Libanesische Gurke, Salatgurke, Schmorgurke, Einlegegurken und weiße Apfelgurke.

# Wiederentdeckte Gemüsesorten

Im Lauf der Jahrhunderte sind immer mehr alte Gemüsepflanzen aus den Gärten und Küchen verschwunden. Doch in den letzten Jahren haben sie wieder eine Renaissance erlebt, nicht zuletzt dank engagierter Hobbygärtner und Biobauern. Inzwischen führen vor allem Anbieter von ökologischen Produkten verstärkt Samen, Knollen und Jungpflanzen von alten Kulturpflanzen, die für den Eigenanbau geeignet sind.

## Flügelerbse

*Lotus maritimus, Syn. Tetragonolobus purpureus*

Auch bekannt als Spargelerbse

Die Hülsenfrucht verdankt ihren Namen den vier flügelähnlichen Kanten entlang ihrer grünen Hülsen. Sobald die Hülsen

5–6 cm lang sind, werden sie noch unreif geerntet, da sie später verholzen und ihr charakteristisches Aroma verlieren. Die ursprünglich im Mittelmeerraum und in Asien beheimatete Flügelerbse kam im 16. Jahrhundert nach Deutschland und war bis vor wenigen Jahrzehnten ein beliebtes Gemüse für den Eigenanbau. Die Hülsenfrüchte werden wie Zuckerschoten im Ganzen zubereitet. Gedünstet oder gebraten, entwickeln sie einen spargelähnlichen Geschmack. Daher ihr zweiter Name: Spargelerbse. Die zarten Hülsen sind druckempfindlich und nicht lange haltbar. Die reifen Samen wurden in früheren Zeiten geröstet, gemahlen und dienten als Kaffeeersatz.

### Anbau und Ernte

Die unkomplizierte Pflanze liebt die Wärme und einen sonnigen Standort. Sie wächst auf fast allen Böden, die nicht zu feucht oder zu schwer sind. Die Samen werden je nach Witterung von Mai bis Juli in 1–3 cm Tiefe im Freiland ausgesät. Günstig ist es, die Samen vorher einige Stunden in war-

LINKS: Die Gartenmelde ist nicht nur eine schmackhafte Gemüsepflanze, sie bereichert den Garten auch durch ihr schönes Farbenspektrum.

mem Wasser quellen zu lassen. Geerntet wird über viele Monate von Ende Juni bis September.

## Gartenmelde

*Atriplex hortensis*

Auch bekannt als Spanischer Salat, Spanischer Spinat

In ihrer wilden Form tritt die bis zu 2 m hohe, krautige Melde überall dort auf, wo der Boden bewegt wird – sei es vom Gärtner beim Umgraben oder von Wildschweinen beim Umwühlen des Erdreichs. Schon in der Antike kultivierte man die wilde Melde, schätzte ihren würzigen Geschmack und nutzte sie als Heilpflanze. Heute gibt es die Gartenmelde in vielen Farben – von Hellgrün über Rot bis Violettbraun. Die jungen Blätter sind reich an Vitamin C und Mineralstoffen. Sie werden roh im Salat gegessen oder wie Spinat gedünstet. Dabei hat die einjährige Pflanze dem Spinat gegenüber einige Vorteile: Sie ist anspruchsloser, ertragreicher und wächst schnell. Wegen des geringeren Gehalts an Oxalsäure ist ihr Aroma milder als das von Spinat. Allerdings ist sie nach der Ernte nicht lange haltbar.

### Anbau und Ernte

Die robuste Gartenmelde gedeiht auf fast jedem Boden und liebt einen sonnigen Standort. Die Aussaat im Freilandbeet erfolgt ab April in Reihen oder einzeln zwischen anderen Kulturen. Kleine Jungpflanzen werden als Ganzes geerntet und verarbeitet. Bei größeren Pflanzen können nur noch die Blätter verzehrt werden. Nach der Blütenphase werden die Blätter bitter.

## Haferwurzel

*Tragopogon porrifolius*

Auch als Austernpflanze, Bocksbart, Milchwurzel, Weißwurzel bekannt

In ungeschältem Zustand sind die dünnen Stangen der Haferwurzel ockerfarben. Geschält und gekocht, lassen sich die schlan-

*Rezept*

## Knollenziest süßsauer

200 g Knollenziest abbürsten, waschen und in etwas Olivenöl andünsten. Knoblauchzehe dazugeben und kurz weitergaren.
   2 Teelöffel Rohrzucker zugeben und karamellisieren lassen, dann mit 1 Schuss Balsamicoessig und 125 ml Wasser ablöschen. 1 Esslöffel fein geschnittenen frischen Ingwer, 12 Senfkörner, 1 Nelke, frisch geriebene Muskatnuss, Salz und 1 Spritzer Sojasauce zugeben. Zugedeckt einige Minuten köcheln lassen, bis der Knollenziest gar, aber bissfest ist.
   Knoblauch entfernen und vor dem Servieren nochmals mit Muskat, Sojasauce und Salz abschmecken.

Knollenziest galt früher als Delikatesse, man servierte ihn gedünstet als Beilage zu Festtagsgerichten.

ken Wurzeln kaum von der bekannteren Schwarzwurzel unterscheiden. Beide schmecken wie eine zart gewürzte Artischocke mit leichter Spargelnote. Der Haferwurzel wird eine appetitanregende Wirkung zugeschrieben. Zudem soll sie bei Sodbrennen und Leberproblemen helfen. Mit der Einführung der Schwarzwurzel verlor die Haferwurzel immer mehr an Bedeutung. Außer den Wurzeln kann man auch die Blätter verwenden, die wie Spinat oder Salat zubereitet werden.

## Anbau und Ernte

Im April sät man Reihen mit ca. 20 cm Abstand aus. Jungpflanzen werden mit Abstand von 10 cm verzogen. Werden die Blätter im Oktober braun und welk, können die winterharten Haferwurzeln den Winter über geerntet werden. Frische Wurzeln halten sich einige Tage im Kühlschrank.

## Knollenziest

*Stachys sieboldii, Syn. Affinis*

Auch als Stachys, Japanische Kartoffel, Chinesische Artischocke bekannt

Der Knollenziest ist ein typisches Wintergemüse. Er gehört zur selben Familie wie die Minze und kam aus dem Fernen Osten über Frankreich nach Europa. Die bis zu 30 cm hohe Pflanze bildet ab dem Spätsommer an den Wurzeln fleischige, leicht spiralförmige, 2–4 cm lange Knöllchen aus. Die Knöllchen müssen nicht geschält werden und schmecken gekocht wie eine Mischung aus Artischocken und Kohlrabi. Man kann sie süß und sauer einlegen oder wie Spargel zubereiten. Die kleinen Spiralen ähneln äußerlich Muscheln und waren im letzten Jahrhundert eine beliebte Beilage zu festlichen Gerichten.

## Anbau und Ernte

Die taubnesselähnliche Pflanze gedeiht am besten an einem sonnigen Standort auf feuchtem, leicht sandigem Boden. Ab März legt man einfach 3–4 Knollenrhizome in ca. 10 cm tiefe Pflanzlöcher. Danach erfordern die Pflänzchen nur noch wenig Pflege: harken, gießen und gelegentlich düngen. Die Ernte beginnt nach dem Absterben der Stängel und Blätter. Die Knöllchen sind zwar winterhart, aber wegen ihrer dünnen Haut nicht lange lagerfähig. Deshalb nach dem Ausgraben bald verarbeiten.

Eine kleine Auswahl von alten Gemüsesorten (von oben links): Flügelerbse, Gartenmelde und Haferwurzel; (von unten links) Knollenziest, Schwarzer Rettich und die Kartoffelsorte Edzell Blue.

## Schwarzer Rettich

*Raphanus stativus L. var. Niger*

Zu den sogenannten Winterrettichen gehört der runde Schwarze Rettich, der reichlich Senföle und Vitamin C enthält und deutlich schärfer ist als Weißer Rettich. Er eignet sich ebenso für Rohkost wie zum Garen. Schwarzer Rettich muss geschält werden, da seine dicke raue Schale schwer verdaulich ist. Schon im Mittelalter wurde der Schwarze Rettich als Heilpflanze geschätzt. Dank ihrer wertvollen Inhaltsstoffe unterstützt die Wurzel die Arbeit von Leber und Galle und bringt die Verdauung in Schwung. Rettichsaft wirkt schleimlösend und hilft bei Atemwegserkrankungen.

## Anbau und Ernte

Die Aussaat im Freiland erfolgt von Juli bis August in Reihen an einem sonnigen Standort mit nahrhaftem, leicht sandigem Boden. Die Ernte muss noch vor dem ersten Frost erfolgen. Wegen seines festen Fruchtfleischs ist der Schwarze Rettich lange lagerfähig.

## Alte Kartoffelsorten

„Schützen durch Aufessen". Dieser Leitspruch der Slow-Food-Bewegung macht bei alten Kartoffelsorten besonders viel Spaß. Hier eine kleine Auswahl von fast vergessenen Kartoffelspezialitäten, die gut für den Eigenanbau geeignet sind:

* **Bamberger Hörnchen** süddeutsche Kartoffelsorte mit nussigem, intensivem Aroma. Die kleinen, fingerdicken, länglichen und oft krummen Knollen mit sehr dünner Schale sind vorwiegend festkochend. Diese Sorte findet man auch häufiger auf Märkten.

* **Edzell Blue** mittelfrühe, ertragreiche Kartoffelsorte mit blauer bis blauvioletter Schale und weißem Fruchtfleisch, sehr mehligkochend und aromatisch.

* **Hermanns Blaue** mittelfrühe, vorwiegend festkochende Kartoffelsorte mit blau marmoriertem Fruchtfleisch und kräftigem Geschmack.

* **Kalber Rotstange** späte, gelbfleischige, festkochende Kartoffelsorte mit rosa Schale und tief liegenden Augen. Sie erinnert in Geschmack und Konsistenz an Maronen.

# Kardone

*Cynara cardunculus*

Auch Karde, Cardy, Distelkohl, Spanische Artischocke

Kardonen ähneln äußerlich einem sehr großen Stangensellerie, ihre stacheligen Blütenstängel erinnern an Disteln. Doch geschmacklich ist die Gemüsepflanze eine delikate Mischung aus Artischocken und Spargel. Gegessen werden lediglich die gebleichten, fleischigen Blattstiele der Pflanze. Neben der stacheligen Urpflanze werden heute vor allem Sorten angebaut, die keine Stacheln aufweisen und sich deshalb leichter verarbeiten lassen, jedoch nicht so aromatisch sind.

## Anbau

Die Kardone ist ein Starkzehrer, der viel Platz braucht (rund 1 m² pro Pflanze). Sie schätzt einen lockeren, nährstoffreichen Boden in sonniger Lage. Kardonen können ab Mai im Freiland ausgesät werden. Nach den Eisheiligen kann man Jungpflanzen im Freilandbeet auspflanzen. Später werden die schwächeren Pflanzen ausgezupft, damit sich die kräftigen besser entwickeln können.

Der Anbau von Kardonen ist relativ aufwendig, weil die Pflanze auf dem Feld ausbleichen muss, damit die Bitterstoffe abgebaut und die Stängel so erst genießbar werden.

*Ernte*  30 Tage vor der Ernte im Oktober müssen die bis zu 2 m hohen Pflanzen auf ca. 1 m gestutzt, zusammengebunden und mit schwarzer Folie oder Strohsäcken umhüllt werden. So können sie kein Blattgrün mehr entwickeln und bleichen aus. Zur Ernte werden die Stängel dicht am Boden abgeschnitten, die äußeren Stängel, Blätter und eventuelle Stacheln entfernt. Genießbar sind nur die inneren hellen Blattstiele.

*Probleme*  Die Kardone ist sehr robust. Mögliche Schädlinge sind Blattläuse und Drahtwürmer. Um Pilzkrankheiten wie Wurzelbrand und Falschen Mehltau zu vermeiden, sollte sie nicht in der Nähe von Gewürzkräutern und Linsen angebaut werden.

Kardonen sind in Italien verbreitet und bringen die Erinnerungen an die Aromen eines warmen italienischen Sommers zurück: Sie sind erst spät im Oktober erntereif, wenn es kein anderes italienisches Gemüse mehr im Garten gibt.

Kardonen schmecken leicht bitter und sind vor allem im Mittelmeerraum ein beliebtes Gemüse.

## Kauf und Lagerung

Die Kardone war bereits in der Antike eine beliebte Delikatesse. Sie stammt ursprünglich aus Äthiopien und breitete sich über Ägypten, Griechenland und Rom in ganz Europa aus. Bis ins 19. Jahrhundert war sie auch in Deutschland ein gängiges Gemüse. Inzwischen findet man die aromatischen Blattstiele vor allem auf den Märkten in Frankreich, Spanien, Italien und in Nordafrika.

## Kulinarisches

Vor dem Kochen werden die Kardonen geputzt: Die äußeren dicken Stängel und die Blätter entfernen. Die grobe Faserhülle von den zarten Stielen abziehen und die Stiele in 5–6 cm lange Stücke schneiden. Sofort in eine Schüssel mit Zitronenwasser legen, damit sie nicht braun werden. Kardonen in kochendem Salzwasser 10–15 Minuten knapp bissfest vorgaren. Je nach Rezept serviert man die vorgegarten Stiele gebraten, überbacken als Gratin oder als Ragout mit würzigen Saucen.

## Gesundheit

Wie die Artischocke enthält auch die Kardone den Bitterstoff Cynarin, der den Appetit anregt, die Arbeit von Leber und Galle unterstützt, die Darmflora positiv beeinflusst und die Verdauung fördert. Außerdem Inulin, einen Ballaststoff, der die Aufnahme von Kalzium und Magnesium erhöht und dafür sorgt, dass der Körper diese Mineralstoffe besser speichern und verarbeiten kann.

### Geschichte

Früher verwendete man im gesamten Mittelmeerraum bei der Käseherstellung zum Gerinnen der Milch ein pflanzliches Labferment aus den Blütenstempeln der Kardone, die auch in kargen Regionen wächst. Eine Messerspitze der getrockneten Stempel genügt für die Gerinnung von zehn Liter Milch. Um das Labferment zu erhalten, wässert man die Stempel einige Stunden in lauwarmem Wasser, zerstampft sie dann in einem Mörser und gibt sie mit dem Einweichwasser zur Milch. Bis heute werden einige auf traditionelle Weise erzeugte Käsesorten in Spanien und Portugal mit diesem Labferment hergestellt.

Auch als Zierpflanze kann die Kardone mit ihren distelähnlichen Blüten im Garten Verwendung finden.

# Kartoffeln

*Solanum tuberosum*

Die anspruchslose Kartoffel gehört in vielen Ländern zu den Grundnahrungsmitteln. Sie ist vielseitig verwendbar, und für jede Zubereitungsart – ob gebraten, gekocht, frittiert, als Salat oder Püree – gibt es geeignete Sorten. Der jeweilige Stärkegehalt bestimmt Verwendungszweck und Garmethode. Heute sind nicht nur braunschalige Kartoffeln im Handel, sondern auch Sorten mit gelber, roter, rosa oder violetter Schale. Die meisten Sorten haben hell- bis goldgelbes Fruchtfleisch, es gibt auch violett- und orangefleischige Kartoffeln.

## Anbau

Kartoffeln sind sehr ertragreich, und nicht selten lassen sich 3–4 kg Kartoffeln pro Quadratmeter Anbaufläche ernten. Kartoffeln bevorzugen nährstoffreichen, durchlässigen Boden. Deshalb sollte einige Wochen vor der Pflanzung verrotteter organischer Dung in den Boden eingearbeitet werden. Direkt vor der Pflanzung wird der Boden mit einer Gartengabel aufgelockert, um große Erdklumpen aufzubrechen. Das erleichtert die Knollenbildung. Wählen Sie einen sonnigen, vor kaltem Wind geschützten Standort. Kartoffeln brauchen viel Platz und in der Wachstumsphase ausreichend Wasser.

Kartoffeln gehören wie Paprika, Chili und Aubergine zu den Nachtschattengewächsen und sind anfällig für bestimmte Krankheiten. Um eine Übertragung auf andere Pflanzen zu verhindern, halten Sie eine Anbaupause von vier Jahren ein, bevor Sie im selben Beet erneut ein Nachtschattengewächs kultivieren.

Kartoffeln sind frostempfindlich und lieben milde Temperaturen von 16–22 °C. Deshalb sollten sie je nach Klima und Wetterlage nicht vor April gelegt werden. Bei spätem Frost müssen Jungpflanzen mit einem Vlies abgedeckt werden. Kartoffeln benötigen 60–90 frostfreie Tage, um voll ausreifen zu können. Idealerweise sollte die Bodentemperatur für die Reife um 15 °C liegen.

*Probleme*   Durch gezielten Fruchtwechsel können viele Schädlinge und Krankheiten reduziert werden. Diverse Insekten werden abgewehrt, indem man darauf achtet, dass die Knollen immer mit Erde bedeckt sind. Die meisten Insektenschädlinge befallen nur Knollen über der Erde. Unregelmäßige Versorgung mit Wasser verursacht diverse Schwierigkeiten, darunter Risse im Boden. Durch diese können Schädlinge leichter an die Kartoffelknollen gelangen.

**Kartoffeln mit grünen Stellen oder grünlich gefärbter Schale sollten nicht gegessen werden. Sie enthalten das giftige Alkaloid Solanin.**

Kartoffeln sind einjährige krautige Pflanzen, die unterirdische Knollen ausbilden. Die Pflanzen bevorzugen einen sonnigen Standort, sandig-lockeren Boden und viel Platz, um sich gut zu entwickeln.

*Ernte* Kartoffeln sind, je nach Sorte, rund 20 Wochen nach Auspflanzung erntereif. Neue Kartoffeln können nach Bedarf 8–12 Wochen nach der Blüte geerntet werden, sobald das Kraut abstirbt. Sie müssen nicht geschält werden und schmecken gedämpft mit etwas Butter und fein gehackten frischen Kräutern wie Petersilie oder Schnittlauch am besten.

Kartoffeln, die voll ausgereift und gut lagerfähig sind, sollten 2–3 Wochen, nachdem das Kraut abgestorben ist, aus dem Boden geholt werden, damit die Schale fester wird und die Knolle besser schützt.

Testen Sie 1–2 Knollen, bevor Sie die ganze Pflanze ernten. Beschädigte Kartoffeln sofort verwerten, den Rest lagern Sie an einem dunklen, trockenen, gut belüfteten Ort ein. Erde sollte nur abgebürstet und nicht abgewaschen werden. Kartoffeln halten sich am besten mit einer kleinen Erdschicht, die vor Licht schützt und verhindert, dass sie grün werden. Knollen immer mit einer Gabel und nicht mit dem Spaten ausgraben, das schont die Knollen und lockert die Erde. Kartoffeln halten sich bei trockenem, kühlem Wetter auch im Boden.

OBEN: Das satte violette Fruchtfleisch der Sorte ‚Purple Congo‘ bringt Farbe in jedes Kartoffelgericht.

RECHTS: Im Handel oder zum Eigenanbau sind unzählige Sorten auf dem Markt. Hier auf dem Teller (im Uhrzeigersinn von oben links): ‚Pink Eye‘ (im Drahtkorb), ‚Russet Burbank‘, ‚Bintje‘, ‚Ruby Lou‘, ‚Royal Blue‘ und ‚Dutch Cream‘. Auf dem Tisch oben rechts: ‚Sebago‘ (oben) und ‚Purple Congo‘. In der Schale ‚Nicola‘ und ‚Desiree‘ (unten), in der eckigen Form kleine ‚Kipfler‘ (links) und voll ausgereifte ‚Kipfler‘.

Pflanzen Sie Kartoffeln in Säcken. Auf 1 m² haben etwa drei Säcke Platz, und in jedem kann eine andere Sorte angebaut werden. Die Säcke sollten auf festem Untergrund stehen. Pro Sack lassen sich 30–50 Kartoffeln ernten.

## Was gepflanzt wird

Am besten greift man jedes Jahr zu frischen kontrollierten, resistenten Saatkartoffeln. Zwar kann man auch jede ausgekeimte Kartoffel aus der Küche verwenden, aber viele Supermarkt-Kartoffeln werden chemisch behandelt, um das Auskeimen zu verhindern. Zertifizierte Saatkartoffeln werden am besten als Ganzes gelegt. Sehr große Knollen können in 50–60 g schwere Stücke geteilt werden, die jeweils mindestens zwei sogenannte Augen haben sollten. Die Augen sind Vertiefungen an der Knolle, aus denen später die Triebe kommen.

Saatkartoffeln müssen vor dem Legen keimen. Lassen Sie die Kartoffeln etwa 1 Monat an einem warmen, hellen Ort liegen, bis die Triebe etwa 1,5 cm lang und dick sind. Kartoffeln mit längeren und dünnen Trieben müssen aussortiert werden.

## Wie gepflanzt wird

Es gibt mehrere Möglichkeiten, Kartoffeln im Beet oder auch im Topf zu kultivieren. Dabei gilt es immer zu bedenken, dass rund 80 % der Knollen oberhalb der gelegten Saatkartoffel wachsen und jede Saatkartoffel etwa 10 Knollen hervorbringt. Die erste Möglichkeit besteht darin, die Saatkartoffeln in tiefe Furchen zu legen und die Erde dann um den Trieb anzuhäufeln. Eine andere Methode ist, die Kartoffel einfach auf Bodenniveau zu legen und dann einen Erdhügel aufzuschütten.

*In Furchen pflanzen*    Ziehen Sie im Reihenabstand von 75 cm etwa 15 cm tiefe Furchen in den Boden. Legen Sie die vorgekeimten Saatkartoffeln im Abstand von 30 cm hinein, und füllen Sie die Furche wieder mit Erde. Sobald die Triebe nach 3–4 Wochen durch die Erde gebrochen sind, sollten die Pflanzen angehäufelt, das heißt, mit Erde bedeckt werden. Das fördert eine reiche Knollenbildung, und die Knollen werden vor Sonnenlicht geschützt. Sie können die Pflanzen auch mit einer 5–10 cm dicken Strohmulchschicht bedecken.

*Ohne Graben*    Dafür werden gut verrotteter Kuh- oder Schafmist, Kompost und Stroh gemischt. Der Boden wird mit einer Schicht Zeitungspapier bedeckt. Darauf kommt eine 15–20 cm dicke Schicht der vorbereiteten Kompostmischung. Die Saatkartoffeln werden mit 30 cm Abständen daraufgelegt, mit 15 cm Kompostmischung bedeckt und gut gewässert. Wenn die Kartoffeltriebe 20–30 cm

Auch auf beschränktem Raum lassen sich Kartoffeln anpflanzen: Mit Kartoffel-Pflanzsäcken wie diesem geht das auch ohne Acker oder Beet in einem gepflasterten Hof.

„Es ist von uns in höchster Person in unseren anderen Provinzen die Anpflanzung der sog. Tartoffeln, als ein sehr nützliches und sowohl für Menschen als Vieh auf sehr vielfache Weise dienliches Erd-Gewächse, ernstlich anbefohlen."

KARTOFFELBEFEHL FRIEDRICHS II. FÜR SCHLESIEN, 1756

## Warmer Kartoffelsalat

Für diesen feinen, aromatischen Salat wählen Sie neue Kartoffeln und ballaststoffreiche Dicke Bohnen. Sie werden mit einer Kräutervinaigrette und knackigen Salatblättern verfeinert.

**Vorbereiten:** 15 Minuten/**Garen:** 15 Minuten/**Für 4 Personen**

500 g kleine neue Kartoffeln
1 kg frische Dicke Bohnen in der Hülse oder
　300 g TK-Bohnen
1 TL Zucker
1 TL scharfer Senf
1 TL Apfelessig
3 EL Olivenöl
3 große Zweige frischer Thymian, Blättchen abgezupft
Salz und frisch gemahlener schwarzer Pfeffer
100 g Rote-Bete-Blätter oder zarte Salatblätter
4 EL frische Schnittlauchröllchen

Die Kartoffeln in einem großen Topf Salzwasser etwa 10 Minuten gar kochen. Gut abtropfen lassen. Inzwischen, falls frische Bohnen verwendet werden, diese palen. Die Bohnen in einem zweiten Topf mit kochendem Wasser 3–4 Minuten blanchieren. Gut abtropfen und etwas abkühlen lassen. Aus den Häuten drücken.

Zucker, Senf und Essig in einer Schüssel verrühren, bis der Zucker sich aufgelöst hat. Das Öl mit dem Thymian unterrühren. Mit Salz und Pfeffer abschmecken.

Auf vier Tellern ein Bett aus Rote-Bete-Blättern oder Salatblättern anrichten. Kartoffeln und Bohnen in der Vinaigrette wenden, dann Schnittlauchröllchen untermischen. Den Salat auf Tellern anrichten und servieren.

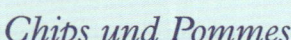

### Chips und Pommes

Dünne Gemüsechips wurden schon seit Jahrhunderten frittiert. Der Begriff *chips* für frittierte Kartoffeln gelangte erst im 19. Jahrhundert in den englischen Sprachgebrauch. Charles Dickens beschreibt in seinem Buch *Eine Geschichte aus zwei Städten* (1859) „schlecht[e], in einigen Tropfen widerstrebenden Öls gebraten[e] Kartoffeln". Im Deutschen hat sich der Begriff für frittierte Kartoffelscheiben durchgesetzt. Doch die Franzosen entwickelten eine weitere Kartoffelvariante, die *pommes frites* – Kartoffelstäbchen, die in Fett ausgebacken wurden. Die Deutschen übernahmen diese Zubereitungsart mit Freuden und nennen die Stäbchen heute meistens nur kurz „Pommes".

Die vorgekeimten Kartoffeln können auch in 15 cm tiefe Pflanzlöcher im Abstand von 30 cm gelegt werden. Die Triebe sollten kräftig und weder zu dünn noch zu lang sein.

lang sind, werden sie mit weiteren 15 cm Kompostmischung bedeckt, sodass nur die Triebspitzen herausragen. Häufeln Sie in der Wachstumsphase weitere Schichten Kompostmischung auf, bis der Grat des Hügels etwa 60 cm hoch ist. Pflanzennahrung auf Algenbasis bei der Pflanzung und während der Blüte untergemischt, wirkt sich ebenso vorteilhaft auf das Wachstum aus.

**Türme**　Für die Methode ohne Graben kann man auch drei Styroporboxen mit ausgeschnittenem Boden zu Türmen aufeinanderstapeln. Geeignet sind auch stapelbare Hohlrahmen oder alte Weinfässer. Sie können auch einen Turm aus Maschen- oder Kaninchendraht bauen und mit ein paar Stäben stabilisieren.

Zum Ernten der Knollen wird einfach der Rahmen entfernt. Diese Methode ist besonders schonend, weil die Knollen nicht mit einer Gartengabel ausgehoben werden müssen. Die Kompostmischung kann anschließend für andere Zwecke weiterverwendet werden.

**Pflanzsack**　Solche Säcke aus beschichtetem Polypropylen sind ideal für Gärten mit begrenztem Platz. So lassen sich aus 3 bis 5 Saatkartoffeln 30 bis 50 Knollen ernten. Die Säcke haben an der Seite Klettverschlussöffnungen. Mit deren Hilfe kann man neue Kartoffeln entnehmen, während die restlichen Knollen voll ausreifen können.

## Sorten

Durch den Anbau unterschiedlicher Kartoffelsorten lässt sich nicht nur die Erntezeit verlängern, es werden auch Schädlingsbefall und Krankheiten reduziert. Sie können die Knollen auch nach Verwendung, Kocheigenschaften und Aroma auswählen:

Kartoffeln mit geringem Stärkegehalt sind fest und bewahren ihre Form auch nach dem Garen. Sie werden als festkochend bezeichnet und sind insbesondere für Kartoffelsalat und Salzkartoffeln geeignet. Kartoffeln mit hohem Stärkegehalt sind ideal als Ofenkartoffeln, für Pürees und Pommes frites; sie werden mehligkochend genannt. Kartoffeln mit mittlerem Stärkegehalt sind wahre Alleskönner und werden als vorwiegend fest- bzw. mehligkochend bezeichnet.

### *Gelbfleischige Kartoffeln*
Sie haben ein buttriges Aroma und eine eher festkochende Textur.

* ,Adretta' Alte, bewährte Sorte mit gleichmäßiger Form. Sehr aromatisch und mehligkochend. Ideal für Klöße, zum Backen oder für Pürees und Suppen.
* ,Bintje' Narbige gelbe Schale und festes gelbes Fleisch. Gute Lagerkartoffeln. Sehr gut zum Kochen und Braten, ausgezeichnete Salz- und Salatkartoffel.
* ,Desiree' Länglich-ovale Knolle mit hellrosa Schale und cremigem Fleisch. Ausgezeichnet für alle Zubereitungsarten außer zum Frittieren.
* ,Ditta' Junge, robuste, festkochende Sorte mit eher kleinen Knollen und sehr guten Erträgen. Intensiver Kartoffelgeschmack, ideal für Salat sowie Pell- und Röstkartoffeln.
* ,Kipfler' Kleine, fingerdicke Knolle mit gelber Schale und cremegelbem Fleisch. Ausgezeichneter Allrounder, zum Frittieren allerdings nicht geeignet.
* ,La Ratte' Sehr alte, edle, französische Sorte. Längliche fingerähnliche Knollen, festkochend. Bei Feinschmeckern sehr beliebt.
* ,Marabel' Runde, leicht ovale Knolle, dünne Schale. Fein süßlich schmeckende Frühkartoffel, vorwiegend festkochend. Allzweckkartoffel.
* ,Nicola' Kleine bis mittlere Knollen mit länglicher Form, gelber Schale und gelbem Fleisch. Leicht süßliches, buttriges Aroma. Besonders gut für Salat, Salzkartoffeln oder Ofenkartoffeln.
* ,Sieglinde' Eine der ältesten Sorten in Deutschland. Längliche Knolle, etwas ungleichmäßig, festkochend. Platzt beim Kochen nicht auf und hat ein schönes gelbes Fleisch. Perfekt für Kartoffelsalat, Brat- und Pellkartoffeln.

### *Weißfleischige Kartoffeln*
Sie haben nach dem Garen eine mehligere, stärkebetontere Konsistenz. In Deutschland sind weißfleischige Kartoffeln weniger verbreitet, in den USA und Großbritannien hingegen bevorzugt man Kartoffeln mit weißem Fleisch.

* ,Sebago' Eine der häufigsten Kartoffelsorten. Große, ovale Knollen mit glatter, heller Schale und weißem Fleisch. Gute Allzweckkartoffel, insbesondere für Pommes frites und Chips.

*Rezept*

### *Knusprige Pommes*

Das Geheimnis perfekter Pommes frites: zweimal frittieren. Mehligkochende Kartoffeln schälen, in 1,5 cm dicke Stifte schneiden und trocken tupfen. Fritteuse oder großen Topf halb mit Öl füllen und auf 170 °C erhitzen. Zum Test Brotwürfel oder ein Stück Kartoffelschale hineingeben; ringsum sollten sich Bläschen bilden. Stifte 5 Minuten frittieren. Herausnehmen und abtropfen lassen. Temperatur auf 180 °C erhöhen. Pommes in 7–10 Minuten goldbraun und knusprig frittieren.

Die Ausbeute einer einzigen Saatkartoffel ist beeindruckend. Bei der Ernte sollte die Pflanze samt Wurzelwerk mit einer Gartengabel angehoben werden. Stechen Sie die Gabel mindestens 15 cm von der Pflanze entfernt in den Boden, damit die Knollen nicht durch die Zinken verletzt werden.

Rot- und violettfleischige Kartoffelsorten enthalten mehr gesunde Vitalstoffe als weißfleischige, insbesondere Farbpigmente wie Carotinoide und Flavonoide, die unter anderem vor bestimmten Krebsarten schützen können.

## Fleißig graben

Während des Zweiten Weltkriegs wurden die Briten mit der *Dig for Victory*-Kampagne aufgefordert, möglichst viele Lebensmittel selbst anzubauen. Blumenbeete, öffentliche Flächen, selbst der Graben um den Londoner Tower wurden umgegraben, um Kartoffeln, Möhren, Kohl und Zwiebeln anzubauen.

## Weitere Sorten

* **,King Edward'** Ovale bis runde gelbe Knollen, rote Maserung an den Augen. Hellgelbes Fleisch, leicht nussiger Geschmack. In England eine der beliebtesten Sorten, bei uns bei Feinschmeckern geschätzt.

* **,Laura'** Glatte rote Schale, längliche Knollen mit festem tiefgelbem Fleisch. Guter Allrounder, z. B. für Salz- oder Pellkartoffeln, aber auch für Püree und Pommes frites.

* **,Purple Congo'** Längliche Knollen mit tiefvioletter Schale und violettem Fleisch, das durch Garen lavendelfarben wird. Ideal für Püree, zum Dämpfen und Kochen sowie für Salate. Weniger geeignet zum Backen im Ofen. Durch einen Spritzer Zitronensaft kann die Farbe der Kartoffeln intensiviert werden.

* **,Red Duke of York'** Rotschalige runde Sorte, in England beliebt. Sehr gute Eigenschaften für Salzkartoffeln und zum Rösten.

* **,Rosa Tannenzäpfle'** Fingerlange, leicht rosafarbene Knollen, gelbes Fleisch. Alte, deutsche Delikatesskartoffel mit festkochenden Eigenschaften für Salate und zum Rösten.

* **,Rote Emmalie'** Rote Schale und rosafarbenes Fleisch, ovale Knolle. Optischer Hingucker in Salaten.

* **,Violetta'** Blaue Schale und blaues Fleisch, längliche kleine Knollen. Aus der Feinschmeckerkartoffel ,La Ratte' gezüchtet, bunte Einlage für Salate.

*Rezept*

## Kartoffelpuffer

Außen knusprig und innen weich – Kartoffelpuffer sind eine leckere Beilage. Traditionell werden sie mit Apfelmus serviert, man kann sie aber auch mit Salz würzen oder mit einem Klacks Crème fraîche garnieren.

1 kg mehligkochende Kartoffeln schälen und raspeln. Mit 1 fein gehackten kleinen Zwiebel vermengen. Die Kartoffelmasse portionsweise sorgfältig ausdrücken und in eine saubere Schüssel geben.

2 leicht verquirlte Eier untermischen. 50 g Mehl und 1 Teelöffel Backpulver darübersieben und sorgfältig einarbeiten.

Öl 6 mm hoch in eine große Pfanne füllen und erhitzen. Eine kleine Handvoll Kartoffelmasse in die Pfanne geben und mit einem Pfannenwender flach drücken (7 cm ø). Es können etwa vier Puffer auf einmal gebraten werden, die Pfanne nicht überfüllen. Etwa 3 Minuten von jeder Seite goldbraun und knusprig braten.

Auf Küchenpapier abtropfen lassen und warm halten, bis alle Puffer gebraten sind. Sofort servieren. **Für etwa 12 Puffer**

*„Die dümmsten Bauern haben die größten Kartoffeln."*

DEUTSCHES SPRICHWORT

## Kauf und Lagerung

Kartoffeln sollten fest und unbeschädigt sein. Vermeiden Sie Kartoffeln, die bereits Triebe erkennen lassen oder grüne Stellen haben. Sie werden an einem kühlen, trockenen, dunklen Ort mit ausreichend Luftzufuhr, also nicht in Plastikbeuteln, gelagert. Kartoffeln sollten nicht neben Zwiebeln aufbewahrt werden, da diese Gase freisetzen, die Kartoffeln schneller verderben lassen.

## Gesundheit

Rohe Kartoffeln, ob als Umschlag oder in Scheiben, sind seit Langem ein Hausmittel gegen Warzen, Wunden und Verbrennungen. Ein Wickel aus heißen gedämpften Kartoffeln hilft bei Ohr- und Halsschmerzen, während der Dampf von gekochten Kartoffeln Augenprobleme lindern soll. Kartoffeln sind reich an Vitamin C und B und enthalten wichtige Mineralien wie blutdruckregulierendes Kalium, Magnesium, Eisen, Zink und Phosphor.

# Kohlsorten

Zu den Kohlgewächsen der Familie *Brassica oleracea* gehören Winterkohlsorten wie Weiß- und Rotkohl, Grünkohl und Rosenkohl, aber auch Blumenkohl, Brokkoli und Kohlrabi. Es sind sehr robuste Gemüsesorten, die auch in rauerem Klima gedeihen. Manche wie Rosenkohl oder Grünkohl erhalten durch Frost sogar ein besseres Aroma. Asiatische grüne Kohlsorten wie *B. rapa* oder *B. juncea* (siehe Seite 13–16) sind wärmebedürftiger. Im Handel sind viele Kohlsorten entweder frisch oder als Lagerware das ganze Jahr über erhältlich. Aus dem heimischen Garten können sie im Sommer bis in den Winter hinein geerntet werden.

## Anbau

Kohlgewächse mögen allgemein nährstoffreichen, gut vorbereiteten, lockeren, humosen und leicht alkalischen Boden. Alle Sorten lassen sich ab dem Frühjahr aus Samen vorziehen und auspflanzen.

*Probleme*   Die größten Probleme bereiten Schnecken, die Raupen der Kohlmotte und die weiße Kohlfliege, die die Blätter fressen, und die Kohlblattlaus, die die Herzen von Jungpflanzen befällt. Starke, gesunde Pflanzen sind in der Regel weniger betroffen. Bodenbedingte Erkrankungen können durch eine gut geplante Fruchtfolge weitgehend vermieden werden.

Zu einem Befall durch Raupen kommt es insbesondere bei wärmerem Frühjahrs- und Herbstwetter. Man kann sie entweder einsammeln und vernichten oder die Pflanzen mit einem biologischen Spritzmittel behandeln. Beachten Sie dabei aber immer die Wartezeit zwischen Anwendung und Ernte. Oder Sie decken die Pflanzen mit Pflanzhütchen, einem Folientunnel oder einem abnehmbaren Fliegengitter ab. Um die Pflanzen gelegte Eierschalen halten die Insekten ebenfalls von der Eiablage ab bzw. die Motte legt ihre Eier dann in den Schalen ab, die wöchentlich gesammelt und kompostiert werden sollten. Die natürlichen Feinde der Kohlblattlaus sind bei niedrigeren Temperaturen weniger aktiv. Bei Lausbefall können die Schädlinge zerdrückt, mit einem Wasserstrahl abgespült oder mit einem biologischen Pestizid abgetötet werden.

## Kauf und Lagerung

Brokkoli und Blumenkohl sollten saubere, leuchtende dicht geschlossene Röschen bilden (Brokkoli kann violette Schattierungen haben). Kopfkohl und Rosenkohl haben normalerweise dicht geschlossene Köpfe mit festen, unbeschädigten Blättern. Gesunder Grünkohl hat feste Blätter ohne schadhafte oder

*Kohlgewächse gehören zur Gattung der Kreuzblütler, die nach der Form ihrer kleinen vierblättrigen Blüten, die wie Kreuze aussehen, benannt sind.*

welke Stellen. Bei Kohlrabi greift man am besten zu kleineren Exemplaren mit intakter Schale. Sie haben ein feineres Aroma und sind zarter. Kohl hält sich in einem feuchten Tuch im Kühlschrank bis zu 1 Woche, er kann blanchiert auch eingefroren werden.

## Gesundheit

Äußerlich angewendet, sind gekochte oder rohe Kohlblätter ein altes Hausmittel bei Brustbeschwerden in der Stillzeit, Venenbeschwerden und Arthritis. Kohl enthält viele schützende Nährstoffe wie Glucoraphanin, Gluconasturtiin und Glucobrassicin (Brokkoli und Rosenkohl) und Sinigrin (Kopfkohl). Diese Senfölglycoside unterstützen nachweislich die körpereigene Entgiftung und blockieren DNA-schädigende Enzyme, die zu Krebs führen können. Die Ballaststoffe regulieren den Cholesterinspiegel.

Vor Tausenden von Jahren wurde eine grünkohlartige Wildpflanze im Mittelmeerraum domestiziert und als kohlartiges Gemüse angebaut. Daraus gehen alle unsere modernen Kohlvarietäten wie Weiß- und Rotkohl hervor.

### Schädlinge

Der Kohlweißling und die Kohlmotte sind territoriale Insekten. Dieses Verhalten können Sie nutzen, um Ihr Gemüse zu schützen: Aus weißen Plastikbechern Schmetterlingsformen zurechtschneiden und auf kurze Stöcke nageln, die zwischen die Kohlpflanzen gesteckt werden; oder kleine weiße Styroporstücke auf eine Leine fädeln und in Abständen von etwa 30 cm zwischen den Kohlpflanzen anbringen. Kohlweißlinge und Kohlmotten betrachten diese „Verzierungen" als echte, lebende Konkurrenten, die sich bereits in diesem Territorium angesiedelt haben, und lassen Ihren Kohl in Frieden.

Rosenkohlsprossen sehen aus wie Miniaturkohlköpfe und entwickeln sich am Hauptstamm der Pflanze.

Rosenkohl vor dem Garen am Strunk kreuzweise einzuschneiden bringt keine Vorteile. Es verkürzt weder die Garzeit noch garen die Sprossen gleichmäßiger. Der Rosenkohl wird so viel eher matschig. Eine Erklärung für diese Tradition mag sein, dass man mit dem kreuzförmigen Einschnitt früher den Teufel fernhalten wollte.

# Brokkoli

*Brassica oleracea convar. botrytis var. italica*

Vom Brokkoli erntet man runde grüne Köpfe aus nicht geöffneten Blütenknospen. Er wird üblicherweise blanchiert, gedünstet oder gebraten, lässt sich aber auch gut einlegen und schmeckt, ganz frisch geerntet, auch roh.

## Anbau

(Vorgezogene) Setzlinge werden mit einem Pflanzabstand von 40–50 cm ab April gesetzt, damit die Köpfe schön wachsen und reifen können. Für Folgeernten können bis in den Juni hinein alle 4–6 Wochen weitere Pflanzen ausgebracht werden.

*Ernte*    Brokkoli hat eine Reifezeit von 2–3 Monaten. Die Köpfe sollten geerntet werden, bevor sie blühen und schossen – am besten, wenn sie einen Durchmesser von 10–15 cm haben und fest sowie dicht geschlossen sind. Ist der Haupttrieb abgeschnitten, produziert die Pflanze über einen längeren Zeitraum wieder weitere kleinere Seitentriebe.

## Varietäten

Aus dem Handel kennt man hauptsächlich Brokkoli mit bis zu 20 cm großen, grünen Blütenständen. Für den Gemüsegarten bieten sich auch andere Sorten an, wie der sogenannte Sprouting-Brokkoli (auch Spargelkohl genannt), der viele kleine Blütenstände produziert, oder italienischer Rapini (Rübstiel), von dem Blätter, Stängel und die kleinen knopfartigen Blütenstände mit intensivem Aroma gegessen wer-

den. Von vielen Sorten gibt es violette Varietäten – die eigentlich ursprüngliche Farbe dieses Gemüses. Eine weitere Varietät ist der Romanesco mit seinem limettengrünen, spitzen Röschen – eine Kreuzung aus Blumenkohl und Brokkoli.

# Rosenkohl

*Brassica oleracea var. gemmifera*

Diese kleinen Achselknospen, die am Hauptstamm wachsen, sehen aus wie sehr kleine Kohlköpfe und haben ein ganz eigenes Aroma, das bei selbst angebautem Gemüse am besten zur Geltung kommt. Auch hier gibt es neben der klassischen, bekannten grünen Sorte eine violette Varietät. Die äußeren Blätter sind auch als Blattgemüse essbar.

## Anbau

Jungpflanzen werden von Ende April bis Ende Juni mit einem Abstand von 60 cm gesetzt, damit sie sich gut entwickeln können. Rosenkohl kann bis zu 75 cm hoch werden und bei starkem Wind leicht knicken. Deshalb sollte die Erde um die Pflanze leicht angehäufelt oder der Hauptstamm mit einem Stab gestützt werden. Sobald sich Sprossen bilden, die Blätter von unten nach oben entfernen. Da Rosenkohl kurzzeitig Frost verträgt bzw. das Aroma durch Frost sogar verbessert wird, kann man je nach Auspflanzung bis in den November hinein ernten.

*Ernte*    Drei Monate nach Auspflanzung entwickeln sich am Hauptstamm die ersten Sprossen. Sie reifen von unten nach oben, deshalb die unteren Sprossen zuerst abernten. Damit sich die oberen Sprossen besser entwickeln, kann die Spitzenknospe abgetrennt werden. Kleinere Sprossen haben ein feineres Aroma und sollten bei der Ernte fest geschlossen und maximal 2,5 cm dick sein.

*Rezept*

## Rosenkohlblätter mit Sardellen und Knoblauch

Egal, ob gedämpft, gekocht oder gedünstet – Rosenkohl sollte nicht zu lange gegart werden, sonst wird er matschig. Er hat ein wunderbares, leicht nussiges Aroma. Hier wird es – mal etwas anders – durch Sardellen, Knoblauch und Chili zur Geltung gebracht.

Die Blätter von 750 g Rosenkohl einzeln abtrennen und in Salzwasser 30 Sekunden blanchieren. Unter kaltem Wasser abschrecken und abtropfen lassen.

2 Esslöffel Olivenöl in einer großen Pfanne erhitzen und 2 Knoblauchzehen in feinen Scheiben und 4 fein gehackte Sardellenfilets 1 Minute unter Rühren andünsten, bis der Knoblauch goldgelb ist.

Die Rosenkohlblätter und ½ Teelöffel getrocknete rote Chiliflocken zufügen und 2–3 Minuten unter vorsichtigem Wenden anbraten. Mit 1 Esslöffel Zitronensaft beträufeln und mit frisch gemahlenem schwarzem Pfeffer würzen. In eine große Servierschüssel füllen und mit etwas Olivenöl beträufeln.
**Für 4 Personen** als Beilage

Jedes Jahr kommen neue Brokkolizüchtungen auf den Markt (im Uhrzeigersinn von oben links): der bekannte Kopfbrokkoli, die kleinen Röschen einer Sprouting-Sorte und eine violette Varietät des Sprouting-Brokkolis.

Bei Kopfkohl ist die Auswahl groß (von links nach rechts): Weißkohl, Rotkohl und Wirsing

# Kopfkohl

*Brassica oleracea convar. capitata*

Bei Kohl denkt man zunächst an die kompakten Kohlköpfe mit fest anliegenden Blättern, die bis zu 6 kg wiegen können. Die Pflanzen treiben nach der Ernte nicht neu aus und können ausgerissen werden. Kohl wird meist gehobelt und kommt entweder als Rohkost, Salat oder gekocht auf den Tisch.

## Anbau

Vorgezogene Pflanzen werden je nach Sorte in Abständen von 40–60 cm gesetzt, damit sich die Köpfe gut entwickeln können. Die Reifezeit kleinerer Sorten beträgt 8 Wochen, größere Sorten nehmen 14–22 Wochen in Anspruch. Für Folgeernten können alle 4 Wochen neue Pflanzen gesetzt werden.

*Ernte*    Geerntet wird, wenn die Köpfe groß, prall und fest sind. Sie werden an der Basis mit einem scharfen Messer abgeschnitten.

## Sorten

Einige Kohlsorten können bereits jung als Mini-Kohl geerntet werden, wie z.B. ‚Castello F1‘, es gibt auch reine Minisorten wie den Spitzkohl ‚Caramba F1‘. Diese Sorten sind ideal für kleine Anbauflächen. Besonders dekorativ sind Rotkohl, z.B. der Spitzrotkohl ‚Tinty‘, oder der Krause Wirsing.

> Sauerkraut enthält mehr verdauungsfördernde Milchsäurebakterien als Joghurt.

*Rezept*

## Sauerkraut mit Apfel und Speck

Kohl ist bekannt für seine verdauungsfördernde Wirkung, genauso wie Sauerkraut. Fertiges Sauerkraut ist auf dem Markt oder auch in vielen Metzgereien erhältlich.

Die Außenblätter eines Weißkohls (1 kg) entfernen. Den Kohl halbieren, Strunk und dicke Blattrippen entfernen. Den Kohl fein hobeln und mit 1 Esslöffel Olivenöl und 2–3 Scheiben gewürfeltem Speck in einen großen, schweren Topf geben. 1 Teelöffel Salz, 6 Pfefferkörner und 2 Lorbeerblätter zufügen. Zugedeckt etwa 1 Stunde bei niedriger Hitze weich garen. Dabei gelegentlich umrühren.

425 g fertiges Sauerkraut (z.B. aus der Dose) abtropfen lassen und mit 2 geschälten und klein gewürfelten Äpfeln unter das frische Kraut mischen. Zugedeckt weitere 30 Minuten unter häufigem Rühren garen, bis das Kraut sehr weich ist. Zum Schluss mit 3 Esslöffeln braunem Zucker abschmecken.

**Für 6–8 Personen** als Beilage

## Würzig panierter Blumenkohl

Die Panade für diesen Blumenkohl sollte dünn und leicht sein und die Röschen möglichst alle gleich groß, damit sie gleichmäßig garen.

**Vorbereiten:** 20 Minuten/**Frittieren:** 90 Sekunden pro Portion/
**Für 6 Personen** als Vorspeise oder Beilage

1 EL Kreuzkümmelsamen
2 TL Koriandersamen
½ TL Paprika
½ TL Salz
50 g Weizenmehl
1 Ei
1 Eiweiß
30 g japanische Semmelbrösel (Panko)
50 g gemahlene Mandeln
1 Blumenkohl, etwa 1 kg
Pflanzenöl, zum Ausbacken
Aïoli, zum Servieren

Eine kleine Pfanne bei mittlerer Hitze auf den Herd stellen. Kreuzkümmel und Koriander ohne Fettzugabe etwa 30 Sekunden rösten, bis sie zu duften beginnen. In einer Gewürzmühle oder im Mörser mahlen. Paprika und Salz zufügen und alles zu feinem Pulver mahlen.

Das Mehl in einen Gefrierbeutel geben. Ei und Eiweiß in einer Schüssel verquirlen. Semmelbrösel und Mandeln in einem zweiten großen Gefrierbeutel mischen.

Blumenkohl in Röschen teilen und in den Mehlbeutel geben. Mit einer Hand zuhalten, mit der anderen schütteln, bis die Röschen gleichmäßig mit Mehl überzogen sind. Überschüssiges Mehl abschütteln. Blumenkohl im Ei wenden, dann in den Semmelbröselbeutel geben und durch Schütteln panieren.

Öl in einem Topf oder einer Fritteuse auf 180–190 °C erhitzen. Röschen darin portionsweise etwa 90 Sekunden goldgelb ausbacken. Nicht überfüllen, sonst sinkt die Öltemperatur und das Gemüse saugt sich voll. Mit einem Schaumlöffel herausnehmen, auf Küchenpapier abtropfen lassen.

Den Blumenkohl mit der Gewürzmischung bestreuen. Nach Belieben mit weiterem Salz abschmecken. Sofort mit Aïoli servieren.

**Hinweis** Gewürzmischung nach dem Mahlen am besten sieben, um größere Korianderstücke zu entfernen.

### Blumenkohl für den König

Ludwig XIV., der Frankreich von 1643–1715 regierte, ließ das Schloss von Versailles als Symbol seiner Macht errichten. Gleichzeitig hatte der Sonnenkönig eine Schwäche für den bescheidenen, damals nicht als vornehm geltenden Blumenkohl. Am liebsten verspeiste er den Kohl in Brühe gegart, mit Muskat gewürzt und mit Butter serviert.

In kleinen Gärten kann man neben dem weißen Blumenkohl farbige Sorten zwischen die Blumenrabatte setzen.

## Blumenkohl

*Brassica oleracea convar. botrytis*

Blumenkohl gibt es längst nicht mehr nur in Weiß. Violette, orange oder hellgrüne Varietäten bringen Farbe ins Beet und auf den Teller. Blumenkohl wird meist gegart serviert. Junge Exemplare frisch aus dem Garten schmecken auch als Rohkost.

## Anbau

Vorgezogene Pflanzen werden mit einem Abstand von 50–60 cm gesetzt für ausreichend Platz zum Wachsen. Erntezeit ist nach 3–5 Monaten. Verspeist werden die ungeöffneten Blütenstände. Nach der ersten Ernte wachsen keine neuen Blütenstände nach, sodass die Pflanze aus dem Boden entfernt werden sollte. Für Folgeernten kann man nach 2–4 Wochen eine später reifende Sorte pflanzen.

*Ernte*   Blumenkohl wird geerntet, solange die Blütenstände fest und geschlossen sind. Die Köpfe sollten einen Durchmesser von etwa 20 cm haben.

Blumenkohl und Käsesauce sind ein perfektes Gespann. Aber das feine Aroma des Kohls kommt auch durch Gewürze oder durch Anbraten der Röschen sehr gut zur Geltung.

*Rezept*

## Grünkohlsmoothie

Mittelrippe von 1 Grünkohlblatt (50 g) entfernen; man braucht etwa 40 g Grünkohl. 1 grünen Apfel entkernen und hacken. 1 tiefgekühlte Banane in Scheiben schneiden. 3 Datteln hacken und 1 cm frischen Ingwer reiben. Alles mit 300 ml Kokoswasser glatt mixen. Sofort servieren. **Für etwa 625 ml**

UNTEN: Die auffälligen, sehr dekorativen violetten und weißen Grünkohlsorten sind Bodendecker und verschönern jeden Garten, vor allem wenn sie großflächiger wachsen. Allerdings sind sie nicht für den Verzehr geeignet.

OBEN: *Cavolo nero*, Toskanischer Schwarzkohl, ist vor allem in Italien sehr beliebt und verträgt Hitze besser als hiesige Sorten. Er ist eine traditionelle Zutat für die Minestrone.

## Grünkohl

*Brassica oleracea convar. acephala*

Auch bekannt als Braun-, Winter- oder Hochkohl

Dieses einfach anzubauende Gemüse liegt aufgrund seines hohen Gehalts an Eisen und Antioxidantien als Superfood im Trend. Grünkohl bildet keine Köpfe, sondern längliche Blätter, die je nach Sorte mehr oder weniger gekraust und dunkelgrün bis violett sein können. Am besten schmecken die Blätter im frühen Winter. Grünkohl kann roh verzehrt werden, schmeckt aber auch in Smoothies und Säften, gedünstet, angebraten oder – auf traditionelle Art – geschmort in Suppen und Eintöpfen.

## Anbau

Die Aussaat kann von April bis Juni erfolgen, die Auspflanzung von Juni bis Juli. Der Pflanzabstand beträgt 60–75 cm. Manche Grünkohlsorten erreichen eine Wuchshöhe von bis zu 1 m. Um die Basis sollte dann Erde angehäuft werden, damit die Pflanzen bei starkem Wind nicht Schaden nehmen.

*Ernte*   Grünkohl hat eine Reifezeit von 8 Wochen. Die äußeren Blätter können nach Bedarf abgetrennt werden. Die meisten Sorten werden nach den ersten Winterfrösten geerntet.

## Sorten

*Cavolo nero* hat schlanke, nur leicht gekrauste Blätter. Wesentlich häufiger angebaut aber werden stark gekrauste Sorten, die sich in Wuchshöhe, Farbe und Winterhärte unterscheiden, z. B. ,grüner Krauser'.

## Kohlrabi

*Brassica oleracea var. gongylodes*

Auch bekannt als Rübkohl oder Stängelrübe

Kohlrabi ist ein traditionelles deutsches Gemüse. Der Name „Kohlrabi" wurde sogar in andere Sprachen übernommen, z. B. ins Englische, Russische und Japanische. Verzehrt wird der verdickte Stängel, die Sprossknolle, die sich direkt über dem Boden entwickelt, was den Kohlrabi ideal für Gärten mit flachem Boden macht. Je nach Sorte bilden die Pflanzen violette, zartgrüne oder weiße Knollen aus. Auch die Blätter sind zum Verzehr geeignet. Das Fruchtfleisch mit süß-nussigem, rübchenartigem Aroma kann roh oder gegart verspeist werden.

## Anbau

Die Aussaat erfolgt ab April ins Freie in Reihen. Die Jungpflanzen werden auf 25–30 cm verzogen. Für Folgeernten alle 4–6 Wochen nachsäen.

*Ernte*    Kohlrabi hat eine relativ kurze Reifezeit von 8–10 Wochen, wenn die Sprossenknolle faustgroß ist. Kohlrabi sollte jedenfalls nicht zu groß wachsen, da er sonst holzig wird. Kohlrabi hält sich über 1 Woche im Gemüsefach des Kühlschranks und lässt sich blanchiert gut einfrieren.

RECHTS: Bei Kohlrabi hat man die Wahl unter anderem zwischen violett- und weißschaligen Sorten. Das knackig-saftige Fruchtfleisch ist aber immer weiß.

OBEN: Diese Kohlrabisorte hat einen faustgroßen Durchmesser. Sorten wie ‚Superschmelz' oder ‚Gigant' können über 20 cm Durchmesser haben und 8 kg schwer werden.

*Gewusst wie*

## Kohlrabi putzen

Erntefrischer Kohlrabi ist sehr knackig und schmeckt wie zarte Rübchen. Das Gemüse lässt sich gewürfelt oder in Scheiben sehr gut dünsten und braucht nicht mehr als etwas Butter oder Olivenöl, Zitronensaft, frische Petersilie, Salz und Pfeffer.

*Wurzel und Blattstiele von der Sprossknolle abschneiden.*

*Die dicke Schale mit einem Gemüsemesser oder Sparschäler abschälen. Eventuelle holzige, faserige Stellen sollten ebenfalls entfernt werden. Das Fruchtfleisch nach Rezeptangaben weiterverarbeiten.*

# Kürbis

*Cucurbita maxima, Cucurbita moschata,
Cucurbita pepo*

Kürbisse sind recht unkompliziert und sehr ertragreich. Einziger Nachteil ist, dass die Pflanze sehr viel Platz benötigt. In vielen Gärten gedeihen die schönsten Kürbisse am Fuß eines Komposthaufens. Es gibt zahlreiche Sorten in vielen Formen, Farben und Größen. Kürbisse werden aber nicht nur wegen der essbaren, gut lagerfähigen Früchte angebaut; auch Sprossen, Ranken, Blüten und Kerne sind genießbar.

## Anbau

Kürbisse sind sehr wärmebedürftig und benötigen viel Raum. Suchen Sie deshalb einen Standort, an dem sich die Pflanzen ungehindert entfalten können, z. B. an einem Zaun oder an der Hauswand. Sie gedeihen am besten in geschützter, sonniger Lage, wo starke Winde die großen Blätter nicht beschädigen können. Wo der Platz begrenzt ist, können weniger ausladende, „buschigere" Sorten gezogen werden. Oder pflanzen Sie kleine Sorten, und lassen Sie sie an Rankhilfen hochklettern.

Kürbissamen können nach den letzten Nachtfrösten im Mai direkt in gut drainierten, nährstoffreichen Boden gesät werden. Zuvor sollten Sie ein etwa 1 m² großes Beet mit Kompost, organischem Dünger und gut verrottetem Dung vorbereiten. Oder Sie bilden mit 2 m Abstand Hügelbeete aus Komposterde und legen pro Hügel drei Samen.

Um einen Wachstumsvorsprung zu erzielen, können ab März, 3–4 Wochen vor dem Auspflanzen, auch Pflanzen in Vorkultur gezogen werden. Sobald keine Frostgefahr mehr besteht, können die kälteempfindlichen Pflanzen ins Freie gesetzt werden. Gehen Sie dabei behutsam vor, um Wurzelstress, den die Pflanzen nicht gut vertragen, zu vermeiden.

Die Pflanzen produzieren männliche und weibliche Blüten, meist mehr männliche. Üblicherweise werden die Blüten von Nutzinsekten wie Bienen bestäubt. Bei schlechten Witterungsbedingungen oder geringem Nutzinsektenvorkommen sollten Sie die Blüten von Hand bestäuben: Dafür morgens einige männliche Blüten pflücken, die Staubfäden entfernen und an weiblichen Blüten reiben. (Weibliche Blüten sitzen an einem kürzeren Stiel und lassen im unteren Bereich schon die spätere Fruchtform erkennen, während männliche Blüten einen langen, dünneren Stiel haben. Außerdem hinterlassen sie eine Pollenspur auf der Haut.) Wenn die Triebe etwa 60 cm lang sind, geizen Sie die Triebspitzen aus, um die Bildung von Seitentrieben anzuregen, die mehr weibliche Blüten hervorbringen. Triebspitzen können wie Blattgemüse gegart und verzehrt werden.

Ist die Pflanze ausgewachsen und trägt mehrere Früchte an jedem Trieb, sollten die Spitzen erneut gekappt werden. Dadurch produziert die Pflanze keine weiteren Früchte und legt ihre Energie stattdessen in die Entwicklung der bestehenden.

Kürbispflanzen müssen regelmäßig gewässert werden und dürfen nicht austrocknen. An sehr heißen Tagen können die großen Blätter welk aussehen. Aber solange die Erde feucht ist, erholen sie sich am Abend wieder. Damit der Boden nicht zu stark austrocknet und die Früchte sauber bleiben und nicht faulen, sollte gut gemulcht werden, z.B. mit Stroh.

*Probleme*   Das Hauptproblem besteht in einer spärlichen Bestäubung. Wenn das Wetter zu kühl, nass, windig oder heiß ist, sind weniger Bestäuberinsekten unterwegs, weshalb die weiblichen Blüten nicht bestäubt werden und sich daraus auch keine Früchte entwickeln. Die Blüten sehen nur so aus, als ob sie eine Frucht bilden, fallen dann aber ab. Bei extrem heißem Wetter trocknet der Pollen schnell aus, bevor Insekten oder Gärtner bestäuben können. Blattfressende Marienkäfer und Kürbiskäfer können Triebe und Früchte befallen. Bei zu feuchter Witterung kann Mehltau entstehen, der aber gut mit einem organischen Fungizid zu behandeln ist.

*Ernte*   Kürbisse haben je nach Sorte eine Kulturdauer von 14–20 Wochen. Lassen Sie die Früchte möglichst an der Pflanze ausreifen, solange die

> Das Wort „Kürbis" hat sich über das Alt- und Mittelhochdeutsche aus dem lateinischen *cucurbita* entwickelt.

Die Sorte ‚Golden Nugget' bringt Knollen bis 1 kg hervor, ist aber gut geeignet für kleinere Anbauflächen. Sie ist kompakter im Wuchs als andere, größere Sorten und klettert an einem stabilen Gerüst auch nach oben.

Speisekürbisse gibt es in überwältigender Sortenvielfalt. Hier einige der weltweit beliebtesten (im Uhrzeigersinn von oben links): ,Jap', ,Butternut', ,Jarrahdale', ,Queensland Blue' und ,Golden Nugget'.

Kürbisse lassen sich schnell fremdbestäuben. Sammeln Sie also nur Samen von Sorten, die isoliert gezogen worden sind. 1 Monat nach der Ernte Kerne herausschneiden, waschen, auf Papier trocknen und für die Aussaat im nächsten Jahr verpacken.

## Aschenputtels Kutsche

Kürbisgewächse gelangten im 16. und 17. Jahrhundert in europäische Gemüsegärten, wo sie aufgrund ihrer Ausmaße und Formen als Kuriosität und Armenessen kultiviert wurden. 1697 verwendete der französische Autor Charles Perrault in seiner Version des Märchens *Aschenputtel* dieses Gemüse aus der Neuen Welt. Die historische französische Sorte ,Rouge Vif d'Etampes' (im Deutschen als ,Roter Zentner' verbreitet) hat mit ihrer flachen Oberseite, den tiefen Rippen und der glänzend rotgoldenen Schale eine starke Ähnlichkeit mit der verzauberten Kutsche der Märchenheldin und ist heute auch als „Cinderella-Kürbis" bekannt.

Blätter noch grün sind und mit Nährstoffen versorgt werden. Sobald das Laub abstirbt und der Stielansatz trocknet und hart wird, sollte auch der Kürbis geerntet werden, der sich beim Draufklopfen hohl anhören sollte. Um ihre Lagerfähigkeit zu verbessern, schneiden Sie die Kürbisse mit einem 5 cm langen Stielansatz ab. Natürlich können Kürbisse nach Bedarf auch schon früher im Sommer in jeder Größe geerntet werden. Allerdings sind sie dann nicht lagerfähig.

Von der Pflanze abgetrennte Kürbisse sollten bis zu 1 Woche auf dem Beet gelassen werden, damit die Schale fest wird. Die Einlagerung erfolgt an einem kühlen, trockenen, gut gelüfteten Ort auf Regalbrettern. Wählen Sie dafür nur Exemplare mit völlig intakter Schale aus, andernfalls beginnen die Kürbisse schnell zu faulen. Prüfen Sie Ihre Bestände regelmäßig auf Ratten- oder Mausbefall. Einige Sorten sind bis zu 10 Monate lagerfähig.

## Sorten

Es gibt viele bewährte Sorten, die für den Eigenanbau lohnend sind. Hier einige der bekanntesten:

❋ ‚Bischofsmütze‘ Der Großteil des Fruchtkörpers ist orange oder gelb, auf der Oberseite sitzt eine grün-weiß gestreifte „Mütze". Die hübsche Sorte ist als Zierkürbis beliebt, schmeckt aber auch als Ofengemüse oder mit Füllung.

❋ ‚Butternut‘ Birnenförmiger Kürbis mit gelber bis blassorangefarbener dünner Schale, 1–2 kg schwer. Das aromatische Fruchtfleisch hat eine kräftige orange Farbe. Die Sorte hat verhältnismäßig viel Fruchtfleisch, weil sie nur einen kleinen Samenraum hat.

❋ ‚Hokkaido‘ Die aus Japan stammende Sorte wiegt 1–2 kg. Sie hat eine leuchtend orangefarbene Schale, die mitverzehrt werden kann, und kräftig orangefarbenes Fruchtfleisch. Die Früchte haben eine Reifezeit von 80–100 Tagen und sind 3–5 Monate lagerfähig.

❋ ‚Muscade de Provence‘ Muskatkürbis. Die dunkelgrüne Färbung geht bei der Reifung ins Orange über. Die Früchte werden zwischen 10 und 20 kg schwer. Das Fruchtfleisch ist orange gefärbt und sehr aromatisch. Die Reifezeit beträgt etwa 150 Tage, wobei die Früchte auch im Lager noch nachreifen.

*„Ich will lieber auf einem Kürbis, den ich für mich allein habe, als gedrängt auf einem Samtkissen sitzen."*

HENRY DAVID THOREAU,
WALDEN ODER LEBEN IN DEN WÄLDERN (1854)

Alte Kürbissorten haben interessante Formen und Farben, recht unterschiedliche Größen und Verwendungszwecke (im Uhrzeigersinn von oben rechts): ‚Futsu‘, ein Butternut-Verwandter, und ‚Minikin‘.

‚Butternut‘ ist eine verlässliche Sorte, die sich fast überall anbauen lässt. Das kräftig orange, sehr süße Fruchtfleisch schmeckt gut als Ofengemüse oder Püree.

*Rezept*

### Geröstete Kürbiskerne

Wenn Sie das nächste Mal einen Kürbis zubereiten oder einen Halloween-Kürbis aushöhlen, bewahren Sie die Kerne für die Zubereitung einer würzigen Knabberei auf. Für eine süße Version lassen Sie Cayennepfeffer und Salz weg und verfeinern Sie die Kerne stattdessen mit Zucker, Zimt und Muskatnuss.

Backofen auf 150 °C vorheizen. Die Kerne vom Kürbis herauslösen (etwa 100 g), in einem Sieb abwaschen, von Fasern befreien und auf Küchenpapier trocknen lassen. Die Kerne in einer Schüssel mit ½ Esslöffel flüssiger Butter oder Öl, 1 Teelöffel Salz und nach Belieben 1 Teelöffel Cayennepfeffer vermengen.

Auf einem Backblech ausbreiten und im vorgeheizten Ofen 40 Minuten unter gelegentlichem Wenden goldbraun rösten. Vor dem Servieren erkalten lassen.

## Kürbisgeschichte(n)

Kürbis als Süßspeise – in der Schale mit Honig, Eiern und Gewürzen gebacken – war lange schon beliebt, bevor der Teigboden dazukam und der *pumpkin pie* zum amerikanischen Kuchenklassiker wurde.

Kürbisse, so heißt es, halfen den Pilgervätern in den 1620er-Jahren über die ersten harten nordamerikanischen Winter und sind seitdem Bestandteil des Thanksgiving-Essens. Der traditionelle Kürbiskuchen allerdings gilt als französische Erfindung aus den 1650er-Jahren und etablierte sich erst im frühen 19. Jahrhundert auf der Thanksgiving-Tafel. Eine weitere Kürbisspezialität ist das Kürbiskernöl aus der Steiermark. Es wird aus einer besonderen Kürbissorte, dem Steirischen Ölkürbis, hergestellt. Dieser hat besonders weiche Kerne, die sich gut zum Pressen eignen.

*Gewusst wie*

## Kauf und Lagerung

Kürbisse sollten fest und unbeschädigt sein, wenn möglich noch mit Stielansatz. Beim Kauf von Kürbisstücken sollten Sie unbedingt darauf achten, dass das Fruchtfleisch fest und leuchtend und nicht musig aussieht. Sie halten sich bis zu 3 Tage im Kühlschrank.

Die meisten Kürbissorten müssen vor dem Weiterverarbeiten geschält werden. Nicht so der Hokkaidokürbis. Seine dünne Schale kann mitgegessen werden und schmeckt wie das Fruchtfleisch kräftig und etwas süßlich. Der Muskatkürbis hat – wie der Name verrät – ein leichtes Muskataroma. Der Butternut entwickelt einen nussigen Geschmack.

## Gesundheit

In der Volksheilkunde wurden dem Kürbis allerhand Heilkräfte zugesprochen. So heilte ein Kürbis unterm Bett angeblich Rheuma, und gemahlene Kürbiskerne kurierten einen an einem Bandwurm leidenden Patienten. Tatsächlich enthält Kürbis sehr viele Vitalstoffe, darunter Alpha- und Beta-Carotine, die das Immunsystem stärken; Lutein und Beta-Cryptoxanthin – zwei Carotinoide – schützen die Augen vor Grauem Star und altersbedingter Makuladegeneration. Außerdem liefert Kürbis blutdruckregulierendes Kalium.

## Halloween-Kürbisse

Einige Kürbissorten wurden speziell für Halloween gezüchtet. Sie können aber auch jeden anderen großen, leuchtend orangefarbenen Kürbis verwenden.

Mit einem geraden Schnitt oder im Zickzackmuster rund um den Stielansatz einen Deckel ausschneiden. Die Öffnung sollte so groß sein, dass Hand und Aushöhlwerkzeug bequem durchpassen. Deckel beiseitelegen.

Kerne, Fasern und so viel Fruchtfleisch mit einem Messer oder Löffel herauslösen und -schaben, dass eine 2,5 cm dicke Wand stehen bleibt. Formen für Mund, Nase und Augen auf Papier zeichnen und ausschneiden. Die Schablonen auf den Kürbis kleben und mit einem wasserlöslichen Stift nachzeichnen. Die Schablonen entfernen und mit einem scharfen kleinen Messer die Formen ausschneiden. Eine kleine Kerze oder ein Teelicht in den Kürbis setzen und anzünden. Den Deckel wieder aufsetzen.

Im nordamerikanischen Raum sind weißliche und bläuliche Sorten wie ‚Blue Hubbard‘ sehr beliebt. Weitere dort bekannte Sorten dieser Art sind ‚Lil’ Tiger Stripe‘ und ‚Queensland Blue‘.

# Gartenkürbis

*Cucurbita pepo*

Gartenkürbisse sind die Empfindlichen unter den Kürbissen. Sie stammen ursprünglich aus tropischen Regionen und mögen viel Wärme. Gegessen werden die unausgereiften Früchte, die frisch verarbeitet und verzehrt werden. Die meisten eignen sich nicht zum Lagern. Vertreter dieser Art sind z.B. Zucchini und Spaghettikürbis. Gartenkürbisse werden gedämpft, gedünstet, geschmort, gefüllt oder im Ofen gegart.

## Anbau

Gartenkürbisse werden am besten aus Samen in kleinen Töpfen vorgezogen und nach den letzten Frostnächten, wenn die jungen Pflanzen abgehärtet sind, in 1 m großen Abständen in nährstoffreichen Boden an einem sonnigen Standort gesetzt. Während der Vegetationszeit sollte gut gewässert werden. Die Pflanzen tragen bereits 2 Monate nach Pflanzung und den ganzen Sommer hindurch Früchte.

## Rezept

### Sommerliches Kürbisgemüse

Diese farbenfrohe Gemüsepfanne kann mit allen Gartenkürbissorten variiert werden.

2 Esslöffel Olivenöl in einer großen Pfanne erhitzen. 1 gehackte Zwiebel und 1 zerdrückte Knoblauchzehe darin bei mittlerer Hitze 5–8 Minuten andünsten.

500 g gemischte gelbe, gestreifte und grüne Patissons putzen und vierteln. Mit 1 Esslöffel frisch gehacktem Thymian in die Pfanne geben. Salzen und pfeffern und etwa 10 Minuten anbraten.

2 gewürfelte große Tomaten untermischen und weitere 1–2 Minuten garen. Fein abgeriebene Schale von 1 Zitrone und 2 Esslöffel frisch gehackte Petersilie untermischen. Sofort oder lauwarm servieren.

**Für 4 Personen**

Patissons haben eine hübsche Form, die ein wenig an ein Ufo erinnert. Je nach Sorte können die Kürbisse blassgrün, gestreift oder goldgelb (oben) oder grün (rechts) sein. Das Fruchtfleisch ist etwas süßer als das der Zucchini.

Regelmäßig in die Schlagzeilen schaffen es Riesenkürbisse der Sorte ‚Atlantic Giant'. Der Weltrekord liegt bei mehr als 1200 kg, die meisten werden 5–100 kg schwer. Man schneidet die Fruchtansätze bis auf einen ab, der sollte dann ein Riese werden.

*Rezept*

## Spaghetti-Kürbis

Das Fruchtfleisch dieser Kürbisart besteht aus langen dünnen Fasern, daher der Name.

Den Ofen auf 190 °C vorheizen. Einen Spaghetti-Kürbis (etwa 1,5 kg) rundum mit einem Messer einstechen. Auf ein Backblech legen und etwa 80 Minuten im Ofen garen, bis sich das Fruchtfleisch leicht mit einem Messer einstechen lässt. Nicht übergaren! Den Kürbis herausnehmen und etwas abkühlen lassen. Längs halbieren und die Kerne herauslösen. Das Fruchtfleisch mit einer Gabel in langen Fasern herausnehmen.
**Für 6 Personen** als Beilage

Kürbisse wie die Sorte ‚Early Summer Crookneck' sind v. a. in den USA verbreitet. Sie wachsen als niedrige Büsche und sind reich tragend. Die Früchte werden wie Zucchini verwendet.

**Probleme**    Mehltau kann die Blätter befallen.

*Ernte*    Um Schaden an der Pflanze zu vermeiden, werden die Früchte mit einem Messer von den Trieben geschnitten. Sobald die Pflanze Früchte trägt, sollten diese regelmäßig abgeerntet werden, da die Kürbisse schnell wachsen und an Zartheit verlieren. Außerdem wird dadurch eine weitere Blütenbildung angeregt und so die Ernteperiode verlängert. Gartenkürbisse werden am besten frisch verwertet, halten sich aber bis zu 2 Wochen im Kühlschrank.

## Sorten

Bei uns weniger bekannt, aber äußerst hübsch, sind die Patissons, auch Bischofsmütze genannt. Sie sehen aus wie kleine Ufos und sind in unterschiedlichen Sorten mit goldener, gelber, cremeweißer, grüner oder gestreifter Schale erhältlich. Sie sollten jung und zart mit einem Durchmesser von 7–10 cm geerntet werden. Das Fruchtfleisch ist weiß und hat ein nussiges Aroma.

Es gibt viele andere Sorten, darunter auch der Spaghettikürbis, der 20–30 cm lange ovale Früchte mit spaghettiartig faserigem Fleisch hervorbringt. Die bei uns noch nicht so verbreitete Sorte ‚Crookneck' ist ebenso aromatisch und kann frisch verwendet werden, lässt sich aber auch über den Winter einlagern.

## Kauf und Lagerung

Ein Gartenkürbis sollte eine feste, glatte, glänzende Schale haben mit frisch aussehendem Stielansatz. Die Früchte sollten im Gemüsefach des Kühlschranks gelagert werden. Dort halten sie sich bis zu 3 Tage lang. Die Früchte bekommen aber schnell Druckstellen, weshalb sie möglichst nicht in einem Fach zusammen mit hartem Gemüse wie Möhren gelagert werden sollten.

## Gesundheit

Die getrockneten Samen von Gartenkürbissen wurden traditionell zur Bekämpfung von Darmparasiten und bei Harnwegsbeschwerden bei Männern mit vergrößerter Prostata eingesetzt. Mittlerweile weiß man, dass dieses Gemüse noch viele weitere Vitalstoffe enthält: entzündungshemmende Carotinoide wie Beta-Carotin, Lutein und Zeaxanthin, die nicht durch Einfrieren oder Garen zerstört werden. 100 g Kürbis enthalten außerdem 2,6 g Ballaststoffe, darunter Pektin, das den Blutzucker- und Cholesterinspiegel reguliert. Pektin ist außerdem förderlich für eine gesunde Darmflora.

*Die Bezeichnung „Patisson" leitet sich vom provenzalischen Wort für einen Kuchen ab, der in einer Backform mit Wellenrand zubereitet wurde.*

# Mangold

*Beta vulgaris Cicla-Gruppe*

Auch bekannt als Krautstiel

Mangold gehört zu den Gänsefußgewächsen und ist somit eng verwandt mit Roter Bete und Rüben. Im Gegensatz zu diesen werden bei Mangold aber die Blattstiele und die breiten gekrausten Blätter geerntet. Sie werden wie Spinat zubereitet, wenngleich sie ein kräftigeres Aroma haben. Mangoldpflanzen bilden bis zu 60 cm hohe Rosetten aus mit stehenden Blattstielen und tiefgrünen Blättern mit breiter Mittelrippe. Daneben gibt es sehr dekorative Sorten mit roten oder gelben Stielen und Mittelrippen.

## Anbau

Mangold ist problemlos im Anbau. Aufgrund des mittleren Nährstoffbedarfs reicht es, wenn vor der Aussaat etwas Kompost in den Boden eingearbeitet wird. Mangold kann ab April direkt ins Freiland gesät werden. Dafür einige Samenknäuel 3 cm tief legen und auf 25–30 cm verziehen. Vorgezogene Jungpflanzen werden Mitte Mai ins Freie gepflanzt.

Blütenstiele sollten entfernt werden, damit die Pflanze ihre Energie weiterhin in das Blattwachstum

Klassischer weißstieliger Stielmangold mit kräftiger weißer Mittelrippe (oben) und buntstieliger Mangold (unten). Mangold hat ein erdiges Aroma mit bittersüßer Note. Blätter und Stiele enthalten viele wertvolle Nährstoffe.

Im Sommer, wenn kein Spinat mehr gedeiht, ist Mangold ein guter Ersatz. Er ist robuster und duldet auch höhere Temperaturen.

Gewusst wie

*Mangold vorbereiten*

Die Stiele am Blattansatz abschneiden. Mittelrippe mit einem V-förmigen Schnitt herausschneiden. Blätter und Stiele waschen und wie im Rezept angegeben zubereiten.

## Mangold-Spanakopita

*Rezept*

Mit Mangold lässt sich eine schmackhafte Variante des traditionellen griechischen Spinatauflaufs zubereiten. Die Blätter sollten ganz trocken sein, damit der Auflauf nicht aufweicht.

Backofen auf 180 °C vorheizen. 1 Esslöffel Olivenöl in einem Topf erhitzen. 1 fein gehackte Zwiebel, 1 Esslöffel gehackte Frühlingszwiebeln und 2 fein gehackte Knoblauchzehen darin bei mittlerer Hitze etwa 5 Minuten andünsten. In eine Schüssel geben und abkühlen lassen.
1 kg Mangoldblätter portionsweise 10–20 Sekunden blanchieren. Gut abtropfen lassen und ausdrücken. Die Blätter grob hacken und zusammen mit 250 g grob zerkrümeltem Feta, 125 g Ricotta, 1 Esslöffel geriebenem Parmesan, 1 Esslöffel frisch gehacktem Dill sowie abgeriebener Schale und Saft von ½ Zitrone unter die Zwiebelmischung mengen. Mit Salz und Pfeffer würzen. Eine Auflaufform (2,5 l) einfetten und mit 5 mit flüssiger Butter bestrichenen Filoteigblättern auskleiden. Die Mangoldmischung darauf verteilen. Teigränder darüberschlagen. Mit 7 weiteren gebutterten Teigblättern bedecken. Überstehende Teigränder zwischen Auflauf und dem Rand der Form einschlagen. Mit Butter bestreichen und ein Rautenmuster einritzen. Im vorgeheizten Ofen 45–50 Minuten goldbraun backen. Falls der Auflauf zu schnell bräunt, locker mit Alufolie abdecken. Vor dem Servieren 5–10 Minuten ruhen lassen. **Für 6–8 Personen**

legen kann. Mangold ist eine zweijährige Pflanze und kann abgedeckt überwintern, um im Folgejahr erneut Erträge zu bringen.

*Probleme* Raupen und Schnecken fressen häufig Löcher in die Blätter von Jungpflanzen.

*Ernte* Nach etwa 2 Monaten können die ersten äußeren Blätter abgedreht werden. Es sollten aber immer mindestens sechs Herzblätter stehen bleiben. Regelmäßige Ernte fördert weiteres Blattwachstum. Ältere große Blätter können ein zu kräftiges Aroma entwickeln und zäh werden. Diese besser auf den Kompost werfen oder an Tiere verfüttern.

## Gesundheit

Blattstiele und Blätter enthalten neun verschiedene Betacyaninpigmente, die entzündungshemmend wirken, vor DNA-Schäden durch freie Radikale schützen und den Körper bei der Entgiftung unterstützen. Die Blätter enthalten überdies Syringasäure, der eine blutzuckerregulierende Wirkung zugesprochen wird.

## Kauf und Lagerung

Mangoldblätter sollten ein kräftiges Grün haben und sich fest anfühlen. Vermeiden Sie welke Blätter mit braunen oder gelben Stellen. Die Stiele sollten ebenfalls fest und knackig aussehen. Zur einfacheren Lagerung können die Stiele von den Blättern abgetrennt werden. Lassen Sie die Blätter möglichst ganz, um einem Nährstoffverlust vorzubeugen. In ein feuchtes Tuch eingeschlagen, hält sich Mangold bis zu 4 Tage im Gemüsefach des Kühlschranks.

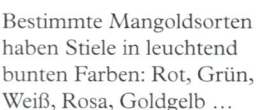

Stark gekrauste Gemüseblätter wie von Mangold oder Grünkohl sollten mindestens zweimal gewaschen werden. Dafür eine große Schüssel mit kaltem Wasser füllen und die Blätter hineinlegen. Mit den Händen leicht hin und her bewegen, damit sich Sand und Erde besser lösen und nach unten sinken. Wasser austauschen und den Vorgang wiederholen, bis keine Erde mehr auf dem Schüsselboden zu sehen ist.

Bestimmte Mangoldsorten haben Stiele in leuchtend bunten Farben: Rot, Grün, Weiß, Rosa, Goldgelb …

# Maniok

*Manihot esculenta*

Auch bekannt als Yuca, Kassave, Cassava

Maniok ist ein holziger Strauch, der in den tropischen Regionen Südamerikas und Afrikas, auf den Westindischen Inseln und den pazifischen Inseln gedeiht, wo die stärkehaltige Wurzelknolle zu den wichtigsten Kohlenhydratlieferanten gehört. Aus fermentierten Maniokknollen lässt sich auch Schnaps brennen, während die proteinreichen Blätter wie Spinat verzehrt werden können.

## Anbau

Maniok ist recht robust und in frostfreien Regionen leicht anzubauen. In tropischen und subtropischen Regionen ist er eine gute Alternative zu Kartoffeln, die sich in diesem Klima nicht wohlfühlen. Die Vermehrung geschieht über Stecklinge aus etwa 30 cm langen alten Stängelstücken, die waagrecht gelegt und mit einer dünnen Erdschicht bedeckt oder halb in die Erde gegraben werden. Der Boden sollte dann feucht gehalten werden. Im Frühling können ausgetriebene Knollen ins Freie verpflanzt werden.

*Ernte*   Die Pflanze wird 1–3 m hoch und entwickelt an den Astenden große, längliche Blätter, die nach der vollen Entwicklung geerntet werden können. Die Wurzelknollen sind nach 8–10 Monaten voll ausgebildet. Man erntet sie, wenn die Laubblätter gelb werden und abfallen. Maniokwurzeln sind gut lagerfähig. Sie werden wie Kartoffeln geschält und können gekocht, frittiert, im Ofen gegart und auch zu Mehl verarbeitet werden.

## Kauf und Lagerung

Maniok wird häufig gewachst angeboten, um ein Austrocknen zu verhindern. Die Knolle sollte eine glatte, unverletzte Schale ohne schadhafte Stellen haben. Vermeiden Sie möglichst Exemplare mit gekürzten Enden. Die Wurzelknolle hält sich bis zu 4 Tage im Kühlschrank oder an einem kühlen, dunklen und gut gelüfteten Ort.

*Ein traditionelles Rezept gegen Kopfschmerz war eine Kompresse aus zerdrückten Maniokblättern, die auf den Kopf gelegt wurde.*

Maniok ist für eine halbe Milliarde Menschen in vielen Ländern Asiens und des pazifischen Raumes ein wichtiges Nahrungsmittel. Die Wurzelknolle lässt sich auf viele Arten zubereiten. Weich gekocht, hat sie ein feines Aroma und kann in vielen Rezepten wie Kartoffeln verwendet werden: als Beilage für Fleischgerichte oder püriert, als Klöße, in Suppen oder Eintöpfen oder auch als Kuchen (siehe Maniokkuchen Seite 303).

### Holzgeistwurzel

In der Mythologie gilt die Maniokwurzel als Retter vor Hungersnöten. Einer Überlieferung der brasilianischen Tupi zufolge war eine Frau sehr traurig, als ihr Kind an Hunger starb. Sie begrub seinen Leichnam unter ihrer Hütte. In der Nacht wurde sie von einem als *mani* bekannten Holzgeist aufgesucht, der den Körper des Kindes in die Knollen einer Pflanze verwandelte, die sodann als *mani oca*, Holzgeistwurzel, bekannt wurde. Diese Pflanze hat sich über Generationen zu einem Grundnahrungsmittel der Amazonasvölker und auch für die Einwohner tropischer Regionen in der ganzen Welt entwickelt.

## Gesundheit

Die Knolle muss geschält und gekocht werden. Denn erst dadurch wird die Substanz Linamarin, die sich in tödliches Zyanid verwandeln kann, unschädlich gemacht. Bitter schmeckende Sorten enthalten mehr Giftstoffe. Traditionelle Heiler verwenden Maniokblätter und -wurzeln seit Jahrhunderten zur Behandlung diverser Beschwerden, von Fieber über Durchfall bis hin zu Unfruchtbarkeit. Die Krebsforschung untersucht den Einsatz von Linamarin zur Tumorbekämpfung.

Maniok gehört zur Familie der Wolfsmilchgewächse (*Euphorbiaceae*). Alle Pflanzenteile dürfen nur gegart verzehrt werden, in rohem Zustand sind sie giftig. Die Knollen müssen 20 Minuten, die Blätter 15 Minuten gekocht werden.

Vor dem Garen müssen die Enden der Maniokknolle abgetrennt werden. Dann wird die Knolle geschält und in dicke Scheiben geschnitten.

# Meerrettich

*Armoracia rusticana*

Auch bekannt als Kren

Dieses mehrjährige Wurzelgemüse ist sehr beliebt
als Garnitur oder Beilage für Fleisch oder Räucher-
fisch und hat diverse gesundheitsfördernde Eigenschaften. Die Blätter erinnern in ihrem Aussehen
an Spinat, werden aber bis zu 60 cm hoch. Genießbar sind die langen weißen Pfahlwurzeln.

## Anbau

Meerrettich liebt durchlässigen, lockeren Boden. Er
lässt sich sehr gut im Garten kultivieren, hat aber
die Neigung zu wuchern, weshalb er in einem einge-
fassten Bereich oder Kübel gehalten werden sollte.
Zur Vermehrung können Wurzelstecklinge von
15–20 cm Länge schon im zeitigen Frühjahr gelegt
werden. Im Kübel lässt sich die Pflanze ganzjährig
vermehren.

*Ernte*    Die Wurzeln können nach Bedarf gestochen werden, sollten aber mindestens 5 cm dick
sein. Alternativ wird der ganze Wurzelstock ausgegraben, wenn das Laub im Herbst welk wird. Im
Boden verbleibende Wurzeln treiben im nächsten
Frühjahr neu aus. Die Wurzeln werden geschält, gerieben und frisch verwendet. Geriebener Meerrettich kann auch in Eiswürfelformen eingefroren und
in einen Gefrierbeutel umgefüllt werden. Die Wurzel lässt sich auch trocknen.

### Mehr Rettich?

Es gibt mehrere Deutungen, woher der
Name Meerrettich stammt. Nach einer Version geht er auf „mehr" bzw. „größerer Rettich" zurück. Nach einer anderen leitet er
sich vom Wort für ein altes Pferd, „Mähre",
ab, also „Pferderettich"; auch auf Englisch
bedeutet *horse-radish* „Pferderettich".

## Kauf und Lagerung

Meerrettichwurzeln sollten fest sein, ohne schadhafte Stellen oder Triebe. Im Gemüsefach des Kühlschranks hält sich Meerrettich bis zu 2 Wochen. An-
geschnitten, sollte er fest verpackt und nach 4 Tagen
aufgebraucht werden.

## Gesundheit

Meerrettich galt in der Volksheilkunde als Universal-
mittel und wurde u. a. bei Harnwegsinfektionen,
Nierensteinen, Bronchitis, Gicht und Gelenkschmerzen eingesetzt. Bei innerlicher Anwendung
befreit er Nase und Nasennebenhöhlen sowie die
Atemwege. Meerrettich liefert große Mengen Vitamin C und stärkt so das Immunsystem. Als Mitglied
der *Brassica*-Familie enthält die scharfe Wurzel auch
Glucosinolate, die vor Krebs schützen.

## Wasabi

*Wasabia japonica*

Auch bekannt als Japanischer Meerrettich

Die mehrjährige kälteresistente Wurzel ist bekannt
für ihr sehr scharfes Aroma. Blätter und Blüten
werden als Salat verzehrt, die Wurzel fein gerieben.

## Anbau

Wasabi ist nicht einfach zu kultivieren, denn sein
natürliches Habitat sind schattige japanische Wälder.
Deshalb sollte Wasabi an einem schattigen, feuchten
Standort in gut kompostierter Erde angebaut werden und im Sommer nicht zu viel Wärme erhalten.

Wasabipaste wird aus
geriebener Wasabiwurzel
gewonnen. Sie ist recht
scharf und hat ein meer-
rettichartiges Aroma. Sie
wird zu Sashimi, Sushi
und vielen anderen japa-
nischen Gerichten ge-
reicht.

*Rezept*

### Scharfe Sachen

**Meerrettichsauce**    Eine Meerrettichwurzel
bürsten und schälen. Mit 1 Teelöffel Zucker,
¼ Teelöffel Salz und 125 ml hellem Essig im
Mixer pürieren. Nach und nach weitere 60 ml
hellen Essig einarbeiten, bis die Sauce die
gewünschte Konsistenz hat.
In ein sterilisiertes Schraubglas füllen und
verschließen. Hält sich im Kühlschrank bis zu
vier Wochen.
**Ergibt etwa 250 ml**

**Sahnemeerrettich**    6 Esslöffel Crème fraîche
oder saure Sahne, 1 Teelöffel Dijonsenf, 1 Esslöffel frische Schnittlauchröllchen und 3 Esslöffel frisch geriebenen Meerrettich in einer
Schale verrühren. Bis zum Servieren im Kühlschrank aufbewahren.
**Ergibt etwa 125 ml**

# Melonen

Melonen gelten weithin als Früchte, botanisch gehören sie aber zu den Kürbisgewächsen und sind somit ein Gemüse. Ihr fruchtig-saftiges Fruchtfleisch variiert stark in Farbe, Textur und Geschmack; immer ist es aber sehr durstlöschend und eine perfekte Erfrischung an heißen Sommertagen. Traditionell haben Wassermelonen rotes und Zuckermelonen grünes bis apricotfarbenes Fruchtfleisch. Mittlerweile sind aber auch wieder einige historische Sorten auf dem Markt, die in ihrer Farbe vom Bekannten abweichen.

Das süße, erfrischende Melonenfleisch wird am besten frisch – solo oder in einem Obstsalat – verzehrt. Es kann aber auch mit herzhaften Zutaten kombiniert werden, z. B. Wassermelone mit Feta, Zuckermelone mit Prosciutto oder Fisch oder **Salat mit Wassermelone, Minze und Labneh (siehe Seite 64).**

Melonen wie Honigmelone (oben), Wassermelone (rechts) und Cantaloupe-Melone (Mitte) werden am besten in Töpfen vorgezogen. Sie gehören zur Familie der Kürbisgewächse und sind deshalb ein Gemüse.

## Wassermelone
*Citrullus lanatus*

Kaum etwas ist erfrischender als das Fruchtfleisch einer Wassermelone. Neben den verbreiteten roten Sorten gibt es alte Sorten, die kleinere Früchte mit anderer Schalenfarbe und orangefarbenes, gelbes oder weißes Fruchtfleisch hervorbringen.

## Anbau
Wie Kürbis ist die Wassermelone eine kriechende Rankpflanze. Wichtigste Bedingungen für gutes Wachstum sind Wärme, eine möglichst lange frostfreie Kulturphase und reichlich Wasser. In Mauernähe gepflanzt oder im Gewächshaus profitieren die Pflanzen von deren Wärmespeicher. Wassermelonen schätzen mit Kompost angereicherten, durchlässigen Boden. Für eine Ernte von Juli bis September sollten im Frühjahr Samen in Töpfe gesät werden. Jungpflanzen können nach den letzten Nachtfrösten ab Mitte Mai mit 1 m Abstand ausgepflanzt werden.

*Probleme*   Melonen haben alle dieselben Schädlinge und Erkrankungen wie Gurken und Kürbis (siehe Seite 37 bzw. 53).

*Ernte*   Wassermelonen sollten geerntet werden, sobald sie voll ausgereift sind. Das lässt sich u. a. daran erkennen, dass die Ranken an der Frucht braun und verdorrt aussehen und die Melonenschale, die auf dem Boden aufliegt, blassgrün bis blassgelb ist.

## Sorten
Die meisten Sorten produzieren 3–4 Früchte pro Ranke und reifen in 10–20 Wochen.

*„Wer eine Wassermelone gegessen hat, der weiß, was Engel speisen."*
MARK TWAIN (1835–1910)

Selbst angebaute Melonen wie diese Galiamelonen (im Bild rechts professionell an Schnüren befestigt) sind vor allem im Sommer ein wahrer Genuss.

Rezept

## Salat mit Wassermelone, Minze und Labneh

Eine Variante der arabischen Kombination aus Wassermelone, Feta und frischer Minze.

Eine kernlose Wassermelone (1,5 kg) schälen. Fruchtfleisch in mundgerechte Stücke schneiden und in eine große flache Schüssel geben. 1 kleine rote Zwiebel in feine Ringe schneiden und auf der Melone verteilen. 5 g frische Minzeblätter darüberstreuen.

Je 1 Esslöffel natives Olivenöl extra und Balsamicoessig sowie etwas frisch gemahlenen schwarzen Pfeffer in einer Schale verrühren und über den Salat träufeln.

100 g Labneh (Joghurtfrischkäse) oder Ziegenfrischkäse darüberkrümeln. Mit Minzeblättern garnieren und sofort servieren.

**Für 4 Personen**

# Zuckermelonen
*Cucumis melo*

Zu den bekanntesten Zuckermelonensorten zählen Honigmelone, Cantaloupe, Galia, Chanterais oder Ogen. Das Fruchtfleisch ist, je nach Sorte, hellgrün, gelb oder apricotfarben; die Schale ist glatt oder mehr oder weniger stark genetzt.

## Anbau
Siehe Wassermelone

*Ernte*   Die Früchte können 12–18 Wochen nach Aussaat geerntet werden. Reife Honigmelonen lösen sich vom Stiel, andere Sorten müssen von der Ranke geschnitten werden.

## Sorten

Eine kleine Erfrischung gefällig? Wie wäre es mit dem Dreierlei Melonensorbet (siehe Seite 299)?

Die Auswahl ist groß, oberstes Kriterium sollten die eigenen Anbaubedingungen sein. Größe, Form, Farbe und Geschmack variieren. Je nach Sorte produzieren die Pflanzen drei große oder bis zu 18 kleinere Früchte.

## Kauf und Lagerung
Melonen sollten fest sein und schwer in der Hand liegen. Der Stielansatz sollte frisch aussehen. Ganze Melonen können bis zu 1 Woche im Kühlschrank lagern. Beim Kauf von Stücken achten Sie darauf, dass das Fruchtfleisch keine dunkleren, eingedrückten Stellen und keine gelbe Schale hat. In Frischhaltefolie eingeschlagen, halten sie sich bis zu 3 Tage.

## Gesundheit
Ein Sud aus Melonenkernen galt als Hausmittel gegen Wassereinlagerungen. Wassermelonen- und Kürbiskerne wurden zur Wundheilung verwendet. Melonenfruchtfleisch enthält viele Mikronährstoffe. Es liefert Lycopin, das Herzerkrankungen und bestimmten Krebsarten vorbeugen kann, und Citrullin, das vom Körper in Arginin umgewandelt wird, das die Blutzirkulation fördert. Honigmelone enthält 30-mal mehr krebsbekämpfendes Beta-Carotin als Orangen. Regelmäßiger Verzehr kann fiebrige Entzündungen lindern und das Risiko für Diabetes und Herzerkrankungen reduzieren. Die Cantaloupe-Melone ist eine Quelle für Vitamin C und Kalium.

# Möhren

*Daucus carota subs. sativus*

Auch bekannt als Karotten oder Gelbe Rüben

Die bescheidene Möhre ist bei Groß und Klein beliebt. Während man jahrzehntelang nur die klassische orangerote Möhre kannte, ist in den letzten Jahren das Interesse an alten, historischen Sorten gestiegen, und so kann man auf den Märkten heute wieder violette, gelbe und weiße Möhren finden.

## Anbau

Möhren mögen lockeren, sandigen, tiefgründigen Boden, in dem sich die Wurzeln gut entwickeln können. Bei zu schwerem oder steinigem Boden wachsen die Wurzeln oft nicht gerade. Wird frischer organischer oder stickstoffreicher Dünger vor der Pflanzung in den Boden eingearbeitet, führt das dazu, dass sich die Wurzeln spalten oder haarig werden. Grundsätzlich sollte Wurzelgemüse möglichst nicht in zu reichhaltiger Erde gezogen werden, weil die Pflanzen sonst ihre Energie eher in das überirdische Blattwachstum stecken und nicht in die Entwicklung kräftiger Wurzeln.

Wenn Ihr Gemüsebeet nicht tiefgründig genug ist, pflanzen Sie kleine oder rundliche Sorten, oder bauen Sie ein Hochbeet aus einem Holzrahmen oder einigen Styroporboxen ohne Boden und füllen diese mit sandiger Erde.

Möhren werden ab März 1 cm tief in Reihen mit einem Reihenabstand von 30 cm direkt ins Freie gesät und nur locker mit Erde bedeckt, da die Samen zum Keimen Licht benötigen. Möhren keimen nach 2–4 Wochen. Während dieser Zeit muss die Erde ständig feucht gehalten werden. Sie können den Bereich mit Vlies oder Sackleinen abdecken, um die Feuchtigkeit zu halten, und die Abdeckung entfernen, sobald Keimlinge zu sehen sind. Wichtig ist auch regelmäßiges Jäten, denn die Jungpflanzen werden gern vom Unkraut verdeckt. Die Pflanzen müssen, wenn das Laub etwa 5 cm hoch ist, auf 2–3 cm verzogen werden, damit sie sich gut entwickeln, und nochmals auf 5 cm, wenn sie etwa 15 cm hoch sind. Zarte junge Möhren, die beim zweiten Verziehen entfernt werden, können Sie als sehr süße Babymöhren genießen.

Je nach Klima und Sorte können Möhren bis Mitte Juli nachgesät werden.

*Probleme*   Bodenbedingte Krankheiten und Insektenschäden lassen sich durch eine sinnvolle Fruchtfolge reduzieren. Möhren, die zu wenig Sonne bekommen, können Blattläuse anziehen. Schnecken und Möhrenfliege können ebenfalls zum Problem werden.

*Ernte*   Je nach gewünschter Größe kann fortlaufend geerntet werden. Die Erntezeit wird verlängert, wenn kleinere Möhren früh herausgezogen werden, damit die anderen besser wachsen können. Die meisten Sorten reifen in 3–4 Monaten voll aus. Möhren können bis zum Winter, bei Bedarf mit einer Schicht Strohmulch abgedeckt, im Boden gelassen werden.

**FRÜHSAAT**
Mischen Sie Möhrensamen mit leicht feuchtem Sand in einem Schraubglas. Diese Mischung lässt sich leichter aussäen, und die Jungpflanzen müssen nicht so stark ausgedünnt werden.

Möhren sollten zweimal verzogen werden, damit die Wurzeln genügend Platz haben. Ideale Zeit dafür ist bedecktes Wetter oder die Abendzeit, weil das Laub sonst bei Sonne Möhrenfliegen anlockt.

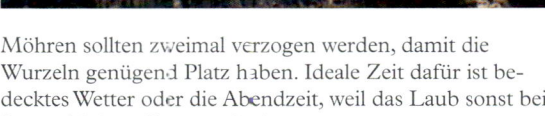

## Ein feines Kraut

Bei Möhren aus dem Garten können Sie das Möhrenkraut waschen und frisch für Salate, Dips oder als Suppeneinlage verwenden. Es hat einen petersilienähnlichen Geschmack. Junge, feine Blätter sind hierfür am besten geeignet. Auch bei der Zubereitung von Gemüsebrühe gibt das Kraut ein feines Aroma ab. Bei Bundmöhren aus dem Supermarkt am besten Bioware kaufen, wenn Sie das Grün verwenden möchten. Bei diesen ist das Kraut mit weniger Spritzmitteln belastet. Für Kaninchen oder Meerschweinchen ist Möhrengrün natürlich auch ein Leckerbissen.

Möhren besitzen viele gesundheitsfördernde Nährstoffe und zählen zu den sogenannten Superfoods.

Babymöhren schmecken roh sehr süß und müssen vor dem Verzehr lediglich abgewaschen werden. Reifere Möhren sollte man hingegen schälen. Als Snack für zwischendurch die Möhren in Stifte oder Scheiben schneiden. Gerieben schmecken sie als Salat und können auch zum Backen verwendet werden. Als Gartechnik empfiehlt sich leichtes Dämpfen oder Dünsten. Möhren schmecken in Pfannengerichten, Suppen und Eintöpfen oder als Beilage.

*Rezept*

## Glasierte Möhren

Glasierte Möhren bringen Glanz und süßes Aroma auf den Teller.

3 große Möhren schälen und schräg in Scheiben schneiden. In einem Topf mit kochendem Wasser 4–5 Minuten knackig gar kochen. Gut abtropfen lassen und wieder in den Topf geben.
Mit je 1 Esslöffel Butter und Honig vermengen und bei niedriger Hitze 2 Minuten unter Rühren garen. Mit frisch gehackter Petersilie oder Dill garnieren.
**Für 6 Personen**

Am bekanntesten ist die langwurzelige orangefarbene Möhre. Doch besinnen sich Gemüseliebhaber auf historische Sorten zurück. So sieht man wieder gelbe, violette und weiße Möhren in den Auslagen und auch kurze und runde Sorten.

## Sorten

Es gibt frühe Sorten und Lagersorten in unterschiedlichsten Formen und Farben. Spezielle Sorten für Babymöhren entwickeln sich schneller und sind vor allem bei Kindern sehr beliebt. Runde Sorten sind perfekt für flachere Böden oder Kübel.

## Kauf und Lagerung

Wählen Sie knackige, unbeschädigte Möhren mit kräftiger Farbe. Lose im Gemüsefach des Kühlschranks halten sich Möhren mindestens 1 Woche.

## Gesundheit

Gekochte und zerdrückte Möhren sind aufgrund der weichen Pektinfasern ein bewährtes Hausmittel bei Hautproblemen und Verdauungsbeschwerden. Pektin hat sich auch als Cholesterinsenker erwiesen; Studien haben ergeben, dass bereits 40 g Möhren täglich das Risiko für kardiovaskuläre Erkrankungen um 26 % reduzieren. Beta-Carotin ist für die orange Farbe von Möhren verantwortlich. Es beugt Zellschäden durch freie Radikale vor und schützt so Herz und Arterien. Möhrenöl ist ein guter Feuchtigkeitsspender für die Haut.

# Okra

*Ambelmoschus esculentus*

Auch bekannt als Gemüse-Eibisch, Gumbo

Die hochproduktive einjährige Okrapflanze aus der Familie der Malvengewächse fühlt sich in tropischen bis warmen Klimazonen am wohlsten. Sie wird 1–1,5 m hoch und produziert hübsche blassgelbe hibiskusartige Blüten mit roter Mitte. Geerntet werden die unreifen 7–10 cm langen, fingerähnlichen Kapselfrüchte, die sich daraus entwickeln. Das Gemüse erlebt in jüngeren Jahren ein Comeback. Es kann roh oder gegart verzehrt werden, z. B. in Suppen oder Schmorgerichten. Junge neue Triebe können gegart ebenfalls verzehrt werden.

## Anbau

Die Samen werden im späten Frühjahr oder im Frühsommer gesät, wenn keine Frostgefahr mehr besteht. Jungpflanzen können in Töpfen vorgezogen und mit 10 cm Höhe im Abstand von 30–50 cm ins Freiland gesetzt werden. Es empfiehlt sich in unseren Breiten jedoch der Anbau im Gewächshaus.

*Ernte*   Zwei Monate nach Aussaat haben die Pflanzen ihre volle Größe erreicht, und die Blüte setzt ein. 3–4 Tage, nachdem sich die Blüten geöffnet haben, können die jungen, zarten Kapselfrüchte geerntet werden. Okras sollten täglich gepflückt werden, so wird die weitere Blütenproduktion angeregt. Ältere Kapselfrüchte werden zäh und holzig. Das Gemüse am besten frisch verwerten, da es nur begrenzt im Kühlschrank lagerfähig ist. Ernten kann man vom Sommer bis zum Herbst.

*Probleme*   Hauptprobleme sind die Verticillium-Welke und Nematoden (Fadenwürmer).

## Sorten

‚Clemson Spineless‘ mit grünen Schoten ist am weitesten verbreitet, während ‚Red Burgundy‘ rote Kapselfrüchte an kirschroten Stängeln produziert.

## Kauf und Lagerung

Okras sollten gleichmäßig gefärbt, ohne schwarze Flecken oder weiche Stellen sein. Wählen Sie möglichst kleine Okras, da größere Exemplare holzig

### Griechische Art

Griechische Köche gehen mit einer Dosis Essig gegen die schleimige Oberfläche von Okra an. Zuerst wird der Stielansatz gekürzt, das Gemüse gewaschen und getrocknet. Die Schoten kommen in eine große Schüssel und werden großzügig mit Rotweinessig beträufelt. Mindestens 30 Minuten ziehen lassen, dann abwaschen und abtropfen lassen. Anschließend nach Rezept weiterverarbeiten.

und zäh sein können. Okras können in einer Papiertüte bis zu 2 Tage im Gemüsefach des Kühlschranks gelagert werden. Zum Erhalt der Nährstoffe können einwandfreie junge Okras auch eingefroren werden.

## Gesundheit

Beim Garen sondern Okras eine schleimige Substanz ab, die die Grundlage für viele Hausmittel bildet, z. B. zur Behandlung von Hautreizungen, Harnwegsproblemen und Venenbeschwerden. In Indien wird zur Behandlung von juckender Haut eine Paste aus Okra und Milch angerührt; mit einem Tee aus noch nicht reifen Okras wird Syphilis behandelt. Okras enthalten große Mengen Pektin, das den Cholesterinspiegel senkt, indem es die Gallensäure im Darm bindet. Zur Bildung neuer Gallensäure muss der Körper nun Cholesterin aus dem Blut heranziehen.

Die gummiartige Textur der Okras lässt sich abmildern, indem man sie zusammen mit einer säurehaltigen Gemüsesorte wie Tomaten gart (siehe Kreolisches Gumbo Seite 283).

Okra gehört wie Hibiskus zur Familie der Malvengewächse, deshalb ähneln sich die Blüten. Die Pflanzen sind auch als Ziergewächs im Garten geeignet.

*Gewusst wie*

## Okras vorbereiten

Die Schoten unter fließendem Wasser mit Küchenpapier oder einer Gemüsebürste reinigen. Trocken tupfen oder an der Luft trocknen lassen.

Vorsichtig die feste Haut am Stielansatz abschneiden, ohne die Schote einzuschneiden. Alternativ die dünne Schicht des Stiels mit den Fingern entfernen. Für ein Gumbo beide Enden abschneiden und Okras in Scheiben schneiden.

# Paprika und Chilis

Diese wärmeliebenden Gemüsepflanzen stammen aus den tropischen Regionen Amerikas. Sie sind sehr dekorativ und stecken voller Vitamine und gesunder Nährstoffe. Chilis sind die feurigen Verwandten der Gemüsepaprika. Es existieren sehr viele Varietäten, die sich in Größe, Form und Farbe unterscheiden. Sie alle beanspruchen nicht besonders viel Platz und sind dennoch hochproduktive Pflanzen.

## Anbau

Paprika- und Chiligewächse haben ähnliche Anbaubedingungen, wie sie auch für andere Nachtschattengewächse, z. B. Tomaten, gelten. Allerdings haben Paprika und Chilis einen höheren Wärmebedarf. In tropischen und subtropischen Regionen gedeihen sie das ganze Jahr über und können für eine kontinuierliche Ernte im Zwei- bis Dreimonatsrhythmus gepflanzt werden. In unseren Breitengraden darf erst nach dem letzten Frost im Freien gesät werden, wenn die Bodentemperatur mindestens 23 °C beträgt. Um einen Zeitvorsprung zu erreichen, können Paprika und Chilis in Vorkultur gezogen werden (etwa 6–8 Wochen vor der geplanten Auspflanzung). Der Pflanzabstand sollte je nach Sorte 45–60 cm betragen. Die Pflanzen produzieren so lange Blüten, bis die Temperaturen im Spätsommer oder Herbst fallen. Im Topf können Paprika und Chilis bei uns zwar überwintern, doch in der Regel werden sie als einjährige Pflanzen angebaut.

Paprika und Chilis sind Starkzehrer und benötigen in der Wachstumsphase regelmäßige Düngergaben. Um Pflanzenstress zu vermeiden, sollte außerdem regelmäßig und reichlich gegossen werden.

*Probleme*    Chilipflanzen leiden seltener unter Schädlingsbefall, Paprika hingegen häufiger unter Fruchtfliegen, Grünen Reiswanzen und Blattläusen.

Beim Fruchtwachstum kann es bei beiden Arten zu Problemen kommen. Bei extrem heißem Wetter über 38 °C können exponierte, nicht vom Laub geschützte Früchte einen Sonnenbrand bekommen. Die Früchte sind zwar immer noch genießbar bzw. die beschädigte Stelle kann herausgeschnitten werden. Um das Problem aber zu vermeiden, können Sie die Pflanzen bei extrem starker Sonneneinstrahlung mit einem Vlies schützen oder, wenn sie im Topf gezogen werden, in den Schatten stellen. Bei Blütenendfäule entstehen großflächige braune Stellen am Fruchtende. Sie wird durch unregelmäßige Wässerung bei heißem Wetter oder durch Kalziummangel verursacht. Durch regelmäßiges Gießen und Düngergaben kann dies vermieden werden. Bodenbedingte Krankheiten lassen sich durch konsequente Fruchtfolge verhindern.

*Ernte*    Aroma und Süße bzw. bei Chilis der Schärfegrad steigen mit der Reifezeit. Handelsübliche Paprikaschoten und Chilis werden meist unreif geerntet und sind geschmacklich nicht vergleichbar mit selbst angebautem, voll ausgereiftem Gemüse. Die Früchte sollten am Stielansatz von der Pflanze geschnitten werden, ohne die Pflanze zu beschädigen. Bei regelmäßiger Ernte produziert die Pflanze immer weitere Blüten, bis die Temperaturen schließlich zu kalt werden.

Insektenschädlinge können oft von der Paprikapflanze abgelenkt werden, wenn man sie in Mischkultur mit Petersilie setzt.

Paprika gibt es in vielen Formen, Größen und Farben, von der dickwandigen Blockpaprika bis hin zu dünnwandigen länglichen geraden oder gekrümmten Früchten.

# Paprika

*Capsicum annum*

Die Gemüsepaprika ist aus vielen Länderküchen nicht wegzudenken. Sie kann als Rohkost, gegrillt, gebraten, gefüllt, geschmort oder eingelegt serviert werden. Am bekanntesten sind rote, grüne und gelbe Paprika. Daneben gibt es aber auch weiße, orangefarbene, violette, braune und schwarze Sorten. Ihre Form reicht von glockenförmig und dickfleischig bis hin zu langen, schlanken geraden oder gekrümmten Formen. Es gibt auch Mini-Paprika mit nur 5 cm Durchmesser.

## Anbau

Paprikapflanzen werden 60–90 cm hoch. Eine zuverlässige Ernte garantiert der Anbau im Gewächshaus. Die Pflanzen sollten an Stäben aufgebunden werden, so sind sie windgeschützt, und die Früchte werden vom Boden ferngehalten und bleiben sauber bzw. werden nicht von Schnecken angefressen. Die Stäbe am besten beim Auspflanzen in den Boden stecken, um Wurzelverletzungen zu vermeiden.

*Ernte*   Die Früchte können im Spätsommer bis in den Herbst hinein in jedem Reifegrad, also von noch grün bis zur sortentypischen vollreifen Ausfärbung, abgeerntet werden. Große Ernten können auf traditionelle Weise konserviert werden, indem man die Früchte grillt und in Öl einlegt.

## Sorten

* **Blockpaprika**   Große laternenförmige Früchte, z. B. ‚Bendigo‘, sehr dickwandig in verschiedenen Farben wie Rot, Gelb oder Orange.
* **Mini-Paprika**   Kleine, kompakte, aber sehr produktive Pflanzen. Die Früchte sind etwa 5 cm groß und erhalten bei voller Reifung eine rote, gelbe oder auch schokoladenbraune Farbe.
* **Spitzpaprika**   Die eher dünnwandigen Früchte werden 15–25 cm lang und reifen meist rot oder gelb aus. ‚Atris‘ ist eine beliebte Varietät, die lange, leicht gebogene Früchte entwickelt. Andere Varietäten sind die gelbe ‚Palladio‘ oder ‚Corno di Toro‘.
* **Sweet Chocolate**   Mittelgroße, bis zu 10 cm große Früchte mit glänzend grüner Schale, die im Reifeverlauf schokoladenbraun und schließlich rot wird. Das Fruchtfleisch ist rötlichbraun.

## Kauf und Lagerung

Wählen Sie feste Früchte mit leuchtenden Farben, die keine weichen oder braunen Stellen aufweisen. Paprika hält sich lose bis zu 1 Woche im Gemüsefach des Kühlschranks. Angeschnittene Paprika kann bis zu 2 Tage im Kühlschrank aufbewahrt werden.

## Gesundheit

Paprika, vor allem rote, stärken das Immunsystem. Sie enthalten dreimal mehr Vitamin C als Orangen.

Die unreifen grünen Früchte der Paprikapflanze sind zwar genießbar, aber am süßesten sind sie, wenn sie voll ausgereift sind.

### SORTEN

Bewährte Sorten zum Eigenanbau sind im Handel oftmals unter ganz unterschiedlichen Namen erhältlich. Achten Sie in erster Linie darauf, ob die angegebenen Kulturbedingungen zu Ihrem Garten passen.

*Rezept*

### Romescosauce

Diese berühmte Sauce aus Katalonien passt perfekt zu Grillhähnchen oder Meeresfrüchten. Sie schmeckt aber auch zu Kartoffeln, Brokkoli oder grünen Bohnen.

3 rote Paprika, geröstet, gehäutet und entkernt
4 Knoblauchzehen
100 g abgezogene Mandeln, geröstet
200 g altbackenes Bauernbrot, gewürfelt
100 ml Sherryessig
300 ml natives Olivenöl extra

Paprika, Knoblauch, Mandeln, Brot und Essig im Mixer oder mit dem Stabmixer glatt pürieren.

Das Olivenöl in einem dünnen Strahl einarbeiten, bis die gewünschte Konsistenz erreicht ist. Die Sauce hält sich im Kühlschrank bis zu 2 Tage.

**Ergibt etwa 500 ml**

Chilisorten sind sehr dekorativ, aber nicht alle sind zum Verzehr geeignet. Deshalb sollten Sie immer erst die Angaben auf Samentütchen oder Pflanzenetikett lesen. Die beiden Pflanzen oben links sind reine Zierpflanzen und ein hübscher Blickfang. Vorn auf dem Tisch steht die aus Südostasien stammende Sorte ‚Birdseye'.

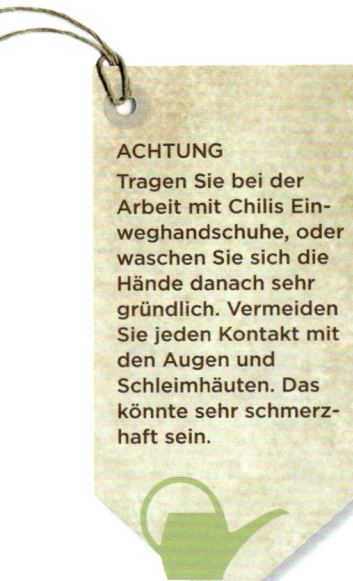

**ACHTUNG**
Tragen Sie bei der Arbeit mit Chilis Einweghandschuhe, oder waschen Sie sich die Hände danach sehr gründlich. Vermeiden Sie jeden Kontakt mit den Augen und Schleimhäuten. Das könnte sehr schmerzhaft sein.

## Chili

*Capsicum annum, Capsicum chinense, Capsicum frutescens, Capsicum pubescens*

Es gibt Tausende von Chilisorten, die sich insbesondere sehr stark in ihrem Schärfegrad unterscheiden. Chilis können nach der Ernte sofort roh oder gegart verwertet werden. Die Schoten lassen sich aber durch Trocknen, Einlegen und Einfrieren auch gut konservieren. Farblich reichen Chilis von klassischem Rot und Grün über Gelb und Orange bis hin zu Violett. Einige Varietäten sind sehr dekorativ und schon deshalb wert, gepflanzt zu werden: ‚Hungarian Black' hat leuchtend violette Blüten und schwarze Früchte, die rot ausreifen, während die scharfen ‚Scotch Bonnet' an einer Pflanze rote, gelbe und orangefarbene Früchte hervorbringen kann. Einige dekorative Chilis sind nicht genießbar, achten Sie also beim Kauf auf die Angaben.

### Falsch benannt

Kolumbus ist es zu verdanken, dass Chilis auch „Pfefferschoten" genannt werden. Das ursprüngliche Ziel des Seefahrers hieß 1492 Indien, und unter den Schätzen, die er mitzubringen hoffte, waren Gewürze wie schwarzer und weißer Pfeffer. Stattdessen landete er vor der amerikanischen Küste und nannte die feurigen Schoten, die er dort vorfand und mit nach Europa brachte, kurzerhand „Pfefferschoten" (engl. *peppers*).

## Anbau

Chilisträucher erreichen eine Wuchshöhe von 45 cm bis zu 2 m. Einige kleinere Varietäten lassen sich auch gut im Topf ziehen. Die meisten Sorten bevorzugen einen vollsonnigen Standort.

*Ernte*    Chilis können bei jedem Reifegrad geerntet werden; die Schärfe nimmt aber mit der Reifung zu. Nach der Ernte reifen sie nicht mehr nach.

## Sorten

Diese bekannten Chilisorten werden nach ihrem Schärfegrad bemessen. 0 bedeutet mild, eher süß wie Gemüsepaprika; 10 bedeutet sehr scharf. Die Schärfe einiger Sorten übersteigt diese Skala um ein Vielfaches.

* **Shishito** (1 von 10)    Eine beliebte japanische Varietät mit 12–15 cm langen grünen Früchten, die rot ausreifen. Ausgezeichnet für Tempura und Wokgerichte.

* **Anaheim** (2 von 10)    Längliche gekrümmte Chili (15–20 cm lang und etwa 3 cm dick). Die dunkelgrünen Früchte reifen tiefrot aus, werden aber meist grün geerntet, wenn sie noch sehr mild sind. Oft werden sie roh serviert oder aufgrund ihrer Größe gefüllt. Sie sind eine gängige Zutat in der mexikanischen Küche und lassen sich gut einfrieren.

* **Jalapeño** (5 von 10)    Diese Chilis sind kegelförmig mit stumpfem Ende. Sie haben ein süß-scharfes Aroma und sind häufig in der mexikanischen Küche anzutreffen. Die 6–8 cm langen Schoten werden geerntet, sobald sie rot auszureifen beginnen.

* **Cayenne** (6 bis 8 von 10)    Diese 12–20 cm langen grünen Chilis reifen goldgelb oder rot aus und sind dann relativ scharf. Getrocknet werden sie zu Cayennepfeffer vermahlen.

* **Thai Birdseye** (8–9 von 10)    Beliebte Zutat in der thailändischen Küche. Die kleinen, aufrecht wachsenden Schoten sind 1,5–3 cm lang und reifen grün aus. Eine Pflanze kann bis zu 200 Früchte hervorbringen! Es gibt diverse Untervarietäten.

* **Habanero** (10 von 10)    Diese scharfen Chilis werden zum Kochen oder zum Würzen von Saucen und Pasten verwendet. Die anfangs dunkelgrünen Früchte reifen rot, orange, gelb, weiß oder schokoladenbraun aus.

* **Bhut Jolokia** (außerhalb der Skala)    Eine der schärfsten Chilisorten der Welt aus Indien. Die grüne, etwa 6,5 cm lange Frucht wird bei der Reifung rot, braun, violett oder gelb.

*Die Schärfe in Chilischoten ist eine raffinierte Strategie der Pflanzen. Denn die Schärfe schreckt zwar gefräßige Säugetiere ab, nicht aber nützliche Vögel, die die Samen weitläufig verbreiten.*

Die rote ‚Bhut Jolokia' (oben) aus Indien ist eine der schärfsten Chilisorten der Welt, die grüne ‚Shishito' (unten) dagegen rangiert auf der Schärfeskala von 1 bis 10 auf 1.

Eine Auswahl an Chilisorten (im Uhrzeigersinn von oben rechts): rote sowie grüne ‚Birdseye' und grüne ‚Cayenne' (in der Schale), grüne ‚Anaheim' (auf dem Tisch), gelbe und rote ‚Habanero', rote ‚Birdseye'-Varietäten und grüne ‚Jalapeños'.

## Kauf und Lagerung

Kaufen Sie Chilis mit fester, glatter Schale ohne schadhafte Stellen. Sie halten sich offen im Gemüsefach des Kühlschranks gelagert bis zu 5 Tage. In heißem, trockenem Klima können Sie die Früchte bei Zimmertemperatur trocknen lassen. Prüfen Sie anschließend die getrockneten Schoten auf Schimmel; luftdicht verpackt, halten sie sich dann bis zu 6 Monate.

## Gesundheit

Paradox, aber die Substanz, die für die teilweise höllische Schärfe von Chilis verantwortlich ist, wirkt auch schmerzlindernd. Die amerikanischen Indios beispielsweise rieben ihr Zahnfleisch mit Chilis ein, um Zahnschmerzen zu lindern, und nach der Einführung und Verbreitung der Pflanze in Europa wurden Chilis im 15. und 16. Jahrhundert auch hier für schmerzlindernde Arzneien verwendet.

Der Pflanzenstoff, der für die Schärfe verantwortlich ist, heißt Capsaicin. Dieses Alkaloid blockiert chemische Botenstoffe in der Haut, die Schmerzsignale ans Gehirn übertragen. Studien haben gezeigt, dass Capsaicin-haltige Salben Arthritisschmerzen und diabetesbedingte Nervenschmerzen erheblich lindern können. Frei verkäufliche Capsaicin-Pflaster helfen bei Muskel- und Gelenkschmerzen.

### Chilis – scharf ist relativ

Der Pflanzenstoff Capsaicin ist für die Schärfe von Chilis verantwortlich und ein natürlicher Schutz der Pflanze vor pflanzenfressenden Tieren. Capsaicin ist in der ganzen Frucht zu finden, insbesondere aber in den Samen und den weißen Membranen. Man sagt, dass je kleiner die Chili und je aufrechter ihr Wuchs an der Pflanze, desto schärfer ist sie. Allerdings gibt es auch viele längliche Früchte, die extrem scharf sind.

Die Schärfe von Chilis wurde lange dadurch gemessen, wie viel Zuckerwasser Testpersonen trinken mussten, um die Schärfe einer bestimmten Sorte zu neutralisieren. Heute misst man in Scoville-Einheiten nach der 1912 vom amerikanischen Pharmakologen W. Scoville entwickelten Methode.

Da Capsaicin nicht wasserlöslich ist, sind Wasser, Limonade oder Bier nach dem Verzehr einer (zu) scharfen Chili ein schlechtes „Löschmittel". Sie verschaffen nur kurz Erleichterung. Milch, Joghurt und joghurthaltige Getränke sind dank des Milcheiweißes Kasein effektiver, um die Schärfe zu mildern.

Je reifer die Chilischote, desto schärfer ist sie.

Pastinaken werden wegen ihrer cremeweißen Wurzeln angebaut. Sie sind ein sehr gutes Wintergemüse, sehr robust und verlangen nicht viel Pflege im heimischen Garten.

# Pastinaken

*Pastinaca sativa*

Dieses fast vergessene Gemüse erfährt inzwischen wieder eine größere Nachfrage. Die dicken cremeweißen Wurzeln haben ein angenehmes, süßlich-nussiges Aroma. Pastinaken lassen sich an diversen Standorten gut kultivieren und sind ein Wintergemüse, da sie bis zum ersten Frost im Boden bleiben können. Dadurch konzentriert sich der Zuckergehalt in den Wurzeln sogar noch. Pastinaken können gebraten, gedünstet und püriert werden und schmecken in Suppen oder Eintöpfen.

## Anbau

Wie anderes Wurzelgemüse gedeihen Pastinaken optimal, wenn man sie direkt ins Freiland in gut vorbereiteten Boden sät. Die Erde sollte bis zu einer Tiefe von 30 cm gut aufgelockert werden, damit sich die Wurzeln schön entwickeln können. Das Saatgut sollte immer frisch sein, da es sehr schnell an Keimkraft verliert. Wie Möhren werden Pastinaken von März bis Mitte Juni in einer 1–1,5 cm tiefen Furche in Reihen mit 30 cm Abstand gesät. Vorheriges Einweichen über Nacht erleichtert die Keimung. Das Saatgut wird mit leichter Erde oder Kompost bedeckt, gut angedrückt und leicht gewässert. Pastinaken keimen sehr langsam, und es dauert 3–4 Wochen, bis der Keimling zu sehen ist. Bis dahin sollte der Boden immer feucht gehalten werden, dabei kann ein Vlies helfen. Prüfen Sie täglich, ob die Keimlinge durchgebrochen sind, entfernen Sie dann das Vlies. Die Keimlinge sollten mit 10 cm Abstand vereinzelt werden, damit sich große Wurzeln bilden.

*Probleme*    Bei später Aussaat können sich kleinere Wurzeln entwickeln, und die Pflanzen bilden vorzeitig Blüten. Wenn Pastinaken schossen, werden ihre Wurzeln holzig. Gegabelte und haarige Wurzeln haben als Ursache meist frischen organischen Dünger im Boden, z. B. nicht verrottete Gründüngung. Staunässe führt möglicherweise zu Wurzelfäule, unregelmäßige Wässerung zu Wurzelspaltung.

*Ernte*    Pastinaken sind nach 4–5 Monaten voll ausgereift. Ziehen Sie zunächst die größeren Wurzeln heraus, damit kleinere Exemplare mehr Platz zum Wachsen haben. Ist die Wurzel ausgewachsen, welkt das Laub. Pastinaken können über den Winter im Boden gelassen werden, solange kein Kahlfrost droht. Um die Wurzeln nicht abzubrechen, lockern Sie die Erde mit einer Gartengabel auf, bevor Sie sie herausziehen. Pastinaken halten sich gut im Kühlschrank und können blanchiert eingefroren werden.

**Gestampfte Pastinaken kann man wunderbar mit Milch, Butter und frisch geriebener Muskatnuss verfeinern.**

## Wechselhafte Geschichte

Bereits in der Bronzezeit sammelte die Menschheit wilde Pastinakenwurzeln. Die Wurzel stand also schon lange auf dem Speiseplan der Menschheit. Gezielt angebaut haben sie dann die Germanen, so entstand ein weiterer Name des Gemüses: Germanenwurzel. Aus Germanien brachten die Römer während ihrer Germanenkriege die Pastinake nach Rom. Im Mittelalter gehörte sie in Europa zu den Grundnahrungsmitteln und wurde sogar als Heilmittel gegen die Pest eingesetzt. Daher wurde die Pastinake auch „Pestnacke" genannt.

Im 18. Jahrhundert schließlich wurde die Pastinake in Deutschland von Kartoffeln und Möhren verdrängt. In Frankreich und England ist sie immer noch beliebt, und auch bei uns entdecken Biobauern die Wurzel neu.

## Kauf und Lagerung

Greifen Sie zu Pastinaken mit schöner cremeweißer Schale ohne braune Stellen. Prüfen Sie die Wurzelspitzen, die frisch aussehen und nicht angewelkt sein sollten. Lagern Sie Pastinaken unverpackt im Gemüsefach des Kühlschranks bis zu 5 Tage.

## Gesundheit

Bereits vor mehreren Hundert Jahren empfahl der englische Pflanzenheilkundler Thomas Culpeper wilde Pastinake, um „Winde aus Magen und Gedärm zu treiben" oder bei Koliken. Verantwortlich für die wohltuende Wirkung auf den Verdauungstrakt ist der hohe Ballaststoffgehalt. Pastinaken können bei einer Diät eine gute Abwechslung zu Kartoffeln sein. Sie haben sehr wenig Kalorien und sind sehr sättigend. Sie liefern größere Mengen Vitamin C, Kalium und Folsäure, ein B-Vitamin, das der Körper zum Zellaufbau benötigt.

## *Arakacha*
*Arracacia xanthorrhiza*

Zwar ist diese krautige, mehrjährige Wurzel keine enge Verwandte der Pastinake, gehört aber wie diese und die Möhre zu den Doldenblütlern. Die Pflanze bildet eine weiße, möhrengroße Wurzel aus mit knackiger Textur und feinem Aroma. Sie ist in Südamerika verbreitet.

## Anbau

Wie die meisten Wurzelgemüsesorten bevorzugt Arakacha lockeren, tiefgründigen, durchlässigen Boden. Von der Hauptwurzel werden im Frühjahr Seitentriebe abgenommen und das Laub zurückgeschnitten. Die Triebe werden 2–3 Tage an einem trockenen, geschützten Platz gelassen und dann in einen Topf gepflanzt. Wenn sich die Wurzel gut entwickelt hat, kann sie ins Freiland gepflanzt werden.

*Ernte*   Junge Wurzeln können bereits nach 4 Monaten geerntet werden. Bis zur vollen Reife dauert es 10–12 Monate.

### *Eine Wurzel mit Potenzial*

Während Tomaten, Kartoffeln, Bohnen und Chilis bei den europäischen Kolonialherren in Südamerika großen Gefallen gefunden hatten, wurde die gleichermaßen nährstoffreiche Arakacha übersehen. So erhielt sie auch erst Mitte des 19. Jahrhunderts, 300 Jahre nach der Eroberung durch die Spanier, einen wissenschaftlichen Namen.

In Brasilien ist Arakacha ein wichtiges Nahrungsmittel und wird aufgrund ihrer geringeren Produktionskosten sogar der Kartoffel vorgezogen. Junge Wurzeln können gekocht oder gebraten werden und sind eine beliebte Zutat für lateinamerikanische Suppen und Eintöpfe. Die Blätter werden roh in Salaten oder gekocht als Gemüsebeilage serviert.

### *Pastinaken-Birnen-Suppe*

2 Esslöffel Olivenöl in einem Topf erhitzen. Fein geschnittenen weißen Teil einer Lauchstange darin etwa 5 Minuten andünsten. 800 g geschälte und gewürfelte Pastinaken zugeben. Zugedeckt 5 Minuten dünsten.

Mit 1 Liter Wasser oder salzarmer Hühner- oder Gemüsebrühe ablöschen. Hitze reduzieren und etwa 10 Minuten garen, bis die Pastinaken weich sind. 3 geschälte, entkernte und gewürfelte Birnen untermischen.

Suppe glatt pürieren und erneut aufkochen. Mit einem Klecks Joghurt, Petersilie und frisch gemahlenem Pfeffer abschmecken und servieren.
**Für 4 Personen**

In früheren Zeiten ohne Zucker wurden Pastinaken für süße Getränke, Kompotte und Nachspeisen verwendet.

Pastinaken sind voll ausgereift, wenn die Blätter im Herbst welk werden. Leichter Frost erhöht ihren Zuckergehalt und versüßt ihr Aroma zusätzlich.

# Pilze

Pilze lassen sich leicht selber züchten. Auch wenn sie nicht wie anderes Gemüse im Boden wachsen und kein Sonnenlicht brauchen, zählen sie zum Gemüse. Pilze gewinnen die zum Wachsen nötige Energie aus verrottetem organischem Material. Der genießbare Teil des Pilzes ist eigentlich nur der Fruchtkörper, der aus dem organischen Material bzw. Substrat heraustritt. Der Vegetationskörper des Pilzes, der das Substrat durchdringt, wird Myzel genannt und besteht aus einem weißgrauen Geflecht aus feinen Pilzfäden (Hyphen). Pilze sind sehr nährstoffreich; sie haben ein feines Aroma und können roh oder gegart verzehrt werden.

## Anbau

Für den Eigenanbau empfehlen sich sogenannte Zuchtpilzsets oder -boxen, mit denen sich über mehrere Monate erfolgreich Pilze züchten lassen. Sets und Boxen gibt es für diverse Pilzarten wie Champignons oder Austernpilze, und sie enthalten alles, was für den Anbau notwendig ist: das mit Pilzsporen geimpfte oranische Material und, je nach Methode, eine Torfschicht zum Abdecken. Austern-, Shiitake- und andere Pilzsorten lassen sich auch an geimpften Baumstämmen, Strohballen etc. züchten. Während es bei Wald- und Wiesenpilzen immer wieder zu Verwechslungen mit tödlich giftigen Pilzen kommt, kann man diese Zuchtpilze bedenkenlos genießen.

Pilze lieben eine kühle, feuchte Umgebung und werden am besten im Schatten ohne direkte Sonneneinstrahlung in einer Umgebung mit hoher Luftfeuchtigkeit gezüchtet. Die ideale Temperatur liegt bei 15–18 °C. Ideale Standorte sind z. B. ein Keller, ein schattiger Schuppen oder auch das Badezimmer oder die Waschküche. Pilze brauchen eine gute Luftzirkulation und sollten deshalb z. B. nicht in einem geschlossenen Schrank kultiviert werden.

Folgen Sie nach dem Öffnen des Zuchtsets der Anleitung des Herstellers. Verteilen Sie die Deckerde auf dem Substrat, und besprühen Sie es regelmäßig mit Wasser. Nach 10–15 Tagen ist das Substrat mit einer weißen Myzelschicht durchzogen, aus der sich die Fruchtkörper (Pilze) entwickeln.

Die Auswahl an mehr oder weniger exotischen Speisepilzen im Handel ist groß, wenngleich nicht alle mühelos zu Hause gezüchtet werden können. Hier bekannte Vertreter (obere Reihe von links nach rechts): Butterpilz, Shiitake, rosa Austernpilz, Enoki; (mittlere Reihe, von links): brauner Champignon, Austernpilz; (untere Reihe, von links): Champignon, Echter Reitzker, gelber Austernpilz und Portobellopilz (Brauner Riesenchampignon).

*Probleme*  Schnecken, Asseln, Mäuse und Schaben können auch Pilze befallen. Stellen Sie die Zuchtbox also möglichst nicht auf den Boden.

*Ernte*  Die ersten Pilze entwickeln sich 2–3 Wochen nach der Aktivierung des Myzels durch das erste Gießen. Schneiden Sie die Pilze am Stiel knapp über der Deckerde mit einem Messer ab, sobald die gewünschte Größe erreicht ist. Geschieht dies regelmäßig, können Sie über mehrere Wochen lang Pilze ernten, bis das Substrat schließlich ausgezehrt ist. Das Substrat kann anschließend in den Gartenboden eingearbeitet werden. Da es sehr alkalisch sein kann, sollte man darauf verzichten, wenn der Gartenboden ohnehin einen hohen pH-Wert aufweist. Ein Zuchtset kann bei richtiger Pflege bis zu 1,5 kg Pilze liefern. Pilze werden am besten frisch zubereitet. Sie halten sich in einer braunen Papiertüte einige Tage im Kühlschrank. Die erste Erntewelle ist die ergiebigste, die nachfolgenden fallen kleiner aus.

## Sorten

Im Handel sind mittlerweile alle gängigen Zuchtpilzsorten auch zur Eigenzucht erhältlich. Dazu zählt insbesondere der Weiße Champignon *(Agaricus bisporus)*. Die geschlossenen Kappen haben einen Durchmesser von 3–7 cm. Lässt man sie weiterwachsen und sich öffnen, misst der Kappendurchmesser 10–17 cm.

Braune Champignons *(Agaricus bisporus)* oder der größere Portobello (Brauner Riesenchampignon) weisen ähnliche Maße auf, jedoch haben sie ein ausgeprägteres Eigenaroma. Auch alle Varietäten des Austernpilzes *(Pleurotus ostreatus)* sind in Zuchtsets erhältlich. Neben dem bekanntesten weißen und braunen Austernpilz gibt es auch die blaue, gelbe und violette Varietät sowie den großen Riesenausternpilz.

Shiitakepilze *(Lentinula edodes)* oder exotischere Pilze wie der japanische Enoki können ebenfalls zu Hause im Set gezüchtet werden.

Einige Hersteller bieten Sets an, mit denen draußen an einem schattigen Standort große Wiesenpilzbeete angelegt werden können.

## *Kräuterpilze mit Feta*

Pilze sind eine vielseitige Zutat. Sie können in Butter gebraten, unter ein Omelett oder in eine Gemüsepfanne gemischt oder in Ragouts, Suppen und Eintöpfen mitgeschmort werden. Sie schmecken aber auch gegrillt wie in diesem einfachen Rezept. Für ein gehaltvolleres Essen servieren Sie diese Kräuterpilze zu einem Steak oder mit Ihrer Lieblingsbratwurst. Geben Sie noch ein paar feine Knoblauchscheiben, etwas geriebenen Parmesan oder ein paar geröstete Pinienkerne dazu.

**Vorbereiten**: 10 Minuten/**Garen**: 10 Minuten/**Für 2 Personen**

300 g große Champignons
1 TL frisch gehackter Thymian
1 TL frische Schnittlauchröllchen
2 TL Olivenöl
4 Scheiben Ciabatta
75 g zerkrümelter Feta
½ Zitrone

Den Backofengrill vorheizen. Die Pilze putzen und die Stielenden abschneiden. Die Pilze mit den Stielen nach oben auf ein Backblech setzen. Mit Thymian und Schnittlauch bestreuen und mit dem Öl beträufeln. Etwa 3 Minuten unter dem heißen Grill garen. Die Pilze wenden und weitere 3 Minuten grillen.

Brotscheiben leicht toasten. Die Pilze auf die Brotscheiben setzen, mit Feta bestreuen und mit etwas Zitronensaft beträufeln. Sofort servieren.

## *Shiitakezucht am Baumstamm*

Der japanische Shiitake wird traditionell an Baumstämmen gezüchtet. Solche mit Pilzbrut geimpften Baumstämme gibt es auch für die Zucht zu Hause. Damit lassen sich bis zu 500 g frische Pilze in mehreren Erntewellen gewinnen. Man muss den Stamm nur an einen schattigen Platz im Garten stellen, ihn feucht halten und abwarten, bis die Pilze sprießen.

Hersteller bieten auch Impfstäbchen an, mit denen man Baumstämme oder Strohballen selbst präparieren kann.

Pilze bitte nicht waschen! Es reicht, wenn man sie mit einem feuchten Küchenpapier abwischt. Vor dem Garen sollte der Stiel eingekürzt werden. Je zarter und kleiner die Pilze sind, desto kürzer die Garzeit. Egal, welche Pilzsorte – sie sollten auf keinen Fall übergart werden.

### Hexenringe

Bei einigen Pilzsorten breitet sich das Myzel gleich schnell in alle Richtungen aus, sodass die Pilze in einem Kreis oder Halbkreis wachsen, der sich über Jahre immer weiter ausdehnen kann. Der Volksglaube besagte, dass sich dort Hexen und Feen zu nächtlichen Tänzen versammelten.

Da das kreisförmige Myzel dem Boden Nährstoffe entzieht, entstehen auf Rasenflächen ringförmige braune Verfärbungen. Man glaubte, die tanzenden Hexen hätten den Boden zertrampelt. Der größte Hexenring in Europa befindet sich nahe der nordfranzösischen Stadt Belfort mit einem Durchmesser von knapp 600 m und ist geschätzt 700 Jahre alt.

## Kauf und Lagerung

Achten Sie beim Kauf auf unbeschädigte Pilze ohne braune, feuchte Stellen, die schnell schleimig werden können. Auch dürfen die Pilze nicht trocken aussehen. Sie sollten sich fest anfühlen. Zuchtpilze müssen nicht gewaschen oder geschält werden. Es reicht, eventuelle Verschmutzungen mit einem Pinsel oder Küchenpapier abzuwischen. Pilze halten sich in einer braunen Papiertüte – keinesfalls in Plastik, sonst schwitzen sie – im Gemüsefach des Kühlschranks bis zu 3 Tage.

## Gesundheit

In der Volksmedizin gelten Pilze traditionell als abwehrstärkend. Wissenschaftlich erwiesen ist, dass exotische Pilze wie Reishi, Maitake (Gemeiner Klapperschwamm), Shiitake und *Cordyceps*-Arten die immunstärkenden Pflanzenstoffe Proteoglykane und Polysaccharide enthalten. Aber auch der in jedem Supermarkt vertretene braune Champignon steckt voller Vitalstoffe, die gegen chronische Entzündungen helfen können. Der weiße Champignon, der häufigste Zuchtpilz hierzulande, stimuliert erwiesenermaßen das Immunsystem.

*Für die alten Ägypter war der Pilz ein Symbol für Unsterblichkeit. Die Pharaonen legten fest, dass Pilze nur von der Oberschicht verspeist werden durften und dem gemeinen Volk verwehrt bleiben sollten.*

RECHTS: Der Austernpilz, auch Austernseitling genannt, mit seinem vollen, fleischigen Aroma wird gern für Wok- und Pfannengerichte verwendet.

GANZ RECHTS: Selbst gezüchtete Champignons sollten geerntet werden, solange die Kappen noch geschlossen sind. Anders bei flachhütigen Pilzen: Bei denen sollten Sie warten, bis sich die Kappen ganz geöffnet haben und die Lamellen sichtbar werden.

Einige von zahlreichen Rettichsorten (im Korb im Uhrzeigersinn von oben links): kleine blassgrüne ‚Watermelon', länglicher ‚French Breakfast', schwarze, orange und längliche rote Radieschen, ein großer koreanischer Rettich und kleine ‚Micro Red' (Mitte). Auf dem Tisch ein langer weißer Daikon.

Rote Bete, Möhren, Spinat, Pastinaken, Gurken, Salat und grüne Bohnen lassen sich gut in Mischkultur mit Rettich pflanzen.

# Rettich

*Raphanus sativus*

Knackige Rettiche und ihre kleineren Verwandten, die Radieschen, gibt es in unterschiedlichen Formen, Farben und mit mehr oder minder ausgeprägtem scharfem Geschmack.

## Anbau

Rettich kann ab März/April (Sommersorten) bis August (Herbst-/Wintersorten) direkt im Freien gesät werden. Der Boden sollte locker und von mittlerem Nährstoffgehalt sein, damit sich eine schöne Sprossknolle entwickeln kann. Im Sommer benötigen Rettiche reichlich Wasser, und die Erde sollte immer wieder gelockert werden. Rettich wird dünn ausgesät; Sommerrettich wird auf 5 cm verzogen, größerer Winterrettich und asiatische Sorten wie

Daikon auf 10–15 cm. Die ausgedünnten Pflanzen können samt Blättern ebenfalls verzehrt werden. Alle paar Wochen kann in Reihen mit 20 cm Abstand oder in Blöcken von 30 cm nachgesät werden.

*Probleme*    In zu magerer Erde oder bei zu geringer Wässerung entwickelt sich Rettich schlecht. Die Sprossknollen spalten sich, werden innen hohl oder holzig. Achten Sie auf Schnecken, die Löcher in die Sprossknolle fressen.

*Ernte*    Rettich kann nach Bedarf geerntet werden. Ziehen Sie zuerst größere Exemplare aus der Erde, damit kleinere besser wachsen können. Je länger Rettich im Beet bleibt, desto schärfer wird er.

## Sorten

Man unterscheidet zwischen Sommer- und Winterrettich. Sommerrettich ist grundsätzlich etwas milder im Geschmack. Die Aussaat kann, wie auch bei

Rettich enthält viele Ballaststoffe, Vitamin C, Folsäure und Kalium.

## Radieschen aus dem Ofen

Durch Garen im Ofen werden Radieschen milder und erhalten ein herrliches Aroma.

Backofen auf 220 °C vorheizen. 1 Bund rote oder rosa Radieschen oder kleine Rettiche (halbiert) mit 1 Esslöffel Olivenöl, 1 Prise grobem Meersalz, schwarzem Pfeffer und 1 Teelöffel frischem Rosmarin vermengen. In einer Bratform verteilen und etwa 25 Minuten im Ofen garen. Dabei gelegentlich wenden. Sie sollten außen knusprig und innen weich sein. Warm servieren. **Für 4 Personen**

Radieschen lassen sich auch sehr gut in Pflanzkästen anbauen. Sie wachsen schnell und brauchen wenig Platz.

Radieschen, bereits im Februar unter Glas oder Vlies beginnen. Die Schalenfarbe reicht von Rot oder Weiß über Rosa bis Violett. Das Fruchtfleisch ist immer weiß. Winterrettich wird später geerntet. Er ist rundlich mit schwarzer Schale. Das Fruchtfleisch ist scharf und fest. Er ist lange lagerfähig.

Daikon und andere asiatische Retticharten (*Raphanus sativus Longipinnatus*-Gruppen) sind große weiße Sprossknollen, die bis zu 60 cm lang werden und mehr oder weniger spitz zulaufen. Der Boden muss tiefgründig gelockert werden. Aussaat ist ebenfalls im Frühjahr. Es gibt weiß- und rotschalige Varietäten. Sie haben ein milderes Aroma.

## Kauf und Lagerung

Vor allem kleinere Rettiche oder Radieschen sind meist nur bundweise erhältlich. Sie sollten prall und frisch aussehen, und das Laub sollte nicht zu welk sein. Nach dem Einkauf wird das Laub entfernt; Rettich oder Radieschen halten sich bis zu 4 Tage im Kühlschrank.

## Gesundheit

Geschmack und Geruch von Rettich und Radieschen, die zu den Kreuzblütlern gehören, weisen auf schwefelreiche Senfölverbindungen hin, denen eine krebsvorbeugende Wirkung zugesprochen wird. Rettichsaft mit Honig ist ein Hausmittel gegen Husten und zur Magenberuhigung oder wird als Umschlag bei schmerzenden Gelenken aufgelegt. Rettiche enthalten außerdem Diastase, ein Enzym, das bei der Verdauung von Stärke aktiv ist.

### Kleiner Ginseng

Rettiche wurden immer schon in der traditionellen asiatischen Medizin eingesetzt. Die kräftigenden, kühlenden Eigenschaften des langen weißen Daikons sind in der chinesischen Volksheilkunde sehr geschätzt, was ihm den Beinamen „kleiner Ginseng" eingebracht hat.

Die anerkanntermaßen kurative Wirkung von Rettich zeigt sich auch in dieser chinesischen Redensart: „Wenn der weiße Rettich Saison hat, können Ärzte Urlaub machen."

# Rhabarber

*Rheum rhabarbarum*

Diese Staude bildet ausladende, breite Blätter aus und wird bis zu 1 m hoch. Genießbar sind die roten oder grünen Blattstiele, die gegart ein feinsäuerliches Aroma entwickeln. Meist süßt man mit Zucker oder Honig nach. Die Blätter sind aufgrund ihres Gehalts an Oxalsäure nicht essbar.

## Anbau

Rhabarber ist unkompliziert. Er benötigt nährstoffreichen Boden, der vor dem Pflanzen mit organischem Dünger wie Kompost angereichert werden und durchlässig sein sollte. Er mag keine Trockenheit und pralle Sonne und sollte deshalb im Halbschatten stehen.

Rhabarber kann zwar aus Samen gezogen werden, doch meist wird er aus Teilstücken einer anderen Staude vermehrt. Vor der ersten Ernte sollte man die Pflanzen ein Jahr anwachsen lassen (Pflanzabstand: 1 m). Rhabarber ist eine mehrjährige Pflanze. Nach fünf Jahren kann es aber zu einem verringerten Ertrag kommen. Dagegen hilft eine weitere Teilung der Staude. Blütenstiele sollten entfernt werden; sie sind Zeichen dafür, dass die Pflanze zu trocken steht oder zu wenig Düngung erhält, und rauben der Pflanze Energie.

Rhabarber ist in Nord- und Mittelasien heimisch und gelangte im 14. Jahrhundert über die Seidenstraße nach Europa.

Die äußeren Stiele der Rhabarberstaude können nach Bedarf herausgedreht werden. Rhabarber sollte jedoch erst im zweiten Jahr geerntet werden.

*Probleme*   Das häufigste Problem ist Stauden-
fäule, bei der die Pflanze zusammenfällt und abstirbt. Für eine neue Pflanzung sollten Sie einen anderen, gut wasserdurchlässigen Standort wählen.

*Ernte*   Die Stiele dürfen erst im zweiten Stand-
jahr geerntet werden und sollten etwa 2,5 cm dick
sein. Sie werden von außen herausgedreht und nicht
geschnitten, da dadurch auch der Blatthals aus der
Staude entfernt wird. Geerntet werden kann bis
Mitte Juni, ab dann reichert sich immer mehr ge-
sundheitsschädliche Oxalsäure in den Stängeln an.

## Sorten

Es gibt diverse rot- oder grünstielige Sorten, wobei
rotstielige weniger Säure enthalten.

### Obst oder Gemüse?

In China war Rhabarber bereits vor 4000
Jahren bekannt, hauptsächlich als Heilpflanze. Nach Europa kam die Pflanze erst
im 18. Jahrhundert, in Deutschland breitete
sich der Anbau ab Mitte des 18. Jahrhunderts von Hamburg gen Süden aus. Hierzulande wurde sie als Gemüse zubereitet.
Denn nach botanischer Betrachtungsweise
ist Rhabarber ein Gemüse, da nur die Stängel und nicht die Frucht verzehrt werden.
   Doch eigentlich wird Rhabarber wie Obst
verwendet. Deshalb stufte ein New Yorker
Gericht Rhabarber 1947 als Obst ein und
besteuerte ihn entsprechend. Damals waren
die Steuern für Obst niedriger als für Gemüse.

## Kauf und Lagerung

Rhabarber kommt meist ohne Blattlaub in den
Handel. Die Blätter sind nicht essbar, sie enthalten
zu viel Oxalsäure. Die Stangen sollten frisch und
knackig aussehen und keine braunen Stellen haben.
Ganz oder zumindest die Schnittstellen mit einem
feuchten Tuch umwickelt halten sich die Rhabar-
berstangen bis zu 1 Woche im Gemüsefach des
Kühlschranks.

## Gesundheit

Rhabarberwurzeln werden in der traditionellen
chinesischen Medizin zur Behandlung von Verstopfung, Durchfall, Geschwüren im Verdauungstrakt und hohem Blutdruck eingesetzt. Wurzeln
und Stiele enthalten Tannine und Anthrachinon –
Pflanzenstoffe, die die Verdauung stimulieren und
abführend wirken. Forscher zeigten, dass 20-minü-
tiges Garen von Rhabarber große Mengen an
Polyphenolen freisetzt, denen eine krebsvorbeugende Wirkung zugesprochen wird. Auf dieser
Grundlage soll die Wirkung der Antioxidantien in
Rhabarber bei der Behandlung von Leukämie untersucht werden.

   Rhabarber enthält außerdem Lindleyin, einen
Pflanzenstoff mit hormonartiger Wirkung. In einer
vorläufigen Studie scheint Rhabarberextrakt wech-
seljahrsbedingte Hitzewallungen zu lindern. Doch
diese Erkenntnisse müssen noch geprüft werden.

*Rezept*

### Rhabarberkompott mit Vanillesauce

Rhabarber und Vanillesauce sind eine perfekte Kombination, bei der
die Säure des Rhabarbers von der sahnigen Cremigkeit der Sauce
ausgeglichen wird. Sie können das Rhabarberkompott nach Belieben mit
Sternanis, Ingwer und geriebener Zitronenschale aromatisieren.

500 g Rhabarber putzen und in Stücke schneiden. Mit 160 g Zucker,
1 Zimtstange, 1 Esslöffel Zitronen- oder Orangensaft und 2 Esslöffeln
Wasser in einen Topf geben und etwa 2 Minuten bei mittlerer Hitze unter
Rühren köcheln lassen, bis sich der Zucker aufgelöst hat.
   Die Hitze reduzieren und den Rhabarber 10 Minuten weitergaren, bis er
weich ist. Das Kompott auf vier Dessertschalen verteilen.
   100 g Zucker und 5 Eigelbe in eine Schüssel geben und mit dem Rührgerät hell und schaumig schlagen. 500 ml Milch und 1 aufgeschlitzte Va-
nilleschote in einen Topf geben und bis knapp unter den Siedepunkt er-
hitzen. Unter Rühren in die Eiermasse gießen.
   Die Mischung in einen sauberen Topf füllen und rühren, bis die Sauce
etwas eindickt.
   Etwas Vanillesauce über das Rhabarberkompott gießen. Die restliche
Sauce in ein Kännchen füllen und separat zum Kompott reichen.
**Für 4 Personen**

Rhabarber ist nicht zum Rohverzehr geeignet! Am
besten klein schneiden und mit etwas
Wasser oder frisch gepresstem Orangensaft in kurzer
Zeit gar dünsten. Rhabarber sollte nie in Alugefäßen
gegart bzw. aufbewahrt werden, er nimmt sonst einen
metallischen Geschmack an.

# Rote Bete

*Beta vulgaris subsp. vulgaris var. conditiva*

Auch bekannt als Rote Rübe, Rande

Rote Bete ist ein vielseitiges Gemüse, das bei einer
Aussaat von April bis September leicht bis in den
November hinein geerntet werden kann. Die tief-
roten Knollen sind lange lagerfähig und deshalb
ein sehr gesundes, nährstoffreiches Wintergemüse.
Auch die Blätter lassen sich im Jungstadium wie
Spinat roh in Salaten oder kurz gebraten in Wokgerichten verwerten. Neben der klassischen runden
Form gibt es auch längliche Sorten. Andere Varietäten haben orangegelbes, weißes oder sogar zwei-
farbiges Fleisch.

## Anbau

Wie alle Wurzelgemüsearten schätzt auch Rote Bete
einen durchlässigen, lockeren, tiefgründigen Boden,
damit sich die Knollen ordentlich entwickeln können. Der Boden sollte mit verrottetem organischem
Dung angereichert sein. Zu frischer Dung enthält
zu viel Stickstoff, durch den die Knollen Nitrat anreichern, sich spalten oder verformt wachsen. Rote
Bete bevorzugt einen neutralen bis leicht sauren
Boden-pH-Wert.

Die Samen bestehen aus Knäueln von zwei bis
drei Einzelsamen. Die Samenknäuel werden über
Nacht eingeweicht und mit einem Pflanzabstand
von 10 cm in den gewässerten Boden gelegt. Nach
der Keimung werden die Pflänzchen vorsichtig vereinzelt. Während der Wachstumsphase können die
Knollen sich aus dem Boden drücken. Deshalb
empfiehlt es sich, die Erde rund um die Pflanzen
anzuhäufeln. Für eine zweite Ernte kann etwa 4 Wochen später nachgesät werden.

Neben der Knolle können auch die zarten, jungen Blätter
verzehrt werden. Allerdings sollte man in der Wachstumsphase nicht zu viele Blätter abnehmen.

*Rezept*

### Rosolje – estnischer Rote-Bete-Salat

Dieser schöne rosa Salat ist eine leckere herzhafte Bereicherung für
ein Buffet. Wie alle Rezepte mit vielen unterschiedlichen Aromen
schmeckt auch dieser Salat am besten, wenn er ein oder zwei Tage im
Kühlschrank durchziehen kann.

5 Rote Beten in einem großen Topf mit Wasser etwa 30 Minuten gar kochen. Gut abkühlen lassen. Schälen und in Würfel schneiden. Inzwischen
5 große Kartoffeln schälen und klein würfeln. In einem zweiten Topf
etwa 7 Minuten gar kochen, anschließend abkühlen lassen.

Rote Beten und Kartoffeln in eine große Schüssel geben. 2 fein gehackte Essiggurken, 2 fein gehackte eingelegte Heringsfilets, 2 hart gekochte und gehackte Eier, je 1 roten und grünen gewürfelten Apfel und
250 g gewürfelten kalten Braten (Rind oder Kalb) untermischen.

Für das Dressing 250 g saure Sahne und 125 g Mayonnaise glatt rühren
und mit Salz und Pfeffer abschmecken. Das Dressing unter den Salat
heben und servieren. **Für 8–10 Personen als Beilage**

#### NATÜRLICHE SPEISEFARBE

Der Saft aus zerkleinerten, zerdrückten frischen Roten
Beten wird seit vielen Jahrhunderten zum Einfärben
von Speisen und Stoffen verwendet. Er ist eine natürliche Alternative zu synthetischen Lebensmittelfarben
für Kuchen, Cremes und Glasuren und zu chemischen
Färbemitteln für Naturfasern wie Baumwolle und
Wolle. Für die kräftige rote Färbung des Gemüses ist
das Pigment Betanin verantwortlich, das erstmals in
den 1920er-Jahren identifiziert wurde. Heute wird es
in der Lebensmittelindustrie als natürliches Färbemittel für Tomatensauce, Konfitüren, Joghurts, Gelees
oder Eiscremes eingesetzt.

Rote Beten existieren nicht nur in Rot, sondern in einer Reihe von Farben und Größen, wobei junge Bete süßer und zarter schmeckt als voll ausgereifte Knollen (von oben): Rote Bete, Baby-Varietät, Gelbe Bete und Weiße Bete.

*Probleme*   Staunässe kann Probleme verursachen. Bor fördert das Wurzelwachstum; alkalische Böden können deshalb mit Bor gedüngt werden.

*Ernte*   Rote Beten können in den wärmeren Monaten 8 Wochen und bei kühlerem Wetter 3–4 Monate nach der Aussaat geerntet werden. Am besten schmecken die Knollen, wenn sie einen Durchmesser von 5–10 cm erreicht haben. Junge Knollen oder kleinwüchsige Sorten können eingelegt werden und schmecken auch roh, z. B. geraspelt, wunderbar. Größere Knollen sollten gekocht, im Ofen gegart oder gedämpft werden. Sie schmecken warm, als Salat oder eingelegt. Trennen Sie Blattansatz und Wurzel nicht zu dicht an der Knolle ab, sonst „blutet" sie beim Garen aus und verliert Farbe und Aroma. Rote Bete kann bis zum Frost in der Erde gelassen werden, wenn der Boden gut gemulcht ist. Lässt man sie bei wärmerem Wetter zu lang im Boden, werden die Knollen holzig und zäh.

## Sorten

Neben den verbreiteten roten Knollen wie den Sorten ‚Rote Kugel' oder ‚Moulin Rouge' gibt es auch andersfarbige Züchtungen, z. B. gelbfleischige Bete mit orangefarbener Schale oder weiße Sorten mit sehr süßem Fruchtfleisch und blasser Schale. Besonders ausgefallen sind Sorten wie ‚Tonda di Chioggia' mit rot-weiß geringeltem Fruchtfleisch und feinem Aroma.

## Kauf und Lagerung

Falls vorhanden, sind frisch aussehende Blattstiele ein guter Hinweis dafür, dass die Bete frisch geerntet ist. Ansonsten sollte die Knolle fest und unbeschädigt sein. Wenn die Knollen nicht innerhalb von 2 Tagen verarbeitet werden, kürzen Sie die Blattstiele auf 2,5 cm ein, so können Sie die Beten bis zu 1 Woche im Gemüsefach des Kühlschranks lagern.

## Gesundheit

Rote Bete enthält Betacyanin, ein Pflanzenfarbstoff, der einigen Studien zufolge den Zellschutz vor Schäden durch kanzerogene Substanzen erhöhen kann. Ebenso könnte der hohe Gehalt an Antioxidantien und entzündungshemmenden Verbindungen möglicherweise das Risiko für die Entstehung bestimmter Krebsarten senken. Rote Beten sind eine gute Quelle für Folsäure und Betain. Die beiden Substanzen tragen gemeinsam dazu bei, Herz-Kreislauf-Erkrankungen vorzubeugen. Der hohe Gehalt an Ballaststoffen fördert die Verdauung und hilft, den Darm gesund zu erhalten.

Ein enger Verwandter von Roter Bete ist Mangold (siehe Seite 59–60). Er ist eine Unterart, die sich aus eingelagerten Knollen entwickelte. Mangold steckt im Gegensatz zur Roten Bete die Energie in die Entwicklung der Blattstiele und nicht in die Knolle.

### Von der Steinzeit ins Weltall

Wildformen von Roter Bete haben sich von Nordafrika über den Mittelmeerraum bis zum Kaspischen Meer ausgebreitet. Unsere Vorfahren sammelten und aßen zunächst nur die Blätter. Erst die Römer verzehrten auch die gekochten Knollen, die viel kleiner waren als die uns heute bekannten Sorten. Der Anbau von Roter Bete in Mitteleuropa ist durch Abbildungen erst im 16. Jahrhundert eindeutig belegt. Berühmtheit erlangte die rote Knolle 1975, als Kosmonauten der sowjetischen *Sojuz 19* die Astronauten der *Apollo 18* mit dem russischen Nationalgericht Borschtsch (Rote-Bete-Suppe) in schwereloser Umgebung empfingen.

# Rüben

*Brasica napus var. napobrassica* und
*Brassica rapa var. rapifera*

Rüben führten lange ein Schattendasein, dabei sind sie schnell und einfach zu kultivieren. Zu Recht erleben sie deshalb in den letzten Jahren eine Renaissance. Die Steckrübe, auch Rutabaga oder Kohlrübe genannt, ist eine Kreuzung aus Rübe und Kohl. Sie hat ein süßliches, saftiges, gelbes bis cremeweißes Fruchtfleisch und ist milder als die Speiserübe. Die hat eine helle Schale mit violetter Einfärbung am Stielansatz. Junge Knollen können roh verzehrt werden, z. B. geraspelt in einem Salat. Reifere, größere Exemplare mit erdigerem Aroma sollten gegart werden. Man kann sie braten, dünsten oder in Suppen und Eintöpfen schmoren.

Speiserüben sind kleiner. Die Oberseite der weißen Sprossknolle kann weiß, gelb, grün oder violett sein. Junge Exemplare schmecken recht süß. Speiserüben werden gebraten, gedünstet oder eingelegt sowie für Suppen oder Eintöpfe verwendet. Junges Blattgrün kann wie Blattgemüse gedämpft oder geschmort oder unter Salate gemischt werden.

## Anbau

Beide Sorten lieben einen sonnigen Standort in durchlässiger, mit Kompost angereicherter Erde, tolerieren aber auch nährstoffärmere Böden und Halbschatten, mit denen andere Gemüsesorten nicht zurechtkommen. Steckrüben werden im Juni dünn 1–2 cm tief gesät und später auf 15–20 cm verzogen. Speiserüben werden ab März/April bis Juli gesät (Mairübe) bzw. Mitte Juli bis Mitte August (Herbstrübe) und auf 7–10 cm verzogen. Herbstrüben können bis zum ersten Frost im Beet bleiben.

*Probleme*   Rüben haben dieselben Probleme wie andere *Brassica*-Gewächse (siehe ab Seite 47).

OBEN: Weil Speiserüben eine schnelle Kulturzeit haben und jung am besten schmecken, sollten Sie alle 2–4 Wochen einige Samen nachsäen. So wächst im Beet laufend frisches Gemüse nach.

RECHTS: Steckrüben werden in der Regel viel größer geerntet als Speiserüben. Der Boden sollte immer gut gewässert sein, sonst werden die Rüben faserig und holzig.

### Rübengeist

Mindestens eine Halloweentradition hat ihre Ursprünge im alten keltischen Erntedankfest Samhaim. Dafür wurden unter anderem Rüben zu Laternen ausgehöhlt und herumgetragen, um böse Geister zu vertreiben. Aus den runden Löchern, durch die das Licht scheinen sollte, wurden mit der Zeit grimmige Gesichter.

Auswanderer aus Irland und Schottland brachten diese Tradition mit nach Nordamerika.

Aus Steckrüben und Speiserüben lassen sich leckere Pürees zubereiten. Sie eignen sich auch als Ofengemüse (siehe Ofengemüse Seite 257).

Von links nach rechts: Die violettschalige weißfleischige Speiserübe und Steckrüben mit cremefarbenem Fleisch. Kleine, zarte Mairübchen (rechts außen) haben ein süßeres Aroma und schmecken ähnlich wie Kohlrabi.

*Rezept*

## Rüben-Kartoffel-Püree

Für dieses Püree können Sie alternativ auch Speiserüben verwenden. Es passt vor allem zu Lamm und dunklem Fleisch.

500 g Steckrüben schälen und in 2,5 cm große Würfel schneiden. In einen großen Topf geben und mit Wasser bedecken. 500 g geschälte und gewürfelte mehligkochende Kartoffeln untermischen und 20 Minuten sehr weich kochen.

Das Wasser abgießen und das Gemüse bei niedrigster Hitze wieder auf den Herd stellen, um das Restwasser verdampfen zu lassen.

Das Gemüse zerstampfen und 60 g Butter einarbeiten. Mit einem Holzlöffel fast cremig rühren. 1 Esslöffel frische Schnittlauchröllchen unterziehen. Mit Salz und frisch gemahlenem weißem Pfeffer abschmecken. Mit Schnittlauchröllchen garnieren. **Für 4 Personen**

*Ernte* Rüben können 1–2 Monate (Speiserüben) bzw. 3–4 Monate (Steckrüben) nach Aussaat aus der Erde gezogen werden, diese vorher am besten mit einer Gartengabel lockern. Beide Rübenarten können, solange kein Kahlfrost zu erwarten ist, im Boden überwintern. Steckrüben lassen sich gut an einem kühlen Ort einlagern, Speiserüben halten sich nur im Kühlschrank gut.

## Kauf und Lagerung

Steckrüben sollten prall aussehen und eine glatte, unbeschädigte Schale haben. Wenn das Laub bei Speiserüben noch vorhanden ist, achten Sie darauf, dass es frisch aussieht und nicht welk oder gelb ist. Die Schale sollte glatt sein und einen leicht perligen Glanz haben. Steckrüben halten sich im Kühlschrank 1 Woche, Speiserüben dagegen nur wenige Tage.

## Gesundheit

Alle Teile der Speiserübe wurden als „Küchenapotheke" eingesetzt: gemahlene Samen, in Schmalz gekochte Knollen, Stiele und Blätter, selbst die

Blüten. Es gibt keinen wissenschaftlichen Beleg über die Wirksamkeit, aber die Forschung hat gezeigt, dass Speiserüben Glucosinolate enthalten, die die Alkalisierung des Körpers unterstützen und schädliche Toxine und Hormone, die das Krebsrisiko erhöhen, binden. Speiserüben liefern reichlich Kalium und Vitamin C, das für die Wundheilung und das Immunsystem wichtig ist und vor Zellschäden schützt. Steckrüben sind eine ausgezeichnete Quelle für Kalium und Magnesium, die bei der Regulierung des Blutdrucks eine wichtige Rolle spielen. Das leicht bittere Aroma ist ein Zeichen dafür, dass das Gemüse ebenfalls Glucosinolate enthält.

## Futterrübe

*Beta vulgaris*

Auch bekannt als Runkelrübe, Rübenmangold

Dieses alte Gemüse ist verwandt mit Roter Bete und Mangold. Ursprünglich wurde sie als Viehfutter angebaut. Aber auch ihre kulinarischen Qualitäten sind anerkannt. Die großen weißen bis orangegelben Wurzelknollen sind süß und zart mit einem erdigen Aroma. Roh sind sie sehr knackig und können in einen Salat geraspelt werden. Man kann sie aber auch wie Rote Bete im Ofen garen, kochen, dämpfen, in Eintopfgerichten schmoren oder einlegen. Die grünen Laubblätter können wie Mangold gedämpft oder gedünstet werden.

## Anbau

Die Futterrübe wird überwiegend in gemäßigten Klimaregionen angebaut. Sie schätzt nährstoffreichen Boden mit regelmäßiger Wässerung. Samen werden im Frühjahr nach dem letzten Frost gesät und dann auf 20–45 cm verzogen. Zwar hat die Rübe gern einen sonnigen Standort, sollte aber dennoch vor zu starker Sonneneinstrahlung geschützt sein.

Unter idealen Bedingungen kann die Rübe bis zu 20 kg schwer werden. Futterrüben sind zweijährig, d.h., sie entwickeln erst im zweiten Kulturjahr Blüten und Samen. Die Wurzel wächst aber in dieser Zeit weiter.

Das geschälte und geraspelte orange Futterrübenfleisch eignet sich für Salate oder zum Einlegen. Durch Garen wird das Fruchtfleisch sehr zart und lässt sich pürieren. Rüben schmecken auch gut in Currys mit Kokosmilch und frischem Ingwer. Die Blätter können Oxalate enthalten und sind besser verdaulich, wenn sie leicht gedämpft oder gedünstet werden.

Futterrüben sehen aus wie gigantische goldgelbe Beten. Mit der Reifung färbt sich die gelbe Wurzelknolle orange.

**Probleme**  Die Rübe muss regelmäßig gegossen werden; zu große Bodentrockenheit kann zur Spaltung der Wurzelknolle führen.

**Ernte**  Die gewaschene Wurzel hält sich mehrere Wochen im Kühlschrank. Die Blätter werden am besten direkt nach der Ernte verwertet. Angesichts der langen Reifezeit (5–18 Monate) können die Rüben auch über den Winter in der Erde gelassen und nach Bedarf geerntet werden.

## Kauf und Lagerung

Die Wurzeln, die meist nur aus Eigenanbau oder über spezialisierte Hofläden erhältlich sind, schmecken am besten frisch nach der Ernte. Sie halten sich aber auch längere Zeit im Kühlschrank.

## Gesundheit

Wie andere Rüben enthält auch die Futterrübe wertvolle Betalaine in Schale und Fleisch. Diese Pigmente sind für die dunkelrote bzw. gelbe Färbung der Rüben verantwortlich. Im Körper schützen sie die Zellen auch vor DNA-Schäden durch freie Radikale. Betalaine lindern auch chronische Entzündungen, die das Risiko für Herzerkrankungen und Diabetes steigern.

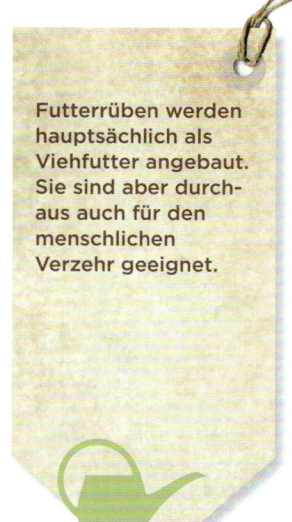

Futterrüben werden hauptsächlich als Viehfutter angebaut. Sie sind aber durchaus auch für den menschlichen Verzehr geeignet.

# Sellerie

Sellerie wird in der traditionellen Küche wegen seines einzigartigen Aromas sehr geschätzt. Gemüse- und Fleischbrühe sowie Saucenfond sind ohne die Würze von Knollensellerie nur halb so geschmackvoll. In unseren Breiten kann er problemlos angebaut werden. Stangensellerie kann im Beet etwas anspruchsvoller sein, wenn man helle, zartere Stangen haben möchte. Dafür muss man die Stangen im Beet blanchieren.

Unser Kultursellerie stammt vom Wildsellerie ab, der eine kleine genießbare Wurzel hat und in Europa schon seit dem Altertum verzehrt wird.

## Knollensellerie

*Apium graveolens var. rapaceum*

Auch bekannt als Wurzelsellerie

Diese robuste Pflanze entwickelt eine Wurzelknolle, die einer dicken, rundlichen Rübe ähnelt. Das Fruchtfleisch hat ein nussiges Aroma. Die Blattstiele erinnern an glatte Petersilie; zarte Blätter können gehackt als Würzkraut verwendet werden. Knollensellerie erreicht eine Wuchshöhe von bis zu 50 cm. Die Wurzelknolle muss geschält und kann dann roh oder gegart verzehrt werden. Sellerie ist ein klassisches Suppengemüse.

## Anbau

Wie jedes Wurzelgemüse gedeiht Sellerie am besten in gut vorbereitetem, lockerem, tiefgründigem Boden mit guter Struktur und Drainage. Gekaufte Jungpflanzen oder ab Februar vorgezogene Pflanzen

Die zarten jungen Blätter des Knollenselleries können fein gehackt als Würzkraut oder Suppenzutat verwendet werden.

können nach den Eisheiligen im Mai ausgepflanzt werden. Selleriepflanzen sollten im Abstand von 20 cm stehen, damit eine gute Knollenausbildung erfolgen kann. Der Boden sollte vor dem Auspflanzen unkrautfrei sein, damit sich Pflanzen und Wurzeln ungestört entwickeln können. Sellerie hat eine Reifezeit von 4 Monaten.

*Probleme*   Schnecken schätzen das zarte Selleriegrün. Deshalb sollten die Pflanzen in der Wachstumsphase regelmäßig überprüft werden.

*Ernte*   Die Knollen können ab einer Größe von 5–7 cm Durchmesser geerntet werden. Sie halten sich mehrere Wochen im Kühlschrank. Das Fruchtfleisch färbt sich nach dem Anschneiden bräunlich, deshalb sofort mit Zitronensaft beträufeln.

## Gesundheit

Früher waren Sellerie und Selleriesamen ein bewährtes Hausmittel bei Erkältungen, Fieber, Verdauungsbeschwerden und Wassereinlagerungen. Moderne Untersuchungen haben die magenberuhigenden Eigenschaften des Gemüses bestätigt. Extrakte mit Polysacchariden, die in Sellerie enthalten sind, unterstützen eine gesunde Magenschleimhaut und können sogar das Risiko von Magenkrebs reduzieren. Sellerie ist mit nur 16 kcal pro 100 g und 1,6 g Ballaststoffen ein echter Schlankmacher.

*Rezept*

### Selleriesalat

Sellerie hat ein besonderes Aroma mit feiner Nussnote. Das Wurzelgemüse bildet die Grundlage für diesen französischen Selleriesalat.

Etwa 500 g Sellerie schälen und in feine Streifen schneiden oder raspeln. Mit dem Saft von ½ Zitrone vermengen.

In einer Schüssel 5 Esslöffel Mayonnaise, 2 Esslöffel Crème fraîche oder saure Sahne, 1 Esslöffel Dijonsenf, 2 Esslöffel fein gehackte frische Petersilie und nach Belieben 1 Esslöffel fein gehackte Minze verrühren. Mit Salz und frisch gemahlenem schwarzem Pfeffer abschmecken. Sellerie untermischen. Ist die Sauce zu dick, mit Zitronensaft strecken.

Den Salat vor dem Servieren etwa 30 Minuten ziehen lassen.

**Für 4 Personen**

Die Sellerieknolle mit einem scharfen Messer schälen, dabei die Wurzel zuerst abschneiden, damit die Knolle einen stabilen Stand hat.

# Stangensellerie
*Apium graveolens var. dulce*

Auch bekannt als Bleichsellerie, Staudensellerie

Stangensellerie kann in einzelnen Stangen oder als ganze Staude abgeerntet werden. Erhalten die Stangen kein Licht (durch das sogenannte Blanchieren), wird die Fotosynthese reduziert, und die Stangen werden heller, knackiger und länger. Sie entwickeln auch weniger Fasern.

## Anbau

Dieses Gemüse schätzt nährstoffreichen, lockeren Boden, in den vor der Auspflanzung organischer Dung eingearbeitet wurde. Sellerie kann aus Samen gezogen werden. Doch dauert es über 2 Monate, bis daraus Pflänzchen gewachsen sind, die ins Freiland verpflanzt werden können. Einfacher geht es mit gekauften Jungpflanzen.

Sellerie kann nach den letzten Frostnächten im Mai mit einem Pflanzabstand von etwa 25 cm ins Freie gesetzt werden. Er benötigt regelmäßige Wässerung, vor allem in den heißen Sommermonaten. Wind und kalte Witterung bekommen ihm nicht.

Sellerie kann ohne Blanchieren gezogen werden. Die Stangen sind dann grüner und haben ein kräftigeres Aroma. Wenn die Stangen jedoch hell und lang sein sollen, müssen sie 3–4 Wochen vor der Ernte blanchiert werden. Dazu jede Pflanze 40 cm hoch in mehrere Schichten Zeitungspapier oder in Karton schlagen und mit einer Schnur fixieren. Alternativ einen leeren Milchkarton ohne Boden dar-

überstülpen. Wenn Sie Sellerie im Block pflanzen, braucht nur die Außenseite Beschattung.

*Probleme* Schnecken lieben die knackigen Stangen. Stärken Sie die Pflanzen durch Flüssigdüngergaben. Beschädigte Blätter regelmäßig entfernen. Um Befall durch Möhrenfliegen zu vermeiden, keine Möhren neben Stangensellerie anbauen.

*Ernte* Sellerie hat eine Reifezeit von rund 17 Wochen, einzelne Stangen können aber früher von außen abgenommen werden.

## Kauf und Lagerung

Kaufen Sie ganze oder halbe Stauden, falls möglich mit frisch aussehenden Blättern und knackig-prallen, festen Stangen. Kürzen Sie die Staude auf die gewünschte Länge ein, so hält sie sich bis zu 5 Tage im Kühlschrank.

## Gesundheit

In der traditionellen chinesischen Medizin wird Stangensellerie zur Behandlung von Bluthochdruck eingesetzt. In den 1990er-Jahren wurde in Sellerie ein Pflanzenstoff namens 3-n-Butylphthalid entdeckt, der die Blutgefäße entspannt und im Tierversuch blutdrucksenkend wirkte. Sellerie enthält Pflanzenstoffe, die die Produktion von bestimmten Prostaglandinen (körpereigene Stoffe, die Entzündungen auslösen können) hemmen. Selleriesamen und das daraus gewonnene Öl sind traditionelle Heilmittel bei Rheuma, Gicht, Schwindel und Appetitlosigkeit.

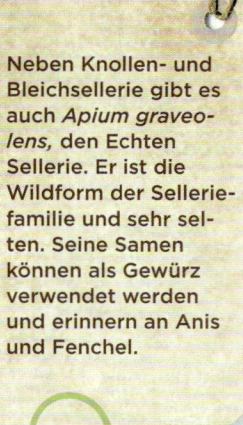

Neben Knollen- und Bleichsellerie gibt es auch *Apium graveolens*, den Echten Sellerie. Er ist die Wildform der Selleriefamilie und sehr selten. Seine Samen können als Gewürz verwendet werden und erinnern an Anis und Fenchel.

In Scheiben oder gewürfelt können die äußeren Selleriestangen für Suppen, Eintopfgerichte oder Gratins verwendet werden. Die inneren, zarteren Stangen sind ideal für Salate oder zum Entsaften. Auch die Blätter sind sehr aromatisch. Fein gehackt, eignen sie sich als Einlage für Suppen und Omeletts.

## Vom Heilmittel zum Gemüse
Das Wort „Sellerie" geht auf den altgriechischen *selinon* zurück, den wilden Sellerie, wie er schon in Homers *Odyssee* erwähnt wird. Die alten Griechen und Römer schätzten die medizinischen Eigenschaften der Samen der Wildpflanze. Erst im 16. Jahrhundert wurde Sellerie als Gemüse entdeckt.

Spargel sollte möglichst erst im dritten Jahr geerntet werden, damit sich der Wurzelstock kräftig entwickeln kann. Nach dem 24. Juni sollte kein Spargel mehr gestochen werden. Man lässt die Pflanze ausschießen, damit sie sich erholen kann.

**WEISS UND GRÜN**
Weißer Spargel wird in Wällen gepflanzt. Er wird gestochen, sobald die Triebspitzen durch die Erde brechen. Wächst der Spargel oberirdisch an der Sonne weiter, bildet er Chlorophyll, das die Stangen grün färbt.

*Für den sonderbar riechenden Urin nach dem Verzehr von Spargel sind mehrere Substanzen wie Asparagusinsäure verantwortlich. Marcel Proust meinte, dass Spargel „seinen Nachttopf in eine Parfümflasche" verwandle.*

# Spargel
*Asparagus officinalis*

Spargel erfordert viel Geduld, denn er darf erst im dritten Jahr geerntet werden. Dann aber produziert diese ausdauernde Pflanze bei guter Pflege über viele Jahre feinste Spargelstangen, die von April bis Ende Juni geerntet werden können.

## Anbau

Spargel benötigt einen sonnigen Standort mit gutem, durchlässigem Boden, am besten sandiger Lehm, der im Herbst vor der Pflanzung mit organischem Dünger aufbereitet und gut gemulcht werden sollte. Außerdem darf der Boden nicht allzu sauer sein. Sie können Spargel aus Samen ziehen. Zeitsparender ist es aber, vorgezogene Wurzelstücke von männlichen Pflanzen zu legen, da sie schneller produktiv sind. Wurzelstücke sind über den Versand oder bei einem Fachhändler erhältlich und sollten nicht nach April ausgebracht werden.

*Ernte* Spargel darf erst im dritten Jahr geerntet werden, um der Pflanze keine Energie zu entziehen. So produziert sie nach dieser Frist mehr Triebe. Die Triebe, sprich die Spargelstangen, können geerntet werden, wenn die Spitzen aus den Erdwällen ragen. Legen Sie die Stangen etwas frei, und stechen Sie sie etwa 5 cm unter der Erde ab. Grüner Spargel wird bodennah abgeschnitten, wenn die Stangen 20 cm aus der Erde ragen und etwa 1 cm dick sind.

Erntezeit ist von Mitte/Ende April bis Ende Juni. Dann sollte der Pflanze Zeit gegeben werden, sich zu regenerieren. Ausgeschossener Spargel mit fedrigem Grün sollte im Herbst 5 cm über dem Boden abgeschnitten werden.

## Kunstvoller Spargel

Das Gemälde eines Spargelbunds des französischen Malers Édouard Manet erlangte nicht nur aufgrund der Maltechnik Berühmtheit, sondern auch durch die damit verbundene Begebenheit. Charles Ephrussi gab das Werk im Jahr 1880 in Auftrag. Vereinbart waren 800 Francs Honorar, Ephrussi aber stellte einen Scheck über 1000 Francs aus. Manet malte als augenzwinkernde Antwort auf die Überbezahlung eine einzelne Spargelstange auf demselben Untergrund wie die Auftragsarbeit (unten links). Er schenkte Ephrussi das Bild mit dem Hinweis, dass eine Stange im Bund fehlte.

## Sorten

* Weiße Bleichspargelsorten für den Garten sind z.B. die frühe Sorte ‚Ramires' mit relativ dicken Stangen oder ‚Backlim', die spät austreibt.
* Eine bewährte grüne Spargelsorte ist ‚Schneewittchen'.
* Violette Sorten sind seltener, z.B. ‚Burgundine'.

## Kauf und Lagerung

Die Stangen sollten fest sein und, wenn man sie aneinanderreibt, quietschen. Die Schnittflächen dürfen nicht bräunlich verfärbt oder gar holzig sein. Lagern Sie Spargel locker in ein feuchtes Tuch eingeschlagen im Gemüsefach; so hält er sich 2–3 Tage.

## Gesundheit

Wilder Spargel *(Asparagus racemosus)* ist in der indischen ayurvedischen Medizin als *shatavari* bekannt und wird zur Steigerung der Fruchtbarkeit, zur Milchbildung und für ein gesundes Harnwegssystem eingesetzt. Er enthält Saponine, die Entzündungen hemmen. 100 g Spargel haben nur etwa 15 kcal, liefern aber Ballaststoffe, Kalium, Magnesium, Phosphor, Eisen und viele Vitamine.

*Rezept*

### Grüner Spargel mit Parmesan

Für eine schnelle und einfache Beilage Grünen Sparge putzer und 2–3 Minuten knackig gar blanchieren. In etwas Olivenöl schwenken und mit frisch gehobeltem Parmesan und Zitronenabrieb servieren.

Zur Vorbereitung von Spargel die Enden abschneiden. Weißer Spargel sollte geschält werden, bei grünem Spargel genügt es, eventuelle holzige Stellen zu entfernen. Den Spargel dann mit etwas Salz und Zucker in einen großen Topf mit kochendem Wasser geben. Grüner Spargel benötigt etwa 3 Minuten, während weißer je nach Dicke bis zu 15 Minuten gekocht werden sollte.

OBEN: Violetter Spargel ist zwar selten erhältlich, sorgt aber mit seiner intensiven Farbe für einen optischen Höhepunkt auf jedem Teller. Er hat ein feineres Aroma als grüner Spargel und kann sogar roh verzehrt werden.

LINKS: Grüner Spargel ist im Gemüsegarten einfacher anzubauen, er braucht keinen Erdwall. Weißer Spargel bleibt nur weiß, solange er in der Wachstumsphase unter der Erde wächst und keinem Tageslicht ausgesetzt ist.

# Spinat

*Spinacia oleracea*

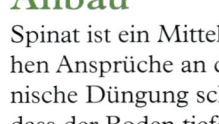

Blattmangold wird wie Spinat zubereitet und kann nach Bedarf geerntet werden. Anders als beim Stielmangold werden nur die Blätter verarbeitet. Blattmangold ist im Sommer eine gute Alternative zu Spinat, der Wärme nicht schätzt.

Spinat gehört zur Familie der Gänsefußgewächse und gilt als besonders gesund, denn im Verhältnis zur Kalorienzahl liefert er mehr Nährstoffe als jedes andere Lebensmittel. Zarte, junge Blätter können roh als Salat verzehrt werden. Größere Blätter haben ein robusteres Aroma und eine derbere Textur und sollten deshalb gegart werden. Die Pflanzen mit ihren länglichen Blättern können bis zu 25 cm hoch werden.

## Anbau

Spinat ist ein Mittelzehrer und stellt keine allzu hohen Ansprüche an den Boden. Eine vorherige organische Düngung schadet aber nicht. Wichtig ist, dass der Boden tiefgründig ist und ständig feucht gehalten wird, insbesondere bei wärmerem Wetter, da die Pflanzen sonst schnell schossen. Traditionell ist Spinat ein Gemüse für die kühlere Jahreszeit. Man kann ihn für eine Ernte im Frühjahr bereits Ende Februar, für eine Herbsternte Ende August bis Mitte September säen. Für eine Ernte im zeitigen Frühjahr kann man Ende September säen, dann müssen die jungen Pflanzen bei Kahlfrost mit einem Vlies abgedeckt werden. Spinat wird in Reihen mit 30 cm Abstand 1 cm tief gesät. Nach der Keimung wird er auf 15 cm verzogen. Ausgedünnte Pflänzchen können als Babyspinat verzehrt werden.

*Probleme* Wie bei anderem Blattgemüse sind die Hauptschädlinge Schnecken.

*Ernte* Babyspinat wird jung und zart geerntet. Nach 8–10 Wochen sind die Pflanzen ausgewachsen. Man trennt die großen Blätter mit einem Messer ab oder erntet die ganze Pflanze samt Wurzel.

## Kauf und Lagerung

Spinatblätter sind recht empfindlich. Beim Kauf sollten Sie welke oder zerdrückte Blätter meiden. Im Kühlschrank hält sich Spinat von einem feuchten Tuch bedeckt 1–2 Tage.

## Gesundheit

Fälschlicherweise wurde Spinat lange als besonders reich an Eisen gepriesen. Stattdessen enthält er viel Vitamin A, K und Flavonoide und gilt deshalb als Superfood. Im Tierversuch verlangsamten Spinatextrakte das Wachstum von Krebszellen und wirkten entzündungshemmend. Spinat enthält Lutein und Zeaxanthin, die die Netzhaut schützen können.

Babyspinat schmeckt roh in Salaten oder leicht gedämpft. Ausgewachsene Blätter sollte man garen. Spinat passt gut zu Suppen, Omeletts und Pastagerichten, lässt sich aber auch zu herzhaften Kuchen oder Aufläufen, wie dem griechischen Spanakopita, verarbeiten.

Spinat ist ein Frühjahrs- und Herbstgemüse, da er gemäßigte Temperaturen braucht. Man kann die ganz jungen Blätter (rechts) ernten oder warten, bis sie ausgewachsen sind (links).

### Spinat macht stark

Noch immer hält sich die Ansicht, dass Popeyes Schlagkraft vom Eisen kommt, das angeblich so reichlich in Spinat steckt. Tatsächlich aber führt die Comicfigur den hohen Vitamin-A-Gehalt als Grund dafür an, weshalb er vor einer Keilerei immer eine Dose Spinat öffnet. „Spinat enthält viel Vitamin A, das die Menschen stark und gesund macht", wusste der Matrose schon 1932, als er seine erste Dose öffnete.

# Spinatähnliche Pflanzen

Diverse exotische Blattgemüsearten werden umgangssprachlich auch als „Spinat" bezeichnet. Sie enthalten ähnlich viele Nährstoffe und Eiweiß, aber zuweilen auch größere Mengen an Oxalsäure und sollten deshalb nicht zu oft verzehrt werden.

## Amaranth
*Amaranthus tricolor*

Auch bekannt als Chinesischer Spinat

Dieses Blattgemüse wird vor allem in der Küche von Griechenland, Südostasien, Afrika und der Karibik verwendet. Die Blätter haben ein süßlich-säuerliches Aroma. Junge Blätter schmecken roh in Salaten, größere Blätter werden gegart.

Amaranth kann in warmem Klima ganzjährig gesät werden, in gemäßigten und kühleren Regionen nach den letzten Nachtfrösten. Die Pflanze wird über 60 cm hoch und gedeiht auch bei Trockenheit. Zum Verzehr geeignet sind die hellgrünen Blätter und Stiele. Rispen- oder Färberamaranth *(A. cruentus)* mit seinen rötlichvioletten Blättern, den magentafarbenen Blüten und roten Samen ist sehr dekorativ. Der Gartenfuchsschwanz *(A. caudatus)* wird nicht so sehr wegen der Blätter, sondern vor allem wegen der Körner angebaut, die in Südamerika zu den Grundnahrungsmitteln zählen. Alle Fuchsschwanzgewächse sind selbstaussamend; bewahren Sie aber vorsichtshalber einige Samen auf.

## Indischer Spinat
*Basella alba*

Auch bekannt als Malabarspinat, Ceylonspinat

Indischer Spinat wächst in allen tropischen Regionen Asiens und wird bis zu 1,5 m hoch. In den Tropen ist er mehrjährig und kann durch Stockteilung vermehrt oder aus Samen gezogen werden. In gemäßigten Regionen wird er im Frühjahr im Abstand von 20 cm entlang einer Rankhilfe gesät und ist auch als Zierpflanze zu sehen. Die Pflanze hat sich windende grüne Stiele, glänzende dunkelgrüne Blätter und weiße Blüten. Die rotstielige Form ‚Rubra' mit violett-grünen Blättern und rosa Blüten ist sehr dekorativ. Der Geschmack ähnelt Mangold. Die Pflanzen sind nach 2 Monaten erntefähig. Junge Blätter können roh in Salaten verwendet werden, ältere werden gegart. Bei längerem Garen haben die Blätter eine eindickende Wirkung.

## Ägyptischer Spinat
*Corchorus olitorius*

Auch bekannt als Corchorus, Langstielige Jute

Die Blätter werden im Mittleren Osten und Afrika als Blattgemüse verwendet. Junge Blätter werden roh als Salat verzehrt, ältere Blätter gegart. Die Pflanze wird auch zur Gewinnung von Jutefasern

angebaut. Sie wird im Frühjahr und Sommer gesät und wächst zu einem 1 m hohen buschigen Halbstrauch heran. Der Anbau gelingt nur in (sub-)tropischen Regionen. Die Pflanze ist selbstaussamend und kann sich unkrautartig vermehren.

## Surinam-Spinat
*Talinum fruticosum syn. Talinum triangulare*

Auch bekannt als Philippinischer Spinat

Diese buschige Pflanze ist in Zentral- und Südamerika heimisch, wird aber auch in Westafrika und Südostasien angebaut. Sie wird bis zu 30 cm hoch, hat leuchtend grüne Blätter und kleine rosa Blüten. Die Blätter haben ein leicht säuerliches Aroma und werden roh oder leicht gegart verwendet. Die Pflanze ist selbstaussamend bzw. kann aus Triebstücken gezogen werden. Sie gedeiht am besten in tropischem Klima an einem feuchten, halbschattigen Ort. In kühleren Regionen ist sie einjährig.

Im Uhrzeigersinn von oben links: Celosia argentea, ein Fuchsschwanzgewächs, das ähnlich genutzt wird wie Amaranth, Ceylonspinat, Surinam-Spinat und Ägyptischer Spinat. Obwohl diese Pflanzen nicht mit Spinat verwandt sind, werden sie häufig als „Spinat" bezeichnet.

# Sprossen

Sprossen werden nicht im Freien im Gemüsebeet gezogen. Sie lassen sich leicht das ganze Jahr über kultivieren und benötigen sehr wenig Platz. Sie sind eine wunderbare Beigabe zu Salaten, Sandwiches, Pfannengerichten oder zum Garnieren. Sprossen sind echte Superfoods, denn sie strotzen nur so von wertvollen Inhaltsstoffen.

## Anbau

Frische Sprossen enthalten viele Vitamine, Mineralien und Spurenelemente, Proteine und andere Nährstoffe.

Es gibt zwei Arten, Sprossen zu ziehen: Echte Sprossen keimen in einem Behälter ohne Erde nur mit Wasser, Luft und Licht. Verzehrt wird die ganze Sprosse samt Samen. Die andere Art ist das Ziehen von „Mikrogemüse". So werden Pflanzen bezeichnet, die in Schalen aus einer Saatenmischung gezogen werden und von denen nur die überirdischen Pflanzenteile essbar sind. Für Nachschub können Sie in regelmäßigen Abständen Samen zum Keimen bringen. Verwenden Sie möglichst Biosaatgut.

Zum Keimen von echten Sprossen gibt es spezielle Keimgeräte, mehrtagige Sprossentürme oder auch Keimbeutel. Es genügen aber auch ein großes Einmachglas, ein Musselintuch und ein Haushaltsgummi. Folgen Sie einfach der Anleitung im Kasten unten links.

Mikrogemüse wird in flachen Schalen oder kleinen Töpfen in Erde zum Keimen gebracht. Die Samen großzügig auf eine Schicht Anzuchterde streuen und mit einer dünnen Erdschicht bedecken, die mit einer Sprühflasche ständig feucht gehalten werden muss. Nach 10–14 Tagen zeigen sich erste Keimlinge, und die zarten jungen Pflanzen können nach 1–3 Wochen geerntet werden. Dazu die Pflanzen direkt über der Erde mit einer Schere abschneiden und verwerten. Einige Sorten ergeben nur eine Ernte, manche wachsen nach.

## Sorten

### Echte Sprossen
Dabei handelt es sich um gängige Gemüse- oder Getreidesorten, die sich zum Keimen in Gläsern oder Sprosstürmen eignen.

* **Alfalfa oder Luzerne** *(Medicago sativa)* Feine, fadenartige Sprossen mit nussigem Geschmack
* **Brokkoli** *(Brassica oleracea)* Sprossen mit kräftigem, leicht scharfem, brokkoliartigem Aroma
* **Bockshornklee** *(Trigonella foenum-graecum)* Sprossen mit süß-würzigem Curry-Geschmack
* **Mungbohnen** *(Vigna radiata)* Sprossen mit dicken weißen Trieben; knackig, süß und saftig
* **Rettich** *(Raphinus spp.)* Sprossen mit würzigem, leicht scharfem Retticharoma

Andere beliebte Sorten zum Keimen sind Adzukibohnen, Chia, Rotklee, Rotkohl, Grünkohl, Schnittknoblauch, Zwiebel und Quinoa. Die meisten Sprossen können roh verzehrt werden, Linsen-, Soja- und Kichererbsensprossen sollten leicht gedämpft werden.

### Mikrogemüse
Diese Sorten werden auf Erde gezogen. Weizengras, Gerstengras, Buchweizen, Erbsen und Zuckererbsen, Kresse, Weißer Senf, Rettich, Brokkoli, Sonnenblumen und Babyleaf-Mischungen eignen sich für diese Methode. Die Pflänzchen werden geerntet, wenn sie 3–10 cm hoch sind und sich je nach Sorte nach 7–21 Tagen die ersten richtigen Blätter entwickelt haben. Viele Pflanzen können auch einige Wochen später als Babysalat geerntet werden. Einige Sorten lassen sich sowohl als Sprossen als auch als Mikrogemüse ziehen.

* **Kresse** *(Lepidium sativum)* Mild-würziges Aroma, ideal für Salate und zum Garnieren
* **Zuckererbsen** *(Pisum sativum var. macrocarpon)* Junge Pflanzen haben ein wunderbares süßes Erbsenaroma, ähnlich wie Babyspinat
* **Weizengras** *(Triticum aestivum)* Die Halme enthalten sehr viele Nährstoffe und werde gern zu Saft oder Smoothies verarbeitet. Bevorzugt einen warmen Standort und kann nach 6–9 Tagen geerntet werden
* **Weißer Senf oder Senfkresse** *(Sinapis alba)* Mildes Senfaroma, schmeckt sehr gut zu Eiern

---

*Gewusst wie*

## Sprossen ziehen

Alles, was Sie benötigen, sind ein großes Glas, ein Stück Musselin (Käseleinen) oder ein anderes luftdurchlässiges Gewebe, ein Haushaltsgummi und die Samen. Stellen Sie das Glas an einen warmen, hellen Ort, aber nicht direkt in die Sonne. Folgen Sie den Angaben auf dem Samentütchen, und verwenden Sie nur Biosaatgut.

Eine dünne Schicht Samen in das Glas füllen (oben links) und mit warmem Wasser bedecken. Ein Stück Musselin auf das Glas legen und mit einem Gummi fixieren. Samen je nach Sorte 6–12 Stunden quellen lassen.

Wasser abgießen (Mitte) und die Samen gut mit warmem Wasser spülen. Dafür Musselin entfernen, das Glas zur Hälfte mit Wasser füllen. Frisches Musselin auflegen und fixieren. Glas sanft schwenken, dann Wasser abgießen und an einen warmen, hellen Ort stellen. Wenn die Samen zu keimen beginnen, morgens und abends wieder mit Wasser spülen.

Sprossen können je nach Sorte nach 3–10 Tagen verwendet werden (oben rechts). Häufig intensiviert sich das Aroma mit der Zeit. Am besten schmecken sie, kurz bevor sich die ersten Blättchen bilden. Sprossen mit der gewünschten Größe (1–10 cm) abspülen, nicht gekeimte Samen und Schalen entfernen. Abtropfen und an der Luft trocknen. Sprossen halten sich in einem luftdichten Behälter bis zu 1 Woche im Kühlschrank.

Echte Sprossen werden ohne Erde zum Keimen gebracht, und es werden die Keimlinge samt Samen verzehrt. Die bekanntesten sind (obere Reihe von links): Alfalfasprossen (große Schale), Mungbohnen (kleine Schale) und Mungbohnenkeime aus dem Handel; (untere Reihe von links): Zwiebelsprossen, Brokkolisprossen und Quinoasprossen.

Einige Mikrogemüsesorten (im Uhrzeigersinn von oben links): Erbsensprossen, Brokkolisprossen, Daikonsprossen, Weißer-Senf-Sprossen, rote Rettichsprossen und Sonnenblumensprossen.

## Kauf und Lagerung

Sprossen sollten fest und knackig aussehen und weder zu trocken noch zu feucht wirken. Sie können die Sprossen in der Plastikbox, in der sie oft angeboten werden, auch lagern. Alternativ verteilen Sie sie in einem luftdichten Behälter, bedecken sie mit Küchenpapier und schließen den Behälter. Sprossen halten sich bis zu 4 Tage im Kühlschrank.

## Gesundheit

Eine Handvoll Brokkolisprossen auf einem Salat oder Sandwich kann gut für den Magen sein. In einer Studie ging bei Probanden, die mit Magengeschwüre auslösenden *Helicobacter-pylori*-Bakterien infiziert waren, der Bakterienbefall zurück, und die Magenentzündungen ließen nach, nachdem sie über 8 Wochen täglich 70 g Brokkolisprossen aßen. Alfalfasprossen enthalten Saponine – Pflanzenstoffe, die den Cholesterinspiegel positiv beeinflussen.

*Sprossen gelten aufgrund ihrer vielen wertvollen Inhaltsstoffe als Superfood.*

*Rezept*

### Sprossensalat mit Daikon

Bohnensprossen verleihen jedem Salat Frische und Biss. Sie sind in gut sortierten Supermärkten und in Asialäden erhältlich. Sie können aber auch selbst gezogen werden.

400 g TK-Edamame (grüne Sojabohnen) auftauen.

90 g Daikonrettich schälen und in feine Stifte (Juliennes) schneiden. 1 kleine Gurke mit dem Sparschäler in feine Bänder schneiden.

Edamame, Daikon und Gurke in einer Salatschüssel vermengen.

90 g Sojabohnensprossen, 30 g Zuckererbsensprossen und 60 g Bohnensprossen (aus dem Handel) untermischen.

Den Saft von 1 Zitrone, 1 Teelöffel Sesamöl und 1 Teelöffel Olivenöl in einer Schale verquirlen und den Salat damit beträufeln. Sofort servieren.
**Für 4 Personen**

# Süßkartoffel

*Ipomoea batatas*

Auch bekannt als Batate

Dieses knollenartige Wurzelgemüse aus den tropischen Regionen Amerikas ist so vielseitig wie die Kartoffel. Süßkartoffeln haben ein feines süßes Aroma. Sie können im Ofen gebacken werden und eignen sich für Pürees, Suppen, Schmorgerichte und Currys, aber auch für Gebäck. Die Pflanze bildet kräftige rankende Stängel mit mindestens 1,5 m Länge aus. Die unterirdischen Speicherwurzeln sind in der Regel orange, können aber auch violett oder weiß sein. Junge Blätter und Sprossen können als Blattgemüse zubereitet werden.

Süßkartoffeln sind reich an Beta-Carotin sowie den Vitaminen C und E.

## Anbau

Süßkartoffeln bevorzugen einen sonnigen Standort in nährstoffreichem, lockerem Boden, der mit organischem Dünger angereichert ist. Am besten gelingt die Kultur in warmem Klima; die Pflanze gedeiht aber auch in kühleren Regionen, solange es mindestens 5 Monate mit warmen Tagen und Nächten ohne Frost gibt – oder im Gewächshaus. Die Speicherwurzel kann zwar direkt in die Erde gelegt werden, es empfiehlt sich aber, Knollen oder Teilstücke vorzutreiben. Dafür ab Januar Knollen in einer Kiste 5 cm dick mit feuchtem Sand bedecken und an einem warmen Ort stehen lassen, bis sie austreiben. Wenn die Triebe 15–30 cm lang sind, die Mutterknolle in Teilstücke schneiden, bis auf die Triebspitze alle Kürbisnblätter entfernen und ab April in 50 cm großen Abständen im Reihenabstand von 1 m auspflanzen. Gut wässern, bis sich Wurzeln entwickelt haben. Die rankenden Stängel sind dankbar für eine Kletterhilfe. Pro Pflanze kann man mit bis zu 8 Knollen rechnen.

Süßkartoffeln sind äußerst ertragreich und in wärmeren Regionen einfach zu kultivieren. Es gibt weiße (links) und die bekannteren orangefleischigen Süßkartoffeln.

*Probleme*   Durch Fruchtfolge können Schädlinge und Krankheiten in Schach gehalten werden.

### Ozeanreise

Die Süßkartoffel ist in Zentral- und Südamerika beheimatet, war aber bereits um das Jahr 700 auch in Polynesien verbreitet. Wie gelangte sie dorthin? Neue Pflanzen werden aus Sprosssstecklingen und nicht aus Samen gezogen. Somit konnte die Knolle nicht mit Zugvögeln oder über Meeresströme auf die Südseeinseln gelangt sein. Heute vermutet man, dass polynesische Seefahrer nach Südamerika und wieder zurück reisten und die Pflanze mitnahmen. Sie bewältigten 11 300 km in kleinen Booten übers offene Meer – Navigationshilfe waren nur die Sterne.

*Ernte*   Die Speicherwurzeln sind erntereif, wenn die Blätter im Herbst gelb werden und absterben. Sie liegen oftmals weiter von der Pflanze entfernt unter der Erde. Deshalb sollte der Boden vorsichtig mit einer Gabel gelockert werden, um die Knollen nicht zu beschädigen. Vor dem Einsammeln trocknen lassen. Süßkartoffeln lassen sich an einem kühlen, trockenen Platz bis zu 5 Monate einlagern.

## Sorten

* **Beauregard**   Am häufigsten angebaute Sorte mit rötlich orangefarbener Schale und orangefarbenem Fruchtfleisch
* **Bonita**   Produziert Knollen mit rosa Schale und weißem Fruchtfleisch
* **Evangelina**   Violette Knolle mit orangefarbenem Fruchtfleisch

## Kauf und Lagerung

Süßkartoffeln sollten eine glatte, intakte Schale haben und keine schadhaften Stellen aufweisen. Vermeiden Sie Knollen mit abgeschnittenen Enden. Süßkartoffeln halten sich an einem kühlen, dunklen und gut gelüfteten Ort bis zu 1 Woche.

## Gesundheit

In der Volksheilkunde rund um den Globus werden Süßkartoffeln bei Anämie, Diabetes und Bluthochdruck eingesetzt, ebenso wie bei Insektenstichen, Fieber und Magenverstimmungen. Die Süßkartoffel war bereits vor 10 000 Jahren als Nahrungsmittel bekannt. Orangefleischige Süßkartoffeln liefern reichlich Beta-Carotin, das bestimmten Krebsarten und Herzerkrankungen vorbeugen kann. Violettfleischige Süßkartoffeln enthalten Anthocyanine, die Giftstoffe und freie Radikale im Verdauungsapparat neutralisieren und binden können.

Süßkartoffelpüree wird wunderbar durch Salbei abgerundet. Das Püree passt gut als Beilage zu Fleisch. Süßkartoffeln eignen sich auch für die Zubereitung von Desserts und Backwaren (siehe Süßkartoffel-Käsekuchen Seite 304).

# Tomaten

*Lycopersicum esculentum*

Tomaten sind ein hervorragendes Beispiel dafür, wie einfach es ist, eigenes Gemüse anzubauen. Nichts geht über den Geschmack vollreifer, selbst geernteter Tomaten. Tomaten stammen aus Südamerika und sind heute aus vielen Landesküchen nicht mehr wegzudenken. Dank Tausender von Züchtungen gibt es mittlerweile nicht mehr nur runde rote Tomaten. Es gibt sie in allen Formen, Größen und Farben, von fast Schwarz über Orange und Gelb bis hin zu Grün, mitunter auch gestreift.

## Anbau

Tomaten können im Freien gesät oder gesetzt werden, wenn die letzten Nachtfröste im Frühjahr vorüber sind und die Bodentemperatur mindestens 15 °C beträgt. Wenn die Erde sich tagsüber aufwärmt, die Nächte aber noch frisch sind, schützen Sie die Jungpflanzen mit Vlies oder Folie oder mit „Treibhäusern" aus Plastikflaschen. Einfach Boden abschneiden und Flasche über die Pflanze stülpen.

Zwar ist es einfacher, Jungpflanzen zu kaufen, als selbst zu säen, doch ist die Sortenauswahl, vor allem an lang bewährten Varietäten, wesentlich größer. Dafür im zeitigen Frühjahr 6–8 Wochen vor der geplanten Ausbringung im Freiland Samen mit etwas Anzuchterde in einzelne Anzuchttöpfe aus Torf oder Zellulose legen. Die Töpfe an einen warmen, sehr hellen, geschützten Ort wie ein Gewächshaus oder auf die sonnige Fensterbank stellen.

Die Jungpflanzen werden mit einem Abstand von 45–60 cm gepflanzt. Dabei sollte der Trieb bis zur ersten Blattachsel in der Erde stehen. Aus den eingegrabenen Blattknoten entwickeln sich dann Wurzeln, die der Pflanze zu einem stabileren Stand und kräftigeren Wuchs verhelfen.

Der botanische Name der Tomate bedeutet „Wolfspfirsich".

Tomatenpflanzen sollten unbedingt gestützt werden, damit sie aufrecht wachsen bzw. nicht durch die Last der reifenden Früchte oder durch Wind abknicken. Binden Sie die wachsende Pflanze deshalb in regelmäßigen Abständen auf.

### Passata

*Passata di pomodoro*, passierte Tomaten, ist ein gewürztes Püree aus frischen Tomaten. Traditionell wird es am Ende der Erntesaison aus den noch übrigen Früchten zubereitet.

Die gekochten Tomaten werden durch eine Passiermühle gedreht, um Schalen und Kerne zurückzuhalten, dann in sterilisierte Flaschen abgefüllt und in einem Wasserbad eingekocht.

Zu den beliebtesten Tomatensorten gehören (von oben links nach rechts) Romatomaten, auch „Eiertomaten" genannt, die perfekt für Saucen und Pürees sind. Fleischtomaten und die Ochsenherztomaten sind sehr aromatische Sorten, die sich roh perfekt für Sandwiches oder Salate eignen, aber auch gute Kochtomaten sind.

**Standort**    Am richtigen Standort produzieren Tomaten bis in den Herbst hinein Früchte. Tomaten können im Beet oder in Töpfen kultiviert werden. Grundsätzlich benötigen sie einen vollsonnigen Standort. Bei sehr heißem, trockenem Wetter sollten sie mit einem Vlies vor der prallen Sonne geschützt werden. Bei kühlerem Klima stehen sie am besten an einer Hauswand oder Mauer, die die Wärme reflektieren. Tomaten haben eine Wachstumsphase von 3 Monaten, und die abgestrahlte Wärme einer Mauer hält sie länger warm.

**Schutz**    Zwar ist eine gute Durchlüftung der Blätter von Vorteil, dennoch sollten Tomaten an einem windgeschützten Ort stehen.

**Boden**    Tomaten benötigen durchlässigen, nährstoffreichen Boden, der mit organischem Material

wie Kompost oder reifem Mist vorbereitet wurde. Durch geeignete Fruchtfolge können bodenbedingte Erkrankungen minimiert werden. Tomaten dürfen nicht an Stellen gepflanzt werden, wo in den drei Vorjahren Auberginen, Paprika, Chilis oder andere Nachtschattengewächse standen.

**Pflege**    Die meisten Tomatensorten benötigen für einen aufrechten Wuchs eine Stütze, z. B. eine Tomatenstange, einen Stab, einen Zylinder aus Maschendraht oder ein Spalier. Neue Triebe, die sich aus Blattachseln entwickeln, sollten ausgegeizt (ausgebrochen) werden, damit die Pflanze zum einen nicht zu buschig wird und zum anderen mehr Energie in die Produktion von Früchten legt. Tomaten sind Starkzehrer und sollten während der Vegetationszeit regelmäßig gedüngt und gewässert werden.

**Probleme**    Viele Tomatenkrankheiten können durch Fruchtwechsel und optimale Pflege vermieden oder zumindest minimiert werden. Sonnenbrand zeigt sich als braune Flecken an exponierten Teilen der Frucht. Deshalb sollten bei heißem Wetter nicht alle Seitentriebe ausgegeizt werden, da die Blätter Schatten spenden.

Blütenendfäule verursacht braune Stellen an der Unterseite der Früchte – sie sind Zeichen eines Kalziummangels oder von unregelmäßigem Wässern. Bei hohen Temperaturen, vor allem nachts, werden Blüten abgeworfen.

Pilzerkrankungen können durch gute Durchlüftung der Blätter reduziert werden. Gießen Sie Tomaten immer nur von unten, damit das Laub nicht nass wird. Bei sehr heißem, trockenem Wetter kann es zu einem Befall durch Tomatenmilben kommen, dann werden die Blätter braun und sterben ab. Gehen Sie mit einem Milbenmittel dagegen vor, oder besprühen Sie die Blattunterseite morgens mit Wasser. In kühleren Regionen kann dies allerdings zu Pilzbefall führen.

Gegen die Weiße Fliege können Klebefallen Abhilfe schaffen. Fruchtfliegen können mit einem Vlies oder Schutznetz über den Pflanzen oder durch biologische Fallen und Sprays ferngehalten werden.

**Ernte**    Tomaten kann man ernten, sobald sie beginnen rot zu werden (sie reifen dann noch nach). Voll ausgereifte Tomaten halten sich im Kühlschrank mehrere Wochen.

Am Ende der Vegetationszeit, wenn das Wetter kühler wird, reifen Tomaten draußen nicht mehr. Die Pflanze kann dann mit möglichst viel Erde an den Wurzeln vorsichtig herausgerissen und kopfüber an einem geschützten Ort wie Schuppen oder Terrasse aufgehängt werden. Die Früchte reifen dann weiter. Alternativ kann man alle Früchte abernten und z. B. auf einer sonnigen Fensterbank auslegen: Früchte, die einen Hauch von Rot oder Orange zeigen, reifen innerhalb einiger Tage nach. Grüne, unreife Tomaten enthalten das giftige Solanin. Doch Tomaten, die noch grüne Stellen haben und nicht mehr reifen, können in kleinen Mengen eingelegt oder zu Marmelade verarbeitet werden. Es gibt aber auch Sorten, die grün reifen.

*Tomaten enthalten sehr viel Lycopin, ein Antioxidans, dem eine herzschützende Wirkung zugesprochen wird.*

Sämereien und Gärtnereien vor Ort oder das Internet bieten eine große Auswahl an Tomatensorten in unterschiedlichsten Farben, Formen und Größen, die für Ihre Anbaubedingungen geeignet sind, wie (im Uhrzeigersinn von oben links) rote und gelbe ‚Mortgage Lifter', ‚Schimmeig Creg', ‚Black Krim' oder ‚Green Zebra'.

## Gängige Sorten

* **Flaschentomaten**  Die bekannteste dieser Art ist die alte italienische San-Marzano-Tomate. Die Frucht ist länglich und festfleischig. Sie wird häufig zur Herstellung von Ketchup und Tomatenmark verwendet.

* **Fleischtomaten**  Große Tomaten mit hohem Fruchtfleischanteil. Sie eignen sich sehr gut zum Kochen, z. B. gefüllt und im Ofen gebacken.

* **Ochsenherztomaten**  Große, herzförmige orange bis tiefrote stark gerippte Tomate. Diese Sorte gedeiht besonders gut in heißem, feuchtem Klima.

* **Romatomaten**  Auch „Eiertomaten" oder „Flaschentomaten" genannt. Wegen ihres festen Fruchtfleischs sehr gut für Saucen geeignet.

* **Strauchtomaten**  Bei dieser mittelgroßen, robusten Sorte gedeihen mehrere Früchte an einer Rispe. Sie sind sehr aromatisch und für den Anbau im Topf oder im Freiland geeignet.

## Alte Sorten

* **Balkonstar**  Diese frühe Sorte ist – wie der Name verrät – aufgrund ihres kleinen Wuchses besonders gut für Balkone geeignet, kann aber auch im Freiland angebaut werden.

* **Black Krim**  Große Früchte mit dunkler Schale und tiefrotem Fruchtfleisch mit rauchiger Note, ideal für kühleres Klima

* **De Berao**  Die hochwachsende Tomate ist optimal für den Freilandanbau geeignet und robust. Sie schmeckt am besten gekocht, z. B. in Saucen. Es gibt auch eine gelbe und braune bzw. schwarze Variante.

* **Goldene Königin**  Diese gelbe Sorte wird seit 100 Jahren in Deutschland angebaut. Sie hat wenig Säure und ein mild-süßes Aroma.

* **Green Zebra**  Sehr ertragreiche Sorte mit grün und gelb gestreiften Früchten mit sehr langer Ernteperiode. Niedriger Säuregehalt, erfrischendes Aroma.

*Rezept*

## Gazpacho

Die spanische Gemüsekaltschale ist sehr erfrischend.

1 Liter Tomatensaft, 4 entkernte und grob gehackte Romatomaten, 1 geschälte, entkernte und grob gehackte Gurke, 1 gehäutete und grob gehackte kleine gelbe Paprika, 3 fein gehackte Frühlingszwiebeln, 60 ml frisch gepresster Zitronensaft, 15 g grob gehacktes frisches Basilikum und 1 zerdrückte Knoblauchzehe in einer großen Schüssel verrühren.

Mit Salz, frisch gemahlenem schwarzem Pfeffer und Tabascosauce abschmecken.

Vor dem Servieren mindestens 1 Stunde kalt stellen und ziehen lassen.

**Für 4 Personen**

## Cocktailtomaten

Diese kleinen Sorten, auch Kirschtomaten genannt, sind sehr einfach zu kultivieren. Durch das schnelle Wachstum können sie früh geerntet und verwertet werden. Es gibt sowohl buschige Sorten als auch Stabsorten, die alle sehr ertragreich sind.

* **Black Cherry**   Dunkle runde, etwas größere Cocktailtomate mit sehr süßem, saftigem Aroma
* **Garden Peach**   Alte südamerikanische Tomate mit pfirsichähnlichem Aussehen. Mildes, süßes Aroma. Anbau im Gewächshaus oder an geschützten sehr sonnigen Stellen
* **Gardeners Delight**   Englische, weltweit beliebte Sorte mit überzeugendem Aroma
* **Indigo Rose**   Schwarzviolette Schale und fruchtiges Aroma
* **Rote Cerise**   Etwas größere, alte französische Sorte mit mildem Aroma
* **Yellow Pearshaped**   Sehr alte Sorte mit gelben, birnenförmigen Früchten mit leicht mehligem süßem Aroma

Kleinwüchsige Tomaten sind ideal für die Kultur in Topf oder Kübel. Die Sorte ‚Tiny Tim' beispielsweise wird 30–40 cm hoch und bringt viele rote, kirschgroße Früchte hervor.

Das Angebot an Cocktailtomaten ist groß. Dazu gehören auch (im Uhrzeigersinn von oben links) ‚Yellow Grape', ‚Cherry Roma', ‚Black Plum', eine Rispenvarietät, ‚Yellow Pearshaped' oder ‚Zebrino'.

## Liebesapfel

Nach ihrer Einführung in Europa galt die Tomate lange als ungenießbar oder gar giftig.
Später wurde der Frucht eine aphrodisie-
rende Wirkung zugesprochen. Die Franzosen
nannten sie deshalb auch *pomme d'amour*
(Liebesapfel).

## Kauf und Lagerung

Für den sofortigen Gebrauch wählen Sie Tomaten
mit leuchtend roter Schale, die auf sanften Fingerdruck etwas nachgeben. Vermeiden Sie Exemplare
mit eingedrückten oder schadhaften Stellen. Tomaten reifen bei Raumtemperatur nach. Wenn sie noch
sehr fest und blass sind, lassen Sie sie einige Tage
liegen. Lagern Sie Tomaten immer bei Raumtemperatur und nicht im Kühlschrank. Sehr weiche
Früchte können zum Kochen verwendet werden.

## Gesundheit

Die gesunden Inhaltsstoffe von Tomaten sind heute
längst anerkannt. Das war nicht immer so. 1628
nannte ein prominenter italienischer Arzt diese
Köstlichkeiten aus der Neuen Welt „absonderliche
und schreckliche Dinge". Tomaten galten auch als
giftig. Heute wissen wir es besser. Studien lassen
darauf schließen, dass ein regelmäßiger Verzehr von
Tomaten und Tomatenprodukten das Risiko für
Schlaganfälle, Herzattacken und diverse Krebsarten
reduzieren kann. Tomaten enthalten neben Kalzium,
Phosphor und Eisen sowie Vitaminen das Antioxidans Lycopin, das krebsvorbeugend wirkt und bei
der Senkung des schlechten LDL-Cholesterinwerts
eine Rolle spielt. Der menschliche Organismus kann
übrigens Lycopin von gekochten Tomaten besser
aufnehmen als von rohen.

Ein tolles Rezept für ge-
trocknete Tomaten ist
die Gemüseterrine (siehe
Seite 239).

Dekorative Cocktailtomaten
gedeihen auch sehr gut in
Töpfen und Kästen und
brauchen somit wenig Platz.
Sie sollten, wie alle Tomaten, regelmäßig gewässert
und gedüngt werden.

*Rezept*

## Getrocknete Tomaten

Traditionell wurden frische, vollreife Tomaten konserviert, indem man
sie in der Sonne trocknete, bis ihr gesamter Wassergehalt fast verdunstet
ist. Es gibt auch halb getrocknete Tomaten, die noch saftiger sind. Man
legt sie dann in Öl ein. Auf diese Weise kann man einfach überschüssige
Tomaten verwerten. Kleine oder Romatomaten sind dafür am besten
geeignet. Vor dem Servieren sollte das Öl abgegossen werden.

Backofen auf 150 °C vorheizen. 500 g Tomaten halbieren. Mit der Schnittseite nach oben auf ein mit Backpapier ausgelegtes Blech legen. Mit Salz
und frisch gemahlenem schwarzem Pfeffer bestreuen. 2½ Stunden im
Ofen garen, bis die Tomaten am Rand trocken, in der Mitte aber noch
weich sind. Abkühlen lassen. In ein steriles Einmachglas füllen und mit
Olivenöl bedecken. Die Tomaten halten im Kühlschrank bis zu 2 Wochen.

*Die Tomaten mit der
Schnittseite nach oben
auf das Blech legen.*

*„Eine Welt ohne Tomaten ist wie ein
Streichquartett ohne Violine."*

UNBEKANNTER VERFASSER

# Topinambur

*Helianthus tuberosus*

Diese ausdauernde Pflanze aus der Familie der Korbblütler stammt aus Nord- und Mittelamerika und ist mit der Sonnenblume verwandt. Sie wird hauptsächlich wegen ihrer essbaren Wurzelknollen angebaut. Die Knollen haben ein feinnussiges Aroma und können roh, gekocht, im Ofen gegart, in Pfannengerichten oder in Suppen verzehrt werden. Topinambur steht im Ruf, Blähungen hervorzurufen. Diese unangenehme Begleiterscheinung kann aber durch die Kombination mit verdauungsförderndem Fenchelgemüse reduziert werden. Die dekorativen gelben Blüten machen sich gut in einem Blumenarrangement.

Topinambur enthält im Gegensatz zu anderen Wurzelknollen wenig Stärke. Im Ofen gebraten, hat sie ein leicht süßliches, rauchiges Aroma, das an Kartoffel, Artischocke und Wasserkastanie erinnert.

## Anbau

Diese mehrjährige Pflanze ist einfach zu kultivieren und erreicht eine Wuchshöhe von bis zu 3 m. Sie blüht im Spätsommer bis Herbst mit sehr hübschen gelben Blüten. Die üppig wachsende, hohe Pflanze ist ein guter Windschutz für zarteres Gemüse.

Zur Vermehrung werden die Knollen nach den letzten Nachtfrösten an einem sonnigen Standort in durchlässigen Boden gelegt. Ihr Nährstoffbedarf ist nicht sonderlich hoch. Knollen, die im Boden gelassen werden, treiben im nächsten Jahr erneut aus, wenn es nicht zu starkem Kahlfrost kommt. Deshalb sollten alle Knollen sorgfältig ausgegraben werden,

UNTEN: Topinambur ist winterhart, die Knollen können bei bis zu –15 °C in der Erde bleiben. In Europa spielt der Anbau der Pflanze kaum eine wirtschaftliche Rolle, hier dominiert die Kartoffel.

um eine unerwünschte Verbreitung im Garten zu verhindern.

*Ernte*   Die Wurzelknollen werden geerntet, wenn das Blattlaub im Herbst abstirbt. Da die Schalen sehr dünn sind, sollten die Knollen vorsichtig ausgegraben und behandelt werden. Bürsten Sie die Knollen ab, und lagern Sie sie an einem dunklen, trockenen Ort. Wie auch bei Kartoffeln sollten Topinamburknollen mit grünen Stellen nicht verzehrt, sondern entsorgt werden.

## Kauf und Lagerung

Topinamburknollen sollten prall sein und eine glatte Schale haben. Möglichst ungewaschen und mit einem feuchten Tuch bedeckt, halten sie sich im Gemüsefach des Kühlschranks oder an einem sehr kühlen, dunklen Ort bis zu 1 Woche.

## Gesundheit

Topinamburknollen können aufgrund eines schwer zu verdauenden Kohlenhydrats namens Inulin zu Blähungen führen.

Allerdings hat dieser Stoff auch eine positive Wirkung auf den Verdauungstrakt: Inulin ist ein Präbiotikum, das einer gesunden Darmflora förderlich ist, weil es das Wachstum von *Lactobacillus* und *Bifidobacterium* anregt. Topinambur ist reich an Eisen und hat einen niedrigen glykämischen Index, was das Wurzelgemüse auch für Diabetiker geeignet macht.

OBEN: Die Verwandtschaft zur Sonnenblume lässt sich an den leuchtend gelben Blüten etwas erkennen.

# Yams

*Dioscorea spp.*

Die Wurzelknollen dieser in Asien beheimateten Pflanze sind einer der wichtigsten Kohlenhydratlieferanten in vielen tropischen Regionen wie Westafrika, den Westindischen Inseln und Asien. Yamsgewächse sind kräftige, sich windende hohe Pflanzen, die unterirdisch große Rhizome mit fast neutralem Geschmack ausbilden. Yamswurzeln können im Ofen gegart, gedämpft oder gekocht werden.

## Anbau

Yams gedeiht hauptsächlich in den Tropen und in wärmeren gemäßigten Zonen, in denen es in der Vegetationsperiode reichlich regnet. Sie benötigen nährstoffreichen Boden und einen sonnigen oder halbschattigen Standort. Zur Vermehrung werden keimende Wurzelknollen im Frühjahr in den Boden gelegt. Als Rankpflanzen benötigen sie zur Stütze ein Spalier oder eine andere Rankhilfe.

*Ernte*   Die Wurzelknollen können geerntet werden, wenn die Ranken im Herbst absterben. Wie alle Knollen sollte man auch Yamswurzeln vorsichtig ausgraben, um sie nicht zu verletzen. Sie halten sich an einem kühlen, trockenen Ort über einige Monate. Für die Ausbringung im nächsten Jahr können einige Rhizome beiseitegelegt werden.

## Sorten

* *Dioscorea alata* – **Purpur-Yams**   Diese Pflanze bildet extrem große, braunschalige Rhizome mit weißem oder violettem Fruchtfleisch mit nussigem Aroma aus, die bis zu 30 kg schwer werden können.

* *Dioscorea cayenensis*   Eine der wichtigsten Yamssorten, die in Westafrika angebaut werden. Die Kletterpflanze kann bis zu 12 m hoch werden, ist also keine gute Wahl für kleine Gärten. Die Wurzelknollen dieser Sorte sind häufig in afrikanischen und karibischen Lebensmittelmärkten erhältlich.

* *Dioscorea esculenta*   Diese Pflanze produziert kleinere Rhizome mit feinen Härchen und fein nach Zimt duftende Blüten. Sie verträgt auch kühleres Klima, solange sie in der Vegetationsphase gut gewässert wird.

## Kauf und Lagerung

Manchmal werden auch Süßkartoffeln im Handel als „Yams" ausgezeichnet. Doch echte Yamswurzeln haben eine raue Schale, während Süßkartoffeln glattschalig sind. Yamswurzeln sollten eine unbeschädigte Schale und ein festes Fruchtfleisch haben. Lagern Sie sie an einem kühlen, dunklen Ort bei Zimmertemperatur, aber nicht im Kühlschrank. Gegarte Yamswurzeln halten sich jedoch im Kühlschrank bis zu 3 Tage.

In tropischen und subtropischen Regionen lässt sich Yams besser kultivieren als Kartoffeln. Die Wurzelknollen haben eine dicke braune Schale, das Fruchtfleisch kann weiß, gelb oder violett sein.

## Gesundheit

Wilder Yams (*Dioscorea villosa*) wird in Ostindien traditionell als Hausmittel bei Sexual- und Hormonproblemen angewendet. In der chinesischen Pflanzenmedizin wird Yams bei Rheumatismus und Asthma eingesetzt. Die amerikanischen Ureinwohner und die frühen amerikanischen Siedler verwendeten die Wurzel bei Koliken und Husten. Trotz der anfänglichen Aufregung wurde mittlerweile bewiesen, dass Yams keine hormonähnlichen Stoffe enthält, die u. a. bei Wechseljahrbeschwerden helfen können.

Die Wurzelknollen, die im Handel erhältlich sind, haben aber einen gesundheitlichen Nutzen. So enthält Yams große Mengen an Vitamin $B_6$ und C und ist reich an Mangan. Dieses wichtige Spurenelement wird für die Produktion von Sexualhormonen benötigt und ist für Bindegewebe, Knochen und Blutgerinnung wichtig.

Zwar kann Yams in manchen Rezepten durch Süßkartoffeln ersetzt werden, die Wurzel hat jedoch ein erdigeres Aroma, enthält mehr Stärke und ist trockener als Süßkartoffeln. Yams lässt sich gut mit aromatischem Fleisch wie Wild kombinieren und wird häufig mit pikanten Saucen serviert. Die Knollen kann man im Ofen garen, braten, frittieren, dämpfen oder pürieren. Yamswurzeln müssen immer geschält werden, und man darf sie nur gegart verzehren!

*In Afrika wird Yams zu einer Paste namens* fufu *verarbeitet. Diese wird zu Kugeln geformt und zu Suppen oder Eintöpfen gereicht.*

# Wildkräuter und -gemüse

Würzig, aromatisch und gesund: Wildkräuter sind kleine Kraftpakete der Natur, voller Aromen, Vitalstoffe und wertvoller Heilsubstanzen. Die wild wachsenden Wald- und Wiesenkräuter haben von Natur aus eine stabilere Struktur und sind robuster. Viele lassen sich problemlos im eigenen Garten kultivieren, denn sie brauchen weder gärtnerische Pflege noch Dünger und werden so gut wie nie von Insekten oder Pilzen befallen.

## Bärlauch
*Allium ursinum*

Dieses Waldkraut hat kleine weiße, sternförmige Blütendolden und leuchtend grüne, lanzettenförmige Blätter. Bärlauch wächst auf feuchten, humusreichen Laubwaldböden in Europa und Nordasien. Sein charakteristisches Knoblauch-Aroma entfaltet er nur während der Blütezeit im Frühling. Sie können Bärlauch im Garten an einem schattigen Platz anbauen, indem Sie entweder im Frühjahr Jungpflanzen setzen oder im Herbst Zwiebeln stecken.

## Brennnessel
*Urtica dioica*

Nicht nur Weidetiere halten respektvoll Abstand vor der krautigen Pflanze, denn die Brennhaare lösen bei Hautkontakt heftige Reaktionen aus. Deshalb sollten Sie beim Pflücken besser Handschuhe tragen. Kulinarisch belohnt die Brennnessel mit ihrem zart-würzigen, spinatähnlichen Geschmack. Brennnesseln sind reich an Vitamin C und B$_2$, Carotin und Mineralstoffen. Sie wirken blutreinigend und entwässernd. Junge Blätter und Triebspitzen eignen sich für Salate, ältere werden wie Spinat gekocht oder für Tee getrocknet. Wer sie roh verwendet, sollte zunächst mehrmals mit einem Nudelholz über die Blätter rollen, um die feinen Brennhärchen unschädlich zu machen.

Im Frühjahr breitet sich der Bärlauch wie ein Teppich über den Waldboden aus. Den intensiven Geruch nimmt man oft schon von Weitem wahr.

## Brunnenkresse
*Nasturtium officinale*

Pikant-würzig und leicht scharf schmecken die herzförmigen Blätter der Brunnenkresse, die an Bach- und Flussläufen wächst. Ihr Geschmack ähnelt dem der Gartenkresse, ist aber etwas kräftiger. Brunnenkresse verleiht Salaten, Suppen, Eierspeisen und Dips eine Extraportion Würze, regt den Stoffwechsel an und unterstützt die Tätigkeit von Leber, Galle und Nieren. Wenn Sie einen kleinen Teich mit sauberem, sauerstoffreichem Wasser haben, können Sie Brunnenkresse selbst kultivieren. Geerntet wird kurz vor der Blüte im Mai. Brunnenkresse sollte schnell verarbeitet werden, denn sie hält sich nur einen Tag.

## Giersch
*Aegopodium podagraria*

Für manchen Gärtner ist der Giersch einfach nur ein lästiges Unkraut. Denn wer ihn einmal im Garten hat, wird ihn kaum mehr los. Einfacher ist es, sich mit dem Giersch und seinen guten Eigenschaften anzufreunden. Er ist ein vielseitiges Wildgemüse: Seine Blätter schmecken nicht nur erfrischend aromatisch, sie enthalten auch 15-mal mehr Vitamin C als Kopfsalat und 13-mal so viele Mineralstoffe wie Grünkohl. Die jungen, hellgrünen Triebe schmecken nach einer Mischung aus Spinat, Möhren und Petersilie und eignen sich für Salate und Frischkäse-Dips. Ältere Blätter haben ein intensiveres Aroma. Sie können wie Spinat gedünstet oder zum Würzen von Suppen und Saucen verwendet werden.

## Löwenzahn
*Taraxacum sect. Ruderalia*

Als einer der ersten Frühlingsboten verwandelt der Löwenzahn, der auch Pusteblume, Wiesenlattich oder Franzosensalat genannt wird, die Wiesen in ein gelbes Blütenmeer. Im Frühling schmecken die zarten jungen Blätter am besten und enthalten die

*Rezept*

### Sauerampfersuppe

- 500 g Sauerampfer
- 60 g Butter
- 30 g Mehl
- 1 l Fleischbrühe
- 250 g saure Sahne
- Salz, Zucker, frisch geriebene Muskatnuss
- 2 Eigelb, verquirlt

Sauerampfer waschen, von den Stielen befreien und grob hacken. Butter erhitzen und Mehl darin anschwitzen. Sauerampfer dazugeben und 10 Minuten unter Rühren dünsten.

Brühe zugießen und 10 Minuten bei niedriger Hitze köcheln. Saure Sahne einrühren und mit Salz, Zucker sowie Muskat abschmecken. Suppe vom Herd nehmen und mit Eigelb binden, nicht mehr aufkochen. Sofort servieren.

meisten Wirkstoffe. Mit ihrem nussig-herben, leicht bitteren Aroma eignen sie sich gut für Salate und Eierspeisen. Größere Blätter können gedünstet oder in Teig ausgebacken werden. Aus den essbaren dekorativen Blüten kann man Gelee und Sirup herstellen. In der Naturheilkunde wird Löwenzahn bei Entzündungen der Atemwege, Magen- und Darmbeschwerden sowie bei Rheuma eingesetzt.

## Pimpinelle
*Sanguisorba minor*

Der Kleine Wiesenkopf, wie die Pimpinelle auch genannt wird, wächst auf trockenen Wiesen. Die robuste Staude wird bis zu 1 m hoch. Ihre zarten, tief gezähnten Blättchen, die an behaarten Stängeln sitzen, schmecken angenehm herb und leicht nach Gurke. Die rötlichgrünen Blüten erinnern an ovale Knöpfe. Pimpinelle gehört zu den Kräutern mit dem höchsten Vitamin-C-Gehalt und sollte stets frisch verwendet werden. Blätter und Blüten geben Salaten und Saucen eine frische Würze. Die Pimpinelle ist eines der sieben Kräuter für die Frankfurter Grüne Sauce, die in Hessen traditionell am Gründonnerstag gegessen wird.

## Portulak
*Portulaca oleracea*

Das zu Unrecht fast in Vergessenheit geratene Gewürzkraut hieß im Volksmund früher auch Bürzelkraut oder Postelein. Die wilde Art wächst bei uns an Wegrändern, auf Äckern und Feldern. Portulak wird bis zu 30 cm hoch, hat eiförmige, fleischige Blätter und kleine gelbe Blüten. Er soll schon im Kräutergarten des Königs von Babylon vor fast 3000 Jahren angebaut worden sein und ist eine kleine Vitamin-C-Bombe. Die saftigen Blätter samt Stängel und Blüten eignen sich als aromatische Beigabe zu Blattsalaten oder Rohkost. Ihr nussig-säuerlicher Geschmack verleiht auch Suppen, Saucen und Eierspeisen Würze.

## Sauerampfer
*Rumes acetosa*

Auf feuchten Wiesen wächst der Sauerampfer, eine krautige Pflanze mit unmittelbar aus der Wurzel sprießenden, nährstoffreichen Blättern. Er gilt zu Recht als

Einige dieser Wildpflanzen kennen manche nur als Unkraut (von oben links): Brennnessel, Brunnenkresse und Giersch; (von unten links) Löwenzahn, Pimpinelle und Portulak.

gesundes Frühlingskraut. Die jungen, pfeilförmigen Blätter, die an Spinat erinnern, enthalten reichlich Bitterstoffe, Vitamin C und Kalium. Sie schmecken erfrischend-säuerlich, regen den Appetit an und fördern die Verdauung. Rohe Blätter geben Salaten, Dips und Pürees Aroma. Sauerampfersuppe ist ein Klassiker zur Fastenzeit (siehe Rezept linke Seite). Ähnlich wie Löwenzahn schmeckt Sauerampfer am besten, wenn man ihn im April oder Mai erntet. Auch er gehört zu den sieben Kräutern der Frankfurter Grünen Sauce.

## Geschichte

Im Abendland waren es vor allem die Klöster, die bereits im Mittelalter auf die Heilkraft von Wildkräutern vertrauten. Die Pflanzen- und Kräuterkunde der Äbtissin Hildegard von Bingen zeigt bis heute vielen Menschen den Weg zu einem gesunden, naturgerechten Leben. Lange waren Wildkräuter die einzigen Würzmittel, die sich das einfache Volk leisten konnte. Was einst als Unkraut und „Armeleuteessen" kulinarisch kaum beachtet wurde, landet inzwischen auf den Tellern der Spitzenköche.

## Gesundheit

Wildkräuter enthalten in ihren Blättern und Blüten eine Vielfalt von Stoffen, auf die sowohl ihre Heil- als auch die Würzkraft zurückgehen. Die wichtigsten Inhaltsstoffe sind die ätherischen Öle. Sie bestimmen nicht nur das Aroma der jeweiligen Pflanze, sondern wirken auch antiseptisch, blutreinigend, desodorierend, insektenabweisend, entzündungshemmend oder wundheilend. Darüber hinaus enthalten Wildkräuter viele Vitamine und Mineralstoffe sowie sekundäre Pflanzenstoffe und natürlich Chlorophyll. Ihr Duft regt den Appetit an, ihre Bitterstoffe fördern die Verdauung. Wildkräuter entschlacken, beruhigen die Nerven und wirken entwässernd – je nachdem, in welchen Kombinationen und Konzentrationen sie eingesetzt werden.

## Lagerung

Geputzt, gewaschen und locker in Küchenpapier eingeschlagen, halten sich Wildkräuter je nach Sorte 1–3 Tage im Kühlschrank, ohne dabei merklich an Geschmack und Frische einzubüßen. Beim Trocknen verlieren viele Wildkräuter ihr Aroma.

Am bekanntesten sind Zuc-
chini mit dunkelgrüner
Schale. Daneben gibt es
noch gelbe oder hellgrüne
Sorten wie die ‚Lebanese‘
(im Bild unten).

# Zucchini

*Cucurbita pepo*

Zucchini sind eine Unterart des Gartenkürbisses.
Im Gegensatz zum rankenden Kürbis wachsen die
meisten Zucchinisorten eher buschig. Sie sind ein
relativ anspruchsloses Gemüse, das auch für Gar-
tenanfänger geeignet ist. Es wächst schnell und ist
in der Regel sehr ertragreich. Neben den gurken-
artigen Früchten können auch die Blüten in der
Küche verwendet werden.

## Anbau

Zucchini kann man nach den letzten Nachtfrösten
direkt ins Freiland in den warmen Boden säen.
Dazu zwei oder drei Samen in ein Pflanzloch geben.
Nach der Keimung wird nur die stärkste Pflanze
stehen gelassen. Alternativ kann ab April in Töpfen
vorgezogen werden. Buschig wachsende Zucchini-
pflanzen benötigen jeweils etwa 1 m² Platz, während
rankende Sorten mit einem Spalier oder Rahmen im
Zaum gehalten werden können. Die ersten Früchte
können bereits nach 50–60 Tagen geerntet werden.
Je regelmäßiger abgeerntet wird, desto mehr Blüten
werden nachproduziert, sodass man bis in den
Herbst hinein mit reichlich Zucchini versorgt wird;
1–2 Pflanzen sind also für eine Familie ausreichend.

Ganz junge Zucchini können noch mit der anhaf-
tenden Blüte von der Pflanze geschnitten werden.
Diese Blüten werden in der Regel gefüllt und ausgebacken.

**Probleme**    Zucchini sind anfällig für Mehltau
und benötigen deshalb eine gute Durchlüftung des
Blattwerks. Wenn über Kopf gegossen wird, dann
sollte die Wässerung am Morgen erfolgen, damit das
Blattwerk schnell trocknen kann. Gestresste Pflanzen werden gern von Milben und der Weißen Fliege
befallen.

**Ernte**    Da Zucchini sehr schnell wachsen und
gigantische Ausmaße entwickeln können, sollten sie
regelmäßig, sprich alle 1–2 Tage, abgeerntet werden,
wenn sie 10–20 cm lang sind. Die Pflanze kann so
ihre Energie in weitere Blütenbildung stecken. Junge
Zucchini können auch roh verzehrt werden. Größere Früchte werden schnell zäh und sollten gegart
werden. Sie eignen sich insbesondere zum Füllen
oder zum Einlegen. Zucchini halten sich bis zu
10 Tage im Kühlschrank.

## Sorten

‚Black Forest‘ ist eine grüne Klettersorte und für
kleine Gärten geeignet, auch ‚Patio Star‘ braucht
wenig Raum, sie wächst auch im Topf. ‚Gold Rush‘
hat eine sehr schöne gelbe Schale. ‚Coucourzelle‘

## Zierkürbis

Zierkürbisse gehören wie Zucchini zu den Kürbisgewächsen. Diese einjährige Kletterpflanze produziert Früchte in einer Reihe von Farben, Größen und spannenden Formen. Man unterscheidet zwischen Sorten, die zum Verzehr geeignet sind und wie Zucchini zubereitet werden, und eher dekorativeren Sorten, die an der Pflanze ausreifen und nicht zum Verzehr geeignet sind. Verwendet werden sie als Dekoration oder auch als Gefäß.

*Gewusst wie*

### Zucchiniblüten vorbereiten

*Die Blüte mit den Fingern vorsichtig öffnen und die Staubfäden sowie die Blütenstempel abknipsen und entsorgen. Die Blüten sollten möglichst schnell weiterverarbeitet und gefüllt werden, da sie relativ schnell welken.*

Zucchini haben ein feines Aroma. Junge Früchte müssen nicht geschält werden und schmecken am besten, wenn man sie in etwas Butter oder Olivenöl kurz anbrät. Sie schmecken auch gedämpft, in Suppen oder Schmorgerichten, eignen sich aber genauso zum Ausbacken im Teigmantel. Zucchiniblüten können gefüllt und mit oder ohne Teig frittiert werden (siehe Gefüllte Zucchiniblüten Seite 258). Sie eignen sich auch zum Garnieren oder als Pizzabelag.

Zucchiniblüten werden geerntet, wenn sich (bei den weiblichen Blüten) eine kleine Frucht gebildet hat. Die Blüte samt Frucht mit einem Messer vom Stiel trennen.

hat ein mildes Aroma und hellgrüne Streifen. Neben den klassischen Formen gibt es mittlerweile auch runde Züchtungen.

,Piccolo F1' ist eine interessante runde Sorte mit hellgrün gestreifter Schale. Die Früchte werden bereits hühnereigroß geerntet. ,Tondo Chiaro Di Nizza' hat eine geriffelte Schale, und ,One Ball F1' bringt besonders viele gelbe Früchte hervor.

## Kauf und Lagerung

Zucchini sollten eine feste, glatte, glänzende Schale haben mit einem frisch aussehenden Stielansatz. Frisch geerntete Zucchini sind prall und knackig, werden aber rasch weich. Bei Zimmertemperatur können sie 2–3 Tage, im Gemüsefach des Kühlschranks bis zu 1 Woche gelagert werden.

## Gesundheit

Da Zucchini sehr viel Wasser enthalten, sind sie recht kalorienarm, dank ihrer Ballaststoffe aber sehr sättigend. Daneben enthalten sie Vitamin A, C und K sowie die Mineralien Magnesium, Kalium, Kupfer und Mangan. Die Ballaststoffe tragen zur Senkung des LDL-Cholesterinwerts bei. Zucchini enthalten außerdem Cholin, einen essenziellen Nährstoff, der wichtig für den Zellaufbau und eine gesunde Funktion von Leber und Gehirn ist.

*Das Wort „Zucchini" ist die Verkleinerungsform des italienischen Wortes für „Kürbis" (zucca) und bedeutet „kleine Kürbisse".*

# Zuckermais

*Zea mays*

Geschmack und Textur von selbst angebautem Mais haben wenig zu tun mit im Handel erhältlichen Kolben oder gar Dosenmais. Zuckermaiskörner können allein oder mit anderem Gemüse in Pfannengerichten und Suppen, Maiskolben im Backofen oder auf dem Grill zubereitet werden. Einige Sorten sind so süß, dass die Körner von frisch geernteten Kolben auch roh schmecken.

## Anbau

Zuckermais benötigt einen offenen, sonnigen Standort mit nährstoffreichem Boden, der vor der Aussaat mit organischem Dünger wie Kompost oder reifem Mist gut umgegraben werden sollte. Wenn genügend Platz vorhanden ist, ist der Anbau von Zuckermais sehr lohnend. Mais ist jedoch ein Starkzehrer und benötigt, wenn die Pflanzen schnell wachsen und viele Früchte tragen sollen, regelmäßige organische Düngung und Wässerung. Eine Mulchschicht ist ebenfalls wichtig.

Mais ist frostempfindlich, und deshalb sollte man erst nach den letzten Nachtfrösten säen. Für eine zweite Erntewelle kann nach 3–4 Wochen nachgesät werden.

Die Samen werden, wenn die Bodentemperatur mindestens 10 °C beträgt, direkt ins Freiland gesät. Je drei Samen werden im Horst (d. h. zusammen) 5 cm tief in Abständen von 30 cm gelegt. Am besten sät man mindestens 20 Pflanzen im Block an, das erhöht die Bestäubungsquote. Wenn die Jungpflanzen 20 cm hoch sind, werden die zwei schwächeren entfernt und nur die stärkste stehen gelassen. Haben sie ihre volle Höhe von 1,5–2 m erreicht, entwickeln sich an den Spitzen rispenartige männliche Blütenstände, die mit ihren Pollen die weiblichen Blütenstände in den Blattachseln bestäuben. Die Bestäubung kann an einem windstillen Morgen durch sanftes Schütteln der Pflanzen unterstützt werden.

Mais wird durch Wind bestäubt. Um eine gute Bestäubungsrate zu gewährleisten, sollten die Pflanzen blockweise in 4–8 Reihen gesät werden und nicht in einer einzigen Reihe.

Um die frische Maisernte zu verarbeiten, probieren Sie doch die Maiscremesuppe mit Maisbrot (siehe Seite 211).

### Tolles Korn

Im England des 16. Jahrhunderts wurde jedes Getreide mit dem Wort *corn* bezeichnet. Wenn Shakespeare über ein „grünes Kornfeld" *(green cornfield)* und „Kornfeld, reif für die Ernte" *(corn ready to reap)* schrieb, meinte er Hafer oder auch Weizen.

Und für die ersten englischen Siedler in Nordamerika war das Getreide, das von den amerikanischen Ureinwohnern angebaut und „Mais" genannt wurde, wie jedes andere eben auch *corn*.

Hier zu sehen Vincent van Goghs *Ernte in der Provence* von 1888. Geerntet wird Weizen, der in Deutschland die wichtigste Kulturpflanze ist – Mais folgt hinter Gerste und Roggen auf Platz 4.

**Probleme**  Eine schlechte Maiskolbenentwicklung mit vielen kümmerlichen Kernen ist ein Zeichen schlechter Bestäubung. Die Blockaussaat und das Schütteln der Pflanzen sollen dies verhindern. Ohrwürmer können die Kolben schädigen, aber Nutzinsekten helfen, die Zahl zu verringern.

**Ernte**  Maiskolben können 11–14 Wochen nach Aussaat geerntet werden, wenn die seidigen Bärte braun werden und die Körner sich fest und prall anfühlen. Zum Testen einige Hüllblätter nach unten ziehen und ein Korn einstechen. Tritt eine milchige Flüssigkeit aus, kann der Kolben geerntet werden; ist die Flüssigkeit wässrig, muss der Kolben noch reifen. Tritt gar keine Flüssigkeit aus, ist der Kolben überreif, hart und ungenießbar. Die Kolben sollten nach unten von der Pflanze abgedreht werden.

Für bestes Aroma und Frische bereiten Sie den Maiskolben sofort oder innerhalb weniger Stunden zu, bevor sich der Zucker in Stärke umwandelt. Übriger Mais kann blanchiert und eingefroren werden.

## Sorten

* **Baby-Mais**  Baby-Mais ist keine eigene Sorte, sondern der Mais wird geerntet, wenn die Kolben unreif sind. Eine Pflanze kann bis zu 6 Kolben ausbilden. Lässt man diese bis zur Reife an der Pflanze, können die Körner getrocknet und als Popcornmais verwendet werden.

* **Mehrfarbig**  Eine Mischung aus gelben und weißen Körnern an einem Kolben sieht schmuck aus. Es gibt auch rote, violette, blaue und mehrfarbige Sorten.

* **Weiße Varietäten**  Cremig süße, weiße Körner

## Kauf und Lagerung

Mais sollte am besten noch mit den Hüllblättern, seiner natürlichen Verpackung, gekauft werden. Hüllblätter und Bart sollten frisch, blassgrün und saftig sein, nicht braun und trocken. Die Kolben selbst sollten prall und schwer sein. Mais kann unverpackt bis zu 2 Tage im Gemüsefach des Kühlschranks gelagert werden.

## Gesundheit

Die fadenartigen frischen Maisgriffel (Maisbart) ergeben einen wunderbar milden harntreibenden Tee, der als Hausmittel seit Jahrhunderten Anwendung findet. Er wurde auch z. B. bei Malaria, Übergewicht oder gar Blutungen während der Geburt eingesetzt. Zuckermais selbst ist eine gute Quelle für Thiamin (Vitamin B$_1$). 100 g Zuckermais decken ungefähr ein Fünftel des täglichen Bedarfs eines Erwachsenen an diesem B-Vitamin, das für den Energiestoffwechsel benötigt wird. Eine ausreichende Thiaminzufuhr kann das Risiko für Grauen Star reduzieren und unterstützt das Immunsystem bei stressbedingten Erkrankungen.

Für den Anbau stehen mehrere Sorten zur Verfügung, wie diese gelbe (unten) und die ausgefallenere weiße Sorte (oben). Weißer Mais ist eher in Südamerika verbreitet.

*Rezept*

### Grillmais mexikanische Art

Den Holzkohlegrill anfeuern oder eine Grillpfanne bei mittlerer Hitze auf den Herd stellen. 4 Maiskolben schälen und die Kolben quer halbieren. Mit Olivenöl bestreichen (etwa 1 Esslöffel insgesamt) und unter häufigem Wenden 10 Minuten gar grillen.

In einer Schüssel 50 g Frischkäse, 125 g Mayonnaise, 1 Teelöffel scharfes Chilipulver und 2 Teelöffel geräuchertes Paprikapulver verrühren. Salzen und pfeffern.

Die Maiskolben in der Mayonnaisemischung wenden. Auf eine Servierplatte geben und mit 2 Esslöffeln Parmesan und Meersalz bestreuen.

**Für 4–6 Personen**

# Zwiebelgewächse

Die Unterfamilie der Zwiebel- oder Lauchgewächse ist sehr umfangreich, und die verschiedenen Gewächse bilden einen wichtigen Bestandteil in unserer Küche. Je nach Art werden Blattlaub und/oder Zwiebel verwendet. Alle Arten sind einfach zu kultivieren, schwieriger ist da schon die Frage, welche angebaut werden sollen.

## Anbau

Alle Mitglieder der *Allium*-Familie bevorzugen einen sonnigen Standort mit lockerem, gut drainiertem Boden. Bei einem gut mit verrottetem organischem Kompost oder Mist vorbereiteten Boden ist keine weitere Düngergabe erforderlich. Da insbesondere junge Zwiebeln sich nicht besonders gut gegen Konkurrenz durchsetzen können, sollte regelmäßig gejätet werden, ohne aber die Zwiebeln im Wachstum zu stören. Alle *Allium*-Gewächse bevorzugen zu Beginn kühle, feuchte Bedingungen und bei der Reifung trockenes, warmes Wetter.

Zwiebeln sind ein vorzügliches Lagergemüse, und für den, der viel Platz im Gemüsegarten hat, lohnt sich der Anbau verschiedener Sorten wie diese weißen, gelben und roten Zwiebeln.

## Speisezwiebel
*Allium cepa*

Auch bekannt als Gartenzwiebel, Küchenzwiebel

## Anbau

Zwiebeln werden schon seit Jahrtausenden angebaut und sind ein sehr gutes Lagergemüse. Es gibt viele Varietäten, und es ist wichtig, dass Sie die geeignete Sorte für die Bedingungen in Ihrem Garten auswählen, da die Zwiebelentwicklung auch von der Tageslänge abhängt. Sommerzwiebeln können bereits ab Ende März gesät oder gesteckt und ab Juni geerntet werden. Spätere Sorten werden vor allem als Lagergemüse angebaut und im August geerntet. Frühe Sorten lassen sich weniger gut lagern.

Zwiebeln können direkt ins Freie gesät oder in Vorkultur gezogen werden. Die Samen werden flach in Reihen gesät, leicht mit Erde abgedeckt und großzügig gewässert. Die Keimlinge, die nach 2–3 Wochen die Erde durchbrechen, sollten früh auf 2,5 cm und später nochmals auf 7 cm mit einem Reihenabstand von 20–30 cm verzogen werden.

Die Vorkultur nimmt bis zu 12 Wochen in Anspruch, bis sich aus den Samen etwa 10 cm große Jungpflanzen entwickelt haben. Die Jungpflanzen werden vereinzelt und Blattspitzen sowie Wurzeln auf 5 cm gekürzt, damit sie sich einfacher ins Beet pflanzen lassen. Ziehen Sie eine 2,5 cm tiefe Furche in den Boden, und legen Sie die Pflanzen längs in 10 cm großen Abständen so in die Furche hinein, dass sie in eine Richtung zeigen. Die Wurzeln nun leicht mit Erde bedecken und etwas andrücken. Nach wenigen Tagen richten sich die Pflanzen auf.

Alternativ können Sie Steckzwiebeln kaufen und so legen, dass nur die Spitze aus der Erde ragt. Die Pflanzabstände sind dieselben.

Zwiebeln können vom Frühsommer bis in den Herbst hinein geerntet werden. Bei trockenem Wetter benötigen sie regelmäßige Wässerung. Der Boden muss ständig gejätet und geharkt werden, da Zwiebeln keine Wachstumskonkurrenz mögen.

*Probleme*    Die meisten Probleme ergeben sich aus einer für die Boden- und Klimabedingungen falschen Sortenwahl. Bei zu nassem Wetter werden Zwiebeln leicht vom Falschen Mehltau befallen, ebenso wie von Thrips, Läusen und Zwiebelfliegen.

*Ernte*    Zwiebeln sind ausgereift, wenn das Laub welkt. Die Pflanze sollte dann vorsichtig aus dem Boden gezogen und einige Tage liegen gelassen werden. Dadurch reift die Zwiebel nach, und die äußere Schale trocknet, sodass sie besser lagerfähig wird. Danach die Zwiebel von Hand abreiben, um Erde, Laub und Wurzeln zu entfernen. Zwiebeln lassen sich an einem kühlen, trockenen und gut belüfteten Ort den Winter über lagern. Vermeiden Sie Druckstellen, durch die Zwiebeln schnell faulen können.

## Sorten

Die Speisezwiebel ist sehr sortenreich. Gelbe, braune, weiße und rote Zwiebeln werden wiederum

Frühlingszwiebeln (links), auch als Lauchzwiebeln bekannt, haben ein schlankes, weißes Wurzelende und eine kaum ausgeprägte Knolle. Junge Speisezwiebeln (rechts) sind schon etwa fleischiger, aber noch nicht voll ausgereift.

in Varietäten eingeteilt, die für den frühen oder späten Anbau geeignet sind. Ebenfalls unterscheidet man zwischen milden und kräftigen Sorten (abhängig von ihrem Gehalt an Schwefelverbindungen). Die Speisezwiebel kann in unterschiedlichen Wachstumsstadien geerntet werden.

*Frühlingszwiebel*   Auch bekannt als Lauchzwiebel oder Winterzwiebel. Es handelt sich um Zwiebeln, die jung und grün geerntet werden, bevor sich eine fleischige Zwiebel entwickelt. Sie haben ein dünnes weißes Wurzelende, das nicht dicker ist als die langen geraden Röhrenblätter, und ein mildes Aroma. Weißer und grüner Teil werden meist roh für Salate oder zum Garnieren verwendet.

*Perlzwiebeln*   Diese Sorte ist eigentlich näher mit dem Lauch verwandt als mit der Speisezwiebel. Die kleinen weißen Zwiebeln werden zum Großteil eingelegt angeboten und sind häufig in Sauerkonserven zu finden.

*Silberzwiebeln*   Diese nur bis zu 35 mm große Zwiebeln sehen der Perlzwiebel sehr ähnlich, gehören aber zu einer anderen Art. Auch Silberzwiebeln werden meist sauer eingelegt angeboten.

## Kauf und Lagerung

Kaufen Sie feste, glatte Zwiebeln ohne schwarze Flecken oder Triebe. Zwiebeln sollten an einem kühlen, dunklen, gut belüfteten Ort gelagert werden: offen in einem Korb oder einer Kiste, aber nicht in einem Plastikbeutel und zusammen mit Kartoffeln, da die Gase, die das Gemüse produziert, Zwiebeln schneller verderben lassen. Zwiebeln halten sich bis zu 3 Wochen, sollten aber beobachtet werden.

Bei Frühlingszwiebeln sollte das weiße Wurzelende immer fest und weiß sein ohne bräunliche Verfärbungen. Das Laub sollte frisch und grün sein und keine welken Stellen haben. Für leichtere Lagerung können die Röhrenblätter eingekürzt werden. Frühlingszwiebeln lassen sich mehrere Tage im Gemüsefach des Kühlschranks aufbewahren.

## Gesundheit

Die bescheidene Zwiebel steckt voller gesunder Wirkstoffe und findet deshalb in der Volksheilkunde

Zwiebeln mögen keine Wachstumskonkurrenz, deshalb muss man regelmäßig jäten und harken.

Bei den vielen Zwiebelsorten besteht häufig genug Verwirrung, denn oftmals handelt es sich um ein und dieselbe Pflanze, die in verschiedenen Wachstumsphasen geerntet wird und sich lediglich durch die Größe der Zwiebel unterscheidet. Je ausgereifter die Zwiebel, desto schärfer ist sie im Geschmack. Die Bezeichnungen variieren von Region zu Region und Land zu Land.

vielseitige Anwendung, z. B. für Hustensirup, Umschläge und Wickel bei Erkältungen und Atemwegsbeschwerden. Auch bei Ohrenschmerzen oder Krämpfen kommt sie zum Einsatz.

Die Zwiebel enthält eine ganze Reihe von sekundären Pflanzenstoffen wie beispielsweise Flavonole (darunter Myricetin, Apigenin, Luteolin, Kämpferöl und Quercetin), die entzündungshemmend wirken und die Blutgefäße weiten. Sie können so das Schlaganfallrisiko mindern. Außerdem enthält die Zwiebel Diallyldisulfid, das bei Gelenkschäden helfen kann. Vor allem rote Zwiebeln enthalten viele Antioxidantien, die die Gesundheit fördern.

RECHTS: Schalotten sehen kleinen Zwiebeln sehr ähnlich. Hier sind kleine gelbe Zwiebeln abgebildet (oben), die nicht mit französischen Schalotten (vorn) und roten Schalotten (links) verwechselt werden sollten.

OBEN: Bananenschalotten gehören zu den länglichen Sä-Schalotten und haben eine schlanke, längliche Form. Sie sind milder als andere Schalotten.

# Schalotten

*Allium cepa var. aggregatum*

Auch bekannt als Eschalotte, Edelzwiebel

Schalotten sind die edelsten Vertreter der Zwiebelfamilie mit feinem, mildem Aroma, weshalb sie auch als Edelzwiebeln bezeichnet werden; es sind mehrere Sorten erhältlich.

Französische Schalotten werden im Frühjahr im Abstand von 10 cm gesteckt. Während der Wachstumsphase kann das Laub geerntet und wie das Grün von Frühlingszwiebeln verwendet werden. Die Haupternte findet im Sommer statt, wenn das Laub welk wird. Schalotten sollten noch einige Tage zum Nachtrocknen ausgelegt werden. Eine Mutterzwiebel bringt 6–12 Tochterzwiebeln hervor. Schalotten haben ein mildes, feines zwiebelartiges Aroma. Rote Schalotten haben eine violette bis rötliche Schale. Sogenannte Sä-Schalotten sind eine Kreuzung aus Speisezwiebel und Schalotte. Sie haben eine längliche Form und sind etwas größer. Dadurch lassen sie sich einfacher schälen.

## Kauf und Lagerung

Schalotten sollten sich fest anfühlen und eine unbeschädigte Schale haben. Sie halten sich in einem

Bestimmte Zwiebelzüchtungen, wie z.B. die Sorte ,Braunschweiger', sind sehr mild, was sie besonders zum Rohverzehr wie in Salaten geeignet macht.

## Milde Zwiebel

Eine Zwiebelsorte, die auf Maui/Hawaii kultiviert wird, ist so knackig, süß und saftig, dass sie wie ein Apfel gegessen werden kann. Sie gedeiht an den nährstoffreichen vulkanischen Hängen des Mount Haleakala. Die einmalige Kombination aus Boden, Temperatur und Luftfeuchtigkeit wird auch für die ungewöhnliche Süße der Zwiebel verantwortlich gemacht. Jedes Frühjahr findet ein Wettbewerb im Zwiebelessen statt. Der Gewinner wird mit einem Zwiebelkranz geehrt.

Korb oder einer Kiste an einem kühlen, dunklen und gut gelüfteten Ort bis zu 2 Wochen und sollten nicht in einem Plastikbeutel aufbewahrt werden.

## Etagenzwiebel
*Allium cepa var. proliferum*

Auch bekannt als Luftzwiebel, Ägyptische Zwiebel

Die äußerst winterharte Etagenzwiebel kann im Frühjahr oder Herbst gesteckt werden. Die Pflanze bringt keine Blüten hervor, sondern an deren Stelle bilden sich an einem bis zu 1,5 m hohen Schaft Brutzwiebelchen aus. Der Schaft trocknet im Spätsommer ein und biegt sich unter der Last der Brutzwiebeln nach unten. Die Zwiebelchen bilden schließlich durch Bodenkontakt neue Wurzeln. Die Zwiebelchen schmecken recht pikant und können wie normale Zwiebeln verwendet werden. Auch die grünen Blätter können verzehrt werden. Behalten Sie einige Zwiebeln zum Stecken für die nächste Saison zurück.

## Winterheckenzwiebel
*Allium fistulosum*

Auch bekannt als Winterzwiebel, Stängelzwiebel

Diese schnell wachsende, schlanke mehrjährige Pflanze wird seit Jahrtausenden kultiviert. Sie bildet langes, röhrenförmiges Laub aus, das wie Schnittlauch verwendet werden kann, und im Gegensatz zu anderen *Allium*-Gewächsen keine fleischige Zwiebel bildet. Es gibt viele Kulturformen mit einer Wuchshöhe von 15–50 cm. Alle haben zum Verzehr geeignete blassgelbe Blüten. Die am häufigsten angebauten Varietäten haben ein weißes Wurzelende mit grünem Laub. Es gibt aber auch Varietäten mit rosa oder rotem Wurzelende. Europäische Sorten sind alle winterhart, asiatische Sorten sind frostanfälliger.

Alle Pflanzenteile sind essbar, entweder roh in Salaten oder in Pfannengerichten. Ihr Aroma ist mild, mit wenig Schärfe. Winterheckenzwiebeln werden Anfang März bis Ende April mit einem Abstand von 5–10 cm in Reihen gesät und auf 2,5 cm verzogen. Die erste Ernte kann nach 8–12 Wochen und danach kontinuierlich erfolgen. Alternativ können Brutzwiebeln gesteckt oder bestehende Pflanzen durch Stockteilung vermehrt werden.

## Schnittlauch
*Allium schoenoprasum*

Diese mehrjährige Pflanze wird üblicherweise zu den Kräutern und nicht zu den Gemüsesorten ge-

In allen Küchen der Welt sind Zwiebeln vertreten, manchmal spielen sie die Hauptrolle wie bei den Zwiebeltorteletts (siehe Seite 237).

zählt. Schnittlauch entwickelt bis zu 20 cm lange, röhrenförmige Halme, die ein feinzwiebeliges Aroma haben. Die Pflanze bildet im späten Frühjahr doldige violette Blüten aus und ist eine ideale Pflanze für Rabatten. Nach der Vegetationszeit sterben die Halme im Spätherbst ab, treiben im nächsten Frühjahr aber neu aus. Der Pflanzenstock sollte alle 2–3 Jahre geteilt werden.

Schnittknoblauch (*Allium tuberosum*) sieht zwar auf den ersten Blick ähnlich aus wie Schnittlauch, hat aber keine Röhrenblätter. Die Halme sind dicker und robuster und haben ein feines Knoblaucharoma. Die weißen Blüten sind essbar.

### Kauf und Lagerung
Bei Schnittlauch sollten die Halme gerade und nicht geknickt sein, ohne weiche oder schleimige Enden. Schnittlauch hält sich, in ein feuchtes Tuch gewickelt, bis zu 3 Tage im Kühlschrank.

Schnittlauch ist eine dekorative Randbepflanzung für den Zier- oder Gemüsegarten. Neben den Halmen können auch die Blüten in der Küche verwendet werden.

Zum Verwechseln ähnlich: Schnittlauch mit röhrenartigen Halmen (oben), die Blütenhalme von Schnittknoblauch (Mitte) und die flachen Blätter von Schnittknoblauch

Lauch bereichert viele traditionelle Gerichte wie Suppen, Eintöpfe und Schmorgerichte mit seinem feinen Aroma. Er schmeckt aber auch für sich allein gedämpft, geschmort oder gebraten.

Lauch ist ein wertvolles Wintergemüse. Er kann lange bis in den Winter auf dem Feld gelassen werden und gedeiht besonders gut auf lockerem, tiefgründigem, nährstoffreichem Boden.

Rezept

### Lauchgemüse

Bei diesem Rezept die Butter keinesfalls durch ein anderes Fett ersetzen! Der Lauch soll bei niedriger Hitze sanft gegart werden.

500 g Lauch putzen und waschen, es sollten 350 g übrig bleiben. Lauch längs halbieren und in 2,5 cm breite Stücke schneiden. 1 Esslöffel Butter in einer Pfanne zerlassen. Lauch zugeben und mit Salz sowie frisch gemahlenem schwarzem Pfeffer würzen. Bei niedriger Hitze 5 Minuten unter gelegentlichem Rühren dünsten. **Für 4 Personen**

## Lauch

*Allium ampeloprasum susp. ampeloprasum*

Auch bekannt als Porree

Diese Vertreter der *Allium*-Familie bilden dicke, blättrige Stangen mit weißem Schaft und dunkelgrünem Laub. Sie können eine Wuchshöhe von bis zu 1 m erreichen. Besonders der weiße Schaft wird in der Küche verwendet; er wird bis zu 6 cm dick und hat ein milderes Aroma als Zwiebeln. Die dunkelgrünen Blätter werden meist entfernt, können aber als Aromazutat für die Zubereitung von Brühen verwendet werden. Für Sommerlauch werden vorgezogene Jungpflanzen von Mitte April bis Mitte Mai in 10 cm tiefe Pflanzlöcher gesetzt. Für einen möglichst hohen weißen Schaft sollte der Pflanzabstand 15 cm betragen. Da Lauch frostunempfindlich ist, können bis August kontinuierlich weitere Pflanzen gesetzt und die Stangen entsprechend bis in den Winter hinein geerntet werden.

## Kauf und Lagerung

Besonders der weiße Schaft sollte fest aussehen. Lauch hält sich im Kühlschrank bis zu 1 Woche.

Gewusst wie

### Lauch putzen

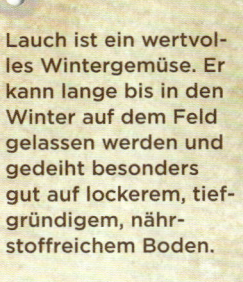

*Die Lauchstange gut waschen und Erdreste oder anderen Schmutz zwischen den Blättern entfernen. Das Wurzelende abschneiden.*

*Oberen Teil der Blätter abschneiden. Wenn die Stange ganz bleiben soll, die äußeren Blattlagen längs einschneiden und gründlich waschen, oder den Lauch längs halbieren und gut waschen.*

# Knoblauch
*Allium sativum*

Knoblauch ist einfach anzubauen und dazu ein echtes Superfood – nicht nur aufgrund seines tollen Aromas, sondern auch wegen seiner wertvollen Vitalstoffe. Knoblauch ist ein natürliches Antibiotikum und kann zur Behandlung von Infektionen sowie Husten und Erkältungen genutzt werden.

Die Zehen können bereits im Oktober (Wintersorten) oder im März (Frühjahrssorten) 7 cm tief mit dem spitzen Ende nach oben in den Boden gesteckt werden. Der Pflanzabstand beträgt 15 cm. Knoblauch ist ausgereift, wenn das Laub welk und gelb wird, aber noch 4–5 gesunde Blätter stehen. An diesen Blättern können die Knollen zu Zöpfen zusammengebunden und in der Sonne getrocknet werden. An einem kühlen, trockenen Ort kann man Knoblauch bis zu 6 Monate oder länger lagern.

## Aïoli – Butter der Provence

Der französische Dichter und Nobelpreisträger Frédéric Mistral beschrieb in einer Hymne auf das Essen und das sonnige Klima seiner provenzalischen Heimat das traditionelle Aïoli aus Olivenöl, Zitronensaft, Eigelb und reichlich Knoblauch als „duftend und glänzend wie ein goldener Faden". Für Mistral vereinte Aïoli „die Hitze, die Stärke, die Liebenswürdigkeit der Provence" und besitze „darüberhinaus die angenehme Eigenschaft, Fliegen zu verjagen".

## Kauf und Lagerung

Knoblauchknollen sollten fest sein und schwer in der Hand liegen. Vermeiden Sie Knollen, bei denen bereits erste Triebe zu erkennen sind. Knoblauch sollte offen in einem Korb oder einem Tongefäß, keinesfalls aber in Plastik verpackt aufbewahrt werden, am besten an einem kühlen Ort ohne direkte Lichteinstrahlung.

Die große Sortenvielfalt bei Knoblauch bietet weiß- oder rosaschalige, große oder kleine Zehen und unterschiedlich große Knollen.

Knoblauch ist eine dankbare Gartenpflanze, vor allem kann er in Bioqualität selbst gezogen werden und braucht wenig Platz.

# SELBST ANBAUEN

# Der eigene Gemüsegarten

Bei der Planung und dem Anlegen eines eigenen Gemüsegartens gilt es, diverse Punkte zu berücksichtigen – von ganz praktischen Erwägungen bis hin zu ästhetischen Aspekten und Gestaltungsmöglichkeiten.

OBEN: Dicke Bohnen sollte man aufbinden, damit sie nicht vom Wind geknickt werden.

## Der richtige Standort

Ob Ihr Gemüse prächtig gedeiht, hängt im Wesentlichen auch vom richtigen Standort Ihres Gemüsegartens ab. Deshalb sollten Sie sich Zeit nehmen und gründlich darüber nachdenken, wo Sie Ihr Gemüsebeet anlegen wollen. Hier sind einige Aspekte, die es zu berücksichtigen gilt:

### Sonne

Gemüse benötigt Licht und Wärme, um gut zu gedeihen. Zu wenig Sonne mindert Quantität und Qualität der Erträge und erhöht die Wahrscheinlichkeit von Schädlingsbefall und Krankheiten; Kräuter werden weniger aromatisch. Der Stand der Sonne ändert sich mit den Jahreszeiten. So kann es sein, dass in einem Beet Frühjahrs- und Sommergemüse prächtig gedeihen, während spätere Gemüsesorten, wenn die Sonne niedriger steht, nicht genügend Licht abbekommen. Deshalb sollten Sie für Ihr Gemüsebeet eine Lage finden, die ganzjährig von der Sonne beschienen wird, oder zwei Beete anlegen: eines für frühes und eines für spätes Gemüse.

Bei sehr heißem, trockenem Wetter brauchen einige Gemüsesorten Schutz vor der prallen Mittagssonne. Sie können sie entweder an einem Standort ausbringen, an dem sie morgens in der Sonne und mittags im Halbschatten stehen, oder Sie schützen die Pflanzen mittags mit einem Sonnenschutz.

### Wärme

Durch Wärmeabstrahlung von Mauern, Zäunen und Wänden bzw. gepflasterten Wegen kann die Lufttemperatur erheblich steigen. Im schlimmsten Fall verbrennen die Pflanzen oder sind anfälliger für

UNTEN: Rankende Erbsen können gut an einem Zaun gepflanzt werden. So wird bei kleinen Gärten der Raum auch nach oben genutzt. Außerdem sind die Pflanzen eine hübsche Verkleidung für unansehnliche Zäune und Mauern.

Schädlinge und Krankheiten. Zumindest haben sie bei Hitze einen gesteigerten Wasserbedarf. Andererseits lässt die Wärmeabstrahlung Gemüse wie Tomaten im Spätsommer und Herbst besser reifen.

## Wind

Vor allem böiger oder starker Wind kann zarte Pflanzenstiele knicken oder bei heißem Wetter den Boden stark austrocknen. Dies kann durch einen schützenden Windfang vermieden werden. Dieser reduziert die Windstärke und ermöglicht dennoch eine gute Luftzirkulation, die z. B. Pilzerkrankungen verhindert.

## Weitere Aspekte

Ein Gemüsegarten sollte möglichst nahe am Haus liegen, damit Gemüse und Kräuter schnell geerntet werden können. Zudem sollten sich ein Wasserhahn und im Idealfall eine Regentonne in der Nähe befinden. Ein Schuppen oder ein Abstellraum ist von Vorteil, um Geräte und Hilfsmittel unterzubringen, ebenso wie ein in der Nähe liegender Komposthaufen, damit Sie Ihre Gartenabfälle auf kurzem Weg entsorgen können. Schließlich legt man Gartenbeete am besten so an, dass alle Bereiche problemlos erreichbar sind und die Pflanzen bequem abgeerntet werden können.

OBEN: Der Holzrahmen teilt das Beet in segmentartige Bereiche ein. So lässt sich leichter nachvollziehen, was wo gepflanzt wurde.

**LAGE**
Der richtige Standort des Gemüsegartens spielt eine entscheidende Rolle für die Qualität und Quantität der Erträge. Machen Sie sich deshalb Gedanken, wo Sie Beete anlegen wollen und was darin wachsen soll.

LINKS: Rasenflächen zwischen den Beeten schaffen einen weichen Untergrund, auf dem man bequem gehen kann. Zudem wird so die Wärmeabstrahlung, wie sie etwa von Beton- oder Steinplatten ausgeht, reduziert.

# Von Grund auf beginnen

Zur Planung eines eigenen Gemüsegartens gehört, dass Sie vorab die Qualität des Bodens bestimmen. Richten Sie Ihren Gemüsegarten dort ein, wo Sie gute Bodenbedingungen vorfinden oder schaffen können.

## Der richtige Boden

Der richtige Boden ist ein wesentlicher Faktor für den Gemüseanbau. Seine Qualität entscheidet über Qualität und Quantität der Erträge und beeinflusst Gesundheit und Abwehrkraft der Pflanzen. Im Allgemeinen bevorzugen Gemüsepflanzen durchlässigen, humosen, lehmigen Boden. Idealerweise sollte er eine feinkrümelige Textur und eine satte, dunkle Farbe haben und leicht süß riechen.

*Anlegen eines neuen Gemüsebeets:*

**Schritt 1** Bestimmen Sie die Bodenart in Ihrem Garten: Lehm, Sand oder Ton. Organisches Material verbessert alle Böden. Sandige Böden können dadurch besser Wasser speichern. Tonboden wird durch das Einarbeiten von Kalk im Herbst gelockert.
**Schritt 2** Bestimmen Sie den pH-Wert des Bodens. Der pH-Wert gibt an, wie sauer oder alkalisch die Erde ist. Das beeinflusst die Nährstoffaufnahme der Pflanze aus dem Boden. Gemüsepflanzen bevorzugen meist einen pH-Wert von 6,0 bis 7,5. Führen Sie eine Bodenprobe mit einem pH-Testset aus dem Gartencenter durch. Wenn der Wert zu niedrig (sauer) ist, kann er mit Kalk oder Dolomit erhöht werden. Ein zu alkalischer Boden kann, wenngleich langsam, durch Schwefelgaben verbessert werden.
**Schritt 3** Verbessern Sie die Bodenqualität. Arbeiten Sie reifen, gut verrotteten Mist und Kompost in den Boden ein, um Struktur und Nährstoffgehalt zu verbessern. So wachsen die Pflanzen gesund und kräftig und bringen reiche Ernte.

*Für den Gemüseanbau ist eine regelmäßige Aufbereitung des Bodens von entscheidender Bedeutung.*

LINKS: Sie können eine Gemüseanbaufläche auch ganz harmonisch in Ihren Ziergarten integrieren.

## Alternativen zum Gartenbeet

In manchen Gärten ist es nicht möglich, die richtigen Bedingungen für einen Gemüseanbau im Feld zu schaffen. Gründe dafür können schlechte Bodenqualität, schlechte Bodendrainage oder hohe Wachstumskonkurrenz sein. Glücklicherweise braucht man aber kein Bodenbeet, um Gemüse anzubauen.

### Hochbeet und Kübel

Eine Alternative sind Hochbeet und Kübel. Hochbeete sind ideal für Gärtner mit eingeschränkter Mobilität und können selbst auf gepflasterten oder betonierten Flächen errichtet werden.

Ein Hochbeet kann mithilfe von Ziegelsteinen, Natursteinen, aus Holz- oder Betonbalken, mit Bausätzen aus Holz oder Kunststoff oder aus Wellblechwannen (das Wellblech sollte möglichst galvanisiert sein, ansonsten korridiert es schneller durch die Säure im Boden) errichtet werden. Sie können ein Hochbeet auch mit Strohballen bauen, die mit einem Kunststoffnetz gehalten werden, oder aber ein Hügelbeet anlegen (siehe Seite 125).

Kübel und Pflanzkästen sind die perfekte Lösung für kleine Flächen, Balkone und Terrassen, oder wenn Sie eine mobile oder zeitlich begrenzte Lösung haben wollen (siehe Seite 134–135).

### Keine Wachstumskonkurrenz

Der Gemüsegarten sollte nicht in der Nähe von großen Bäumen und Sträuchern angelegt werden, da deren weites Wurzelwerk mit den Gemüsepflanzen um Nährstoffe, Wasser und Platz konkurriert bzw. sie ihnen raubt. Gibt es keine andere Möglichkeit, versehen Sie das Hochbeet mit einer Wurzelsperre auf dem Boden und füllen erst danach Erde ein. Die Wurzelsperre sollte größer sein als die Grundfläche des Beetes, da Baumwurzeln sich nach jeder sich bietenden Nährstoff- und Wasserquelle orientieren und selbst kleinste Lücken nutzen, um dorthin zu gelangen.

### Hochbeete befüllen

Kaufen Sie für ein Hochbeet immer eine hochwertige, für den Gemüseanbau geeignete Bodenmischung. Sie können sie zusätzlich mit Kompost oder verrottetem Mist aufbereiten. Ist das Hochbeet sehr hoch und Sie wollen nur Gemüse darin anpflanzen, reicht eine Bodendecke von 30–45 cm. Obstbäume und -sträucher benötigen einen tieferen Grund. Als Grundschicht gibt man dicht gepackt Stroh oder Heu in den Beetrahmen. Diese Schicht sackt nach und nach etwas zusammen, sollte aber in 12–18 Monaten nicht mehr als 15 cm absinken. Nach dieser Zeit muss der Boden mit weiterem Kompost aufbereitet werden, was die Bodendecke wieder erhöht. Als Grundschicht eignet sich auch Ziegelschutt, Kies oder schadstofffreier Bauschutt.

# Gemeinschaftsgärten

Wenn Sie in Ihrem Garten keinen geeigneten Standort für ein Gemüsebeet finden oder nicht genügend Platz haben, können Sie sich auch einem lokalen Gemeinschaftsgarten anschließen. Es gibt viele unterschiedliche Modelle, von individuellen Parzellen bis hin zu gemeinschaftlich bewirtschafteten Flächen. Egal, für welche Möglichkeit Sie sich entscheiden, bei aller finden Sie die Gelegenheit, eigenes Gemüse anzubauen, Menschen zu treffen, Wissen auszutauschen und Teil einer lebendigen Gemeinschaft zu werden. Fragen Sie Freunde, und informieren Sie sich im Internet.

Lokale Gemeinschaftsgärten oder Selbsterntegärten sind eine tolle Möglichkeit, wenn Sie in Ihrem Garten keinen Platz haben oder er sich aus anderen Gründen als ungeeignet für den Gemüseanbau erweist. Hier Eindrücke aus einem Gemeinschaftsgarten (im Uhrzeigersinn von oben links): Weißkohl, Grünkohl und anderes Blattgemüse; frisch eingesäte Hochbeete; Dicke Bohnen am Spalier; junge Rote-Bete-Blätter.

# Einen Gemüsegarten gestalten

Beachten Sie bei der Planung neben praktischen Aspekten auch die optische Wirkung. Alle Bereiche des Beetes sollten dazu leicht zugänglich sein, damit Sie das Beet gut pflegen und die Früchte Ihrer Arbeit leicht ernten können.

## Anbauplan

Bei so vielen Gestaltungsmöglichkeiten und praktischen Aspekten, die es zu berücksichtigen gilt, macht es Sinn, zuerst einen Entwurf auf Papier anzulegen. Zeichnen Sie also einen maßstabsgetreuen Plan von dem Ort, an dem Sie den Gemüsegarten einrichten wollen, und in einem Stil, der Ihnen gefällt. Soll der Gemüsegarten beispielsweise traditionell hinter dem Haus angelegt werden, oder soll er in den Vorgarten oder an den Rand? Entscheiden Sie sich, ob er auch Ziergarten oder ein reiner Nutzgarten werden soll.

Natürlich ist jeder Gemüsegarten anders, doch es gibt vier Grundkategorien: formal, informell, Permakultur (Food Forest) oder kleinräumig.

Bei der Gestaltung dieses formal angelegten Gemüsegartens nach Art eines alten Bauerngartens wurde bewusst auf die Abgrenzung zum Ziergarten Wert gelegt.

## Gestaltungsarten

### Formal

Wenn Sie eine klare, geordnete Aufteilung bevorzugen, die auch optisch ansprechend ist, planen Sie Ihren Gemüsegarten nach einem geometrischen Grundmuster. Bei einem französisch inspirierten *jardin potager* (kleinen Küchengarten) sind kleine Beete in einem strengen Raster angelegt. Unterschiedliche Farben, Texturen, Größen und Formen ergänzen sich zu einem harmonischen Ganzen.

Ein Gemüsegarten kann auch nach dem Vorbild von alten Bauerngärten angelegt werden. Kleine Rabatten werden dabei von niedrigen Hecken aus Buchs oder anderen buschigen Pflanzen eingefasst. Auch hier sollte das Gemüse nach praktischen und optischen Aspekten ausgewählt werden, weniger attraktive Pflanzen werden dabei etwas versteckt.

Eine weitere Möglichkeit ist, Segmente mit Rabatt- oder Heckenpflanzen zu strukturieren, z.B. mit gestutztem Rosmarin oder Lavendel. Dekorative Gemüsepflanzen wie Artischocken, Kardonen oder Rhabarber setzen dabei Blickpunkte. Dazwischen wächst das Gemüse, das Sie essen wollen.

## Informell

Dies ist der traditionelle Gemüsegarten hinterm Haus – perfekt für alle, die einen praktischen, produktiven Gemüsegarten bevorzugen. Er kann in Hoch- oder Flachbeeten angelegt werden. Üblicherweise ist er je nach verfügbarem Platz in vier bis sechs Einzelbeete eingeteilt, auf denen sich sehr einfach eine gute Fruchtfolge durchführen lässt. Ein informeller Garten funktioniert auch gut mit Hügelbeeten (siehe Seite 125).

## Permakultur

Mit diesem Begriff werden häufig Gärten beschrieben, in denen neben Gemüse auch Obst- und Nussbäume bzw. -sträucher wachsen – möglichst wie in der freien Natur. Gemüsesorten, die gesät oder gepflanzt werden müssen, werden dort ausgebracht, wo gerade Platz ist, und nicht in Reihen oder nach einer bestimmten Ordnung (siehe auch Seite 124).

## Kleine Räume

Wenn der Platz begrenzt ist, kann Gemüse auch in Kübeln und Kästen, in Wandgärten oder auch zwischen Zierpflanzen angebaut werden. Wer sagt, dass zwischen Rosen nicht niedriges Gemüse gedeihen kann? Hohes Gemüse wie Tomaten oder rankende Erbsen und Bohnen, die vertikal an Spalieren oder Stangen gezogen werden, spenden Schatten in der heißen Sommersonne.

RECHTS: Ein Gemüsegarten sollte über befestigte Wege verfügen, damit gesät, gepflanzt, bearbeitet und geerntet werden kann, ohne dabei in den Beeten herumtreten zu müssen.

LINKS: Spalierobst sorgt für reiche Ernte, ohne viel Raum zu beanspruchen. Es kann außerdem als Begrenzung für ein Gemüsebeet dienen.

Ein gut geplanter Garten ist produktiv und gleichzeitig attraktiv.

**WAS IST GRÜNDÜNGUNG?**

Als Gründüngung werden Pflanzen bezeichnet, die zur Verbesserung der Bodenqualität ausgesät und nach der Vegetationszeit als organischer Dünger in den Boden eingearbeitet werden (siehe Seite 145).

LINKS: Deutlich abgegrenzte Hochbeete erleichtern die Fruchtfolge. In jedem Beet kann ein anderes Gemüse wachsen. Allerdings können die Sorten auch innerhalb eines Beetes rotieren oder bodenverbessernde Blumen, wie hier Tagetes. eingesetzt werden.

## Fruchtfolge

Fruchtfolge ist ein wesentliches Anbauprinzip, bei der an einem Ort jedes Jahr andere Pflanzen aus nicht verwandten Familien kultiviert werden, um bodenbedingten Krankheiten oder Schädlingen vorzubeugen und die Bodenqualität zu verbessern. Das Prinzip beruht auf der Tatsache, dass viele Schädlinge und Krankheiten bevorzugt Pflanzen aus einer Familie befallen. Baut man Pflanzen jedes Jahr an einer anderer. Stelle an, werden Probleme mit Schädlingen vermieden. Zudem benötigen verschiedene Pflanzen unterschiedliche Nährstoffe. Ein Fruchtwechsel sorgt für einen entsprechenden Nährstoffausgleich. Leguminosen wie Erbsen und Bohnen reichern beispielsweise den Boden mit Stickstoff an. Pflanzt man danach ein Gemüse mit hohem Stickstoffbedarf wie Blattsalat an, profitiert dieses vom erhöhten Stickstoffgehalt im Boden.

Pflanzen werden in Familien gruppiert. Um zu vermeiden, dass Probleme dauerhaft auftreten, sollte bei Pflanzen aus einer Familie, wie bei den Nachtschattengewächsen Aubergine, Tomate, Kartoffel, Paprika und Chili, eine Anbaupause von vier Jahren eingehalten werden.

### *Gemüsefamilien*

✳ **Allium** Schnittlauch, Knoblauch, Lauch, Zwiebel, Frühlingszwiebel, Schalotte

✳ **Brassica-Gewächse** Brokkoli, Rosenkohl, Blattkohl, Blumenkohl, Grünkohl, Kohlrabi, Rettich, Steckrübe, Speiserübe

✳ **Korbblütler** Chicorée, Endivie, Kopf- und Pflücksalate, Radicchio, Schwarzwurzel, Topinambur, Artischocke

✳ **Kürbisgewächse** Gurke, Melone, Kürbis, Zucchini

✳ **Leguminosen** Bohnen, Klee, Erbsen

✳ **Nachtschattengewächse** Paprika, Chili, Aubergine, Kartoffel, Tomate

✳ **Doldenblütler** Möhre, Sellerie, Fenchel, Petersilie, Pastinake, Dill

Ein Beispiel für eine sinnvolle Fruchtfolge (im Uhrzeigersinn von oben links): Auf Dicke Bohnen (Gründüngung) kann ein Starkzehrer wie Kohl folgen, dann Stickstoff liefernde grüne Bohnen und ein Schwachzehrer wie Mangold.

## Vier Beete oder eines

Bei einem in vier Beete eingeteilten Gemüsegarten kann eine Fruchtfolge mit vier Rotationsschritten durchgeführt werden. Bei nur einem Beet sollte die Fläche in vier Bereiche eingeteilt werden.

✳ **Beet / Bereich 1**
Gründüngung anpflanzen oder Kompost und eine Strohmulchschicht ausbringen und ruhen lassen.

✳ **Beet / Bereich 2**
Starkzehrer mit hohem Nährstoffbedarf wie Kopfkohl und Brokkoli pflanzen.

✳ **Beet / Bereich 3**
Gemüsepflanzen aussäen, die den Boden mit Stickstoff anreichern, z. B. Erbsen oder Bohnen.

✳ **Beet / Bereich 4**
Schwachzehrer, die wenig Nährstoffe benötigen, wie Rote Bete und Mangold anbauen.

In den meisten Gemüsegärten gibt es zwei Pflanzperioden (sprich zwei Rotationen) pro Jahr – Frühjahr bis Frühsommer und Sommer bis Herbst. Im Folgenden sind dafür Beispiele für Stark- sowie Schwachzehrer und Stickstofflieferanten angeführt:

### Vor- und Hauptkultur bis Sommer

**Starkzehrer:** Nachtschattengewächse, Kürbisgewächse und Blattgemüse

**Stickstofflieferanten:** Erbsen, Bohnen und Gründüngung

**Schwachzehrer:** Wurzelgemüse wie Möhren, Pastinaken und Zwiebeln

### Haupt- und Nachfrucht bis Spätherbst

**Starkzehrer:** Kohl wie Brokkoli, Rosenkohl, Weißkohl und Blumenkohl, Spinat und asiatisches Blattgemüse

**Stickstofflieferanten:** Erbsen und Dicke Bohnen

**Schwachzehrer:** Wurzelgemüse wie Zwiebeln, Lauch, Knoblauch, Rote Bete und Möhren

BEET / BEREICH 1: Dicke Bohnen    BEET / BEREICH 2: Kohl

BEET / BEREICH 4: Mangold    BEET / BEREICH 3: grüne Bohnen

*Fruchtfolge und Mischkultur sind einfache Anbauprinzipien, die die Sortenvielfalt im Garten fördern und Schädlingsbefall sowie Krankheiten eindämmen.*

## FRUCHTFOLGE FÜR ERFOLGREICHE GEMÜSEKULTUR

|  | FRUCHT 1 | FRUCHT 2 | FRUCHT 3 | FRUCHT 4 |
| --- | --- | --- | --- | --- |
| BEET 1 | Gründüngung | Starkzehrer | Leguminose | Schwachzehrer |
| BEET 2 | Starkzehrer | Leguminose | Schwachzehrer | Gründüngung |
| BEET 3 | Leguminose | Schwachzehrer | Gründüngung | Starkzehrer |
| BEET 4 | Schwachzehrer | Gründüngung | Starkzehrer | Leguminose |

Der Duft von Tagetes hält Schadinsekten von Nutzpflanzen fern. Die Wurzeln der Tagetes sondern eine Substanz ab, die die Entwicklung von Nematoden wie Wurzelgallenälchen verhindert.

# Mischkultur

Mischkultur ist ein ganzheitliches Anbauprinzip, bei dem Pflanzen, die sich begünstigen, nebeneinander angebaut werden. Wählen Sie beispielsweise Blühpflanzen, um viele Vögel und Nutzinsekten wie Schwebfliegen, Marienkäfer und Florfliegen anzulocken, die Läuse und andere Schädlinge fressen, die sonst Ihr Gemüse befallen würden. Blühende Kräuter, die Nutzinsekten anziehen, sind Basilikum, Bergamotte, Borretsch, Fenchel, Kamille, Koriander, Dill, Lavendel, Minze, Oregano, Petersilie, Rosmarin, Thymian und Schafgarbe. Sie können auch einige einjährige Zierblumen wie Steinkraut, Wiesenkerbel und Gänseblümchen stehen lassen. Auch diese Pflanzen locken Bienen und Schlupfwespen an, die die Blüten bestäuben.

Setzen Sie auch Pflanzen, die mit ihrem starken Duft Schädlinge fernhalten, zwischen Ihre Nutzpflanzen. Römische Kamille, Knoblauch, Lavendel, Tagetes, Majoran, Oregano, Rosmarin und Wermut sind wirksame Schädlingsvertreiber.

Auch Sortenvielfalt ist ein wichtiger Baustein für einen gesunden Gemüsegarten. Eine Mischung aus unterschiedlichen Größen, Strukturen und Blattwerk sowie diverse Blühpflanzen bieten Nutzinsekten Schutz und Nahrung, eine Mulchschicht auf dem Boden bietet ihnen Unterschlupf.

# Ein Hügelbeet anlegen

Ein einfaches Hügelbeet kann auf einem Stück Rasen oder Wiese, auf einem festen Untergrund wie Stein oder Beton oder auf schwerem Tonboden aufgeschüttet werden. Es besteht nicht aus Pflanzerde, sondern aus organischem Material und ist ideal für den Gemüse- und Kräuteranbau.

Ein Hügelbeet braucht einen sonnigen Standort. Es ist einfach anzulegen, bedarf aber einer gewissen Vorbereitung. Benötigt werden Zeitungspapier oder Pappe; Hobelspäne oder Rindenmulch; grüne Gartenabfälle; Erbsenstroh, Luzernenheu oder Stroh; Hühner-, Rinder-, Schafs- oder anderer Mist; Kalk; Kompost; Knochen- und Blutmehl oder anderer organischer Dünger.

Wird das Hügelbeet auf einem festen, steinigen Untergrund errichtet, verwenden Sie als Grundschicht grobes Material wie altes Laub, Äste, Baumschnitt oder Hobelspäne zur Verbesserung der Drainage. Darauf folgt eine 5 mm dicke Schicht aus Zeitungspapier, die die Grundschicht vollständig bedecken sollte.

Auf diese Grundschicht folgen acht weitere Schichten – falls im Folgenden nicht anders angegeben, jeweils 10 cm dick. Vor dem Aufschütten der nächsten Schicht jeweils gut wässern.

*Die acht Schichten:*

**1** Zeitungspapier und Hobelspäne oder Rindenmulch, bestreut mit Knochen- und Blutmehl

**2** Grün- oder Rasenschnitt ohne Samen oder Triebe, bestreut mit Kalk

**3** Trockenes Laub oder Stroh, gefolgt von Knochen- und Blutmehl

LINKS: Damit Ihr Hügelbeet in Form bleibt, können Sie die Ränder mit Ziegelsteinen oder Holzbalken befestigen.

**4** Mist, 5 cm dick, gefolgt von Kalk

**5** Luzernen, gefolgt von Knochen- und Blutmehl

**6** Weitere 5 cm Mist, dann Kalk

**7** Luzernen, dann Knochen- und Blutmehl

**8** Etwa 5 cm Kompost als Deckschicht

Nach dem Aufbau aller Schichten sollte das Hügelbeet etwa 60 cm hoch sein. Idealerweise sollte es vor der Nutzung 1–2 Wochen ruhen, damit es sich setzen kann; die Höhe reduziert sich dann auf etwa 30 cm. In den nächsten Monaten wird das Hügelbeet nach Bedarf mit weiterem Kompost, Luzernen und Mist aufgeschüttet, da es sich weiter setzt. Es soll immer eine Höhe von 30–45 cm haben.

*Guter Tipp*

# Bienen

### Die besten Bestäuber

Bienen tragen Pollen von einer Blüte zur nächsten und unterstützen die Befruchtung vieler Pflanzen.

Bienen und andere Nutzinsekten sind unverzichtbar für Fruchtgemüse, denn der Teil der Pflanze, der zum Verzehr geeignet ist, entwickelt sich aus einer bestäubten Blüte. Gemüse aus dieser Gruppe sind z. B. Gurke, Kürbis, Zucchini (rechts) und Melone. Ohne Bestäuberinsekten würden die Pflanzen zwar wachsen, aber keine Früchte ansetzen. Der Mensch müsste dann sehr zeitaufwendig von Hand bestäuben.

Zum Schutz von Bienen und Nutzinsekten sollten Sie möglichst auf Spritzmittel verzichten, selbst auf biologische oder selbst hergestellte. Falls eine Anwendung unvermeidbar ist, sprühen Sie in den Abend- oder frühen Morgenstunden, wenn Bienen und Co. (noch) nicht aktiv sind.

### Die richtigen Pflanzen

Blühpflanzen und Kräuter zwischen Gemüsepflanzen bringen nicht nur Farbe ins Spiel, sondern locken auch Bienen, insbesondere blaue Blüten wie Borretsch oder Glockenblumen und Kräuter wie Basilikum, Beinwell und Thymian. Lassen Sie deshalb einige Kräuter zur Blüte kommen.

Zucchini haben männliche und weibliche Blüten. Ohne Bestäubung durch Bienen, die Pollen von männlichen zu weiblichen Blüten transportieren, würden sie keine Früchte tragen.

Einige Gemüsesorten wie (von links nach rechts) Topinambur mit seinen leuchtend gelben Blüten, die Artischocke mit den distelartigen violetten Blütenständen oder die rot blühende Feuerbohne lassen den Gemüsegarten in leuchtenden Farben strahlen.

# Der blühende Gemüsegarten

Gemüsegärten können dekorativ und zugleich ertragreich sein, wenn Sie Gemüse mit bunten Blättern, variierenden Blattgrößen und -formen sowie attraktiven Blütenständen pflanzen.

Topinamburblüten sehen aus wie kleine Sonnenblumen und bilden einen praktischen wie dekorativen Windschutz für den Gemüsegarten. Zudem sind sie hübsche Schnittblumen.

Die ungeöffneten Blütenstände der Artischocke sind zum Verzehr geeignet. Werden sie nicht geerntet, öffnen sich die distelartigen Blütenstände und blühen in leuchtendem Violett.

Aufgrund ihrer leuchtend roten Blüten, aus denen sich essbare Hülsen entwickeln, wurden Feuerbohnen früher ausschließlich zu dekorativen Zwecken gesät.

## Essbare Blüten

Einige Gemüsesorten bilden schöne Blüten aus, die auch zum Verzehr geeignet sind. Der Anbau dieser Pflanzen lohnt also doppelt. Die Blüten des Schnittlauchs oder die Blüten und Blätter der Kapuzinerkresse können in Salaten oder zum Garnieren verwendet werden. Die gelben Zucchiniblüten haben ein zartes Aroma und können in einer leichten Teighülle ausgebacken oder gefüllt werden. Auch viele Kräuter und einige Ziergewächse haben essbare Blüten: Borretsch, Chicorée, Ringelblume, Rosen, Salbei, Knoblauch und Veilchen können zum Garnieren oder Aromatisieren von Speisen genutzt werden. Ein Grund mehr, sie im Garten zu kultivieren.

*Gemüsesorten mit attraktiven Blüten bringen nicht nur reiche Ernte, sondern sind auch eine Augenweide.*

Die hübschen essbaren Blüten einiger Gemüsesorten, Kräuter und Zierblumen können in Salaten, zum Kochen oder zum Garnieren genutzt werden (im Uhrzeigersinn von links oben): Die Blüten von Zucchini, Schnittlauch, Ringelblume und Kapuzinerkresse bieten Farbe und Geschmack.

# Der kleine Gemüsegarten

Auch wenn viele von einem großen Gemüsegarten träumen, die Realität sieht oft anders aus. Durch dichte Bebauung steht vielen Hobbygärtnern nur ein kleines Fleckchen zum Gemüseanbau zur Verfügung. Aber selbst auf den kleinsten Flächen lässt sich ertragreich frisches, vollaromatisches Gemüse anbauen. Sei es im kleinen Reihenhausgarten, im Innenhof, auf dem Balkon oder auch auf dem Dach – überall finden sich kreative Anbaumöglichkeiten. Hier zeigen wir Ihnen, wie Sie Ihren Platz optimal nutzen können.

## Die richtige Pflanzenwahl

Bei einer derart großen Auswahl an Gemüsesorten und -varietäten kann man leicht den Überblick verlieren. Bei kleinen Flächen ist entscheidend, Gemüsesorten auszusuchen, die sehr ertragreich sind und entweder mehrmals geerntet werden können bzw. nach dem Schnitt nachwachsen. Auch rankend wachsende Sorten beanspruchen wenig Bodenfläche. Sinnvoll sind Pflanzen, die eine lange Erntedauer haben oder in unterschiedlichen Reifegraden geerntet werden können. Sorten, die kompakt wachsen, bieten den Vorteil, dass mehr Pflanzen auf der vorhandenen Fläche angebaut werden können. Auch zu empfehlen: Gemüsepflanzen, von denen mehrere Teile wie Blätter, Stängel und Wurzeln verzehrt werden können.

Vermeiden Sie Gemüse mit langer Kulturzeit oder großem Platzbedarf wie Kopfkohl, Blumenkohl oder Brokkoli. Wählen Sie stattdessen kompakte oder nachtreibende Sorten.

An erster Stelle sollten Sie sich natürlich die Frage beantworten, welches Gemüse Sie am liebsten essen. So macht der Eigenanbau doppelt Spaß.

Ebenfalls wichtig sind Folgekulturen, damit Sie möglichst viel Ertrag pro Anbaufläche herausholen. Wenn eine frühe Gemüsesorte abgeerntet ist und keine weiteren Erträge zu erwarten sind, wird die Pflanze entfernt, der Boden bei Bedarf angereichert und neu ausgesät bzw. gepflanzt. So bleibt nie eine Stelle ungenutzt, und Ihr Garten wirft kontinuierlich leckeres Gemüse ab. Dafür sollte der Boden ständig gedüngt und mit organischem Material wie Kompost oder Mist versorgt werden.

*Durch kreative und effiziente Raumnutzung können Sie selbst auf den kleinsten Anbauflächen große Erträge erzielen.*

RECHTS: Viele Blattsalate gedeihen bei regelmäßiger Wässerung und Düngung auch in Kübeln und Pflanzkästen prächtig.

RECHTS: Gemüse kann auch in Kübeln und Töpfen angebaut werden. Das spart Platz und bringt großen Genuss auf wenig Raum.

Durch geschickte Anordnung lassen sich kleine Anbauflächen maximieren. Die Holzeinfassung des Hochbeets dient gleichzeitig als Aufhängung für Pflanzkästen.

## Kleine Flächen

Nutzt man bei beengten Gärten den vorhandenen Platz geschickt und wählt die richtigen Pflanzen, kann man dennoch erfolgreich Gemüse ziehen. Meist besteht die größte Schwierigkeit darin, dass zu wenig direktes Sonnenlicht vorhanden ist, vor allem, wenn die Sonne jahreszeitlich bedingt tiefer steht. Hier könnte man rankende Pflanzen anbauen, die der Sonne quasi entgegenwachsen. Alternativ suchen Sie Pflanzen aus, die auch im Halbschatten oder Schatten gedeihen wie Pflücksalat oder Petersilie, Minze und einige andere Kräuter. Vielleicht können Sie in bestimmten Monaten nur einzelne Bereiche des Gartens nutzen, da nur dann beste Bedingungen für eine Pflanze vorherrschen. Ein Beet, das im Sommer genug Sonne abbekommt, ist ideal für Sommergemüse. Wenn es aber im Herbst weniger sonnenbeschienen ist, sollten dort keine späten Sorten angebaut werden, die viel Licht brauchen.

Andere Herausforderungen von kleinen Flächen sind Wärmeabstrahlung oder Wind. Bei heißem, trockenem Wetter kann die von Wegen, Mauern und Hauswänden reflektierte Wärme zu Temperaturen von bis zu 50 °C führen, was für die meisten Gemüsesorten zu viel des Guten ist. Sie sterben ab, verbrennen oder haben im besten Fall einen enorm hohen Wasserbedarf und sind anfälliger für Schädlinge und Krankheiten. Wärmeabstrahlung ist für Topf- und Kübelpflanzen gefährlicher als für Pflanzen, die im Boden wachsen, da sie nicht viel Erde als Feuchtigkeitsspeicher zur Verfügung haben.

Bei manchen kleinen Flächen kommt es zu einer Kombination aus wenig Sonne und hoher Wärmeabstrahlung. Dabei sind die Pflanzen nur kurzzeitig extrem starker Sonneneinstrahlung und Wärmeabstrahlung ausgesetzt. In diesem Fall sollte dauerhaft oder vorübergehend mit einem Tuch oder hoch wachsenden Pflanzen beschattet werden.

Auf kleinen Flächen können sich starke Windströme entwickeln, die das Pflanzenwachstum negativ beeinflussen. In diesem Fall schützen Sie Ihr Gemüse durch einen Windfang, wie z. B. eine Kletterpflanze an einem Spalier.

Wenn Ihr kleiner Garten gepflastert ist und sich nirgendwo ein Gemüsebeet anlegen lässt, nutzen Sie Töpfe, Kübel und Pflanzkästen.

LINKS: Von vielen Gemüse-
sorten gibt es kompakte,
kleinwüchsige Varietäten,
die sich perfekt für die Kultur in Töpfen eignen, wie
diese Buschtomaten.

UNTEN: Mit der richtigen
Ausrichtung, einem Wind-
schutz und guter Pflege
kann aus einem Balkon ein
ertragreicher Gemüsegarten
werden. Hier ein Balkon im
17. Stock eines Hochhauses
in Innenstadtlage.

## Kübel, Töpfe und Kästen

Wenn Sie nur einen Balkon, eine Terrasse oder
einen Innen- bzw. Hinterhof zur Verfügung haben,
können Sie Gemüse auch in Töpfen, Kübeln,
Pflanzkästen oder Containern anbauen. Die Qualität
der Pflanzerde bestimmt dann im Wesentlichen die
Qualität der Ernte. Verwenden Sie deshalb nur
hochwertige Pflanzerde, und reichern Sie sie gegebenenfalls mit Kompost oder Mist an. Größere,
schwere Pflanzbehälter sollten Sie auf Rollpaletten
stellen, um sie im Lauf der Kulturzeit schnell und
bequem an den Standort mit den besten Bedingungen schieben zu können (siehe auch Seite 134–135).

## Balkongärten

Auf einem Balkon können Sie Gemüse in Töpfen
und Kästen züchten. Vergewissern Sie sich zunächst,
ob der Balkon die zusätzliche Last tragen kann. Bei
einer Mietwohnung müssen Sie abklären, ob Sie zusätzliche Fixierungen für Pflanzkästen anbringen
dürfen. Die wichtigsten Faktoren für Erfolg sind
Sonnenlicht, Wärmeabstrahlung und Wind.

Beobachten Sie, wie viel Sonne Ihr Balkon über
die Monate abbekommt. Beispielsweise erhalten
manche Balkone je nach Sonnenstand pralle Sommersonne, während sie im Herbst im Schatten liegen. Prüfen Sie auch, wie heiß es auf Ihrem Balkon
bei direkter Sonne und entsprechender Wärmeabstrahlung von Wand und Boden im Sommer wird.
Nun können Sie passende Sorten auswählen.

OBEN: Brokkoli gedeiht auch in Balkonkästen auf kleinstem Raum. Bei der Wässerung sollte darauf geachtet werden, dass keine Staunässe entsteht.

LINKS: Auch Terrassen sind ein toller Platz für den Gemüse-anbau, wenn Sonnenschein, Wärmeabstrahlung und Wind berücksichtigt werden. In Pflanzkästen untergebracht wie hier sind die Beete auch mobil.

RECHTS: Auch auf einem Dach kann erfolgreich Gemüse angebaut werden. Dieser Nutzgarten wurde speziell mit leichten Materialien konstruiert und angelegt.

## Dachgärten

Falls Ihr Haus eine Dachterrasse oder ein Flachdach hat, können Sie dort für einen frischen Mix aus Gemüsepflanzen ebenfalls große, aber leichte Kübel aufstellen.

Manche Flachdächer lassen sich auch komplett begrünen. Lassen Sie sich unbedingt von einem Architekten beraten, ob Sie Ihr Flachdach umgestalten können, denn bei einem solchen Vorhaben müssen insbesondere die Tragfähigkeit des Daches und die Statik des Gebäudes berücksichtigt werden. Verwenden Sie auf jeden Fall nur leichte Materialien. Hochbeete unterschiedlicher Höhe sorgen für optische Abwechslung, und man kann so Gemüse und Obstbäume bzw. -sträucher anbauen, die tiefgründigeren Boden brauchen. Gut geplante Hochbeete bieten nebenbei noch Sitzgelegenheiten, Arbeitsflächen und Stauraum. Hochbeete auf dem Dach werden nicht anders angelegt und bepflanzt als auf dem Boden. Allerdings müssen Sie verstärkt auf eine gute Wässerung achten, da die Verdunstung auf dem Dach immer größer ist als am Boden.

# Blick nach oben – senkrecht angebautes Gemüse

Wenn der Platz begrenzt ist und Sie nach geeigneten Anbauflächen suchen, denken Sie auch mal nach oben. Eine senkrechte Ebene bietet Ihnen in Ihrem Gemüsegarten weitere interessante Möglichkeiten.

LINKS: Salatpflanzen und Kräuter in unterschiedlichen Farbschattierungen und in wechselnder Abfolge platziert ergeben ein schmuckes Wandbild.

## Rankende Pflanzen

Mit rankenden Gemüsepflanzen, die an Gittern, Spalieren oder Stangen nach oben wachsen, oder durch Wandgärten können Sie Ihre Anbauflächen vergrößern und zusätzliche Ernten einfahren. Tomaten, Stangenbohnen, Erbsen, Gurken und kleine Kürbisse sind eifrige Kletterer und ideal für kleine Gärten. Gitter und Spaliere können aus Metall, Draht, Holz, Weidenruten oder gespannten Drähten bestehen. Das Klettergerüst erfüllt daneben noch weitere Zwecke. Biegen Sie beispielsweise zwei Rankhilfen zu einem Bogen, und schaffen Sie so einen schattigen Sitzplatz und einen Sonnenschutz für umstehende Pflanzen.

Stützstangen können aus einzelnen Stäben aus Holz, Metall oder Bambus bestehen. Ebenso erfüllen Rankpyramiden oder -kegel aus Holz oder geschweißtem Metall ihren Zweck als Stütze.

RECHTS: Tomatenpflanzen sind zwar gute Kletterer. Damit sie aber an Bambusstäben Halt finden, benötigen sie zusätzlich ein Draht- oder Schnurgeflecht.

# Wandgärten

Das Konzept von vertikalen Wandgärten bietet tolle Möglichkeiten für begrenzte Anbauflächen. Es gibt eine ganze Reihe von Systemen, die als Sets in Gartencentern oder im Internet erhältlich sind. Mit einfachen Materialien lassen sich Wandgärten aber auch ganz einfach selbst herstellen. Man kleidet Holzpaletten mit Teichfolie aus und füllt sie mit einer Pflanzmischung. Sie können auch Halterungen an die Wand montieren und darin Pflanztöpfe aus Kunststoff einhängen und diese individuell bepflanzen. Achten Sie dabei immer auf eine regelmäßige Wässerung und Düngung mit einem Flüssigdünger.

Viele Gemüsesorten gedeihen in Wandgärten problemlos. Letztlich hängt der Erfolg aber vom Standort und der Pflege ab. Besonders geeignet sind Pflück- und Schnittsalate, asiatisches Blattgemüse, Winterkohl, rankende Kräuter wie Majoran, Oregano, Rosmarin oder Thymian und Pflanzen mit Hängefrüchten wie Erdbeeren oder Buschtomaten.

OBEN: Ein Wandgarten aus Paletten: Die Latten an der Unterseite dienen als Seitenwände, und schon hat man ein schönes Plätzchen für Topfpflanzen.

RECHTS: Pflück- und Schnittsalate bilden keine Köpfe aus und sind so bestens für die Wandgarten-Bepflanzung geeignet.

OBEN: Eine tolle Idee für urbane Räume sind Kunst-
stoff-Abflussrohre, die nach Belieben zusammengesteckt
werden können. Sie sind bestens geeignet für Erdbeeren,
Pflück- und Schnittsalat oder asiatisches Blattgemüse.

LINKS: Sie können alle Arten von Behältern für den Anbau
von Salat und Kräutern recyceln. Hier werden Minze und
Koriander in ausgeschnittenen Plastikflaschen und Kokos-
körben gezogen.

## Andere Möglichkeiten

Bei den Gestaltungsmöglichkeiten sind der Fantasie
keine Grenzen gesetzt. Verwenden Sie beispielsweise
große Hängekörbe, Blumenampeln, Pflanzbeutel
aus Stoff oder Kunststoff zum Aufhängen oder
Pflanztürme aus dem Gartenhandel, die bis zu zehn
Pflanzen aufnehmen können. Pflanztürme können
auch aus verstärktem Maschendraht, der mit
Mulchfolie ausgekleidet wird, aus Abflussrohren
oder aus Betonringen selbst gestaltet werden. Bei
allen Lösungen gilt es in erster Linie darauf zu
achten, dass die Pflanzen nicht austrocknen und so
weniger Erträge liefern.

*Bepflanzte Wände bringen eine neue*
*Dimension in Ihren Gemüsegarten.*
*Sie können auch Raumteiler*
*und Windschutz sein.*

RECHTS: Pflanzkästen aus Holz sind hier an Holzträgern
fixiert und schaffen eine abwechslungsreiche Mischung aus
Oberflächen und Formen.

# Gemüse in Töpfen und Kübeln

Gemüse lässt sich in jedem Behälter, der mit Pflanzerde gefüllt werden kann, anbauen. Töpfe und Kübel sind sehr flexibel und variabler als Gartenbeete, und was die Mobilität angeht, bieten sie eindeutige Vorteile.

## Erfolgreiche Ernte

Es gibt diverse Gründe, Gemüse in Töpfe zu pflanzen – beispielsweise, wenn der Platz begrenzt ist, versiegelte Flächen vorherrschen oder der Gemüsegarten mobil sein soll. Sind die Bodenbedingungen in Ihrem Garten schlecht oder ist der Boden nicht durchlässig genug oder zu sauer, dann sind Töpfe und Kübel die ideale Lösung. Hier geben wir Ihnen wertvolle Tipps an die Hand.

Qualität und Quantität der Ernte hängen in erster Linie von der Qualität des Bodens ab. Verwenden Sie deshalb immer erstklassige, auf Gemüsepflanzen abgestimmte Pflanzerde. Die Erde sollte durchlässig sein; bei sehr heißem Wetter oder an vollsonnigen Standorten sollte zusätzlich Kompost eingearbeitet werden, um die Feuchtigkeitsspeicherung zu verbessern.

Die richtige Kübelgröße ist ein weiterer wichtiger Faktor. Besser man pflanzt in großen als zu kleinen Töpfen, da die Erde darin nicht so schnell austrocknet und die Wurzeln der Gemüsepflanzen sich besser entwickeln können. Welche Topfgröße letztendlich gewählt wird, hängt auch davon ab, was darin gepflanzt werden soll. Für Pflanzen mit großer Wuchshöhe wie Tomaten sollte das Topfvolumen mindestens 10–20 Liter betragen.

Auch bei in Töpfen gezogenem Gemüse sollten Sie auf den richtigen Standort achten. Zwar gedeihen die meisten Gemüsesorten an einem sonnigen Standort am besten, doch kann sich dort die Erde im Topf sehr stark aufheizen – bis zu 60 °C – und die Wurzeln mehr stressen als bei im Beet stehenden Pflanzen. Deshalb muss man Kübelgemüse häufiger wässern – die meisten in den Sommermonaten täglich. Austrocknen führt zu minderer Qualität und geringerer Ernte sowie schlechterem Geschmack. Salat wird bei ungenügender Wässerung bitter. Stress durch Trockenheit kann auch zu erhöhtem Schädlingsbefall oder zu Krankheiten führen.

Auch muss vermutlich mehr und häufiger gedüngt werden. Selbst wenn die Pflanzerde vorgedüngt ist, werden die Nährstoffe durch die regel-

UNTEN: Am richtigen Standort, in der geeigneten Erde und bei entsprechender Pflege gedeihen Gemüse und Kräuter auch sehr gut in Töpfen.

OBEN: Pflanztöpfe lassen sich geschickt so arrangieren, dass die weniger ansehnlichen oder beschädigten aus dem Blickfeld rücken.

mäßige Wässerung schneller ausgewaschen oder von der Pflanze in relativ kurzer Zeit aufgenommen. Damit sie schön wachsen und gesund bleiben, sollten Gemüsepflanzen in Töpfen regelmäßig nachgedüngt werden. Flüssigdünger kann alle 2 Wochen verabreicht werden, organischer Dünger wie Hornspäne oder Knochenmehl in der Wachstumsperiode alle 6–8 Wochen.

## Töpfe auswählen

Pflanztöpfe, -kübel und -kästen gibt es aus verschiedenen Materialien wie Kunststoff, Ton, Holz oder Beton. Sie alle eignen sich auch für den Gemüseanbau. Achten Sie darauf, dass die Behälter genügend Drainagelöcher haben. Auch alte Fässer sind eine gute Option, allein schon wegen ihrer Größe. Sie sind länger haltbar, wenn sie innen mit einer Bitumenschicht versiegelt sind.

Kleineres Gemüse kann auch in Balkonkästen oder Hängeampeln gezogen werden. Größere Behälter sind von Vorteil, weil sie größere Mengen Erde und so auch eine größere Bandbreite an Pflanzen aufnehmen können.

Daneben gibt es spezielle Behälter für bestimmte Gemüsesorten wie beispielsweise Kartoffelpflanzsäcke. Dabei handelt es sich um eine raffinierte Lösung, vor allem für kleine Gärten. Die Säcke werden im Lauf der Wachstumsphase der Kartoffelpflanzen nach und nach mit Erde aufgefüllt. Über Klettverschlussklappen an der Seite können neue Kartoffeln geerntet werden.

Transportboxen aus Styropor bieten sich ebenfalls als gute, große Pflanzbehälter an. Sie sind leicht und günstig, werden mit der Zeit allerdings brüchig, sodass sie maximal 2 Jahre halten.

## Was gepflanzt wird

Wenn Sie nur eine begrenzte Fläche für den Gemüseanbau zur Verfügung haben, sollten Sie natürlich Ihr Lieblingsgemüse anbauen oder eines, das nicht unbedingt in jedem Supermarkt zur Verfügung steht. Wählen Sie nach Möglichkeit kompakt wachsende Varietäten aus.

In größere Behälter wie Fässer können Sie Gemüse, das für denselben Zweck verwendet wird, in Gruppen zusammensetzen. Legen Sie beispielsweise einen Behälter mit sommerlichen Blattsalaten an, einen mit Tomaten und Basilikum oder Paprika und Auberginen, einen „Suppentopf" mit Mangold, Grünkohl, Brokkoli, Möhren, Roten Beten und kleinem Winterkohl und einen mit Kräutern wie Petersilie, Rucola und Schnittlauch.

Pflanzen Sie Petersilie, Koriander, Schnittlauch, Salat und Frühlingszwiebeln überall dort, wo sich noch Platz findet. Sie wachsen schnell und sind prima Lückenfüller.

OBEN: Gemüse in Töpfen zu ziehen hat den Vorteil, dass man die Töpfe je nach Wachstumsphase oder Optik an unterschiedlichen Standorten positionieren kann. So können beispielsweise einzelne Pflanzen bei zu starker Sonneneinstrahlung in den Schatten gestellt werden.

### Kreative Ideen

Für den Anbau von Gemüse kann jede Art von Behälter recycelt werden. Der Fantasie sind keine Grenzen gesetzt. Einzige Bedingung: Sie müssen die Erde halten, aber Wasser abfließen lassen. Vermeiden Sie Material, das möglicherweise giftige Stoffe abgibt oder in dem Chemikalien aufbewahrt wurden. Die Trommel einer Toplader-Waschmaschine, Bade- und Zinkwannen, alte Waschbottiche, Siebe, Schubkarren, Traktor- und Lkw-Reifen, Metalleimer und -dosen lassen sich bestens zu Pflanzbehältern umfunktionieren.

# Die 12 besten Kräuter für Ihren Gemüsegarten

Kräuter sind eine natürliche Bereicherung des Gemüsegartens. Sie erfordern dieselben Bedingungen wie Gemüse. Gemüse und Kräuter ergänzen sich nicht nur in der Küche, sondern genauso im Beet.

## Vorteile

Der Anbau von Kräutern hat diverse Vorteile für den Gemüsegarten. Zum einen verleihen frische Kräuter dem selbst angebauten Gemüse ein wunderbares Aroma – egal, ob sie nun mitgegart oder frisch für Salate oder zum Garnieren verwendet werden. Oft genügen schon zwei Zweige Thymian oder einige Basilikumblättchen. Kräuter gedeihen im Topf ebenso wie im Beet. Einige sind mehrjährig, während andere nur ein- oder zweijährig sind und häufiger nachgesät bzw. -gepflanzt werden müssen.

GANZ RECHTS: Kräuter gedeihen auch sehr gut in Töpfen an einem sonnigen Plätzchen im Innenbereich, wie hier auf einer Fensterbank.

UNTEN: In diesem geschützten Kräutergarten gedeihen aromatische Küchenkräuter wie Schnittlauch neben medizinischen Kräutern wie *Echinacea* (Roter Sonnenhut).

Blühende Kräuter wie Basilikum, Koriander, Dill, Minze, Oregano, Petersilie und Thymian sind eine ausgezeichnete Nahrungsquelle für Nutzinsekten, die vermehrt angelockt werden. Mehr Nutzinsekten bedeuten einen besseren Schutz der Gemüsepflanzen vor Schädlingen, die sonst Probleme bereiten – ein natürlicher Pflanzenschutz also.

Im Folgenden stellen wir Ihnen die beliebtesten zwölf Küchenkräuter vor, die auf keinen Fall in Ihrem Gemüsegarten fehlen sollten:

## Basilikum
### *Ocimum basilicum*

Das einzigartige Aroma dieser einjährigen Pflanze ist eine wichtige Zutat in der italienischen wie auch in der asiatischen Küche. Am häufigsten anzutreffen ist das süße Basilikum. Die bis zu 40 cm hohe Pflanze hat große, grüne Blätter mit fein-würzigem, nelkenartigem Aroma. Frische Basilikumblätter sind die Grundzutat für italienisches Pesto und der perfekte Partner für Tomaten. Zwar sind die Blüten attraktiv und genießbar, doch um ein weiteres Blattwachstum anzuregen, sollten sie abgeknipst werden. Basilikum wird am besten jedes Frühjahr nach den letzten Nachtfrösten gesät bzw. gepflanzt und kann bis in den Herbst hinein geerntet werden. Neben grünen Varietäten gibt es auch rotes Basilikum mit dunkelvioletten Blättern. In frostfreien Regionen kann Basilikum mehrjährig gezogen werden, sein Aroma ist dann ausgeprägter und weniger süß. Basilikum schätzt durchlässigen, nährstoffreichen Boden, der feucht gehalten werden muss.

**Basilikumblätter sollten besser zerpflückt und nicht mit dem Messer geschnitten werden, denn durch das Hacken werden die Blätter zerdrückt und dunkel. Basilikum nicht mitgaren, sondern erst vor dem Servieren zu einem Gericht dazugeben.**

## Dill
### *Anethum graveolens*

Die einjährige Pflanze hat feine gefiederte Blätter mit anisartigem Aroma, das Eier, Frischkäse, helle Saucen, Gemüse, Fisch und Meeresfrüchte sowie Hühnchengerichte verfeinert. Dill sollte nicht mitgegart, sondern erst zum Schluss untergemischt werden, da die ätherischen Öle durch Hitzeeinwirkung schnell zerstört werden. Die Pflanze kann eine Höhe bis zu 2 m erreichen. Die Samen können für weitere Aussaaten aufbewahrt werden. Dill bevorzugt einen sonnigen Standort in feuchter, durchlässiger Erde.

Basilikum, Dill, Koriander und Estragon (im Uhrzeigersinn von links oben) fügen wie alle Küchenkräuter Gerichten ihr einzigartiges Aroma hinzu. Viele Kräuter lassen sich in Töpfen ziehen, benötigen aber eine gute Drainage.

## Estragon
### *Artemisia dracunculus*

Diese sonnenliebende, mehrjährige krautige Pflanze ist ein wichtiger Bestandteil der französischen Küche. Die schmalen, länglichen Blätter haben ein Aroma von Basilikum und Anis mit harziger Note. Sie können frisch oder getrocknet verwendet werden, vor allem zur Verfeinerung von Fisch, Geflügel, Kalb, Eiern, Käse und Salaten. Dabei genügen bereits kleine Mengen. Estragon erreicht eine Wuchshöhe von bis zu 60 cm und gedeiht am besten, wenn die alten Triebe im Herbst auf Bodenniveau zurückgeschnitten werden. Estragon bevorzugt eine sonnige Lage in sehr durchlässigem Boden.

## Koriander
### *Coriandrum sativum*

Von dieser Kräuterpflanze lassen sich alle Teile – Wurzel, Stängel, Blätter – verwenden, z.B. für Gargerichte, Salate oder Saucen. Die Blätter haben ein intensives Aroma und sind unverzichtbar für asiatische, indische, orientalische oder mexikanische Gerichte. Die getrockneten Samen und Wurzeln werden bei der Zubereitung von Currys sowie Gewürzpasten und -mischungen hergenommen. Die einjährige Pflanze erreicht eine Wuchshöhe von bis zu 50 cm. Für eine kontinuierliche Ernte sollte alle

Im Uhrzeigersinn von links oben: Lorbeer und Minze sind typische Küchenkräuter. Minze ist neben Zitronengras vor allem in der thailändischen und vietnamesischen Küche beliebt. Petersilie und Oregano hingegen sind aus der mediterranen Küche nicht wegzudenken.

*Fängt die Sonne an zu stechen,*
*Tapfer schießen Gras und Kräuter*
*Und die Bäume schlagen aus:*
*Muß des Feinds Gewalt zerbrechen,*
*Nimmt der Winter schnell Reißaus.*

JOSEPH FREIHERR VON EICHENDORFF (1788–1857)

pflanzen Sie Lorbeer in einen Topf. Dadurch wird verhindert, dass sich das Wurzelwerk zu stark entwickelt und in Wachstumskonkurrenz mit Gemüse tritt. Die frostempfindliche Pflanze sollte im Winter entsprechend geschützt werden und lässt sich gut in Form schneiden.

## Minze
### Mentha ssp.
Minze sollte mit Bedacht gepflanzt werden, da sie zum Wuchern neigt. Viele Gärtner ziehen Minze deshalb im Topf auf einem festen Untergrund oder mit einem Untertopf, damit die Wurzeln nicht in Bodenkontakt kommen und dort weiterwachsen. Minze bevorzugt einen schattigen oder halbschattigen Standort in feuchter Erde und ist in vielen Varietäten mit unterschiedlichem Aroma erhältlich. Die meisten Sorten sind mehrjährig und erreichen eine Wuchshöhe von bis zu 50 cm. Minze kann frisch für Salate, Saucen, Dips, Desserts oder auch zum Garnieren verwendet werden. Aus frischen oder getrockneten Blättern lässt sich Tee zubereiten.

## Oregano
### Origanum vulgare
Frische wie getrocknete Oreganoblätter haben ein süßes, mild-würziges Aroma und werden für Kräuterbrote oder in Gewürzmischungen verwendet. Unverzichtbar ist das Kraut für die griechische, italienische, spanische und mexikanische Küche, vor allem für Fleisch-, Pasta- und Eiergerichte. Oregano hat einen besonderen Geschmack, der besonders ausgeprägt ist, wenn sich die kleinen Blüten entwickelt haben. Die mehrjährige Pflanze wird bis zu 45 cm hoch und gedeiht am besten an einem sonnigen Standort in durchlässigem Boden. Als Mittelmeerpflanze toleriert Oregano auch längere Trockenzeiten. Sein naher Verwandter, der Majoran *(Origanum majorana)*, hat ein milderes, süßeres Aroma und ist ebenfalls sehr beliebt in der italienischen Küche. Von beiden Sorten gibt es dekorative gelbblättrige Varietäten. Die Pflanze sollte im Herbst kräftig zurückgeschnitten werden.

## Petersilie
### Petroselinum crispum
Petersilie ist das mit am weitesten verbreitete Küchenkraut. Petersilie kann mitgegart werden, das Aroma entfaltet sich aber am besten, wenn sie erst direkt vor dem Servieren untergemischt wird. Peter-

paar Wochen in gut drainiertem, nährstoffreichem Boden nachgesät werden. Um das Pflanzenwachstum anzuregen, muss man Blüten abknipsen.

## Lorbeer
### Laurus nobilis
Diese klassische Kräuterpflanze aus dem Mittelmeerraum hat glänzende dunkelgrüne, ledrige Blätter, die frisch oder getrocknet zum Aromatisieren von Suppen, Saucen und Brühen verwendet werden. Sie verleihen auch Ofengemüse ein besonderes Aroma. Für vollen Geschmack sollte Lorbeer an einem sonnigen Standort stehen. Wenn er nicht zu einem großen Strauch oder Bäumchen wachsen soll,

silie ist ideal für Salate, verfeinert aber auch hervorragend Gemüse, Eier, Fisch und Fleisch, Eintöpfe und Suppen. Man unterscheidet grundsätzlich zwischen glatter und krauser Petersilie. Krause Petersilie wird bis zu 30 cm hoch, die aromatischere glatte Petersilie bis zu 50 cm. Petersilie schätzt nährstoffreichen, durchlässigen Boden an einem sonnigen oder halbschattigen Standort. Sie blüht im zweiten Jahr und vermehrt sich so auf natürliche Weise. Petersilie eignet sich gut als Randbepflanzung.

## Rosmarin
### Rosmarinus officinalis
Dieser mediterrane mehrjährige Strauch kann eine Wuchshöhe von 2 m erreichen. Daneben gibt es einige Zwerg- und Bodendeckerformen. Rosmarin bildet blassblaue Blüten aus und aromatische nadelartige Blätter, die frisch oder getrocknet verwendet werden können. Es ist das klassische Gewürz für Lamm, aber auch für Geflügel und anderes Fleisch. Die Zweige geben Ofengemüse ein wunderbares Aroma. Rosmarin braucht einen vollsonnigen Standort und übersteht auch längere Trockenperioden sehr gut. Er kann zu einer duftenden Hecke um ein Gemüsebeet zugeschnitten werden. Kriechende Varietäten können für eine Böschung oder einen senkrechten Wandgarten genutzt werden.

## Salbei
### Salvia officinalis
Der Echte Salbei, auch Garten-, Küchen- oder Heilsalbei genannt, bildet einen bis zu 1 m hohen Strauch mit graugrünen Blättern und zartblauen Blüten. Die Blätter werden in der Küche oft mit fettreichem Fleisch wie Ente kombiniert, aber auch für Geflügelgewürzmischungen, Eintöpfe und Suppen. Es gibt mehrere Varietäten, die über ihr besonderes Aroma hinaus auch als Zierpflanze beliebt sind – wegen ihrer attraktiven violetten, gold-grünen oder weiß-grün gescheckten Blätter. Salbei braucht viel Sonne und durchlässigen Boden. Er duldet auch längere Trockenperioden.

## Thymian
### Thymus spp.
Die vielen Varietäten dieses mediterranen Küchenkrauts reichen von kriechenden, bodendeckenden Sorten bis hin zu niedrigen, buschigen Formen mit einer Wuchshöhe von bis zu 30 cm. Die Blätter werden frisch, oft auch am Zweig oder getrocknet zum Würzen von Suppen, Eintöpfen, Geflügel, Fleisch und Fisch verwendet. Die Varietäten unterscheiden sich auch in ihrem Aroma: Manche schmecken nach Zitrone, Kümmel oder auch nach Orange. Aufgrund seines intensiven Aromas sollte Thymian mit-

gegart werden. Je nach Varietät sind die Blüten weiß, rosa oder violett. Thymian ist sehr dekorativ und eine geeignete Rand- oder Bodendeckerpflanze. Er benötigt einen sonnigen Standort und duldet längere Trockenperioden.

## Zitronengras
### Cymbopogon citatus
Diese ausdauernde, aber frostempfindliche Pflanze erinnert an Riedgras. Die langen, schmalen Blätter sind sehr scharfkantig, weshalb die Pflanze nicht unbedingt am Wegrand stehen sollte. Zitronengras wird insbesondere in der asiatischen Küche geschätzt: Ganze Stängel werden zusammengebunden und mitgegart, damit sie nach und nach ihr Zitronenaroma abgeben. Nach dem Garen werden sie entfernt. Alternativ kann man die knollenartige weiße Basis sehr fein schneiden und mitkochen.

Die ätherischen Öle des Thymians haben eine antimikrobielle Wirkung und sind heilsam bei Erkältungen und Fieber.

Rosmarin, Salbei, Zitronengras und Thymian (im Uhrzeigersinn von links oben) haben alle ein intensives Aroma. Bis auf Zitronengras stammen alle aus der Mittelmeerregion und finden dort auch regen Gebrauch in der Küche.

# Nützliche Gartengeräte und -utensilien

UNTEN: Für den Start genügt die Anschaffung weniger, ausgewählter Gartenutensilien, die dennoch qualitativ hochwertig sein sollten.

Mit dem richtigen Gerät zur Hand ist Gartenarbeit wesentlich einfacher und macht mehr Spaß, insbesondere in einem Gemüsebeet. Auf folgende Anschaffungen sollten Sie nicht verzichten:

## Geräte auswählen und nutzen

Beim Kauf von Gartengeräten sollten Sie sich von der Qualität leiten lassen und nicht vom Preis. Günstige Geräte sind meist nicht so gut verarbeitet wie Markenprodukte, die bei guter Pflege ein Leben lang halten können. Gartengeräte sollten nie draußen oder mit Erde verkrustet stehen gelassen werden. Führen Sie jährlich ein kleines Pflegeprogramm durch, bei dem Sie alle Holzteile ölen und Klingen sowie Kanten reinigen und schärfen. Entscheiden Sie sich für Geräte von Herstellern, die eine Garantie auf Material und Verarbeitung geben und gegebenenfalls Reparatur oder Austausch anbieten. Für den Anfang genügen wenige Gegenstände, die nach Bedarf um speziellere Geräte ergänzt werden.

### Spaten
Ein leichter, stabiler Spaten mit scharfer Kante ist unabdingbar zum Graben, Teilen von Pflanzenstöcken und zum Abstechen. Der Spaten sollte einen stabilen, bequemen Griff in Ihrer Handgröße haben. Bei der Pflege kommt es insbesondere darauf an, die Kante scharf zu halten.

### Schaufel
Eine Schaufel hat eine große, konkave Ladefläche, mit der größere Mengen Erde, Mulch, Kompost oder andere Materialien aufgeladen, transportiert und verteilt werden können. Wählen Sie eine Schaufelgröße, deren Lademenge Sie bequem heben können, denn Erde auf einer zu großen Schaufel kann ganz schön schwer sein.

### Gartengabel
Sie sollte stabil, aber leicht sein, damit alle Erd- und Gartenarbeiten bequem von der Hand gehen – vom Umgraben schwerer Erde über das Heben von Mulchschichten, Lüften von Kompost oder leichtem Harken von Laub, Grasabfällen und Unkraut.

### Handschaufel und -harke
Auch diese Geräte sind unverzichtbar, selbst wenn der Garten nur aus einem Topf auf dem Balkon besteht. Wählen Sie ein hochwertiges Modell, da Billiggeräte sehr schnell am Stiel brechen können.

### Gartenhacke
Die Hacke ist das praktischste, vielseitigste Gerät zum Jäten, Harken oder Hacken und leichten Graben. Eine Hacke sollte leicht und stabil sein.

### Metallrechen
Ein Rechen aus Metall ist zwar nicht unverzichtbar, kann sich aber dennoch als sehr nützlich erweisen. Die Oberseite dient z.B. zum Einebnen des Beets, die Zinken zum Rechen von Laub oder Boden.

## Gartengeräte schärfen
Gartengeräte können mit einem Wetzstein geschärft werden. Noch einfacher gelingt es aber mit einem Eimer Sand, der mit so viel Pflanzenöl gebunden wird, dass er feucht, aber nicht nass ist. Hacken Sie dann mit dem Gerät durch den Sand. So wird Schmutz entfernt, und die Kanten des Geräts werden geschärft. Das Öl schützt das Metall vor Rost, der Sand schmirgelt die Schneide ab. Gartengeräte sollten nach Gebrauch immer gereinigt und nie draußen liegen gelassen werden.

## Gartenschere

Dieses Gerät ist für den Ziergarten unerlässlich und für den Gemüsegarten nützlich. Wählen Sie ein hochwertiges, leichtgängiges Modell, das gut in der Hand liegt, um einer schnellen Ermüdung der Handmuskulatur vorzubeugen. Die Scheren sollten sich ohne großen Aufwand schärfen lassen. Mittlerweile sind auch Modelle für Linkshänder erhältlich.

## Gartenhandschuhe

Handschuhe sind eine sehr individuelle Angelegenheit. Viele Gärtner bevorzugen es, mit bloßen Händen in der Erde zu arbeiten. Aber bei Arbeiten mit Mist oder anderen tierischen Produkten, Dünger, Pflanzerde, Spritzmitteln oder anderen Chemikalien sollten Sie besser Handschuhe tragen. Je nach Modell können Gartenhandschuhe aus (beschichtetem) Stoff, Latex, Gummi oder Kunststoff bestehen; sie sollten gut passen und einen sicheren, rutschfesten Griff ermöglichen. Sie können für grobe Gartenarbeit, aber auch für feinere Arbeiten, in denen Gefühl gefordert ist, genutzt werden.

## Schubkarre

Eine gute Schubkarre ist bei sehr vielen Arbeiten im Garten hilfreich, ob zum Transport von Erde, Kompost oder Mulch, Säcken oder größeren Mengen an Gartenabfällen zum Komposthaufen. Auch eine größere Ernte lässt sich darin bequem transportieren. Wählen Sie ein leichtes, robustes Modell mit gutem Stand, das sich gut lenken und entladen lässt. Für kleine Gärten genügt ein Eimer oder ein Korb.

## Beetabdeckung

Mit einem feinen licht- und luftdurchlässigen Netz können Sie Ihre Pflanzen vor Motten und Schmetterlingen schützen, damit sie ihre Eier nicht an den Pflanzen ablegen. Die Netze können entweder direkt über die Pflanzen gelegt oder mithilfe von Stützen darübergespannt werden. Andere Abdeckungen dienen dazu, Jungpflanzen vor Kälte oder zu großer Hitze zu schützen.

## Gartenstangen

Stangen in unterschiedlicher Größe und aus verschiedenen Materialien sind nützlich, um Gemüsepflanzen aufzubinden, damit sie nicht knicken. Mit Kabelbinder oder Gartenschnur lassen sich mehrere Stangen, z. B. aus Bambus, zu einem Spalier zusammenfügen.

## Erntehilfen

Für den angenehmen Teil der Gartenarbeit sollten Sie einen breiten Korb zur Hand haben, um geerntetes Gemüse zu sammeln und zum Haus zu transportieren. Nützlich ist auch ein altes, aber scharfes Messer zum Abschneiden von Früchten.

OBEN: Bewahren Sie Gartengeräte an einem vor der Witterung geschützten, leicht zugänglichen Ort auf.

UNTEN: Kleine Erntehelfer wie ein Korb erleichtern die Gartenarbeit, und die Ernte macht noch mehr Spaß.

# Auspflanzen

Ist das Gemüsebeet angelegt und der Boden gut vorbereitet, kommt nun der schöne und lohnende Teil der Gartenarbeit: das Säen und Auspflanzen.

## Samen oder Setzlinge?

Bei der Entscheidung, ob man Gemüse aus Samen oder Jungpflanzen zieht, muss man einiges beachten.

*Verfügbarkeit* Samen, auch für die exotischsten Gemüsesorten, gibt es in Gartencentern, Baumärkten, in Katalogen oder über das Internet.

*Auswahl* Das Angebot an Setzlingen ist meist begrenzter. Viele alte Sorten oder seltene Gemüsepflanzen können nur aus Samen gezogen werden.

*Auspflanzen* Einige Gemüsesorten vertragen keinen Wurzelstress, der durch das Umpflanzen vom Anzuchttopf in den Gartenboden entsteht. Wurzelgemüse wie Möhren, Rote Bete, Steck- und Speiserüben oder Pastinaken gedeihen am besten, wenn man sie direkt ins Feld sät. Das Umpflanzen vertragen sie nicht gut.

*Kosten* Samen sind ergiebiger und deshalb auch preisgünstiger als der Kauf von Jungpflanzen.

*Zeit* Der Kauf von Setzlingen oder die Vorkultur von Jungpflanzen verschafft einen Zeitvorsprung von durchschnittlich 6 Wochen. Die Jungpflanzen sollten immer sehr vorsichtig aus dem Anzuchttopf genommen und in den Boden gepflanzt werden, um unnötigen Wurzelstress zu vermeiden.

Bis sie gut angewachsen sind, müssen Jungpflanzen vor allem bei warmem Wetter regelmäßig und ausreichend gegossen werden, damit die Erde stets feucht ist.

*Besonderes Gemüse* Einige Gemüsesorten wie Kartoffeln, Süßkartoffeln oder Topinambur werden am besten aus Mutter- oder Saatknollen gezogen. Für den Anbau von z. B. Spargel, Artischocken oder Rhabarber werden geteilte Wurzelstöcke von ein- bis zweijährigen Pflanzen verwendet.

## Aussaat

Der Boden sollte vor jeder Aussaat gut vorbereitet sein. Die meisten Samen keimen am besten in leichtem, lockerem Boden, der vorher gut umgegraben und zu einer feinen Bodengare (idealer Bodenzustand) geharkt wurde. Ziehen Sie mithilfe eines langen Stabes oder einer Schnur eine flache, gerade Furche, oder graben Sie Pflanzlöcher aus.

Größere Samen wie von Bohnen, Erbsen, Mais oder Kürbis werden am besten direkt in die Erde gesteckt. Manche Gärtner säen diese Samen auch im Horst, d. h., sie geben immer bis zu drei Samen in ein Pflanzloch, falls ein oder zwei nicht keimen. Keimt mehr als ein Samen, wird der stärkste Keimling stehen gelassen, die anderen werden entfernt.

Manchen Samen wie von Radieschen keimen sehr schnell. Die ersten zarten Keime sind schon nach 5–8 Tagen sichtbar, nach 4 Wochen sind bereits erste Pflanzen erntefähig, nach 6–8 Wochen sind sie ausgereift. Andere Samen wie Pastinaken und Petersilie brauchen länger zum Keimen.

Folgen Sie bei der Aussaat oder beim Auspflanzen immer den Angaben auf dem Samentütchen bzw. dem Etikett. Stecken Sie am Ende der Reihe immer ein Schild in den Boden, damit Sie wissen, was Sie gesät bzw. gepflanzt haben.

## Jungpflanzen setzen

Jungpflanzen werden in gut vorbereiteten Boden gesetzt und angegossen. Achten Sie darauf, dass die Erde in der folgenden Zeit immer durch Regen oder Gießen feucht bleibt. Mit einem Pflanzentonikum auf Algenbasis kann der Pflanzenstress durch das Umpflanzen gemildert werden.

Schützen Sie kleine Pflanzen vor Schnecken und Insekten, die die zarten Blätter und Triebe lieben. Auch Vögel und Nager mögen Samen und Jungpflanzen. Deshalb frisch gesäte oder bepflanzte Beete mit einem Vlies oder einer Haube schützen.

OBEN: Selbst gesammelte Samen gut trocknen und in beschriftete Papiertütchen abfüllen – so können sie im nächsten Jahr wieder ausgebracht werden.

## Samen sammeln

Viele Gemüsesorten sind selbstvermehrend. Wenn Sie Gemüse in einem informellen Garten oder nach den Prinzipien der Permakultur anbauen, können Sie bis zu einem bestimmten Grad die Pflanzen ihren Standort selbst wählen lassen. Wollen Sie mehr Ordnung, ernten Sie die Samen, und lagern Sie sie bis zum nächsten Jahr dunkel und trocken. Sie können die Samen auch, kurz bevor sie von den Blüten fallen, sammeln und am gewünschten Ort aussäen.

## Wässerung

Pflanzen müssen regelmäßig gegossen werden, je nach Witterung, Klima und Zustand der Pflanzen. Es ist besser, die Pflanzen ein- bis zweimal wöchentlich ordentlich zu wässern als jeden Tag ein bisschen. Blattgemüse hat einen höheren Wasserbedarf als Gemüse mit Speicherknollen. Deshalb sollte der Boden nie trocken aussehen.

## Mulchen

Ein Gemüsebeet sollte immer frei von Unkraut sein, denn das Unkraut tritt mit dem Gemüse in Konkurrenz um Platz, Wasser, Licht und Nährstoffe. Entweder Sie jäten regelmäßig, oder Sie legen eine dünne Mulchschicht aus Stroh, Luzernen oder Heu auf. Frisch eingesäte Beete sollten erst gemulcht werden, wenn die Keimlinge 5 cm hoch sind. Je größer die Pflanzen, desto mehr Mulch kann man auftragen.

*Die Leidenschaft fürs Gärtnern ist ein Keim, der, ist er einmal gelegt, nie abstirbt.*

GERTRUDE JEKYLL,
ENGLISCHE GARTENARCHITEKTIN

OBEN: Strohmulch sorgt in diesem Beet mit jungen Setzlingen dafür, dass die Erde feucht bleibt und weniger Unkraut wächst.

*Gewusst wie*

## Tomatensamen trocknen

Tomatensamen sind von einer gallertartigen Schicht umgeben, die vor dem Trocknen durch Fermentierung entfernt werden muss.

Tomatenkerne in Wasser einweichen und einige Tage stehen lassen, bis sie nach unten sinken. Wasser durch ein feines Sieb abgießen. Samen unter fließendem Wasser abwaschen. Vollständig trocknen lassen. In einem luftdichten Behälter dunkel und kühl lagern.

# Kompost, Mulch und Dünger

Organisches Material in Form von Kompost und gut verrottetem Mist verbessert die Qualität von Ton-, Sand- oder Lehmboden deutlich.

## Kompost

Mit einem eigenen Komposthaufen können Garten- und Küchenabfälle wiederverwertet werden, statt im Hausmüll zu landen. In Gartencentern und Baumärkten sind Kompostbehälter oder Sets aus Kunststoff oder anderen Materialien erhältlich. Sie können aber auch selbst einen 1 m² großen Rahmen aus Holz, Metall oder Strohballen bauen. Für einen offenen Komposthaufen als Boden ein stabiles Drahtgitter verwenden, um Ungeziefer wie Wühlmäuse fernzuhalten. Dann rohe Küchenabfälle und Gartenschnitt mit Stroh, trockenem Laub, geschreddertem Papier und Gartenerde hineingeben. Zur Beschleunigung der Kompostierung gibt es Kompostwürmer oder ein Beschleuniger-Pulver.

UNTEN: Wenn Sie genügend Platz haben, bauen Sie Ihren eigenen Komposthaufen aus Holz, der möglichst nahe am Gemüsebeet stehen sollte. Sie können den Haufen abdecken, damit das Material möglichst feucht bleibt, aber nicht zu viel Regen eindringt.

Der Schlüssel für guten Kompost ist die richtige Balance zwischen frischem, feuchtem Material (grün) und Trockenmaterial (braun). Wichtig ist auch, dass der Haufen bei heißem Wetter ausreichend feucht bleibt und regelmäßig umgesetzt wird. Wird der Gartenboden vor einer Pflanzung mit Kompost umgegraben, muss in der Folge kein tierischer Mist eingearbeitet werden. Man kann aber Mist als Mulchschicht auf dem Boden verteilen.

Wurmfarmen bzw. -kisten sind eine andere Möglichkeit, um Küchenabfälle zu recyceln. Die Kompostwürmer verarbeiten in einem Behälter Küchenabfälle zu „Wurmtee", der mit Wasser verdünnt als Dünger verwendet wird. Das entstehende feste Material, der „Wurmkompost", kann direkt auf dem Boden ausgebracht werden.

Halten Sie Hühner, füttern Sie sie mit rohen Küchenabfällen wie Gemüse- und Obstschalen, und verwenden Sie den gut verrotteten und mit Stroh gemischten Mist für Ihren Komposthaufen.

### Für den Kompost geeignet

* samenloses Unkraut und Pflanzen
* Kaffee- und Teesatz
* Eierschalen
* Rasenschnitt
* Mist
* geschreddertes Papier und Pappe
* Stroh und Heu
* Pferdemist
* Blumenerde
* rohe Küchenabfälle, Obst- und Gemüseschalen
* welke oder vertrocknete Blumen
* gehäckselter Baumschnitt und Grünschnitt

### Nicht für den Kompost geeignet

* beschichtetes Papier
* Reinigungs- und chemische Mittel
* krankes Pflanzenmaterial
* mehrjährige Unkrautpflanzen
* gegarte Küchenabfälle (locken Schädlinge an)
* nicht geschreddertes dickes Papier oder Pappe

OBEN: Hühnermist ist alkalisch und sollte vor Verwendung immer gut verrottet sein. Aufgrund seines strengen Geruchs ist er nicht für kleine Stadtgärten oder Balkone geeignet.

### Pflanzentonikum

Ein Pflanzentonikum ist kein Pflanzendünger. Ein Tonikum wirkt sich positiv auf Pflanzenwachstum und -gesundheit aus, insbesondere in der frühen Phase nach dem Umpflanzen. Ein Tonikum wird oft auf Algenbasis hergestellt und hilft den Pflanzen, gesunde Wurzeln zu entwickeln und Wurzelstress besser zu verarbeiten. Es stärkt die Widerstandskraft gegen Schädlinge und Krankheiten, verbessert Blüte und Fruchtansatz und kräftigt bei Trockenheit und Kälte.

## Gründüngung

Gründüngung ist eine einfache Maßnahme zur Verbesserung der Bodenqualität. Säen Sie verschiedene Leguminosen wie Dicke Bohnen, Klee, Roggen und Gras, und graben Sie die Pflanzen, wenn sie zu blühen beginnen, in den Boden ein. Ihre Wurzeln binden die Mineralien aus den tieferen Bodenschichten und führen sie nach oben, außerdem binden sie Stickstoff. So wird der Boden für die Folgesaat mit Stickstoff angereichert. Gründüngung sollte mindestens 4 Wochen vor der nächsten Aussaat in das Beet eingearbeitet werden. Gegebenenfalls muss das Beet vor dem Auspflanzen bzw. Aussäen nochmals umgegraben werden, damit das Material schneller verrottet. Gründüngung bedeckt auch in den Wintermonaten den Boden und verhindert so Unkrautwachstum und schützt den Boden.

## Mulch

Eine Mulchschicht hält Unkraut in Schach. Zudem isoliert sie den Boden, sodass die Pflanzenwurzeln sich nicht zu stark aufheizen und nützliche Bodenbakterien nicht absterben. Mulch hält den Boden feucht, sodass man auch bei heißem Wetter weniger wässern muss. Verwenden Sie immer organischen Mulch, der gleichzeitig die Bodenqualität verbessert. Sie können Ihren Kompost sieben und die groben Bestandteile als Mulch verwenden, oder Sie greifen zu Stroh, Luzernen oder Mist.

## Dünger

Soll der Garten reiche Ernte bringen, müssen die Pflanzen, insbesondere Starkzehrer, regelmäßig gedüngt werden. Man unterscheidet grob zwischen organischem und mineralischem Dünger.

Organische Dünger werden aus natürlichen Materialien wie Mist oder tierischen Abfallprodukten hergestellt. Sie liefern Nährstoffe und verbessern die Bodenqualität. Mineralische Dünger enthalten verschiedene Mineralien und Spurenelemente, verbessern aber nicht die Bodenstruktur.

Dünger sind entweder flüssig bzw. wasserlöslich oder fest. Lösliche Produkte sollten möglichst alle 2–3 Wochen angewendet werden. Feste, meist gekörnte Dünger haben eine Langzeitwirkung und brauchen nur alle paar Monate ausgebracht werden, da sie die Nährstoffe nach und nach abgeben.

OBEN: Diese Gründüngung besteht aus einer Mischung aus Gräsern und Leguminosen.

LINKS: Organischer Mulch hält den Boden kühl und feucht, sodass er nicht so schnell austrocknet. Unter diesen Bedingungen fühlen sich nützliche Mikroorganismen wohl.

### Lebendiger Boden

Gute Erde enthält viele Mikroorganismen wie Pilze, Bakterien sowie Protozoen und nützliche Tiere, beispielsweise Regenwürmer. Sie übernehmen wichtige Funktionen: Sie verbessern die Bodenstruktur sowie die Wasser- und Nährstoffspeicherfähigkeit; sie helfen, organisches Material in seine Bestandteile zu zersetzen, die wiederum den Pflanzen als Mineralien zur Verfügung stehen und für optimales Wachstum sorgen. Die Beigabe von organischen Substanzen in den Boden und organischer Mulch nähren und schützen diese Organismen.

# Pflanzengesundheit

Die Freude an der Gartenarbeit kann durch Schädlinge und Krankheiten erheblich getrübt werden. Deshalb sollten Sie dafür sorgen, dass sich Ihre Pflanzen kräftig und gesund entwickeln, um weniger anfällig zu sein.

Marienkäfer, vor allem ihre Larven, betätigten sich im Gemüsebeet als natürliche Schädlingsbekämpfer.

## Vorbeugen ist besser als heilen

Vorbeugen ist die beste Maßnahme gegen Schädlinge und Krankheiten im Gemüsegarten. Das gelingt am einfachsten, wenn man dafür sorgt, dass die Pflanzen kräftig und gesund sind. Fruchtfolge und Mischkultur sind dabei wesentliche Bestandteile. Auch durch Hitze, Trockenheit, Staunässe, Nährstoffmangel oder Wachstumskonkurrenz gestresste Pflanzen sind wesentlich anfälliger für Schädlinge und Krankheiten als Pflanzen, denen dieser Stress erspart bleibt.

## Schädlinge – für den Ernstfall

Der erste Schritt ist, den Schädling eindeutig zu identifizieren. Wenn Sie unsicher sind, zeigen Sie ein Exemplar oder befallene Pflanzenteile einem Gärtner. Dann müssen Sie herausfinden, ob und wie Sie etwas gegen den Schädling unternehmen müssen. Können beispielsweise natürliche Feinde wie Vögel oder andere Tiere das Problem in den Griff bekommen? Falls ja, wie lange wird das dauern? Wenn Sie eingreifen müssen, verwenden Sie ein Mittel, das in der Umgebung den geringsten Schaden anrichtet.

### Pflanzenspray auf Ölbasis

Ölsprays wirken gut als Pestizid gegen eine Reihe von Schadinsekten wie Blattläuse, Rübenfliegen, Zikaden, Schmierläuse, Milben, Schildläuse oder Weiße Fliegen. Das Öl legt sich auf die Insekten und erstickt sie. Die Sprays sind also nur wirksam, wenn

## DIE WICHTIGSTEN SCHADINSEKTEN

| SCHÄDLING | NATÜRLICHE FEINDE | MECHANISCHE MITTEL | ORGANISCHE MITTEL |
|---|---|---|---|
| BLATTLÄUSE | Marienkäfer, Schwebfliegen, Florfliegen, Wegwespen, Libellen, kleine Vögel, Fledermäuse | mit Wasser abspritzen | Insektensprays, Spray auf Ölbasis, Seifenwasser, Bertramwurzelspray |
| KÄFER | Hühner, Enten | mit Handsauger absaugen, in einen Eimer mit Seifenwasser abschütteln | Seifenspray, Kieselgur (Gartenqualität) |
| SCHMETTERLINGSRAUPEN | Vögel | von Hand abpflücken | Bioinsektizide |
| ERDRAUPEN, OHRWÜRMER, ASSELN, TAUSENDFÜSSER | Hühner, Enten | Barrieren wie Plastikbecher oder Flaschen mit ausgeschnittenem Boden, Insektenfallen | Kieselgur (Gartenqualität) |
| MILBEN | Milbenjäger, Schwebfliegen, Marienkäfer, Florfliegen | Blattunterseite absprühen | Seifensprays, Sprays auf Ölbasis, Schwefelsprays |
| SCHNECKEN | Enten, Eidechsen | von Hand einsammeln, Barriere aus Asche, zerdrückten Eierschalen oder Muschelkies, Kupferbandbarriere, Bierfallen | Kupfersprays, Schneckenkorn auf Eisenbasis |
| WEISSE FLIEGE | Marienkäfer, Schwebfliegen, Florfliegen | Gelbsticker | Insektensprays, Sprays auf Ölbasis, Seifensprays |

Sie die Schädlinge direkt ins Visier nehmen können. Verwenden Sie Sprays auf der Basis von pflanzlichen und nicht von mineralischen Ölen.

### Selbst hergestelltes Pflanzenöl:

60 ml Spülmittel mit 250 ml Pflanzenöl in ein Schraubglas füllen. Zuschrauben und gut schütteln. Glas etikettieren; das Öl hält sich einige Monate.

Für 1 Anwendung 2 Esslöffel Emulsion mit 1 Liter Wasser verdünnen und nach Bedarf aufsprühen.

Ölsprays können an sensiblen Pflanzenteilen zu Verbrennungen führen. Zum Test besprühen Sie einen kleinen Teil der Pflanze und warten 2–3 Tage. Ölsprays dürfen nicht bei Farnen oder Palmgewächsen oder bei Temperaturen über 29 °C im Schatten angewendet werden, ebenso nicht nach der Anwendung eines Spritzmittels auf Schwefelbasis.

## Knoblauch-Insektenspray

Ein Knoblauchspray vertreibt viele Schadinsekten, z. B. Blattläuse.

### Selbst hergestelltes Spray:

3 Knoblauchzehen zerdrücken und in 1 Esslöffel Pflanzenöl in einem Schraubglas bis zu 1 Woche ziehen lassen. Das Öl durch ein Sieb passieren und mit 1 l Wasser und 1 Teelöffel Spülmittel verdünnen. Die Pflanzen regelmäßig damit besprühen.

Auf dieselbe Art können Sie ein Öl mit Chili oder Meerrettich ansetzen.

## Krankheiten – für den Ernstfall

Auch hier gilt es zunächst, die Krankheit, die die Pflanze befallen hat, eindeutig zu identifizieren. Daraufhin müssen Sie entscheiden, ob Sie eingreifen müssen oder nicht.

## Milchspray

Milchspray ist ein effektives Mittel gegen Echten Mehltau. Allerdings muss es wöchentlich angewendet werden, weil es durch Regen oder beim Gießen abgewaschen wird.

### Selbst hergestelltes Milchspray:

1 Teil Vollmilch mit 10 Teilen Wasser verdünnen. Die befallenen Pflanzen morgens besprühen, damit sich der Pilz nicht weiter ausbreitet.

## Unkraut

Wenn sich Unkraut im Gemüsebeet breitmacht, ist Jäten von Hand die effektivste Gegenmaßnahme. Wenn das Unkraut vollständig herausgerissen ist, sollte der Bereich gut gemulcht werden, damit das Unkraut keine Chance zum Nachwachsen hat. Auf Wegen und unter Obstbäumen können Mulchde-

cken aufgelegt werden: Zunächst das Unkraut mähen oder zertrampeln. Dann mit einem organischen Dünger düngen und gut wässern. Darauf eine mindestens 5–15 mm dicke, sich überlappende Schicht aus Zeitungspapier oder Pappe (kein beschichtetes Papier) legen. Zum Schluss mit einer dicken unkrautfreien Mulchschicht abdecken.

OBEN: Selbst hergestellte organische Insektensprays sind wirkungsvoll und günstig.

## DIE HÄUFIGSTEN KRANKHEITEN

| KRANKHEIT | EINFACHE MASSNAHMEN | ORGANISCHE SPRAYS |
|---|---|---|
| FLECKEN AUF ERBSEN- UND BOHNENBLÄTTERN | Luftzirkulation verbessern, nur von unten gießen | organische Fungizide, Milchspray |
| ECHTER MEHLTAU | Luftzirkulation verbessern, nur von unten gießen, befallene Blätter entfernen | organische Fungizide, Milchspray |
| TOMATEN-KRANKHEITEN WIE WELKE ODER TABAKMOSAIKVIRUS | Geeignete Fruchtfolge im Beet einführen | organische Fungizide Milchspray |

# GESUND UND SCHÖN

*Gemüse ist nicht nur gesund, sondern macht auch schön.*
*Auf den folgenden Seiten erfahren Sie mehr darüber,*
*wie Sie aus Gemüse Tees, Masken und andere Pflegemittel herstellen*
*können, die Sie toll aussehen lassen.*

# Gesundheit und Schönheit

Frisches Gemüse ist fester Bestandteil einer gesunden, ausgewogenen Ernährung. Neben Vitaminen und Mineralstoffen sind es besonders die sekundären Pflanzenstoffe, die von Ernährungsfachleuten für die gesundheitsförderlichen Eigenschaften verantwortlich gemacht werden. Im Folgenden erfahren Sie mehr darüber.

## Gesundbrunnen Natur

Obst und Gemüse sind mehr als einfache Nahrungsmittel. Sie stecken voller Vitalstoffe, die der Körper braucht, um gesund und in Form zu bleiben. Die traditionelle Volks- und Pflanzenheilkunde weiß schon seit Jahrhunderten darum, und so entwickelten sich viele bewährte Anwendungen, bei denen verschiedenste Beschwerden mit der Heilkraft der Pflanzen behandelt und geheilt werden konnten. Doch erst vor relativ kurzer Zeit begann auch die Wissenschaft damit, die in Pflanzen aktiven Stoffe zu erforschen und ihre Wirkweisen zu ergründen.

Zunächst wurden die Vitamine entdeckt. Wissenschaftler erkannten, wie wichtig sie für alle Körperfunktionen sind. Nach langen Jahren der Forschung sind mittlerweile auch Hunderte von sekundären Pflanzenstoffen identifiziert, die aktiv an Körperprozessen beteiligt sind, von der Abwehr von Krebszellen bis hin zur Stimmungsaufhellung.

In diesem Kapitel stellen wir Ihnen Gemüse vor, mit dem Sie Ihr Risiko für Herzerkrankungen und Krebs senken können und das als natürliche Medizin gegen zahlreiche Beschwerden wie Erkältungen, Kopfschmerzen und Schlafprobleme wirkt. Ebenso zeigen wir Ihnen, wie Sie mit Gemüse auch Haut und Haar pflegen können.

## Gemüse und Gesundheit

Wenn es darum geht, gesund und fit zu bleiben, geht nichts über die erstaunliche Kraft von Gemüse. Der farbenfrohe, leckere Reichtum auf Wochenmärkten, in Supermärkten oder aus dem eigenen Garten liefert unzählige Nährstoffe, die nicht nur gut schmecken, sondern auch medizinisch erwiesene gesundheitliche Vorteile bringen.

Beginnen Sie Ihren Tag doch mal mit einem Frühstück aus Rührei mit Paprika, Zwiebeln und Spinat und gönnen Sie sich zu Mittag einen frischen Salat oder ein Gemüsesandwich. Ein kleiner Nachmittagssnack aus knackiger Rohkost hält Sie bis zum Abendessen am Laufen, und eine große Portion buntes, saftiges Gemüse – von Spargel, Süßkartoffeln aus dem Ofen über ein Chili aus dreierlei Bohnen bis hin zu frischem Mais, Kürbis oder einer Gemüsesuppe – rundet den Tag ab.

Medizinische und Heilkräutertees sollten in Gefäßen aus Glas oder Keramik und nicht aus Metall zubereitet werden, da Metalle Rückstände im Tee hinterlassen können.

## Gemüsereiche Ernährung und ihre Vorteile

Gemüse liefert nicht nur viele Vitamine, Mineralien und Spurenelemente, sondern ist auch eine ausgezeichnete Quelle für Ballaststoffe und wertvolle Antioxidantien. Hier einige positive Auswirkungen:

**Bessere Laune** Bei einer Studie des britischen Dartmouth College wurden 80 000 Personen zu ihrer Ernährung und ihrer psychisch-emotionalen Verfassung befragt. Es ergab sich für die Wissenschaftler ein erstaunlicher Zusammenhang: Personen, die täglich sieben Portionen Gemüse aßen, waren glücklicher als Personen, die weniger Gemüse zu sich nahmen. Französische Forscher bestätigten einen ähnlichen Zusammenhang zwischen Ernährung und guter Laune. Ein Grund liegt vermutlich darin, dass Gemüse reich an Antioxidantien ist, die entzündliche Prozesse hemmen, welche wiederum einen negativen Einfluss auf die Gemütsverfassung haben können.

**Geringeres Risiko für Herzerkrankungen und Schlaganfälle** In zwei groß angelegten Studien mit über 100 000 Frauen und Männern konnten Forscher der Harvard School of Public Health nachweisen, dass Personen, die acht oder mehr Portionen Gemüse täglich zu sich nahmen, ein bis zu 30 % geringeres Risiko für Herzerkrankungen und Schlaganfälle hatten als Personen, die weniger als zwei Portionen täglich aßen. Dabei kommt es nicht auf die Gemüseart an, aber grünes Blattgemüse wie Spinat, Mangold, Blatt- und Schnittsalate sowie Kohlsorten wie Brokkoli, Blumenkohl und Kopfkohl scheinen die beste Schutzwirkung zu haben.

**Bessere Blutdruckwerte** Gemüse enthält reichlich Kalium, Magnesium und Kalzium – drei Mineralien, die der Körper zur Regulierung des Blutdrucks braucht. Es ist deshalb nicht überraschend, dass eine der wirksamsten Maßnahmen zur Blutdrucksenkung, die DASH-Diät *(Dietary Approaches to Stop Hypertension)*, auf reichlich Gemüse basiert. Eine gute Versorgung mit Kalzium kann auch eine zu salzreiche Kost ausgleichen, die ebenfalls für Bluthochdruck verantwortlich gemacht wird.

**Schutz vor Diabetes Typ 2** Eine Studie der englischen Universität von Leicester hat die Gesundheit und Essgewohnheiten von 22 000 Personen untersucht. Personen, die täglich eineinhalb Portionen grünes Blattgemüse verzehrten, hatten ein um 14 % geringeres Risiko für Diabetes als Personen, die weniger grünes Gemüse aßen. Kein anderes Gemüse hat diese Wirkung, wenngleich eine gemüsereiche Ernährung generell dabei hilft, den Blutzuckerspiegel zu regulieren.

**Unterstützung gegen Krebs** Studien des World Cancer Research Fund und des American Institute for Cancer Research legen nahe, dass eine Ernährung mit täglich viel Blattgemüse, Kohl, Zwiebeln, Knoblauch, Paprika, Tomaten und anderen stärkefreien Gemüsesorten vermutlich vor Tumoren in Mund, Rachen, Kehlkopf, Speiseröhre und Magen schützt.

**Gutes Sehvermögen** Mit Mais, Grünkohl, Kürbis, Spinat und anderen dunkelgrünen, gelben oder orangefarbenen Gemüsesorten behalten Sie den Durchblick, denn sie enthalten zwei Antioxidantien – Lutein und Zeaxanthin –, die im Auge eingelagert werden und freie Radikale binden. Dadurch wird die Sehkraft geschützt, die Entwicklung von Grauem Star gehemmt, der die Linse eintrübt, und altersbedingter Makuladegeneration, die die Netzhaut schädigt, vorgebeugt.

**Gewichtskontrolle** Die meisten Gemüsesorten sind reich an gesunden Ballaststoffen und kalorienarm: die ideale Wahl also, wenn Sie abnehmen wollen, nach einer erfolgreichen Diät Ihr Gewicht halten möchten oder das Ziel haben, schlank zu bleiben. Die meisten Gemüsesorten haben einen hohen Gehalt an Ballaststoffen und Wasser bei gleichzeitig wenig Kalorien. Untersuchungen an der Pennsylvania State University ergaben, dass diese Kombination relativ schnell sättigt und so verhindert, zu viel zu essen. Verzehren Sie Gemüse also am besten als Vorspeise in Form eines Salates oder einer Gemüsesuppe. Freiwillige bestätigten in mehreren Studien, dass man dann vom reichhaltigen Hauptgang meist kleinere Portionen isst und automatisch seltener zu Zwischenmahlzeiten greift.

UNTEN: Viele Haus- und Schönheitsmittel auf Pflanzenbasis haben sich schon lange bewährt, wie (vorn von links) die Avocado-Oliven-Feuchtigkeitscreme, eine erfrischende Möhrenmaske, Tomatengesichtswasser, eine Reinigungsmilch mit Fenchel und Buttermilch, Gurkenreiniger, Gurken-Zitronen-Shampoo oder Löwenzahntee. Wirksam sind auch (von hinten von links) Lavendelöl und ein Polenta-Peeling mit Lavendel.

*Guter Tipp*

## Vorsicht – wenn Gemüse schadet

Menschen, die an bestimmten Erkrankungen leiden oder regelmäßig Medikamente einnehmen, müssen bei manchen Gemüsesorten vorsichtig sein, da deren Inhaltsstoffe ihren Gesundheitszustand verschlechtern oder die Wirkweise der Medikamente negativ beeinflussen. Dazu gehören zum Beispiel:

**Blattgemüse und Blutverdünner** Bei der Einnahme von blutverdünnenden Medikamenten mit dem Wirkstoff Phenprocoumon (Macumar®) muss besonders auf die Zufuhr von Vitamin K geachtet werden. Eine plötzliche Erhöhung der Vitamin-K-Mengen kann die Wirkung des Medikaments schmälern. Deshalb sollte das Medikament nicht zusammen mit frischem Gemüse, das größere Mengen Vitamin K enthält (Spinat, verschiedene Kohlsorten), eingenommen werden, weil dadurch die blutgerinnungshemmende Wirkung reduziert wird.

**Oxalsäurehaltiges Gemüse und Nierensteine** Bei einer von fünf Personen, die Kalziumoxalat-Nierensteine (die häufigste Form) bilden, werden erhöhte Mengen an Oxalsäure im Urin nachgewiesen. Wenn Sie also unter Nierenproblemen leiden, sollten Sie den Verzehr von stark oxalsäurehaltigem Gemüse wie Rhabarber, Spinat, Rote Bete und Rote-Bete-Blättern stark einschränken.

# Alte Rezepturen, moderne Medizin

Bevor es moderne Medikamente gab, wurden Krankheiten und Beschwerden mit Pflanzen kuriert. Rund um den Globus dienten Tausende von Jahren Pflanzen und damit auch Gemüse als Grundlage für Heilmittel. In der traditionellen chinesischen Medizin beispielsweise wird Kürbis zur Regulierung der Magen- und Milzfunktion verwendet. In der ayurvedischen Medizin Indiens gelten Tomaten als blutreinigend und appetitanregend. In den südamerikanischen Anden werden Wurzelknollen wie Olluco eingesetzt, um Wehen zu erleichtern, in Europa empfehlen Hebammen und Pflanzenheilkundler stillenden Frauen Fenchelsamen zur Anregung der Milchbildung. In vielen Regionen der Welt sind Zwiebel und Knoblauch bewährte Mittel bei diversen Beschwerden, von Erkältungen über Verdauungsproblemen bis hin zu Pilzinfektionen.

Auch heute verbinden viele Gemüse mit Gesundheit. So wirkt eine herzhafte Gemüsesuppe nach einer Infektion wahre Wunder. Auf den folgenden Seiten stellen wir alte Hausmittel vor – vom Zwiebel-Honig-Sirup gegen Husten bis zum Kartoffelumschlag bei Prellungen und Halsschmerzen.

Je intensiver sich auch die Wissenschaft mit den gesundheitsförderlichen Inhaltsstoffen von frischem Gemüse beschäftigt, desto mehr Aktivstoffe werden entdeckt, die eine potenzielle Wirkung auch bei schweren Erkrankungen haben. In den USA beispielsweise beschäftigen sich Wissenschaftler intensiv mit einer in Brokkoli und Rosenkohl vorhandenen Substanz. In Labortests wurde entdeckt, dass der in Brokkoli, Rosenkohl und anderen Kreuzblütlern vorkommende Inhaltsstoff Sulforaphan die Ausbreitung von Krebszellen verhindern könnte, vor allem bei Krebserkrankungen der Prostata, der Brust oder des Darms.

In einer Studie von 2011 wurde festgestellt, dass Lycopin, ein in Tomaten vorkommendes Antioxidans, Körperzellen vor Schäden schützen kann, die zu Tumoren führen können. Capsaicin, der Stoff, der Chili so scharf macht, wird heute in Salben und Wärmepflastern verwendet, die bei Gelenk- und Muskelschmerzen Linderung verschaffen.

*Gemüse versus Tabletten?* Diese Forschungsergebnisse bedeuten jedoch nicht, dass Gemüse bald durch Pillen ersetzt werden kann. In vielen Fällen konnte nachgewiesen werden, dass die positive gesundheitliche Wirkung durch den Verzehr von Gemüse nicht durch einen hochdosierten Einzelwirkstoff in Pillenform erreicht werden kann.

Beta-Carotin z. B. ist ein zellschützendes Antioxidans in Möhren, Kürbis und anderem gelben oder orangefarbenen Gemüse. In Studien konnte seine antikarzinogene Wirkung belegt werden. Als die Forscher jedoch Rauchern künstliches Beta-Carotin in Tablettenform verabreichten, erhöhte sich das Krebsrisiko anstatt zu sinken. Die positive Wirkung entfaltet Beta-Carotin nur in seiner natürlich vorkommenden Form.

Ebenso Lycopin: Es kann das Risiko für bestimmte Krebsarten reduzieren. Die Forschung glaubt aber, dass es nur im Zusammenspiel mit anderen Inhaltsstoffen in der Tomate wirksam ist. In einer Laborstudie wurde nachgewiesen, dass an Mäuse verfüttertes Tomatenpulver das Krebsrisiko der Tiere senkte, isoliertes Lycopin als Nahrungsergänzung jedoch nicht. Unterm Strich gilt somit: Es gibt keinen Ersatz für frisches Gemüse!

## Ausreichend Gemüse?

In der westlichen Welt besteht die tägliche Nahrung aus drei oder weniger Portionen Obst und Gemüse, in Europa durchschnittlich 220 g täglich. Das ist nicht schlecht, aber die Weltgesundheitsorganisation empfiehlt mehr als 400 g Obst und Gemüse pro Tag.

Wie lässt sich also mehr Gemüse in den täglichen Speiseplan integrieren? Servieren Sie vor dem Mittag- und Abendessen einen kleinen Salat und gönnen Sie sich zu jeder Mahlzeit die doppelte Gemüseportion. Sie können zusätzliches Gemüse in Wraps, Brötchen und Sandwiches packen oder in Suppen, Eintopfgerichte, Saucen und Schmorgerichte schneiden. Als Zwischenmahlzeit schmeckt Rohkost mit Dip, wie Möhren mit Erdnusscreme oder Paprika und Zucchini mit Hummus.

Wenn Ihnen manche Gemüsesorten zu bitter sind, gehören Sie vielleicht zu den „Supertastern". Sie reagieren dank einer Genvariante besonders empfindlich auf Bitterstoffe. Durch Grillen oder Braten im Ofen wird Gemüse süßer. Garen Sie Kohlgewächse in Gemüsesaft, mischen Sie bitteres Gemüse mit süßlichem oder eher geschmacksneutralem Gemüse, z. B. Steckrüben oder Kohlrabi mit süßlichen Erbsen oder Mais.

Bauen Sie Gemüse in unterschiedlichen Farben in Ihren Speiseplan ein. Flavonoide, die zu den sekundären Pflanzenstoffen gehören und u. a. für die Farbe des Gemüses verantwortlich sind, wirken sich auch positiv auf Gesundheit und Aussehen aus.

---

*Guter Tipp*

### So essen Sie mehr Gemüse

❋ Rühren Sie gegartes püriertes Gemüse wie Möhren, Paprika, Zucchini oder Aubergine in Saucen, Schmorgerichte und Aufläufe.

❋ Geben Sie Erbsen, Mais und gewürfelte Möhren zu Suppen.

❋ Bereiten Sie Ihre Lasagne mit Spinat zu.

❋ Garnieren Sie belegte Brötchen mit Zwiebelwürfeln und Tomaten.

❋ Belegen Sie Pizzen mit gehacktem Gemüse wie Pilzen, gegrillter Paprika, dünnen Kürbis-, Zucchini- oder Auberginenscheiben.

❋ Mischen Sie gehackten Spinat oder Pilze unter ein Rührei.

❋ Rösten Sie eingeweichte Kichererbsen oder rote Kidneybohnen, bis sie knusprig sind, und knabbern Sie sie statt Nüssen.

❋ Mischen Sie Möhren- und Zucchiniraspel unter Burger, Frikadellen oder Hackfleischsaucen.

❋ Kombinieren Sie mindestens zwei Gemüsesorten mit Ihrem Sandwich, z. B. gehackter Bleichsellerie und Petersilie mit Hühnchen oder Rote-Bete-Scheiben und Spinat mit kaltem Braten.

❋ Statt mit Brotfladen können Sie Wraps oder Frühlingsrollen mit Eisbergblättern zubereiten.

❋ Mischen Sie geriebenen Kürbis, Möhren oder Zucchini in einen Nusskuchen.

❋ Bereiten Sie Ihre eigenen Dips aus püriertem gegrilltem Gemüse zu und verfeinern Sie sie mit Kräutern, Gewürzen und fettarmem Joghurt.

# Wissenschaft konkret

## Gemüse, das Krankheiten vorbeugt

Wissenschaftliche Untersuchungen haben gezeigt, dass bestimmte Gemüsesorten mehr gesundheitsförderliche Vitalstoffe enthalten als andere. Deshalb ist es nur sinnvoll, diese „Superfoods" vermehrt in den Speiseplan einzubauen:

## Grünes Blattgemüse

*Vorteile*  Täglicher Verzehr hilft, Diabetes Typ 2 vorzubeugen, und kann das Risiko für Herzerkrankungen senken und möglicherweise auch für Krebs.

*Wirkung verstärken*  Bereiten Sie grünes Blattgemüse mit etwas Fett (Oliven- oder Rapsöl), gehackten Nüssen oder Avocado zu, um die Aufnahme der Inhaltsstoffe zu verbessern.

*Wissenschaft konkret*  Der tägliche Verzehr von grünem Blattgemüse – ob als knackiger Salat, als Pfannengemüse, als Beilage (z.B. gedünsteter Spinat oder asiatisches Blattgemüse) oder Grünkohl oder in Form von Brunnenkresse in Suppen, Eintöpfen oder Schmorgerichten – kann das Risiko für Diabetes Typ 2 um 14 % senken. Keine andere Gemüsegruppe hält den Blutzuckerspiegel besser im gesunden Bereich als grünes Blattgemüse – so die Ergebnisse der Diabetesforscher an der Universität Leicester.

Was ist so besonders an grünem Blattgemüse? Diese vielseitigen Gemüsesorten enthalten Beta-Carotin, Vitamin C und Polyphenole, die alle antioxidativ wirken, die Abwehrkraft des Körpers stärken und Diabetes vorbeugen können. Blattgemüse liefert auch größere Mengen Magnesium, das

für die Regulierung des Blutzuckerspiegels benötigt wird. Erstaunlicherweise finden sich in Blattgemüse – wenn auch in geringen Mengen – gute Fette, die die Aufnahme des Blutzucker regulierenden Hormons Insulin in die Zellen erleichtert. Aber das ist nicht alles. Grünes Blattgemüse kann die Gewichtsregulierung unterstützen, da es oft weniger als 20 kcal pro 100 g enthält.

Blattgemüse ist gut für den ganzen Körper. Mit jeder zusätzlichen Portion können Sie Ihr Risiko für Herzerkrankungen um bis zu 23 % senken, sagen Wissenschaftler der Harvard School of Public Health. Warum? Neben den oben genannten Vorteilen liefert Blattgemüse Vitamin C und Ballaststoffe, die regulierend auf den Cholesterinspiegel und das Körpergewicht einwirken. Die enthaltenen sekundären Pflanzenstoffe senken möglicherweise das Risiko für Tumore im Mund-, Rachen-, Kehlkopf- und Magenbereich, so das American Institute for Cancer Research.

## Kürbis

*Vorteile*  Kann das Risiko für Krebs, Herzerkrankungen und Diabetes senken und stärkt die Sehkraft.

*Wirkung verstärken*  Nur 1 Teelöffel (3–5 g) Pflanzenöl zu Ihrer Kürbismahlzeit hilft Ihrem Körper, das Beta-Carotin im Kürbis besser aufzunehmen.

*Wissenschaft konkret*  Schmackhafter Kürbis enthält große Mengen an Vitamin C und ist eine Quelle für Alpha- sowie Beta-Carotin. Diese Pflanzenstoffe können vor Krebs schützen und u.a. das Risiko für Herzerkrankungen, Diabetes, und Augenprobleme senken. Der Körper setzt Carotinoide als Antioxidantien ein, die freie Radikale (zellschädigende Sauerstoffmoleküle) binden, und wandelt sie in Vitamin A um, das das Immunsystem stärkt.

Eine Beta-Carotin-reiche Ernährung wird mit einem verringerten Krebsrisiko in Verbindung gebracht. Entscheidend ist, dass diese Substanz aus pflanzlichen und nicht aus synthetischen Quellen (Nah-

rungsergänzungsmitteln) stammt. Denn Tabletten, so legen Forschungsergebnisse nahe, schützen nicht vor Herzerkrankungen und Krebs; im Gegenteil: Für Raucher können sie das Krebsrisiko sogar erhöhen.

Kürbis ist fettarm und liefert dennoch 340 mg Alphalinolensäure (ALA), eine wichtige Omega-3-Fettsäure. Dieses pflanzliche Fett gilt als „Superstoff". Bereits 1 g pro Tag kann das Herzinfarktrisiko um 60 % senken, und 3,5 g ALA täglich können das Niveau von herzschädigendem LDL-Cholesterin um 7–13 % reduzieren.

Weiterer Bonus: Kürbis enthält Polysaccharide, die den Blutzuckerspiegel regulieren helfen. Kürbisgewächse allgemein sind außerdem eine Quelle für Lutein und Zeaxanthin. Diese Carotinoide reichern sich in der Netzhaut an und filtern schädliche UV-Strahlen aus dem Sonnenlicht. Sie können so vor Grauem Star und altersbedingter Makuladegeneration schützen.

## Tomaten

*Vorteile*  Können das Risiko für Lungen-, Magen- und Prostatakrebs senken. Halten Herz, Arterien und Knochen gesund und reduzieren das Schlaganfallrisiko. Ebenfalls können sie vor Gebärmutterhals-, Brust-, Mund-, Bauchspeicheldrüsen-, Speiseröhren- und Darmkrebs schützen.

*Wirkung verstärken*  Der Körper kann Lycopin besser aufnehmen, wenn Tomaten erhitzt werden. Außerdem vervielfacht sich das Lycopin dabei. Integrieren Sie deshalb mehrmals pro Woche gekochte Tomaten, z.B. in Suppen oder Saucen.

*Wissenschaft konkret*  In einer über zwölf Jahre angelegten Studie der Harvard School of Public Health mit 47 000 Personen hatte die Gruppe, die mindestens zweimal pro Woche Tomatenprodukte aß, ein um 25 % geringeres Risiko für Prostatakrebs; bei der aggressiven Form von Prostatakrebs waren es sogar 34 %.

Lycopin verhindert möglicherweise auch die Vermehrung von Tumorzellen in Brust, Lunge und Gebärmutter, so das American Institute for Cancer Research. Meiden Sie isoliertes Lycopin als Nahrungsergänzung, denn Fachleute vermuten, dass Lycopin nur mit anderen Gemüsenährstoffen zusammen wirkt. Studien mit isoliertem Lycopin in Tablettenform haben gezeigt, dass die Substanz dann nur geringen bis überhaupt keinen Nutzen bringt.

Weitere Gründe, Tomaten zu essen: Jüngste Forschungen legen nahe, dass

---

**Guter Tipp**

### Kerne essen!

Die Kerne in einem Kürbis sollten nicht weggeworfen werden. Sie enthalten größere Mengen der Spurenelemente Zink, das die Wundheilung unterstützt, und Mangan, das Antioxidantien beim Schutz der Körperzellen unterstützt.

Dazu die Kürbiskerne von den Fasern befreien, abspülen und trocknen. Auf einem Backblech verteilen und bei 180 °C im Ofen 20–30 Minuten unter gelegentlichem Wenden rösten. Abkühlen lassen. Kerne nach Belieben sofort schälen oder erst beim Knabbern.

das rote Gemüse die Knochengesundheit unterstützt und hilft, herzschädigendes LDL-Cholesterin in Schach zu halten.

## Kohl (Kreuzblütler)

*Vorteile*  Kann das Risiko für Darm-, Mund-, Speiseröhren-, Magen- und Lungenkrebs senken.

*Wirkung verstärken*  Dämpfen oder kurzes Garen in der Pfanne bewahrt die wertvollen Glucosinolate, Folsäure und Vitamin C besser als langes Kochen. Dämpfen schont außerdem die Ballaststoffe in Brokkoli. So können diese besser cholesterinreiche Gallensäure im Verdauungssystem binden und herzschädigendes LDL-Cholesterin senken.

*Wissenschaft konkret*  Forscher an der amerikanischen John Hopkins Universität machten 1992 eine bahnbrechende Entdeckung: Aus Brokkoli isoliertes Sulforaphan verlangsamte im Labortest das Wachstum von Tumorzellen. Seitdem wurden weitere antikarzinogene sekundäre Pflanzenstoffe in Brokkoli und anderen Kohlgewächsen entdeckt. Dazu gehören Carotinoide, Kumarine, Dithiolethione, Flavonoide, Glucosinolate und Isothiocyanate. Sie alle haben eine entzündungshemmende Wirkung und können vor Krebs auslösenden Zellschäden schützen.

Einige Studien legen nahe, dass Menschen, die viel Kohl essen, ein geringeres Risiko für Lungen-, Darm-, Magen-, Brust- und Prostatakrebs haben. Forscher an der Florida A&M Universität untersuchen eine in Kohl enthaltene Substanz namens ^- (DIM) zur möglichen Behandlung von dreifach negativem Brustkrebs. Dieser hochaggressive Tumor betrifft 15–20 % aller Brustkrebspatientinnen. Aber nicht jede Behandlung mit den wertvollen Substanzen in Brokkoli, Weißkohl, Rosenkohl und Co. schlägt an. Etwa 50 % der Menschen fehlt ein Gen zur Speicherung und Verwertung der Vitalstoffe in Kohl. Bislang gibt es keinen Test, um herauszufinden, ob man zu dieser Gruppe gehört, aber selbst wenn, sind diese ballaststoffreichen, kalorienarmen, vitaminreichen Gemüsesorten gut für Ihre Gesundheit.

## Chilis

*Vorteile*  Capsaicin-haltige Salben und Tinkturen können bei Arthrose, rheumatoider Arthritis und diabetischer Neuropathie, postherpetischer Neuropathie und möglicherweise auch bei Aids-bedingten Nervenschmerzen helfen.

*Wirkung verstärken*  Es kann mehrere Wochen dauern, bis frei verkäufliche Capsaicin-haltige Salben effektiv Beschwerden und Schmerzen lindern.

*Wissenschaft konkret*  Chilis haben eine lange Geschichte in der Volksheilkunde. 1979 begann eine neue Ära, als Forscher entdeckten, dass Capsaicin, der Stoff, der Chilis so scharf macht, eine einzigartige Eigenschaft hat. Es kann einen Transmitterstoff in Nervenzellen blockieren, der Schmerzsignale ans Gehirn sendet.

In einer US-Studie an der Case Western Reserve University konnten die Beschwerden von 101 Personen, die an Arthrose oder rheumatoider Arthritis litten, nach vierwöchiger täglicher Anwendung einer Capsaicin-haltigen Salbe um 57 % gelindert werden. In einer anderen Studie wandten 252 Personen mit diabetesbedingten Nervenschmerzen (diabetischer Neuropathie) über acht Wochen eine Capsaicin-haltige Salbe bzw. ein Placebo an. Die Capsaicin-Anwender bemerkten zu 58 % eine Linderung der Schmerzen.

Die neueste Erkenntnis: Ein verschreibungspflichtiges Capsaicin-haltiges Pflaster zeigt sich vielversprechend bei schwer zu behandelnden Schmerzen bei Aids und Gürtelrose.

## Hülsenfrüchte

*Vorteile*  Können das Risiko für Herzerkrankungen und Bluthochdruck reduzieren helfen und den Cholesterinspiegel senken. Sie tragen zur Regulierung des Blutzuckerspiegels bei.

*Wirkung verstärken*  Hülsenfrüchten sollten ungeachtet ihrer manchmal unangenehmen blähenden Wirkung möglichst oft auf dem Speiseplan stehen. Es gibt auch Sorten, die von Natur aus weniger Gase bilden, wie Augen- und Mungbohnen, Linsen und Spalterbsen. Außerdem helfen Einweichen über Nacht sowie gutes Kauen, um die blähenden Zuckermoleküle (Oligosaccharide) weitgehend abzubauen.

*Wissenschaft konkret*  Die Ergebnisse einer Studie der Tulane University in den USA zeigten, dass 50 g getrocknete Bohnen oder Erbsen pro Woche das Risiko für koronare Herzerkrankungen um 21 % reduzieren können. Diabetes-Typ-2-Patienten, die in einer Studie der Universität von Toronto 12 Wochen lang täglich 200 g Bohnen verzehrten, hatten einen erheblich besseren Blutzuckerspiegel.

Bohnen sind eine Quelle für wasserlösliche Ballaststoffe, die zur Regulierung des Cholesterinwerts beitragen. Sie binden die cholesterinreiche Gallensäure und führen sie aus dem Verdauungsapparat ab. Ballaststoffe sorgen auch für einen konstanteren und niedrigeren Blutzuckerspiegel.

## Süßkartoffeln

*Vorteile*  Unterstützen die Regulierung des Blutzuckerspiegels.

*Wirkung verstärken*  In Rezepten können Sie Kartoffeln grundsätzlich durch Süßkartoffeln ersetzen, die wesentlich mehr Antioxidantien enthalten. Die Garzeiten und die Verarbeitung sind identisch.

*Wissenschaft konkret*  Im Vergleich zu Kartoffeln enthalten Süßkartoffeln mehr Ballaststoffe und einen niedrigeren glykämischen Index. Des Weiteren befinden sich in Süßkartoffeln sekundäre Pflanzenstoffe, die bei Diabetes-2-Patienten zur besseren Regulierung des Blutzuckerspiegels beitragen können. In einer von der Medizinischen Hochschule Wien durchgeführten Studie mit Diabetes-Patienten, die ein Süßkartoffelextrakt erhielten, konnte eine Verbesserung des Wertes von Adiponektin im Blut beobachtet werden. Dieses Hormon spielt bei der Verwertung von Insulin im Körper eine Rolle. Zudem wiesen die Patienten einen verbesserten Blutzuckerspiegel auf.

Süßkartoffeln sind eine gute Ballaststoffquelle und enthalten viel Vitamin C, Antioxidantien wie Beta-Carotin und Anthocyanine, die als entzündungshemmend gelten und vor Herzerkrankungen und Krebs schützen können.

*Gemüse ist von Natur aus gesund. Es enthält Vitamine, Mineralien und sekundäre Pflanzenstoffe, die nicht nur dafür sorgen, gesund zu bleiben, sondern auch aktiv vor Krankheiten schützen können.*

# Gesundheit

Gemüse kann zur Behandlung von allerlei Beschwerden eingesetzt werden. So helfen Kartoffelumschläge bei Schwellungen, und ein Sirup aus Zwiebeln wirkt bei Husten. Die meisten hier beschriebenen Hausmittel haben sich über Generationen bewährt.

## *Hausmittel anwenden*

Viele dieser Mittel werden als Aufguss oder Sud zubereitet und getrunken. Während die meisten Aufgüsse durchaus wohlschmeckend sind, kann ein Sud eher bitter sein. Für einen besseren Geschmack kann man 1 Löffel Honig einrühren.

## Einen Aufguss zubereiten

Die meisten Tees aus Gemüse werden als Aufguss zubereitet, d.h., wie eine Tasse Kräutertee: Man gießt kochend heißes Wasser über das zerkleinerte Gemüse und lässt den Tee einige Minuten ziehen. Dadurch werden aktive wasserlösliche Wirkstoffe aus dem Gemüse frei, die Sie dann im heißen Tee in kleinen Schlucken genießen können.

*Für einen Aufguss braucht man:*

✳ Gemüse, wie im Rezept angegeben (z.B. Salat, wie unten abgebildet)

✳ Gemüse, wie angegeben vorbereitet, z.B. in Streifen oder Scheiben geschnitten, gehackt oder geschält (manchmal werden auch getrocknete Blätter oder Blüten verwendet)

✳ Teekanne aus Glas oder Keramik oder Kaffeebereiter mit Druckpresse

✳ Teesieb und Teetasse

**Das Gemüse sollte gründlich gewaschen werden. Wählen Sie außerdem möglichst Gemüse aus biologischem Anbau. Wild wachsende Zutaten wie Brennnesseln sollten keinesfalls am Straßenrand oder in direkter Umgebung von mit Pflanzenschutzmitteln behandelten Feldern gepflückt werden.**

*Ein altes Hausmittel bei Schnupfen:*
*Nachts eine Schale mit klein geschnittenen Zwiebeln*
*auf den Nachttisch stellen.*

**1** Die angegebene Menge vorbereitetes Gemüse in eine vorgewärmte Teekanne geben. Es kann auch ein sehr gut gereinigter Kaffeebereiter verwendet werden.

**2** Das Gemüse mit 200 ml (oder nach Rezeptangabe) kochend heißem Wasser überbrühen und umrühren. Deckel aufsetzen, damit wenig Dampf entweichen kann, und 10–15 Minuten, oder wie im Rezept angegeben, ziehen lassen.

**3** Nochmals umrühren und den Tee durch ein Teesieb in ein Glas oder eine Tasse gießen. Möglichst heiß in kleinen Schlucken trinken. Die empfohlene Tagesdosis nach Rezept zubereiten.

Aufgüsse halten sich nicht lange. Deshalb empfiehlt es sich, jede Tasse frisch aufzubrühen.

Für 2 Tassen Tee 3–4 Kopfsalatblätter und 2–3 Minzeblätter hacken.

Salat und Minze in eine vorgewärmte Teekanne geben und mit 400 ml kochendem Wasser überbrühen.

Zugedeckt 5 Minuten ziehen lassen. Abgießen und bei Schlafproblemen vor dem Zubettgehen 1–2 Tassen trinken.

Zur Zubereitung eines Umschlags für den Brustbereich 1–2 Zwiebeln schälen und fein reiben.

Ein rechteckiges Baumwolltuch längs falten. Die geriebene Zwiebel daraufgeben und das Tuch nochmals einschlagen.

Die Zwiebeln von Hand oder mit einem Teigschaber gleichmäßig in dem Tuch verteilen. Auf die Brust legen.

# Einen Umschlag machen

Ein Umschlag ist ein praktisches Mittel, um Gemüse auf der Haut wirken und heilen zu lassen. Gemüseumschläge werden in der traditionellen Volksmedizin häufig zur Behandlung von Unreinheiten, Infektionen und Entzündungen angewendet. Umschläge helfen auch bei Atemwegsinfektionen und zur Behandlung von Warzen. Bei einigen Umschlägen kann das Gemüse direkt auf die Haut gelegt und abgedeckt werden.

### Für einen Umschlag braucht man:

✳ Gemüse, wie im Rezept angegeben vorbereitet: bei einigen wird das Gemüse gehackt oder gerieben (Beispiel mit Zwiebeln, siehe oben), manchmal muss das Gemüse erst gegart werden
✳ Baumwolltuch, drei- bis viermal größer als der zu behandelnde Körperbereich
✳ mildes Öl (Mandel- oder Olivenöl)
✳ Frischhaltefolie oder ein langes Stück Tuch (nach Bedarf) zum Fixieren des Umschlags

1 Das Gemüse wie im Rezept angegeben vorbereiten (z. B. Zwiebeln reiben, siehe oben). So viel Gemüse vorbereiten, dass der zu behandelnde Bereich gut abgedeckt werden kann.

2 Das Tuch zur Hälfte falten. Das Gemüse daraufgeben. Tuch nochmals falten, sodass das Gemüse eingehüllt ist. Das Gemüse mit einem Löffelrücken oder Pfannenwender im Tuch verteilen, sodass der zu behandelnde Bereich vollständig bedeckt werden kann.

3 Den zu behandelnden Körperbereich mit Öl einreiben, damit der Umschlag nicht klebt. Den Umschlag auflegen.

4 Den Umschlag mit Frischhaltefolie abdecken. Zum Fixieren des Umschlags nach Belieben ein zweites Stück Tuch nicht zu fest herumbinden und verknoten. Zur empfohlenen Dauer der Anwendung siehe Rezept.

## Zwiebelumschlag

Geriebene rohe Zwiebeln oder zerdrückte gedünstete Zwiebeln helfen bei Beschwerden in der Brust. Umschlag wie oben zubereiten und 1 Stunde auflegen.

## Kohlumschlag

In der Pflanzenheilkunde wird Kohl auf die Haut gelegt, um zu wärmen, zu stimulieren und zu entgiften.

### Für einen Kohlumschlag braucht man:

✳ einige große Weißkohlblätter
✳ Teigroller

1 Die Kohlblätter waschen und trocknen. Die Blätter nebeneinander auf einen Tisch oder eine Arbeitsfläche legen und mit der Teigrolle darüberrollen, um sie leicht zu zerdrücken.

2 Blätter auf die Brust legen. Mit einem Baumwolltuch oder Handtuch bedecken und 1 Stunde wirken lassen. Nach Bedarf neue Blätter auflegen.

**Variante** Weißkohl hacken oder hobeln. Kochen, dämpfen oder in der Mikrowelle weich garen. Den warmen Kohl, wie links beschrieben, in ein Tuch falten. Umschlag auflegen und 1 Stunde einwirken lassen. Nach Bedarf einen neuen Umschlag zubereiten.

*Guter Tipp*

## Andere Anwendungen

Kohlumschläge können auch zur Linderung von Arthritisbeschwerden und Venenschmerzen aufgelegt werden.
Kohlblätter helfen außerdem stillenden Müttern bei Milchstau. In diesem Fall zwei ganze gekühlte Weiß- oder Rotkohlblätter mit einer Teigrolle leicht zerdrücken und in die BH-Körbchen einlegen, dabei die Brustwarzen aussparen.

# Erkältung, Husten und andere Atemwegsprobleme

Bestimmte Gemüse werden lange schon bei Atemwegsbeschwerden eingesetzt. Einige machen verstopfte Nasen frei, andere lindern Husten.

## Heißes Tomatentonikum

Dieses bewährte Erkältungsmittel enthält Tomaten- und Zitronensaft mit viel Vitamin C, abwehrstärkenden Knoblauch und scharfe Chilisauce. Deren Wirkstoff Capsaicin lindert erwiesenermaßen Nebenhöhlenentzündungen und befreit die Nase.

### Für 1 Glas:
* 250 ml Tomatensaft
* 1 EL Zitronensaft
* 2 Knoblauchzehen, geschält
* Tabasco oder andere scharfe Chilisauce

1  Tomaten- und Zitronensaft in einem kleinen Topf verrühren. Die Knoblauchzehen zugeben und erwärmen. Mit einigen Tropfen Tabasco oder einer anderen scharfen Chilisauce abschmecken.

2  Das Tonikum in einen Becher gießen und in kleinen Schlucken trinken. Der knoblauchhaltige Dampf erleichtert das Durchatmen. So oft trinken wie erforderlich.

## Zwiebel-Honig-Sirup

Honig ist ein bekannter Hustenlöser. Zwiebeln enthalten Schwefelverbindungen, die bei Infektionen helfen können (und beim Schälen und Hacken auch die Tränen in die Augen treiben). Zusammen bilden die beiden Zutaten die Grundlage für ein uraltes Hausmittel bei Husten, das auch Balsam für einen rauen Hals ist.

### Für den Sirup:
* 1 rote oder gelbe Zwiebel, in dicken Scheiben
* 175 g Honig

1  Eine Zwiebelscheibe in eine Glasschüssel geben und mit Honig bedecken. Die restlichen Zwiebelscheiben genauso abwechselnd mit dem Honig einschichten.

2  Die Schüssel mit einem Deckel oder Teller abdecken und die Zwiebelmischung 12–15 Stunden im Kühlschrank ziehen lassen.

3  Den Sirup esslöffelweise nach Bedarf einnehmen. Der Sirup hält sich in einem luftdichten Behälter bis zu 2 Tage im Kühlschrank.

**Kombinieren Sie das Tomatentonikum mit einer Selleriestange.** Sellerie wird in der traditionellen chinesischen Medizin als Blutdrucksenker eingesetzt. Empfohlen werden 4 Stangen Sellerie am Tag.

Husten, eine verstopfte Nase oder Atemwegsbeschwerden können mit Zwiebel-Honig-Sirup, Ingwer-Zwiebel-Möhren-Saft und heißem Tomatentonikum (von links nach rechts) kuriert werden.

# Einen Sud zubereiten

Ein Sud wird zubereitet, indem man Pflanzenteile in Wasser auskocht. Dadurch werden die aktiven Bestandteile aus der Pflanze gelöst. Das Verfahren wird bei festeren Pflanzen oder solchen, die zum Auslösen der Vitalstoffe länger in heißem Wasser bleiben müssen, angewendet. Espresso beispielsweise ist eigentlich ein Pflanzensud.

*Für einen Sud braucht man:*

❋ Pflanzenmaterial, wie im Rezept angegeben (mit Knoblauch siehe Rezept unten)

❋ Gemüse, wie angegeben vorbereitet, z. B. in Streifen oder Scheiben geschnitten, gehackt oder, wie bei Knoblauch, zerdrückt

❋ mittlerer Topf (kein Aluminium!) mit Deckel

❋ Sieb

❋ Teetasse oder -becher

❋ Honig und Zitrone, zum Abschmecken

1 Vorbereitetes Gemüse und Wasser in den Topf geben. Deckel aufsetzen und sanft zum Kochen bringen. Wie im Rezept angegeben, sanft köcheln lassen (Dauer abhängig vom Gemüse).

2 Sud durch ein Sieb in eine Tasse abgießen. Nach Belieben mit Honig und Zitrone abschmecken.

## Knoblauchtee

Mit seinen antibakteriellen und antiviralen Eigenschaften ist Knoblauch ein ideales Mittel gegen Virusinfektionen, die zu fiebrigen Erkältungen führen. Deshalb empfehlen manche Pflanzenheilkundler, bei den ersten Anzeichen einer Erkältung eine gehackte Knoblauchzehe mit Honig zu schlucken. Dieser Tee mag vielleicht die angenehmere Option sein. Hier wird der Knoblauch in Wasser ausgekocht und nicht roh geschluckt.

*Für 2 Portionen:*

❋ 2–3 Knoblauchzehen, geschält

❋ 500 ml Wasser

❋ 1 TL Honig, zum Abschmecken

❋ Saft von ½ Zitrone, zum Abschmecken

Guter Tipp

## Kräutertee

Es gibt zwei Möglichkeiten, Kräutertees zuzubereiten: als Aufguss oder als Sud. Ein Aufguss ist ein Tee, bei dem frische oder getrocknete Kräuter mit kochendem Wasser überbrüht werden (siehe Seite 156). Einen Sud kocht man mit hartem, holzigem Pflanzenmaterial wie Knollen, Wurzeln, Rinden und Samen. Dabei wird das Pflanzenmaterial in Wasser aufgekocht und dann mehrere Minuten ausgekocht (keine Alutöpfe verwenden, da der Sud sich sonst verfärbt).

1 Knoblauchzehen mit der flachen Seite eines Kochmessers zerdrücken.

2 Wasser und Knoblauch in einen Topf geben und 5 Minuten sanft köcheln lassen.

3 Den Sud durch ein Sieb in eine Tasse abgießen und mit Honig und Zitronensaft abschmecken.

4 In kleinen Schlucken trinken. Nach Bedarf mehrere Tassen täglich trinken.

## Ingwer-Zwiebel-Möhren-Saft

Dieses würzige Getränk hat eine abschwellende Wirkung. Ingwer und Wasabi befreien die Nebenhöhlen, das Beta-Carotin der Möhren pflegt die Schleimhäute und wirkt entzündungshemmend.

*Für 1 Portion:*

❋ 2,5 cm frischer Ingwer, geschält, in Scheiben

❋ ¼ Zwiebel, grob gehackt

❋ 2 Möhren, grob gehackt

❋ ¼ TL frischer Wasabi oder Wasabipulver

Erst Ingwer, dann Zwiebel und Möhren in einen Entsafter geben und entsaften. Wasabi in den Saft mischen, in ein Glas füllen und sofort trinken.

2–3 Knoblauchzehen schälen und zerdrücken. Die Zahl hängt vom eigenen Geschmack und der Schärfe der Zehen ab.

Den Knoblauch mit 500 ml Wasser in einen Topf geben und 5 Minuten sanft köcheln lassen.

Den Sud durch einen Trichter oder ein Sieb in ein sauberes Gefäß abgießen. Dann in eine Teetasse füllen.

Gefilterte Tinkturen sollten in braune Apothekerflaschen abgefüllt und an einem kühlen, dunklen Ort aufbewahrt werden. Diese Brennnesseltinktur enthält viel Eisen und ist ideal, wenn man einen Energieschub benötigt.

*Römische Soldaten rieben ihre Körper auf langen Märschen und vor Kämpfen in den kalten Monaten mit frischen Brennnesseln ab. Der Reiz durch das Brennen war kräftigend und förderte die Durchblutung der Haut.*

## Eine frische Pflanzentinktur zubereiten

Anstelle von Wasser kann auch Alkohol zur Extraktion der aktiven Inhaltsstoffe von Pflanzen verwendet werden. Oft ist er sogar besser geeignet, weil Alkohol mehr medizinische Wirkstoffe als Wasser aus den Pflanzen lösen kann. Solche Pflanzenauszüge auf Alkoholbasis werden „Tinkturen" genannt und müssen teilweise mehrere Wochen ziehen.

### *Für eine Tinktur braucht man:*

- frisches oder getrocknetes Pflanzenmaterial
- Alkohol, mindestens 40 %, meistens Wodka
- Schneidebrett und scharfes Messer
- großes Schraubglas
- 1 Stück feines Musselin
- Glasschüssel
- braune Glasflasche mit dichtem Verschluss

1 250 g frische Blätter abwiegen (z. B. Brennnesseln, siehe unten). Gut waschen, an der Luft trocknen lassen und fein hacken. Alternativ 125 g getrocknete Kräuter verwenden. Ein Schraubglas zu drei Vierteln mit Pflanzenmaterial füllen.

2 Mit 500 ml Wodka auffüllen (nicht ganz bis zum Rand). Glas zuschrauben und an einem kühlen, dunklen Ort 14 Tage ziehen lassen, dabei zwei- bis dreimal täglich schütteln. Prüfen, ob die Flüssigkeit nach 2 Wochen Geschmack und Aroma des Pflanzenmaterials angenommen hat. Bei Bedarf bis zu 8 Wochen stehen lassen. Ist der Geschmack immer noch sehr schwach, die Flüssigkeit in einen Messbecher abgießen, alte Pflanzen entsorgen und neue in das ausgespülte Glas geben. Wieder mit der Flüssigkeit übergießen und erneut 2–3 Wochen ziehen lassen.

3 Mischung durch ein Musselin in eine Schüssel gießen und Pflanzen im Tuch gut ausdrücken. Tinktur in eine braune Glasflasche abfüllen, beschriften und datieren. Sie kann an einem dunklen, kühlen Ort bis zu 3 Jahre aufbewahrt werden. Nach Rezept verwenden. Ergibt ca. 500 ml.

*250 g frische Brennnesselblätter hacken. Brennnesselblätter haben feine Brennhärchen, deshalb Gummihandschuhe tragen.*

*Ein großes Schraubglas zu drei Vierteln mit Brennnesseln füllen. Nicht ganz bis zum Rand mit 500 ml Wodka aufgießen.*

*Die Tinktur 2–6 Wochen ziehen lassen. Durch ein Musselintuch in eine Glasschüssel abgießen.*

# Schlafprobleme

Guter Schlaf ist eine wichtige Voraussetzung für gute Gesundheit, Schlafmangel kann anfällig für Krankheiten machen. Bei Schlafproblemen probieren Sie doch einmal dieses einfache Hausmittel aus.

## Salattee

Das Rezept für einen gesunden Schlaf: Tee aus Salatblättern. Grüne Blattsalate, vor allem Kopfsalat, enthalten schlaffördernde Pflanzenstoffe, die beruhigend auf das Nervensystem wirken.

### Für zwei Tassen:

❊ 3–4 Kopfsalatblätter
❊ 2–3 frische Minzeblätter, zum Aromatisieren
❊ 500 ml kochendes Wasser

Salat und Minze hacken. Einen Aufguss zubereiten (siehe Seite 156), 5 Minuten ziehen lassen und filtern. 1–2 Tassen vor dem Zubettgehen trinken.

# Verdauungsbeschwerden

Bestimmte Gemüsesorten sind bekannt dafür, dass sie eine beruhigende Wirkung auf den Verdauungstrakt haben. Andere wirken reinigend, verbessern die Verdauung und kurbeln den Stoffwechsel an.

## Fencheltee

Fencheltee ist ein traditionelles Mittel gegen Koliken bei Kleinkindern. Studien haben gezeigt, dass Fenchel Blähungen und Krämpfe mildert und gleichzeitig die Dünndarmaktivität anregt.

### Für 1 Tasse:

❊ 1 TL Fenchelsamen
❊ 250 ml kochend heißes Wasser

Einen Aufguss zubereiten (siehe Seite 156) und etwa 10 Minuten ziehen lassen. Durch ein Sieb gießen und in kleinen Schlucken trinken.

**Hinweis** Um Dreimonatskoliken beim Baby zu lindern, können stillende Mutter dreimal täglich 1 Tasse Fencheltee trinken. Dem Säugling Fencheltee nicht ohne vorherige Absprache mit dem Kinderarzt verabreichen. Für Verdauungsbeschwerden bei Erwachsenen nach Belieben weitere beruhigende Kräuter wie Kamille, Minze oder Melisse zum Fenchel geben.

## Löwenzahntee

Löwenzahntee wird traditionell zur Anregung der Verdauung angewendet und wirkt entwässernd.

### Für 1 Tasse:

❊ 1–2 TL getrocknete Löwenzahnblätter
❊ 250 ml kochendes Wasser

Einen Aufguss zubereiten (siehe Seite 156) und 15 Minuten ziehen lassen. Durch ein Sieb abgießen. Dreimal täglich 1 Tasse in kleinen Schlucken trinken.

Salattee (links hinten) hat eine Schlaf fördernde Wirkung. Fencheltee (vorn Mitte) und Löwenzahntee (rechts hinten) wirken sich positiv auf die Verdauung aus.

## Löwenzahntinktur

Die Bitterstoffe in der Löwenzahnwurzel regen die Produktion von Gallensäure an, die zur Aufnahme von Nahrungsfetten und fettlöslichen Vitaminen im Körper benötigt wird. Löwenzahntinkturen und -elixire gibt es im Reformhaus oder im Internet. Man kann sie auch selbst herstellen (siehe Seite 160). 1 Teelöffel Tinktur mit 125 ml Wasser mischen und 20 Minuten vor den Mahlzeiten trinken.

## Brennnesseltinktur

Brennnesselblätter enthalten mehr Eisen als z.B. Spinat und gelten als blutreinigend. Brennnesseln reinigen den Verdauungstrakt, fördern eine gesunde Verdauung und lindern Magenprobleme. Aus Brennnesselblättern eine Tinktur herstellen (siehe Seite 160) und zweimal täglich eine Pipette davon einnehmen.

*Guter Tipp*

## Blattgemüse für guten Schlaf

Tryptophan, eine Aminosäure, hat eine Schlaf fördernde Wirkung. Für eine optimale Aufnahme muss es mit kohlenhydratreicher Nahrung zugeführt werden. Auch andere Substanzen in unserer Nahrung wirken sich auf den Schlaf aus: Magnesium, z.B. aus grünem Blattgemüse, fördert die Muskelentspannung und beruhigt die Nerven. Ein leichtes magnesium- und tryptophanreiches Abendessen kann also den Schlaf begünstigen. Weitere Gemüsesorten, die bei Schlaflosigkeit helfen können, sind: Kartoffeln, Süßkartoffeln, Mais, Erbsen, Kürbis, Rote Bete, Blumenkohl, Brokkoli, Rosenkohl, Spinat, Grünkohl, Spargel und Sellerie.

# Für neue Energie

Grünes Blattgemüse und Kräuter machen fit und vital. Eine Tasse Brennnesseltee pro Tag steigert z. B. Ihre Energie und sorgt für starke Nerven.

## Brennnesseltonikum

25 g getrocknete Brennnesselblätter in eine Teekanne füllen. Mit kochendem Wasser überbrühen und mindestens 4 Stunden oder über Nacht ziehen lassen. Abgießen und trinken. Das restliche Tonikum kann im Kühlschrank aufbewahrt, sollte aber innerhalb von 36 Stunden getrunken werden. Falls dann noch etwas übrig bleibt, können Sie das Tonikum als Haarwasser oder Pflanzendünger verwenden.

## Spinat-Möhren-Orangen-Saft

Dieses Getränk hat als Hauptzutat Spinat, der Energie spendendes Eisen enthält. Das Vitamin C aus den Orangen verbessert die Eisenaufnahme im Körper. Das Beta-Carotin aus den Möhren belebt und stärkt.

### Für 1 Glas:

* 125 g Spinatblätter
* 1 Möhre, grob gehackt
* 1 Orange, entkernt und grob gehackt

Erst Spinat, dann Möhre und Orange in den Entsafter geben und entsaften. Saft in ein Glas füllen und sofort trinken.

In der ayurvedischen Medizin wird Brennnesseltee als erfrischendes und verjüngendes Tonikum bei einer Frühjahrskur eingesetzt.

# Weitere Gemüsesaft-Kombinationen

Für mehr Farbe und Süße können Sie zu jeder dieser Kombinationen Möhre oder Rote Bete zufügen.

* Spinat, Sellerie, Blattsalat, Gurke und grüner Apfel
* Grünkohl, Sellerie, Möhre, Gurke, Chili und Zitrone
* Gurke und Sellerie
* Grünkohl, Sellerie und Grapefruit

Die Gemüsekombination nach Wahl in den Entsafter geben und entsaften.

# Verstopfung

Um die Verdauung wieder in Schwung zu bringen, sollten Sie reichlich trinken und auf eine ballaststoffreiche Kost achten.

## Spinat-Gurken-Möhren-Saft

Spinatsaft ist ein gutes Hausmittel bei Verstopfung. Die Möhre bringt etwas Süße ins Spiel und gleicht den intensiven Spinatgeschmack aus. Die Gurke kommt wegen ihres hohen Wassergehalts dazu.

### Für 1 Glas:

* 1 Möhre, grob gehackt
* 1 Gurke, grob behackt
* 100 g Spinatblätter

Erst Möhre und Gurke, dann Spinat in den Entsafter geben. Saft in ein Glas füllen und sofort trinken.

**Guter Tipp**

## Achtung!

Säfte und Smoothies sind kein Ersatz für eine ausgewogene, gesunde Ernährung. Ernährungsmediziner empfehlen täglich 200 bis 250 ml grüne Smoothies. Säfte sollte man auch nicht im Übermaß trinken: Beim Entsaften werden – anders als beim Mixen von Smoothies – oft wertvolle Ballaststoffe entfernt, zudem enthalten Säfte Zucker und Säuren, die bei häufigem Verzehr die Zähne schädigen können.

## Krautsalat

Dieser Salat aus Apfel, Kohl, Möhre und Gurke ist besonders ballaststoffreich und sorgt somit für eine gesunde Verdauung.

### Für 1 Portion:

* 1 kleiner grüner Apfel, gewürfelt
* 1 EL Weißweinessig
* 75 g Weiß- oder Rotkohl, fein gehobelt
* 1 große Möhre, ungeschält, gerieben
* 1 kleine Gurke, gewürfelt
* 60 g Rosinen
* 2 EL Leinsamen, nach Belieben geschrotet
* 1 EL natives Olivenöl extra

1 Die Apfelwürfel in einer Schale mit Essig mischen, damit sie nicht braun werden.

2 Kohl, Möhre, Gurke, Rosinen und Leinsamen in eine große Schüssel geben. Apfelwürfel abtropfen lassen und den Essig auffangen. Apfelwürfel in die Schüssel geben und alles gut vermengen.

3 Aufgefangenen Essig und Öl verquirlen und unter den Salat mengen.

**Variante** Sie können den Kohl vorher leicht dämpfen oder blanchieren oder fertiges Sauerkraut verwenden. Für ein cremigeres Dressing rühren Sie in Schritt 3 noch 1 Esslöffel fettarmen Naturjoghurt mit Essig und Öl unter den Salat.

Ein Glas Spinat-Möhren-Orangen-Saft (linke Seite links) oder Spinat-Gurken-Möhren-Saft (linke Seite rechts) liefert Eisen und viel Energie. So erhöhen Sie Ihre tägliche Gemüseration auf besonders leckere Weise.

## Zum Entwässern

Einige Gemüsesorten wirken stark entwässernd. Natürliche Substanzen in Gemüse wie Spargel sind sanft harntreibend und verhindern so Wassereinlagerungen und chronische Harnwegsinfektionen. Versuchen Sie es auch mit diesen Tees:

### Sellerietee

Selleriesamen werden in der ayurvedischen Medizin seit Tausenden von Jahren gegen Wassereinlagerungen eingesetzt.

#### Für 1 Tasse:

* 1 TL Selleriesamen
* 250 ml kochendes Wasser

1 Selleriesamen im Mörser zerdrücken oder in der Gewürzmühle grob mahlen.

2 Einen Aufguss zubereiten (siehe Seite 156) und 10 Minuten ziehen lassen. Abgießen und täglich 3 Tassen trinken.

### Maishaartee

Ein Tee aus Maisgriffeln wirkt harntreibend und wird deshalb bei Blasenbeschwerden und Problemen beim Wasserlassen empfohlen.

#### Für 1 Tasse:

* 2 TL getrocknete oder 3–5 frische Maisgriffel, gewaschen
* 250 ml kochendes Wasser

Einen Aufguss zubereiten (siehe Seite 156) und 10–15 Minuten ziehen lassen. Abgießen und dreimal täglich 1 Tasse trinken.

**Hinweis** Mit Maisgriffeln kann auch eine Tinktur zubereitet werden (Anleitung siehe Seite 160). Davon dreimal täglich 1 Teelöffel einnehmen.

Das A und O für eine gesunde Verdauung sind ballaststoffreiche Kost, viel trinken und Bewegung.

*Guter Tipp*

## Traditionelle Pflanzenmedizin

Viele Pflanzen haben bereits eine lange Geschichte in der traditionellen Pflanzenheilkunde:

Die Inka legten rohe Kartoffelscheiben auf Warzen auf oder betupften sie mit Kartoffelsaft. In Irland glaubte man, dass eine Kartoffel in der Hosentasche gegen Rheuma half – die schmerzhafte Alternative: Auflegen von brennenden Brennnesselblättern. Die Ureinwohner Zentralmexikos behandelten mit Umschlägen mit gemahlenem Mais Quetschungen, Schwellungen und Prellungen. Bei Zahnschmerzen bereiteten sie einen Umschlag mit Meerrettichblättern zu. Die Maya verwendeten Chilis zur Behandlung von Nebenhöhlenentzündungen.

In der traditionellen chinesischen Medizin wird getrocknete und gemahlene Rhabarberwurzel bei Verstopfung und Durchfall verschrieben, während Zwiebeln bei Atemwegsbeschwerden empfohlen werden. Löwenzahnwurzeln sind in vielen Volksmedizinen ein gängiges Mittel gegen eine Reihe von Beschwerden, von Verstopfung bis Gicht.

Mit Knoblauch kann man Infektionen vorbeugen oder sie behandeln. Die Zehen haben eine antiseptische Wirkung auf das Verdauungssystem und die Atemwege. Sie kurbeln die Abwehrkräfte an und eignen sich deshalb gut zum Schutz vor Erkältungen.

*Rezept*

### Knoblauchfahne? Spinattonikum hilft

Wenn Sie gern Knoblauch mögen oder zur Stärkung des Immunsystems oder bei Erkältungen einnehmen, kann es zu Nebenwirkungen kommen: die unangenehme Ausdünstung über Atem und Haut. Die Knoblauchfahne lässt sich von innen heraus mit einem Saft aus Spinat und Petersilie vertreiben. Diese Mischung kann den unangenehmen Geruch, der durch den Wirkstoff Allicin verursacht wird, abmildern.

1 große Handvoll Spinatblätter, gewaschen
1 große Handvoll frische Petersilie, gewaschen

Im Mixer pürieren oder in den Entsafter geben und trinken.

# Abwehrstärkung

## Knoblauchpillen

Einer Studie zufolge neigten Personen, die über 3 Monate Knoblauchpräparate einnahmen, weniger zu Erkältungen als Personen, die Placebos erhielten. Am besten wirkt Knoblauch jedoch frisch in Suppen, Schmorgerichten, Pastasaucen und Salatdressings. Sie können jedoch Knoblauch in anderen Formen ergänzend zur Nahrung einnehmen:

**Frischer Knoblauch** 1 fein zerdrückte Knoblauchzehe mit 1 TL Honig verrühren. Bis zu viermal täglich einnehmen.

**Knoblauchextrakt** 600–1200 mg täglich, in zwei bis vier Portionen

**Gefriergetrockneter Knoblauch** zweimal täglich 2 Kapseln (à 200 mg). Greifen Sie zu einem Präparat mit 1,3 % Alliin oder 0,6 % Allicin, d. h. 10–12 mg/g Alliin.

**Flüssigknoblauchextrakt** 1 Teelöffel täglich

**Knoblauchtinktur** 4 Teelöffel täglich

## Wärmende Süßkartoffelsuppe

In der traditionellen chinesischen Medizin wird diese wärmende, süßlich schmeckende Suppe bei kaltem Wetter zum Schutz vor Erkältungen und Husten empfohlen. Sie hilft außerdem bei trockener Haut oder Reizhusten.

*Für 4 Portionen:*

- ✳ 8 chinesische rote Datteln, entsteint
- ✳ 1 getrockneter Silberohr-Pilz (*white/snow fungus*)
- ✳ 1 orangefarbene Süßkartoffel, geschält und gewürfelt
- ✳ 1 Nashi-Birne, ungeschält, entkernt und in 8 Stücke geschnitten
- ✳ 1 Stück frische Lotuswurzel oder 100 g Lotuswurzel aus der Dose, gewürfelt
- ✳ ½ kleine rote Papaya, geschält, entkernt und gewürfelt
- ✳ 4 cm frischer Ingwer, in Scheiben
- ✳ 1 EL Mandelblättchen, zum Garnieren

1  Datteln und Pilz 2 Stunden in Wasser einweichen. Das Wasser abgießen und den Pilz in Stücke schneiden.

2  Datteln, Pilz, Süßkartoffelwürfel, Nashi-Birne, Lotuswurzel, Papaya und Ingwer mit 1 l Wasser in einem großen Topf 30 Minuten sanft köcheln lassen.

3  Ingwer entfernen. Die Suppe in vier Schalen füllen, mit Mandeln bestreuen und sofort servieren.

Im Winter schätzt man in der traditionellen chinesischen Medizin diese Süßkartoffelsuppe wegen ihrer nährenden und schützenden Eigenschaften.

*Für den grünen Smoothie den Ingwer mit etwas Wasser pürieren, dann die Zitronen zufügen.*

*500 ml Wasser mit den restlichen Zutaten zugeben und alles glatt pürieren.*

*Den grünen Smoothie in ein großes Glas füllen und sofort trinken.*

## Pilzsuppe

In dieser Suppe werden Pilze, die die Abwehr stärken, mit anderen kräftigenden Zutaten kombiniert.

### Für 4 Portionen:

* 5 cm frische Ingwerwurzel, in feinen Scheiben
* 1 große Zwiebel, gehackt
* 150 g Weißkohl, gehobelt
* 2 Möhren, in Scheiben
* 180 g Pilze nach Wahl, in Scheiben
* 500 g Kürbis, gewürfelt
* 2 Noriblätter, in Streifen
* 1 l salzarme Hühner- oder Gemüsebrühe

Alle Zutaten in einen großen Topf geben und 1 Stunde köcheln lassen. Jeden zweiten Tag eine Schale essen. Diese Suppe hält sich etwa 3 Tage im Kühlschrank, oder man friert sich praktische Einzelportionen ein.

## Rote-Bete-Saft

Diese Gemüsekombination versorgt Sie mit vielen Antioxidantien, die Ihre Abwehrkräfte gegen Infektionen und Krankheiten stärken.

### Für 1 Glas:

* 2 Möhren, gehackt
* ½ Rote Bete, gehackt
* 1 Selleriestange mit Grün, gehackt
* 30 g Spinatblätter
* 3 Stängel frische Petersilie

Erst Möhren, Bete und Sellerie in den Entsafter geben, dann Spinat und Petersilie. In ein Glas füllen und sofort trinken.

*Suppen werden in der traditionellen chinesischen Medizin als Kraft- und Energiespender verabreicht.*

## Grüner Smoothie

Grünes Gemüse stärkt das Immunsystem, möglicherweise weil die enthaltenen Vitalstoffe einen übersäuerten Körper leicht alkalisch und so weniger anfällig für Keime machen. Knoblauch, Ingwer und Kurkuma sind ebenfalls gut für das Immunsystem.

### Für 2 Portionen:

* 5 cm frischer Ingwer, in Scheiben
* ½ unbehandelte Zitrone, mit Schale, grob gehackt
* 30 g Grünkohl, gehackt
* 20 g Löwenzahnblätter oder anderes grünes Blattgemüse, gehackt
* 1 Selleriestange, grob gehackt
* ½ kleine Gurke, geschält und grob gehackt
* 1 Knoblauchzehe, grob gehackt
* ¼ TL gemahlene Kurkuma

1. Ingwer mit 1–2 Esslöffeln Wasser glatt pürieren. Die Zitronenstücke zugeben und pürieren.

2. 500 ml Wasser, Grünkohl, Löwenzahn, Sellerie, Gurke, Knoblauch und Kurkuma zufügen und alles glatt pürieren. In ein Glas füllen und sofort trinken.

*Grüne Smoothies liegen voll im Trend und sind eine einfache Möglichkeit, mehr Gemüse in den Speiseplan einzubauen.*

*Guter Tipp*

## Gurkenkompresse

Kühlende Gurkenscheiben helfen nicht nur bei Augenschwellungen. Sie können auch Spannungskopfschmerz lindern, indem sie die Blutgefäße zusammenziehen und den Druck dadurch reduzieren.

Kalte Gurkenscheiben auf Augen oder Stirn legen und 10–15 Minuten entspannen.

Warme oder trockene Gurkenscheiben durch frische, kühle ersetzen.

# Natürliche Schönheit

Warum viel Geld für teure Kosmetik ausgeben, wenn Sie sich auch mit Zutaten aus Ihrem Gemüsegarten oder Kühlschrank verwöhnen können. Selbst hergestellte Produkte sind nicht nur günstiger, sondern man weiß auch genau, was drin ist.

**Vor der Anwendung oder Weiterverarbeitung das Gemüse immer sorgfältig waschen.**

## Aktive Wirkstoffe

Gurkenshampoo? Möhren in der Lippenpflege? Gesichtsreiniger mit Kürbis? Mit Tomaten gegen Pickel vorgehen? Mittlerweile spielen Pflanzenauszüge eine wichtige Rolle in vielen Hautpflegeprodukten und Kosmetika.

Kosmetik auf pflanzlicher Basis ist Trend im Beautybereich. In Zeitschriften und Magazinen, im TV und in Blogs steht einfaches Gemüse wie Kürbis, Tomaten und Gurken immer häufiger im Rampenlicht.

Für diesen Trend gibt es zwei Gründe: Zum einen hat Gemüse eine lange Tradition in selbst gemachten Pflegeprodukten. Diese alten Küchenrezepturen haben eine große Popularität erlangt, da viele Menschen nach natürlicherer Pflege frei von (umwelt-)schädlichen und Allergien auslösenden Inhaltsstoffen suchen. Gleichzeitig entdeckt auch die Wissenschaft, dass Kartoffeln, Möhren, Fenchel und Co. aus dem Gemüsegarten Substanzen aufweisen, die wertvolle Wirkstoffe für Cremes, Öle, Shampoos und andere Pflegeprodukte bieten.

Führen Sie diesen Trend konsequent weiter und bereiten Sie ganz natürliche Schönheitsprodukte in Ihrer eigenen Küche zu. Das macht Spaß, ist einfach und kostengünstig obendrein.

## Innen und außen schön

Gemüse sorgt nicht nur in Pflegeprodukten für Schönheit. Echte Schönheit kommt auch von innen. Wissenschaftliche Studien belegen, dass eine gemüsereiche Kost sich auch nach außen zeigt. Hier einige Belege:

*Wirkstoffe in Gemüse verbessern das Hautbild* In einer Studie der Universität Witten-Herdecke wurde zwei Personengruppen über 12 Wochen ein spezielles Gemüse-Frucht-Extrakt bzw. ein Placebo verabreicht und gleichzeitig ihr Hautbild beobachtet: Die Wissenschaftler stellten fest, dass bei Personen, die das Extrakt erhielten, sich im Vergleich zur Placebo-Gruppe die Hautfeuchtigkeit um 9 % und die Hautdichte um 16 % verbesserte.

*Gemüseesser gelten als attraktiver* Wissenschaftler an der schottischen Universität St Andrews beobachteten sechs Wochen lang Essgewohnheit und Hautbild von 35 Freiwilligen und kamen zu überraschenden Ergebnissen: Personen mit höherem Obst- und Gemüseverzehr hatten einen schöneren Teint, während die Haut von Personen, die weniger Obst und Gemüse aßen, fahler wurde. Unabhängige Dritte stuften die Haut der Gemüseesser als attraktiver ein. Die Forscher vermuten, dass besonders Carotinoide wie Betacarotin in Kürbis und Spinat sowie Lycopin in Paprika und Tomaten für den strahlenden Teint verantwortlich sind.

*Gemüse hilft bei Hautschäden* In einer Studie der australischen Monash University untersuchten Forscher die langfristigen Essgewohnheiten und die Haut von 323 Frauen und Männern unter besonderer Berücksichtigung der Faltenbildung durch Sonnenlicht. Die Personen, die am meisten Gemüse, Hülsenfrüchte und Olivenöl zu sich nahmen, zeigten 32 % weniger Anzeichen von Sonnenschäden als Personen, die wenig Gemüse aßen.

Dies hat zwei Gründe: Sekundäre Pflanzenstoffe wie Polyphenole schützen die Haut vor schädlichen UV-Strahlen. Gute Fette in Olivenöl, Avocado und in geringerem Maß in grünem Blatt- und anderem Gemüse scheinen die natürlichen Hautbarrieren zu unterstützen. Wer also etwas für seine Hautgesundheit tun möchte, sollte häufiger zu Kürbis oder Möhre greifen.

---

*Guter Tipp*

### Lange Tradition

Gemüse ist keine Neuheit in der Kosmetik. In den Jahrhunderten vor den künstlichen Produkten der Kosmetikindustrie wurde Gemüse weltweit in selbst hergestellten Haut- und Haarpflegemitteln verwendet.
Bereits vor Tausenden von Jahren pflegten Ägypter, Griechen und Römer ihre Haut mit Olivenöl. Maya, Azteken und Inkas schätzten die Avocado wegen ihrer reichhaltigen, die Haut pflegenden Fette.
Dem Archiv zur amerikanischen Volksmedizin an der Universität von Kalifornien in Los Angeles zufolge wurde Gurkenfruchtfleisch zum Auffrischen von fleckiger, fahler Haut genutzt. Tomaten – in Scheiben geschnitten, gebraten, grün oder gesalzen – wurden bei Hautunreinheiten eingesetzt. Mit Kürbis wurden Hautverbrennungen gelindert. Der Verzehr von Möhren sollte das Haar lockig und die Wangen rosig machen.
Heute hat die moderne Wissenschaft viele Wirkstoffe von Gemüse entschlüsselt, die die Wirksamkeit dieser traditionellen Anwendungen erklären. Hier einige Beispiele:

**Tomaten** Enthalten Apfel- und Zitronensäure; beide wirken ähnlich wie Alphahydroxysäure in industriell hergestellten Hautpeelings und unterstützen die Ablösung abgestorbener Hautzellen.

**Gurke** Enthält Antioxidantien, die erweiterte Blutgefäße zusammenziehen. Deshalb haben Gurkenscheiben eine abschwellende Wirkung.

**Kürbis** Enthält viele Antioxidantien. An der Universität von Kalifornien in San Francisco konnte die schützende Wirkung von Antioxidantien in Hautpflegeprodukten nachgewiesen werden.

**Möhren** Enthalten gelartiges Pektin, wie es auch als hautberuhigende Zutat in vielen industriellen Hautpflegeprodukten verwendet wird.

Die Schönheit liegt so nah. Sie müssen nur ins Gemüsefach schauen oder in den Gemüsegarten gehen. Probieren Sie die Rezepturen auf den folgenden Seiten einfach aus.

# Nützliche Utensilien

Die wichtigsten Utensilien zur Herstellung eigener Haar- und Hautpflegemittel sind ganz alltäglich. Sie sollten von den Utensilien, die Sie zum Kochen verwenden, getrennt aufbewahrt werden, da Kunststoff und Holz den Geschmack und Geruch der verarbeiteten Zutaten annehmen. Metallschüsseln und Löffel können mit Gemüsesäften chemisch reagieren (oxidieren), und Substanzen wie Pflanzen- und Bienenwachs lassen sich nur schwer von Oberflächen entfernen.

* Messbecher und -löffel
* Küchenwaage
* Töpfe und Wasserbad (kein Alu oder Kupfer!)
* Glasschüsseln
* Musselintuch
* Glaspipetten
* Holzlöffel und -spatel
* Schneidebrett
* Mixer

* Gemüseschäler oder Küchenmesser
* Kartoffelstampfer
* Kunststoffhaarsieb
* Schneebesen
* Kaffee- oder Gewürzmühle oder Mörser
* luftdicht schließende Schraubgläser und -flaschen mit Kunststoffverschlüssen

# Trockene, fahle Haut

Trockene Haut ist oft feuchtigkeitsarm und rau. Sie kann spannen, jucken und fahl aussehen. Achten Sie darauf, viel zu trinken. Diese Anwendungen auf Gemüsebasis versorgen Ihre Haut mit Feuchtigkeit und lassen Sie strahlen.

## Gurkenreiniger

Gurke wird häufig auch für industrielle Gesichtsreiniger und -wässer eingesetzt. Aufgrund ihres hohen Wassergehalts und ihrer beruhigenden, zellschützenden Wirkung ist sie ideal für trockene Haut. Joghurt enthält natürliche Säuren, die die Haut auffrischen. Verwenden Sie keinen fettarmen Joghurt.

### Für 2 Anwendungen:

✳ 1 kleine Gurke (etwa 130 g), möglichst bio
✳ 1–2 EL griechischer Naturjoghurt

**1** Die Gurke, wenn sie aus konventionellem Anbau stammt, schälen. Fein in eine Schüssel reiben. In ein Kunststoffsieb über einer zweiten Schüssel geben und 5 Minuten abtropfen lassen. Das Gurkenwasser wegschütten und das Fruchtfleisch in eine Schüssel geben.

**2** So viel Joghurt unter das Fruchtfleisch rühren, dass eine streichfähige Masse entsteht.

**3** Das Gesicht mit warmem Wasser befeuchten. Den Reiniger mit den Fingern in die Haut massieren, dann gut abwaschen. Der Gurkenreiniger kann auch als Maske 15 Minuten auf der Haut gelassen werden. Reste halten sich im Kühlschrank in einem luftdichten Schraubglas bis zu 3 Tage.

Ergibt 110 g

## Glättende Rettichmaske

Würziger Rettich ist in der Naturkosmetik für seine glättende, beruhigende Wirkung bei trockener Haut bekannt. Genießen Sie das reine, nicht fettige Gefühl auf Ihrer Haut nach der Anwendung.

### Für 1 Anwendung:

✳ ½ kleine Gurke (etwa 40 g), möglichst bio
✳ 1 Radieschen (15 g), möglichst bio
✳ 1 Eigelb
✳ 1–2 EL griechischer Naturjoghurt

**1** Die Gurke, wenn sie aus konventionellem Anbau stammt, schälen. Fein in eine Schüssel reiben. In ein Kunststoffsieb über einer zweiten Schüssel geben und 5 Minuten abtropfen lassen. Gurkenwasser wegschütten und Fruchtfleisch in eine Schüssel geben. Das Radieschen dazureiben.

**2** Eigelb und so viel Joghurt unter Gurke und Radieschen rühren, dass eine dicke Paste entsteht.

**3** Die Maske auf Gesicht und Hals auftragen und 15 Minuten einwirken lassen. Mit reichlich warmem Wasser abwaschen. Maskenreste halten sich im Kühlschrank in einem luftdichten Schraubglas bis zu 3 Tage.

Ergibt 75 g

## Klärende Kürbismaske

Diese Maske vereint die beruhigenden Eigenschaften von Kürbis. Antioxidantien, natürliche Säuren, Mineralien und entzündungshemmende sekundäre Pflanzenstoffe wirken zusammen. Sie machen die Haut weicher und verleihen ihr gesunde Strahlkraft.

### Für 1 Anwendung:

✳ 4 EL püriertes Kürbisfleisch
✳ 1 TL Honig
✳ 1 Eigelb, verquirlt
✳ 1–2 TL Buttermilch

**1** Kürbis, Honig und Eigelb in einer Schale glatt rühren. So viel Buttermilch einarbeiten, bis die Masse streichfähig, aber nicht zu dünnflüssig ist.

**2** Auf die gereinigte Haut auftragen und 15–20 Minuten einwirken lassen. Mit warmem Wasser abwaschen und trocken tupfen. Reste entsorgen.

Ergibt 85 g

**Anstatt dickcremigem griechischen Joghurt können Sie auch anderen Naturjoghurt verwenden.**

Für den Gurkenreiniger die Gurke fein reiben. Gemüse aus konventionellem Anbau grundsätzlich vorher schälen.

Fruchtfleisch in ein Haarsieb (am besten aus Kunststoff) geben und über einer Schüssel 5 Minuten abtropfen lassen.

Das abgetropfte Fruchtfleisch mit Naturjoghurt glatt rühren, sodass eine streichfähige Paste entsteht.

Für die Kürbismaske 4 Esslöffel Kürbispüree mit 1 Teelöffel Honig und
1 Eigelb glatt rühren.

Die Buttermilch portionsweise unterrühren, bis die Maske eine streichfähige, aber
nicht zu flüssige Konsistenz hat.

Behandeln Sie raue Ellbogen mit Olivenöl. Es enthält Squalen, eine ungesät-
tigte Fettsäure, wie sie auch in der Haut
vorkommt. Sie macht durch Sonne und
Wind geschädigte Haut wieder weich
und geschmeidig. Olivenöl pflegt auch
rissige Füße, Beine, Arme und Hände.

**Hinweis** Für das Kürbispüree Kürbisfleisch bissfest
dämpfen, damit es nicht zu weich ist und möglichst
viele Nährstoffe erhalten bleiben. Abkühlen lassen
und zerstampfen.

## Feuchtigkeitsspender und Make-up-Entferner mit Möhrenöl

Möhrenöl wird aus den winzigen Möhrensamen gewonnen. Es beruhigt irritierte Haut und hält die
Haut geschmeidig und elastisch. Es zieht schnell ein
und hinterlässt keinen Fettfilm.

### Für 1 kleine Portion:

* ❋ 3 EL Mandelöl
* ❋ 3 EL Jojobaöl
* ❋ 1 TL kalt gepresstes Möhrenöl

1 Alle Öle mischen und in eine kleine dicht schließende Flasche abfüllen.

2 Zum Entfernen von Make-up eine kleine Menge
Öl auf ein Wattepad tropfen und Make-up-Reste
damit entfernen. Als Feuchtigkeitsspender vor
dem Schlafengehen etwas Öl sanft in die Ge-
sichtshaut einmassieren. Das Öl hält sich an einem kühlen, trockenen Ort bis zu 2 Wochen.

**Ergibt 125 ml**

## Möhren-Lippenbalsam

Macht raue Lippen wieder glatt und geschmeidig.

### Für 1 Anwendung:

* ❋ ½ EL Sheabutter
* ❋ ½ EL Kakaobutter
* ❋ 1½ EL Kokosöl
* ❋ 1 EL geriebenes Bienenwachs in Kosmetikqualität, Bienenwachsperlen oder
  Carnaubawachs
* ❋ 3 Tropfen Möhrenöl
* ❋ ¼ TL Vitamin-E-Öl oder 2 Vitamin-E-Kapseln,
  eingestochen und ausgedrückt

1 Shea- und Kakaobutter im Wasserbad schmelzen. Das Kokosöl zufügen und 20 Minuten unter
gelegentlichem Rühren sanft erhitzen. Mit einem
Küchenthermometer prüfen, dass die Temperatur nicht über 79 °C steigt.

2 Bienen- oder Carnaubawachs zugeben und gut
unterrühren. Wenn das Wachs vollständig geschmolzen ist, die Schüssel aus dem Wasserbad
nehmen. Möhren- und Vitamin-E-Öl unterrühren.
In einen Tiegel füllen und 3 Stunden abkühlen
und fest werden lassen. Nach Bedarf auf die
Lippen auftragen. Der Balsam hält sich bis zu
1 Monat.

**Ergibt 55 g**

*Guter Tipp*

## Viel trinken

Eine häufige Ursache für Kopfschmerzen ist eine zu geringe
Flüssigkeitszufuhr. Aber auch Ihre
Haut wird es Ihnen danken, wenn
Sie viel Wasser trinken. Eine Verbesserung ist nicht über Nacht zu
erwarten, aber bereits nach 1 Woche sieht Ihre Haut frisch und
strahlend aus. Wasser ist auch in
festen Nahrungsmitteln enthalten.
Die wasserreichsten Gemüsesorten sind Gurke, Zucchini, Paprika,
Sellerie und Tomaten.

*Für eine ausreichende
Feuchtigkeitsversorgung
der Haut sollten Sie
mindestens 2 Liter Wasser
pro Tag trinken.*

# Fettige Haut

Fettige Haut neigt zu Unreinheiten und verstopften Poren. Bestimmte Gemüsesorten entfernen auf natürliche Weise den fettigen Glanz, verfeinern das Hautbild und hemmen die Bildung von Pickeln.

## Reinigungsmilch mit Fenchel und Buttermilch

Milchsäure ist in Sauermilchprodukten wie Butter-, Dick-, Sauermilch und Molke enthalten. Sie sorgt für den Säureschutzmantel der Haut. Zusammen mit Fenchel reinigt sie die Haut sanft, aber gründlich – ohne Chemie. Die Wirkstoffe des Fenchels sorgen dafür, dass die Poren feiner werden und sich Bakterien, die zu Unreinheiten führen können, nicht vermehren.

**Die Säure in Tomaten hilft, Unreinheiten auszutrocknen. Tomaten enthalten die Vitamine K, C und A. Vitamin A und C findet man häufig in Gesichtspflegemitteln für zu Akne neigender und unreine Haut.**

### Für 1 Wochenration:
* 2 EL Fenchelsamen
* 125 ml Buttermilch
* 625 ml destilliertes Wasser

1 Die Fenchelsamen im Mörser zerstoßen oder in einer Kaffee- oder Gewürzmühle zerkleinern.

2 Fenchel und Buttermilch in einer Schüssel über einem Wasserbad 20 Minuten erhitzen.

3 In einen Topf füllen (kein Alu oder Kupfer), das Wasser zugießen und 10 Minuten köcheln lassen. Abkühlen lassen. Durch ein Haarsieb in eine Schraubflasche abgießen. Hält sich im Kühlschrank bis zu 1 Woche.

4 Reinigungsmilch auf die Handfläche oder auf einen Waschlappen geben. Sanft in die Haut reiben, 1–2 Minuten wirken lassen, dann abwaschen.

**Ergibt 560 ml**

*Tomaten schützen vor entzündlichen Prozessen und wirken gleichzeitig beruhigend. Zur Behandlung eines lästigen Pickels eine Tomate halbieren und die Stelle mit der Schnittseite betupfen.*

## Polenta-Peeling mit Lavendel

Die grobkörnige Textur von Polenta (Maisgrieß) eignet sich selbst für sensible fettige Haut perfekt als Peeling. Hafer, Milch und Lavendel wirken beruhigend auf die Haut.

### Für 1 Anwendung:
* 70 g Hafergrütze oder zarte Haferflocken, fein gemahlen
* 2 EL getrocknete Lavendelblüten oder getrocknete Minze, für einen erfrischenden Duft
* 2 EL Milchpulver
* 1 TL Polenta

1 Die Zutaten in einer Glasschale mischen und in ein Schraubglas füllen. Hält sich an einem kühlen, dunklen Ort bis zu 6 Monate.

2 1–2 Esslöffel Peeling in die Handfläche geben und mit wenig Wasser zu einer Paste anrühren. Sanft in die Haut massieren, danach abwaschen.

## Tomatengesichtswasser

Die adstringierenden säurehaltigen Wirkstoffe der Tomate lassen die Haut strahlen, verfeinern die Poren, entfetten und klären Unreinheiten. Limettensaft ist ein erfrischender Zusatz.

### Für 1 Anwendung:
* 1 kleine reife Tomate (90 g) oder 1 EL Tomatensaft
* 2–4 Tropfen Limettensaft

1 Die Tomate im Entsafter oder Mixer entsaften und durch ein Haarsieb passieren.

2 Den Tomatensaft mit dem Limettsaft in einer Schale verrühren.

3 Ein Wattepad mit dem Gesichtswasser tränken. Gesicht damit abtupfen und 15 Minuten einwirken lassen, dann abwaschen. Hält sich in einer Schraubflasche im Kühlschrank bis zu 3 Tage.

**Ergibt 20 ml**

Für die Reinigungsmilch mit Fenchel und Buttermilch 2 Esslöffel Fenchelsamen im Mörser zerstoßen.

Fenchel und Buttermilch in einer hitzebeständigen Schüssel über einem Wasserbad 20 Minuten erhitzen.

Fenchel-Buttermilch-Mischung mit dem Wasser in einem Topf verrühren und 10 Minuten einkochen.

## Pickelbalsam mit Tomate

Unreine, zu Pickeln neigende Haut einfach ein- bis zweimal pro Woche mit diesem Balsam behandeln.

### Für 1 Anwendung:

* ½ Tomate
* 2 TL Tonerde in Kosmetikqualität oder Hafermehl
* 2 TL Vollmilchjoghurt

1 Die Tomate sehr fein hacken. 1 Esslöffel Tomatenfruchtfleisch mit Tonerde oder Hafermehl und Joghurt in einer Schale glatt rühren.

2 Auf Pickel auftupfen, einwirken lassen, dann abwaschen. Reste entsorgen.

**Ergibt 30 g**

# Normale und reife Haut

Stress und nachlässige Pflege lässt die Haut matt und fahl aussehen, aber unsere Pflegemittel verleihen ihr sofort wieder strahlenden Glanz. Reife Haut benötigt besondere Streicheleinheiten, da sie an Elastizität verliert und die Fähigkeit zur Eigenregeneration abnimmt.

## Reinigungsmilch aus Möhre, Hafer und Milch

Dieser sanfte Reiniger pflegt die Haut auf dreierlei Weise. Milch enthält Milchsäure, die – so Experten – abgestorbene Hautschuppen sanft entfernt; verwenden Sie auf alle Fälle Vollmilch. Hafer macht die Haut weich und versorgt sie mit Feuchtigkeit. Möhren enthalten Beta-Carotin, das die Haut nährt, und Pektin, das beruhigt.

### Für 1 Portion:

* 70 g Hafergrütze oder zarte Haferflocken, zu Pulver gemahlen
* 1 Möhre, fein gerieben
* 125 ml Milch

1 Hafer und Möhre in einer Schale verrühren. So viel Milch unterrühren, dass die Masse dickcremig wird.

2 Den Reiniger auf dem Gesicht verteilen, sanft einmassieren (Augenpartie aussparen) und 1–2 Minuten einwirken lassen. Dann mit lauwarmem Wasser abwaschen. Die Haut trocken tupfen. Reste entsorgen.

**Ergibt 125 ml**

## Erfrischende Möhrenmaske

Auch bei dieser entspannenden Maske spielen Möhren die Hauptrolle. Honig verfeinert die Poren, die Möhren wirken kräftigend.

* 2 große Möhren (360 g), gehackt
* 2 EL Honig

1 Die Möhren sehr weich dämpfen. In eine Schale geben und glatt zerstampfen. Etwas abkühlen lassen und den Honig unterrühren.

2 Das Haar bei Bedarf mit einem Band oder Spangen nach hinten binden. Die Maske auftragen und etwa 10 Minuten einwirken lassen. Mit lauwarmem Wasser abwaschen. Maskenreste halten sich im Kühlschrank bis zu 3 Tage.

**Tipp** Durch Dämpfen bewahren die Möhren viele Nährstoffe, ohne zu wässrig zu werden.

**Ergibt 240 g**

## Kartoffel-Pigment-Aufheller

Kartoffeln gelten als natürlicher Hautaufheller. Der Teint wird ebenmäßiger, weil Pigment- oder Altersflecken heller wirken. Hier sind drei Möglichkeiten, die Sie in Ihre tägliche Gesichtspflege integrieren können.

**Einfache Maske** Eine Kartoffel in sehr feine Scheiben schneiden und auf die Flecken und Bereiche mit unebenmäßigem Teint auflegen. Nach 10 Minuten wieder entfernen und Hautpartie abwaschen.

**Kartoffelsaft** Eine Kartoffel in den Entsafter geben und entsaften. Alternativ eine Kartoffel fein reiben, in ein Kunststoffsieb geben und den Saft in eine Schale ausdrücken. Den Kartoffelsaft auf die Flecken auftragen. Übriger Saft hält sich in einem Schraubglas im Kühlschrank bis zu 3 Tage.

**Dampfbad** Ein sanftes Gesichtsdampfbad über heißem Kartoffelwasser öffnet die Poren, reinigt und beseitigt Unreinheiten. Wenn Sie beim nächsten Mal Kartoffeln kochen, gießen Sie das Kochwasser in eine Schüssel ab und halten Sie Ihr Gesicht darüber. Eine Handvoll Kapuzinerkresseblüten sorgt für zusätzliche Klärung.

Für alle Hauttypen gibt es das passende natürliche Schönheitsmittel (von links nach rechts): Polenta-Peeling mit Lavendel, Tomatengesichtswasser und eine erfrischende Möhrenmaske.

Eine erfrischende, verjüngende Gesichtsmaske geht ganz schnell: Gurke fein reiben, Fruchtfleisch 15 Minuten auf der Haut einwirken lassen, dann mit lauwarmem Wasser abwaschen.

Beträufeln Sie ein Stück rohe Kartoffel mit Zitronensaft und reinigen Sie damit Ihre von Beeren verfärbten Hände.

# Haarpflege

Es gibt eine schier unüberschaubare Vielfalt an Haarpflegemitteln auf dem Markt. Aber viele Produkte enthalten chemische Zusätze, die teilweise dem Haar eher schaden als nutzen und sensible Kopfhaut strapazieren. Diese Rezepturen bieten sanfte, natürliche Alterativen, die gut für Ihr Haar und Ihr Portemonnaie sind.

## Kartoffelspülung bei grauem Haar

Sie suchen eine natürliche Möglichkeit, um erste graue Haare abzudecken? Sie müssen nicht weiter als in Ihre Küche gehen. Diese Kartoffelspülung kann vorübergehend graue Haar verbergen.

### Für 1 Anwendung:

* 180 g Kartoffelschalen von gewaschenen Kartoffeln

1. 1 l Wasser in einem Topf zum Kochen bringen. Die Kartoffelschalen zugeben und 5 Minuten sanft köcheln lassen. Das Kochwasser durch ein Sieb abgießen und abkühlen lassen.

2. Die Haare wie gewöhnlich waschen und ausspülen, dann mit dem erkalteten Kartoffelwasser spülen. Übriges Kartoffelwasser hält sich in einer Schraubflasche bis zu 3 Tage im Kühlschrank.

Ergibt 750 ml

*Eine nährstoffreiche Ernährung und die richtigen natürlichen Pflegemittel sorgen für schönes Haar.*

**Tipp** Sie können alle braun- oder gelbschaligen Kartoffeln verwenden. Bunte Schalen könnten unerwüschte Farbe abgeben. Für die angegebene Menge Schalen benötigen Sie ungefähr 1 kg Kartoffeln.

## Haarspülung nach dem Schwimmen

Hallen- und Schwimmbadwasser kann blondes Haar ausbleichen. Dafür verantwortlich ist nicht das Chlor, sondern es sind Kupferoxide und -sulfate, die sich im Beckenwasser befinden. Natürliche Säuren im Tomatensaft binden die Kupfermoleküle, die so nicht mehr am Haar haften können und ausgewaschen werden.

### Für 1 Anwendung:

* 2–6 Tomaten (200–600 g) oder 250–750 ml Tomatensaft

1. Tomaten entsaften oder im Mixer pürieren und durch ein Haarsieb passieren. Saft auffangen.

2. Das Haar mit Wasser ausspülen. Den Tomatensaft langsam über das Haar gießen und mit den Fingern einmassieren. 1–2 Minuten einwirken lassen, dann mit warmem Wasser auswaschen. Das Haar wie gewöhnlich mit Shampoo waschen. Übrigen Tomatensaft entsorgen oder trinken.

Ergibt 250–750 ml

**Hinweis** Die benötigte Saftmenge hängt von Ihrer Haarlänge ab. Zwei mittlere reife Tomaten (200 g) ergeben etwa 250 ml Saft.

## Feuchtigkeitsmaske mit Avocado- und Olivenöl

Avocado- und Olivenöl verleihen trockenem, fliegendem Haar neuen Glanz. Joghurt und Honig machen die Maske dickflüssiger, damit sie sich im Haar hält und die pflegenden Pflanzenöle wirken können.

### Für 1 Anwendung:

* 2 EL Avocadoöl
* 2 EL natives Olivenöl extra
* 2 EL Honig
* 100 g griechischer Naturjoghurt

1. Avocado- und Olivenöl mit Honig in einer Schale glatt verrühren. So viel Joghurt unterrühren, bis die gewünschte Konsistenz erreicht ist. Die Maske sollte nicht zu dünnflüssig sein.

2. Maske ins saubere, trockene Haar massieren. Mit einer Duschhaube oder mit Frischhaltefolie abdecken und 10–20 Minuten einwirken lassen. Mit warmem Wasser auswaschen, wie gewohnt mit Shampoo waschen. Reste halten sich in einem Schraubglas bis zu 3 Tage im Kühlschrank.

Ergibt 210 g

*Für die Feuchtigkeitsmaske gleiche Teile Avocado- und Olivenöl sowie Honig in eine Schüssel geben.*

*Die Zutaten mit einem Schneebesen oder mit dem elektrischen Rührgerät glatt verquirlen, dann den Joghurt einarbeiten.*

*Verwenden Sie festen Vollfettjoghurt, damit die Maske dickflüssig wird.*

## Antischuppenshampoo mit Brennnesseln

Pflanzenölseife gibt es in flüssiger Form. Sie enthält keinerlei tierische Fette und ist im Internet, in Bio-supermärkten oder auch in Kaufhäusern erhältlich.

### Für 1 Flasche:

* 250 ml flüssige Pflanzenölseife
* 125 ml grüner Tee, abgekühlt
* 125 ml Brennnesseltee (siehe Seite 156), abgekühlt
* 1 EL Olivenöl
* 1 TL Honig

1 Zutaten in eine Flasche füllen und gut schütteln.

2 Das Shampoo vor Verwendung schütteln und in Haar und Kopfhaut massieren. Gut ausspülen. Das Shampoo hält sich an einem kühlen, trockenen Ort bis zu 1 Woche.

**Ergibt 500 ml**

## Antischuppenhaarwasser mit Brennnessel

Aufgrund ihrer adstringierenden, leicht antiseptischen Wirkung werden Brennnesseln schon lange als Haarwasser zur Kräftigung eingesetzt, aber auch zur Bekämpfung von Schuppen. Geben Sie noch einen Tropfen Teebaumöl dazu, das ebenfalls antimikrobiell wirkt. Wenn Sie den Geruch von Teebaumöl nicht mögen, ersetzen Sie es durch Lavendelöl.

### Für 1–2 Anwendungen:

* 250 ml Brennnesseltee (siehe Seite 156), abgekühlt
* 2 Tropfen Teebaumöl

1 Brennnesseltee und Teebaumöl in einem Messbecher verrühren.

2 Das Haar wie gewöhnlich waschen und ausspülen. Mit dem Brennnesselhaarwasser spülen und in die Kopfhaut einmassieren. Nicht auswaschen. Zwei- bis dreimal wöchentlich anwenden.

**Ergibt 250 ml**

## Gurken-Zitronen-Shampoo

Die Gurke hat eine pflegende Wirkung, die Zitrone ist ein wirkungsvoller Reiniger. Das Shampoo ist besonders für fettiges Haar geeignet.

### Für eine Portion:

* ½ kleine Gurke (60 g), geschält
* 2 EL Zitronensaft
* 125 ml heißes Wasser
* 1 TL Natron

1 Gurke und Zitronensaft im Mixer glatt pürieren.

2 Heißes Wasser in eine Schale füllen, Natron darin auflösen. In den Mixer zur Gurkenmischung geben und 1 Sekunde mixen. Abkühlen lassen.

3 Das Shampoo sanft in Haar und Kopfhaut massieren, dann gut auswaschen. Reste entsorgen.

**Ergibt etwa 125 ml**

## Glyzerin-Essig-Spülung

Essig ist ein altes Hausmittel für glänzendes Haar. Pflanzliches Glyzerin ist in Apotheken und im Internet erhältlich und macht das Haar schön weich.

### Für 1 Anwendung:

* 3 Eier
* 2 EL Traubenkernöl
* 2 EL pflanzliches Glyzerin
* 250 ml gefiltertes Wasser
* 3 TL Apfelessig

1 Alle Zutaten im Mixer oder mit dem Stabmixer schaumig pürieren. In eine Glasflasche mit Schraubverschluss füllen.

2 Das Haar wie gewöhnlich waschen und ausspülen. Die Spülung in der Flasche gut schütteln, im Haar verteilen und einmassieren, dann 10 Minuten einwirken lassen. Gut auswaschen.

3 Die Spülung hält sich bis zu 3 Tage im Kühlschrank. Vor einer weiteren Verwendung gut schütteln.

**Ergibt 750 ml**

Achten Sie darauf, dass Ihr selbst gemachtes Shampoo bei der Verwendung nicht zu warm ist, sonst ist es zu flüssig, haftet nicht am Haar und kann nicht gut einwirken.

UNTEN: Die Feuchtigkeitsmaske mit Avocado- und Olivenöl (links) pflegt trockenes Haar. Das Gurken-Zitronen-Shampoo (rechts) reinigt und pflegt fettiges Haar.

*Spülen Sie Ihr Haar immer gründlich mit warmem Wasser aus. Kämmen Sie Reste von Pflegemitteln aus und spülen Sie noch einmal nach.*

## Spezialpflege

Nach einem stressigen Arbeitstag gibt es nichts Schöneres, als sich etwas Zeit für sich selbst zu nehmen und bei einem kleinen Beautyprogramm zu entspannen. Die folgenden Rezepturen sind schnell zubereitet und verwöhnen Sie mit reichhaltiger Pflege.

### Gurken-Kartoffel-Augenmaske

Geschwollene, müde Augen lassen sich mit kühlenden Gurken- oder Kartoffelscheiben beruhigen.

*Für 1 Anwendung:*

❊ 1 Stück Gurke oder Kartoffel

Die Gurke waschen bzw. die Kartoffel abbürsten, dabei möglichst Bioware verwenden. 2 dünne Scheiben von Gurke bzw. Kartoffel abschneiden. Die Augen schließen und 1 Scheibe auf jedes Auge legen. 10–15 Minuten liegend entspannen. Die Gurken- bzw. Kartoffelscheiben entfernen. Die Augen sanft mit kaltem Wasser abwaschen.

**Zum sanften Reinigen der Augenpartie geben Sie einige Tropfen Mandelöl auf ein Wattepad.**

Tolle Pflegemittel für jeden Tag (im Uhrzeigersinn von links): Badesäckchen mit Hafermehl und Salat, Feuchtigkeitsspender mit Möhrenöl, Kürbis-Gewürz-Peeling und Gurken-Augenmaske.

### Badesäckchen mit Salat

Hafermehl mit Salat ist eine ungewöhnliche Kombination, enthält aber viele pflegende Substanzen.

*Für 1 Anwendung:*

❊ 140 g Hafergrütze oder zarte Haferflocken, zu feinem Pulver gemahlen

❊ 60 g gehackter Kopfsalat

❊ 1 Handvoll getrocknete Lavendelblüten

1  Hafermehl und Salat in ein Baumwollsäckchen geben. Für einen frischen Duft nach Belieben Lavendel dazugeben.

2  Säckchen zum einlaufenden Badewasser geben, einweichen lassen. Nach dem Bad entsorgen.

*Möchten Sie etwas anderes als ein simples Baumwolltuch als Badesäckchen, nehmen Sie ein Organzasäckchen mit Kordelzug und verzieren Sie es mit Stickereien.*

## Kürbis-Gewürz-Peeling

Der Zucker in diesem Körperpeeling entfernt sanft abgestorbene Hautzellen. Der Kürbis versorgt die Haut mit Feuchtigkeit. Die Gewürze sind eine Wohltat für Ihre Sinne.

### Für 1 Anwendung:

* 260 g gegartes und püriertes Kürbisfleisch
* 220 g Zucker
* je 1 Prise gemahlener Zimt, Gewürznelke und Ingwer

1  Alle Zutaten in einer Schale glatt rühren.

2  Füße, Beine und Arme mit dem Peeling einreiben, bevor der Zucker sich auflöst. Mit einer weichen Bürste, einem Waschlappen oder mit der Hand sanft massieren. Unter der Dusche abwaschen. Peelingreste entsorgen.

**Ergibt 440 g**

**Tipp**  Für die angegebene Menge Kürbisfleisch benötigen Sie 400 g geschälten Kürbis. Garen Sie den Kürbis nur bissfest, damit er alle seine Nährstoffe behält und nicht zu weich wird. Lassen Sie ihn vor dem Pürieren erkalten.

## Pflegendes Nagelöl

Möhrenöl macht die Haut weich und geschmeidig und entfaltet seine Wirkung insbesondere bei rauer, irritierter Haut. Dieses Pflegeöl ist also ideal bei beanspruchten, rissigen Händen.

### Für mehrere Anwendungen:

* ½ EL Traubenkernöl
* ½ TL Möhrenöl
* ½ TL Weizenkeimöl
* 1–3 Tropfen ätherisches Orangen-, Zedern- oder Geraniumöl (optional)

1  Traubenkern-, Möhren- und Weizenkeimöl in einer kleinen Schraubflasche mischen. Nach Belieben mit einem ätherischen Öl parfümieren.

2  Die Flasche zuschrauben und vor Verwendung gut schütteln. 1–2 Tropfen Öl in die Nagelhaut einmassieren. Für eine Kur vor dem Schlafengehen einmassieren und Baumwollhandschuhe überziehen, damit das Öl gut einziehen kann.

3  Das Öl hält sich an einem trockenen, kühlen Ort bis zu 1 Woche. Vor jedem Gebrauch gut schütteln.

**Ergibt 15 ml**

*Rohe geriebene Kartoffeln, roher Kartoffelsaft, Tomaten- oder Gurkenscheiben sind alte Hausmittel bei Sonnenbrand.*

*Guter Tipp*

## Erste Hilfe

Kleine Unfälle passieren andauernd im Haushalt, vor allem Prellungen, Schnitte, blaue Flecken und Stiche. Für schnelle Hilfe und Linderung greifen Sie einfach zu Gemüse. Hier sind einige Rezepturen, die einfach zuzubereiten sind:

### Roher Kartoffelwickel

Rohe Kartoffeln sind ein traditionelles Mittel zur Linderung von Entzündungen und Prellungen. Sie wirken schmerzlindernd und abschwellend.

### Für 1 Anwendung:

* 1 rohe Kartoffel
* 1–2 EL kalte Milch

1  Die Kartoffel gründlich waschen und gegebenenfalls schälen. Reiben und mit so viel Milch verrühren, dass eine dicke Paste entsteht.

2  Mit der Kartoffelmasse einen Umschlag machen (siehe Seite 157) und auf die schmerzende Stelle legen. Nicht verwendete Kartoffelmasse hält sich im Kühlschrank bis zu 1 Woche. Wenn sich der Umschlag warm oder trocken anfühlt, durch frische Kartoffelmasse ersetzen.

**Hinweis** Sie können auch frische Kartoffelschalen als Umschlag auf Prellungen legen.

### Rohe Zwiebel bei Stichen

Zwiebelscheiben sind ein traditionelles Mittel, um Juckreiz und Schwellungen bei Insektenstichen zu lindern. Allerdings helfen sie nicht bei allergischen Reaktionen nach Bienen- oder Wespenstichen. Hier bedarf es sofortiger medizinischer Behandlung. Bei weniger schlimmen Stichen kann dieses Hausmittel Abhilfe schaffen. Vorher den Stachel entfernen.

### Für 1 Behandlung:

* frische Zwiebelscheiben

1  Eine Zwiebelscheibe auf den Stich legen. Entweder festhalten oder locker mit Frischhaltefolie umwickeln.

2  Warme oder trockene Zwiebelscheiben durch frische, kühle ersetzen.

### Knoblauchfußbad und -tupfer

Die natürliche antimykotische Wirkung macht Knoblauch zu einem traditionellen Mittel gegen Fußpilz. Im Jahr 2000 führten Wissenschaftler einen Test mit 50 Personen, die an Fußpilz litten, durch: Eine Gruppe trug zweimal täglich eine Knoblauchtinktur auf die befallenen Stellen auf, die andere Gruppe ein bekanntes Fußpilzmittel aus der Apotheke. Nach zwei Monaten waren die Probanden aus der Knoblauch-Gruppe beschwerdefrei, während es in der Gruppe mit dem verschreibungspflichtigen Mittel „nur" 94 Prozent waren. Ein Argument, Ihre Füße mit einem natürlichen Mittel, nämlich Knoblauch, zu behandeln.

### Für 1 Fußbad:

* Schüssel oder kleine Wanne, in die Ihre Füße hineinpassen
* warmes Wasser
* 3–5 Knoblauchzehen, geschält

1  Die Schüssel mit so viel warmem Wasser füllen, dass Sohlen und Zehen bedeckt sind.

2  3–5 Knoblauchzehen zerdrücken und ins Wasser geben. Rühren und die Füße einmal täglich bis zu 30 Minuten darin baden.

**Hinweis** Für die Behandlung von Fußpilz können Sie auch eine Paste aus Knoblauch zubereiten. Dazu eine zerdrückte Knoblauchzehe mit 1 Esslöffel Olivenöl verrühren und auf die befallenen Bereiche auftragen.

# SELBST GESTALTEN

# Fotodruck-Tischsets

Moderne digitale (Druck-)Technik macht's möglich: Ihre Lieblingsgartenbilder lassen sich mithilfe eines speziellen Transferpapiers auch auf Stoff übertragen und z.B. für fröhlich bunte Tischsets verwenden.

## Sie benötigen:

* 4 hochauflösende digitale Fotografien mit Gartenmotiven
* DIN-A4-Fototransferpapier für Ihren Druckertyp
* 40 cm einfacher weißer Baumwollstoff
* 50 cm dünne wattierte Einlage zum Aufbügeln
* 40 cm farblich zum Fotomotiv passender Baumwollstoff
* Bügeleisen und -brett
* Stoffschere oder Rollschneider, Lineal und Schneidematte
* Nähmaschine und farblich passendes Nähgarn
* Nähutensilien

1   Für den Druck eine hochauflösende digitale Fotografie aussuchen. Zuerst einen Testdruck auf normalem Papier durchführen, um eine Vorstellung des Resultats zu erhalten. Nach den Anweisungen des Herstellers je ein Motiv auf einen Bogen Transferpapier drucken, dabei entsprechend verkleinern bzw. vergrößern, damit das Motiv den ganzen Bogen ausfüllt. Bedenken Sie, dass das Motiv spiegelverkehrt auf den Stoff gebügelt wird. Schriftzüge und Gesichter auf dem Foto sollten also gegebenenfalls vor dem Druck mit einem Bildbearbeitungsprogramm vorbereitet werden, damit sie auf dem Stoff richtig herum erscheinen.

2   Die bedruckten Transferpapiere auf den weißen Stoff auflegen und nach Anleitung aufbügeln. Dabei mindestens 5 cm Abstand zwischen den einzelnen Motiven lassen. So bleibt nach dem Zuschneiden um jedes Motiv ein 2,5 cm breiter Rand. Das Papier vorsichtig abziehen.

3   Die aufgebügelten Motive mit einem 2,5 cm breiten Rand zuschneiden. Die wattierte Einlage zu Rechtecken von mindestens 25 × 35 cm zuschneiden und nach Anleitung auf die Rückseite des bedruckten Stoffes bügeln.

4   Den verstärkten Stoff so zuschneiden, dass ringsum ein 1,5 cm breiter Rand bleibt. Die Stoffrechtecke sollten nun etwa 23 × 32 cm groß sein. Für die Rückseite ein 28 × 37 cm großes Rechteck aus dem farbigen Stoff zuschneiden. Die bedruckte Vorderseite links auf links mittig auf die Rückseite stecken und mit farblich passendem Garn entlang der Kanten des Fotomotivs durch alle Stofflagen steppen.

5   Die Ecken der Rückseite 6 mm von den Ecken der Vorderseite diagonal abschneiden und diese Kanten 6 mm einschlagen und umbügeln, ohne über das Fotomotiv zu bügeln. Die geraden Kanten der Rückseite 1 cm einschlagen, bügeln und nochmals bis knapp über die Naht einschlagen und feststecken.

6   Mit farblich passendem Garn entlang der Naht im Blindstich annähen.

7   Für passende Servietten 40 cm große Quadrate aus dem restlichen Rückseitenstoff zuschneiden. Die Kanten 6 mm einschlagen, nochmal 6 mm umschlagen und feststeppen.

*Das Transferpapier vorsichtig vom Stoff abziehen, sodass das Motiv vollständig auf dem Stoff haften bleibt.*

*Die Ecken des Rückseitenstoffs 6 mm vor der Vorderseitenecke schräg abschneiden und die Kanten 6 mm breit umbügeln.*

## TIPPS

* Die Tischsets nur von Hand waschen und auf der Rückseite bei niedriger Temperatur bügeln.
* Für die Rückseiten der vier Motive Stoffe in passender Farbe auswählen. Die Motive sollten sich farblich ergänzen.

Zeigen Sie die Vielfalt Ihres Gemüsegartens, indem Sie die schönsten Motive für Tischsets verwenden. Sie sind der perfekte Hintergrund für einen Teller voll frischem Gemüse.

# Kniekissen für den Garten

Robuster Garten- oder Outdoorstoff und praktische Griffe machen dieses Kniekissen zu einem handlichen Gartenutensil. Das Kissen lässt sich leicht reinigen und aufbewahren.

*Sie benötigen:*

✳ Schaumgummimatte
✳ 2 Stücke robuster Outdoorstoff: 1 gemusterte Oberseite, 1 unifarbene Unterseite
✳ 2 Lederhenkel mit Nählöchern (Kurzwaren)
✳ festes Nähgarn
✳ Zickzack- oder Stoffschere
✳ Nähmaschine mit Jeansnadel
✳ starke Nähnadel, Stecknadeln und Nähutensilien

**1** Ein Stück Schaumgummimatte zuschneiden oder ein fertiges Kniekissen aus dem Gartenbedarf verwenden. Das abgebildete Kissen misst 20 × 40 cm und ist 2 cm dick.

**2** Die beiden Stoffstücke in folgenden Maßen zuschneiden: Breite des Kniekissens + die Hälfte der Dicke des Kniekissens + 1 cm Nahtzugabe auf jeder Seite × Länge des Kniekissens + 24 cm. Unsere Stoffstücke haben die Maße 24 × 64 cm. Falls vorhanden, mit einer Zickzackschere zuschneiden, damit die Kanten nicht ausfransen. Alternativ die Stoffe rundum mit Zickzackstich versäubern.

**3** Ober- und Unterseite rechts auf rechts aufeinanderlegen und die beiden Längsseiten mit 1 cm Nahtzugabe steppen. Die Nahtzugaben auseinanderbügeln. Die offenen Kanten 6 cm breit nach außen umschlagen und bügeln. Den Stoffschlauch wenden.

**4** Das Kissen bzw. die Matte in den Stoffschlauch schieben und mittig positionieren. Die offenen Seiten knappkantig absteppen und eine zweite Naht mit 4–5 cm Abstand nahe am Kissen (eventuell mit dem Reißverschlussfüßchen) steppen.

**5** Die Lederhenkel an beiden Seiten mittig positionieren und feststecken. Mit festem Nähgarn von Hand annähen.

**ABNEHMBARE HÜLLE** Das Kniekissen ist waschbar: Sie können es abbrausen oder mit einem Handwaschmittel und Wasser behandeln und vollständig trocknen lassen. Für einen abnehmbaren Bezug eine der beiden kurzen Seiten nicht mit einer Naht schließen, dafür den Rand rundum knappkantig absteppen. Den Henkel nur auf der Oberseite des Stoffes von Hand annähen. Zwischen den Henkelenden einen stabilen Druckknopf anbringen.

*Das Kniekissen in den Stoffschlauch schieben. Die kurzen Enden feststecken und nahe am Kissen und an der Kante durch alle Stofflagen absteppen.*

Wasser abweisender Outdoorstoff ist praktisch zum Überziehen eines Kniekissens.

# Gärtnerhut zum Wenden

Ein Stoff mit Gemüsemotiven verleiht diesem Wendehut einen echten Gärtnercharakter.

*Sie benötigen:*

❋ 30 cm Baumwollstoff mit Gemüsemotiv (Stoff 1)
❋ 30 cm farblich passender Baumwollstoff (Stoff 2)
❋ 40 cm feste Bügeleinlage
❋ dünne Pappe für die Schnittvorlage
❋ wasserlöslicher Textilmarker oder Schneiderkreide
❋ farblich passendes Nähgarn
❋ Nähmaschine und Nähutensilien
❋ kleiner Knopf (optional)

**1**  Die Schnittvorlage auf Seite 205 mit einem Fotokopierer auf 200 % vergrößern, auf Pappe übertragen und ausschneiden.

**2**  Mit dem Textilmarker oder der Schneiderkreide das Schnittmuster 6-mal mit einer Nahtzugabe von 6 mm auf beide Stoffe übertragen und ausschneiden.

**3**  Zwei Schnittteile von Stoff 2 an den Längskanten rechts auf rechts aufeinanderlegen und feststecken. Mit einer Nahtzugabe von 6 mm bis 1 cm unter die Spitze steppen. Die Nahtzugabe an der Krümmung einschneiden und auseinanderdrücken. Die restlichen Schnittteile ebenso feststecken, steppen, die Nahtzugaben einschneiden und auseinanderdrücken.

**4**  Zuletzt die beiden offenen Längskanten wie oben beschrieben zusammennähen, sodass ein Hut entsteht.

**5**  Auf der Bügeleinlage einen Kreis mit 35 cm Durchmesser aufzeichnen und ausschneiden. Auf diesen Kreis einen kleineren Kreis mit 20 cm Durchmesser zeichnen und ausschneiden. Das geht am einfachsten, wenn man die Bügeleinlage zweimal faltet und einen Viertelkreis mit je einem Radius von 17,5 und 10 cm aufzeichnet. Erst entlang der äußeren, dann der inneren Linie durch alle Lagen ausschneiden. Den Hut aus Stoff 2 mit der linken Seite nach außen auf eine Fläche setzen, sodass die Krempe möglichst glatt aufliegt. Den Bügeleinlage-Ring auf die Krempe legen. Falls er zu groß oder zu klein ist, den Ring in vier gleich große Stücke schneiden und die Stücke mit etwas Abstand oder überlappend auf der Krempe anordnen und anbügeln.

**6**  Schritt 3 mit Stoff 1 wiederholen. Die beiden Hüte rechts auf rechts ineinanderschieben, sodass die Nähte jeweils aufeinanderliegen, und feststecken.

**7**  Die Außenkante der Krempe 6 mm breit absteppen. Dabei eine Wendeöffnung in der Breite eines Hutsegments lassen. Die Nahtzugabe zurück- und einschneiden. Den Hut durch die Öffnung wenden und die Saumkante zusammendrücken. Die Wendeöffnung feststecken.

**8**  Jeweils einen zu den beiden Stoffen passenden Ober- bzw. Unterfaden einspannen. Die Hutkrempe an der Kante 2–3 mm breit absteppen, dabei wird auch die Wendeöffnung geschlossen. Noch weitere 6- bis 7-mal in 1 cm großen Abständen absteppen.

**9**  Die Stoßkanten von Außen- und Innenhut mit einigen kleinen Stichen von Hand zusammennähen. Nach Belieben einen kleinen Knopf auf der Spitze annähen.

**TIPP**

Egal, ob Sie gemusterten oder unifarbenen Stoff verwenden, können Sie beim Zuschneiden Zeit sparen, wenn Sie den Stoff doppelt legen. Falls Sie einen Stoff mit großen Motiven oder einem Linienmuster (Streifen oder Karos) verwenden, ist es besser, das Schnittmuster einzeln auf den einlagigen Stoff entsprechend dem Fadenlauf aufzuzeichnen und auszuschneiden, damit Sie die Position des Motivs oder die Richtung der Streifen kontrollieren können.

Dieser Hut besteht aus sechs gleichen Schnittteilen. Die breite Krempe wird mit einer Bügeleinlage verstärkt und bietet einen guten Sonnenschutz.

*Die Schnittteile an den Längskanten aufeinanderlegen, feststecken und steppen.*

*Die Bügeleinlage zweimal falten, zwei Viertelkreise aufzeichnen und den dabei entstandenen Ring ausschneiden.*

*Die Krempe in regelmäßigen, etwa 1 cm großen Abständen absteppen.*

# Schürze und Topflappen mit Applikationen

Es ist kinderleicht, eine einfache Küchenschürze oder Topflappen mit Applikationen individuell zu gestalten. Sie können die Gemüseapplikationen in realistischen Farben halten oder aber Ihrer Fantasie freien Lauf lassen.

### Sie benötigen:

❋ einfarbige Küchenschürze, Topflappen oder Ofenhandschuh
❋ etwa 30 cm doppelseitig aufbügelbare Einlage
❋ Baumwollstoffreste in verschiedenen Farben und Mustern
❋ Stickgarn in passenden Farben
❋ Bleistift und Schere
❋ Bügeleisen und -brett
❋ Sticknadel

**1** Schürze und Topflappen bzw. Ofenhandschuh waschen und bügeln.

**2** Die Applikationen von Seite 204 abpausen und mit Bleistift auf die Bügeleinlage übertragen. Die Teile nummerieren wie in der Vorlage. Zwischen den Teilen mindestens 1 cm Platz lassen, damit sie sich besser ausschneiden lassen.

**3** Die Schnittmuster mit 5 mm Zugabe aus der Bügeleinlage ausschneiden. Auf die Rückseite der Stoffreste auflegen und anbügeln. Die Formen entlang den durchgehenden Linien ausschneiden. Die gestrichelten Linien markieren Überlappungen.

**4** Die Teile nach Belieben auf Schürze, Topflappen oder Ofenhandschuh positionieren und feststecken. Die Position grob mit dem Bleistift markieren und die Stoffteile wieder entfernen.

**5** Die Teile der Nummerierung entsprechend wieder auflegen, aufbügeln und kurz abkühlen lassen. Dabei vorher jeweils das Schutzpapier abziehen. Die Stoffteile bis zu den gestrichelten Linien unterschieben.

**6** Wenn alle Teile aufgebügelt sind, die Kanten des Motivs mit einem passenden Stickgarn im Langettenstich einfassen. Sie können auch weitere Details wie Blätter, Blattadern und Schattenwurf aufsticken.

Mit doppelseitig aufbügelbarer Bügeleinlage lassen sich im Handumdrehen Schürzen, Topflappen und Ofenhandschuhe hübsch mit Applikationen verzieren.

*Einlage auf Stoff bügeln, an der durchgehenden Linie ausschneiden. Gestrichelte Linien zeigen Überlappungen an.*

*Die Kanten aller Stoffteile mit einem farblich passenden Stickgarn im Langettenstich einfassen.*

# Bunte Pflanztöpfe

Bereiten Sie Ihren eigenen Tafellack zu, mit dem Sie Ihre Pflanztöpfe anmalen und mit Kreide beschriften können. So erhalten Balkon und Fensterbrett zusätzliche Farbtupfer.

*Sie benötigen:*

* saubere, unglasierte Pflanztöpfe aus Ton
* wasserfester klarer Versiegler
* Acrylgrundierung
* Acrylfarbe in Farben nach Wahl
* extrafeiner weißer Mörtel
* Eimer und Stock zum Anrühren der Farbe
* Pinsel und Malerkrepp
* Tafelkreide

1   Bereits gebrauchte Töpfe sorgfältig reinigen und trocknen lassen. Die Topfinnenseite mit Versiegler bestreichen. Dadurch wird verhindert, dass Feuchtigkeit von innen nach außen dringt und die Acrylfarbe abblättert.

2   Den Malerkrepp in 4–5 cm lange Stücke reißen und den oberen Topfrand überlappend damit abkleben.

3   Die Topfaußenseite mit der Grundierung bestreichen und vollständig trocknen lassen.

4   125 ml Acrylfarbe in einen Eimer geben und 1 Esslöffel Mörtel sorgfältig unterrühren. Die Mischung sofort verwenden.

5   Den Topf mit der Farbe bestreichen und trocknen lassen. Eine zweite und eventuell dritte Farbschicht auftragen und gut trocknen lassen, bis alle Farbschichten decken.

6   Wenn die Farbschichten vollständig getrocknet sind, den Malerkrepp vorsichtig abziehen. Pflanzen nach Wahl einsetzen und den Topf mit Kreide beschriften. Die Kreidebeschriftung kann bei Bedarf mit einem feuchten Schwamm einfach abgewischt und erneuert werden.

**TIPP**

Je nach Größe reichen 125 ml Farbe für mehrere Töpfe aus. Mit Mörtel angerührte Acrylfarbe lässt sich nicht gut aufbewahren. Deshalb am besten gleich mehrere Töpfe anstreichen und die Farbe aufbrauchen.

Mit Tafellack gestrichene Töpfe können mit Kreide beschriftet werden, die sich einfach wieder abwischen lässt, sobald Sie den Topf neu bepflanzen.

*Decken Sie die Bereiche, die Sie nicht bemalen wollen, mit Malerkrepp ab. Erst dann Grundierung und Farbe aufbringen.*

# Pflanzschildchen

Diese hübschen Schilder erinnern Sie daran, wo Sie was gepflanzt oder gesät haben.

1   Die Arbeitsfläche mit Abdeckfolie abdecken. Die Folie mit Klebeband fixieren, damit sie nicht verrutscht.

2   Kleine Tonstücke von dem Block abnehmen. Zwischen den Handflächen zu etwa 2 cm dicken Kugeln rollen.

3   Die Kugeln auf der abgedeckten Arbeitsfläche zu 2–3 mm dicken runden oder ovalen Scheiben flach drücken. (Für längere Pflanzennamen entsprechend größere Kreise oder Ovale formen.)

4   Mit dem Holzspieß etwa 1 cm vom Rand ein Loch durch jede Tonscheibe stechen.

5   Mit den Buchstabenstempeln den Namen der Pflanze in die Tonscheibe drücken. Dabei mit dem mittleren Buchstaben beginnen und beidseitig nach außen arbeiten.

6   Die Tonscheiben über Nacht trocknen lassen. Ein Stück Bindegarn durch das Loch fädeln.

7   Die Pflanzschildchen an Töpfen, an dem Stängel der Pflanze oder kleinen Pflöcken oder Stäben befestigen.

**TIPP**

Falls der Ton bei der Verarbeitung bereits antrocknet und sich kleine Risse am Rand bilden, können Sie diese mit einem feuchten Lappen wieder zustreichen.

*Sie benötigen:*

✳ lufttrocknender Ton (oder andere lufttrocknende Modelliermasse)
✳ Buchstaben-Stempelset
✳ Abdeckfolie und Klebeband
✳ Holzspieß
✳ farbiges Bindegarn

*Mit einem Holzspieß ein Loch stechen und mit Buchstabenstempeln den Namen der Pflanze in den Ton drücken.*

Befestigen Sie die Schildchen mit buntem Garn an kleinen Pflöcken, die Sie in die Erde stecken.

# Färben mit Gemüse

Mit Zutaten aus Ihrer Küche und dem Garten können Sie Stoffe ganz
natürlich und ohne Chemie einfärben.

*Sie benötigen:*

✳ Färbegut (Stoffe aus Naturfasern, z. B. Baumwolle oder Wolle)
✳ färbendes Gemüse (siehe unten)
✳ heller Essig oder Salz zum Beizen
✳ Gummihandschuhe
✳ alter Topf und Sieb
✳ große Glas- oder Edelstahlschüssel
✳ alter Holzlöffel

1 Wählen Sie ein Gemüse aus der unten stehenden Liste, oder experimentieren Sie, um Ihre
eigene Farbe zu entwickeln. Das Gemüse grob
hacken (bei Zwiebeln die Schalen verwenden)
und in einen großen Topf geben. Benutzen Sie
einen alten Topf, denn obwohl keine giftigen
Substanzen verwendet werden, können Farb-
rückstände im Topf bleiben. Das Gemüse vollständig mit Wasser bedecken. Je größer das Färbegut ist, desto mehr Wasser und Gemüse
werden benötigt. Das Färbebad bei geschlossenem Deckel etwa 1 Stunde köcheln lassen.

2 Inzwischen das Färbegut vorbereiten – man
kann zum Beizen Essig oder Salz verwenden.
Die Beize sorgt dafür, dass die Farbe besser in
das Gewebe eindringt und haltbarer wird. Wenn
Sie Essig verwenden, den Stoff 1 Stunde in einer
Mischung aus 1 Teil Essig und 4 Teilen Wasser
einweichen. Auswringen, aber nicht ausspülen.
Wenn Sie Salz verwenden, den Stoff zunächst
lediglich nass machen und auswringen.

3 Das heiße Gemüsewasser durch ein Sieb in eine
Glas- oder Edelstahlschüssel gießen (sie muss

groß genug für das Färbegut sein). Bei der Verwendung von Salz als Beize pro Liter Wasser
150 g Salz in das Gemüsewasser geben und
unter Rühren auflösen.

4 Das Färbegut in das Färbewasser tauchen. Mit
einem Holzlöffel nach unten drücken und etwa
15 Minuten langsam rühren, dann mindestens
1 Stunde einweichen. Je länger das Färbegut im
Färbebad bleibt, desto intensiver wird die Farbe.

5 Das Färbegut aus der Schüssel nehmen und mit
kaltem Wasser spülen, bis das Wasser klar bleibt.
Den gefärbten Stoff waschen und trocknen.

*Gewusst wie*

## Tipps zum Färben

Gemüse ist ein natürliches Färbemittel, weshalb man keine kräftigen,
leuchtenden Farben erwarten sollte und mit Unregelmäßigkeiten
rechnen muss. Es empfiehlt sich daher, erst ein wenig zu experimentieren, um zu sehen, was die natürlichen Farbbäder erreichen können.

| Gemüse | Beize | Farbe |
|---|---|---|
| Rote Bete | Essig | Dunkelrosa |
| Rote Bete | Salz | Goldgelb |
| gelbe Zwiebelschalen | Salz oder Essig | Orangebraun |
| Möhre | Essig | Blassgelb |
| Pilze | Salz | Braun |
| Rotkohl | Essig | Hellrosa |
| Rotkohl | Salz | Blauviolett |
| rote Zwiebelschalen | Salz oder Essig | Rosabraun |
| Spinat | Essig | Grün |

**TIPP**
Küchengeräte und -utensilien, die Sie zum Färben
benutzen, sollten vom Kochgeschirr getrennt
aufbewahrt und nicht zum Kochen verwendet
werden.

Im Allgemeinen nimmt Wolle Pflanzenfarben
besser an als Baumwolle. Bei jedem Farbmuster
ist links ein Baumwoll- und rechts ein Wollgarn
zu sehen. Bedenken Sie, dass natürliche Farben
mit der Zeit ausbleichen.

BAUMWOLLE
und WOLLE
ohne Farbe

ROTE
ZWIEBELN
mit Salz

ROTE
ZWIEBELN
mit Essig

BRAUNE
ZWIEBELN
mit Salz

BRAUNE
ZWIEBELN
mit Essig

ROTE BETE
mit Salz

ROTE BETE
mit Essig

ROTKOHL
mit Salz

ROTKOHL
mit Essig

SPINAT
mit Salz

SPINAT
mit Essig

# Gestrickter Einkaufsbeutel

Dieser Beutel wird doppelfädig mit einem Schur- und einem Baumwollgarn gestrickt und mit einem Gemüse Ihrer Wahl eingefärbt. Wir haben hier Rote Bete verwendet. Die Baumwolle hält den Beutel in Form, während die Schurwolle ihm Festigkeit verleiht.

*Sie benötigen:*

* ❋ 250 g 12-fädiges Schurwollgarn
* ❋ 150 g 8-fädiges Baumwollgarn
* ❋ Rundstricknadel Nr. 10 (100 cm lang)
* ❋ Wollnadel
* ❋ Schere

## 1. Maschenprobe

Es werden beide Garne zusammen verstrickt. Eine Maschenprobe von 11 Maschen und 18 Reihen sollte 10 × 10 cm ergeben. Auf ein paar Maschen oder Reihen mehr oder weniger kommt es nicht an, es beeinflusst höchstens die benötigte Garnmenge. Der Beutel wird kraus rechts gestrickt (Hin- und Rückreihen rechte Maschen).

## 2. Beutel

Mit doppeltem Faden 88 Maschen anschlagen und 10 Reihen kraus rechts stricken.

Für den 1. Henkel in den nächsten beiden Reihen beidseitig je 1 Masche aufnehmen (= 92 Maschen).

In der nächsten und übernächsten Reihe zu Reihenbeginn jeweils 28 Maschen (= 148 Maschen) neu anschlagen und 10 Reihen über alle Maschen kraus rechts stricken.

Nun die 28 zugenommenen Maschen beidseitig wieder abketten (= 92 Maschen).

In den nächsten beiden Reihen beidseitig je 1 Masche am Reihenende abnehmen (= 88 Maschen).

Weitere 10 cm kraus rechts stricken (etwa 20 Reihen). Dann für den 2. Henkel ebenso verfahren, wie oben für den 1. Henkel beschrieben.

Noch 10 Reihen kraus rechts stricken, dann alle Maschen abketten und die Fäden vernähen.

## 3. Fertigstellung

Das Strickstück in der Mitte falten. Die Seitenkanten und die Henkel im Matratzenstich zusammennähen. Alle Fäden vernähen.

Die Tasche mit einem Gemüse Ihrer Wahl (siehe Seite 188) einfärben.

*Mit dem Matratzenstich lassen sich die Seitenkanten und Henkel des Einkaufsbeutels unauffällig zusammennähen.*

Mit roten und gelben Zwiebelschalen erhält das gehäkelte Einkaufsnetz einen Braunton (rechts). Rote Bete verleiht der Stricktasche (links) ein zartes Rosa. Wolle nimmt Gemüsefarbe besser an als Baumwolle. Verwendet man beide Garne, entsteht ein changierender Effekt.

# Gehäkeltes Einkaufsnetz

Dieses aus Baumwollgarn gehäkelte praktische Einkaufsnetz passt in jede Handtasche und bietet eine Menge Platz für Ihre frischen Markteinkäufe.

*Sie benötigen:*

* 100 g 8-fädiges Baumwollgarn
* Häkelnadel Nr. 4,5
* Wollnadel
* Schere

### 1. Boden

Es wird in Runden gehäkelt. Jede Runde wird mit einer Kettmasche geschlossen.

**Runde 1**  Einen Fadenring legen und 6 fM in den Ring häkeln.

**Runde 2**  1 Lfm, 2 fM in jede fM der Vorrunde häkeln (= 12 Maschen).

**Runde 3**  1 Lfm, in jede 2. fM der Vorrunde 1 fM häkeln (= 18 Maschen).

**Runde 4**  1 Lfm, in jede 3. fM der Vorrunde 1 fM häkeln (= 24 Maschen).

**Runde 5**  1 Lfm, in jede 4. fM der Vorrunde 1 fM häkeln (= 30 Maschen).

**Runde 6**  1 Lfm, in jede 5. fM der Vorrunde 1 fM häkeln (= 36 Maschen).

**Runde 7**  1 Kettmasche in die 1. Masche der Vorrunde, 4 Lfm (zählt als 1 DoppelStb + 1 Lfm), 1 DoppelStb, 1 Lfm in jede Masche der Vorrunde. 1 Kettmasche in die 3. Lfm der Vorrunde.

### 2. Netzteil

**Runde 8**  1 Stb in den 1. Zwischenraum der Vorrunde, 3 Lfm, dann 1 Stb und 3 Lfm in jeden Zwischenraum der Vorrunde. Die Runde nicht mit einer Kettmasche schließen.

**Runde 9**  1 Stb in den 1. Lfm-Bogen, 5 Lfm, dann 1 Stb und 5 fM in jeden Lfm-Bogen. Auf diese Weise weitere Runden arbeiten, bis zu einer Höhe von etwa 40 cm ab Boden. Mit 1 Stb enden.

### 3. Abschluss

**Runde 1**  3 fM und 1 Stb in jeden Lfm-Bogen der Vorrunde. Die Runde mit 1 Kettmasche in das letzte Stb der Vorrunde beenden.

**Runde 2**  1 Stb, dann 2 Stb und 1 fM in jeden Lfm-Bogen der Vorrunde. Die Runde mit 1 Kettmasche in das 1. Stb beenden.

**Runde 3**  1 Stb, dann 1 Stb in jede Masche der Vorrunde, die Runde mit 1 Kettmasche in das 1. Stb beenden.

**Runde 4**  2 Stb, 1 DoppelStb in jede Masche der Vorrunde, die Runde mit 1 Kettmasche in das 1. DoppelStb beenden.

### 4. Henkel

Den Faden nicht abschneiden. 60 Lfm anschlagen, in die 28. Masche des oberen Netzrandes einstechen und die Lfm-Kette mit 1 Kettmasche anhäkeln. Die Arbeit wenden, 2 Stb, in die 2. Masche vom oberen Netzrand einstechen und mit 1 Kettmasche anhäkeln. In jede Lfm 1 DoppelStb häkeln, mit 1 Kettmasche in das 2. DoppelStb des oberen Netzrands schließen. Darauf achten, dass der Henkel nicht verdreht wird. Den Faden abschneiden und durch die Masche festziehen.

Für den 2. Henkel 28 Maschen am oberen Netzrand vom 1. Henkel abzählen. 60 Lfm häkeln und wie oben beschrieben weiterarbeiten.

### 5. Fertigstellung

In jede Masche der Innenseite von Henkeln und oberem Netzrand 1 Stb häkeln. Dann die Außenseite des Henkels und den oberen Netzrand mit Stb umhäkeln. Alle Fäden vernähen.

Das Einkaufsnetz mit einer Gemüsefarbe Ihrer Wahl (siehe Seite 188) einfärben. Wir haben Zwiebelschalen verwendet. Für einen verlaufenden Effekt das Netz 1 Stunde mit gelben Zwiebelschalen einfärben, dann die unteren zwei Drittel eine weitere Stunde, zuletzt das untere Drittel mit Rote-Zwiebel-Farbe 1 weitere Stunde einfärben.

*Der runde Boden besteht aus festen Maschen, das Netzteil aus einem Stäbchen und fünf Luftmaschen im Wechsel.*

**ABKÜRZUNGEN**

Lfm . . . . . . . . . . . . . . Luftmasche
fM . . . . . . . . . . . . . . . feste Masche
Stb . . . . . . . . . . . . . . . Stäbchen

# Gartentagebuch-Einband

In diese schön bestickte Schutzhülle können Sie jedes Jahr ein neues Heft hineinstecken, oder Sie gestalten immer einen neuen Einband und erhalten so über die Jahre eine hübsche Sammlung an Gartentagebüchern. Versehen Sie den Einband mit Datum oder Jahreszahl.

### Sie benötigen:

* 20 × 20 cm helles Leinen
* wasserlöslicher Textilmarker oder Schneiderkreide
* Stickrahmen (optional)
* Sticknadel
* Stickgarn in verschiedenen Farben
* 45 × 55 cm bunter Baumwollstoff (Stoff 1)
* 45 × 55 cm kontrastierender Baumwollstoff (Stoff 2)
* 30 × 40 cm feste Bügeleinlage
* Etikettenhalter aus Metall (Schreibwaren oder Bastelbedarf)
* Splinte (optional)
* Stoffschere, Stickschere und Nähutensilien
* Nähmaschine und Nähgarn in passenden Farben
* Bügeleisen und -brett

1  Eine der Stickvorlagen von Seite 204 mit dem Textilmarker auf den Leinenstoff übertragen. Am einfachsten geht das, wenn Sie die Vorlage fotokopieren und gegen ein Fenster gehalten abpausen. Dabei müssen nicht alle Details eingezeichnet werden. Es reicht, wenn Sie nur die Außenkonturen und Grundlinien nachzeichnen.

2  Den Stoff in den Stickrahmen spannen, falls verwendet. Bearbeiten Sie immer nur kleine Bereiche, und spannen Sie den Stoff immer neu in den Rahmen ein. Wenn Sie nicht daran arbeiten, sollte der Stoff nicht eingespannt bleiben, sonst verzieht er sich dauerhaft.

3  Sie können jeden Ihnen bekannten Zierstich anwenden. Wir haben für die Außenlinien einen Stielstich mit zwei Fäden verwendet. Plattstich ist geeignet für Gemüse wie Tomaten und Möhren, während ein französischer Knötchenstich sich für Blumenkohl und Brokkoli empfiehlt. Das Möhrenkraut besteht aus Stielstichen, der Kohl aus Bouillonstichen. Die Beschriftung erfolgt im Steppstich.

4  Wenn das Motiv fertig ist, den Stoff unter lauwarmem Wasser spülen, um Markierer oder Schneiderkreide auszuwaschen. Den bestickten Stoff spannen und trocknen lassen. Mit der Rückseite nach oben auf ein Handtuch legen und vorsichtig bügeln, damit die Zierstiche nicht flach gedrückt werden.

5  Von Stoff 2 einen 2,5 cm breiten Streifen zuschneiden und in vier Stücke teilen. Je einen Streifen rechts auf rechts auf die beiden Seiten des bestickten Leinens heften und mit 6 mm Nahtzugabe aufsteppen. Die Nahtzugaben nach außen bügeln. Die anderen beiden Streifen auf gleiche Weise am oberen und unteren Rand des Leinens aufnähen. Das bestickte Leinen mit Stoffrahmen sollte etwa 12 × 15 cm messen, passend für ein DIN-A5-Spiralheft. Wenn Ihr Gartentagebuch eine andere Größe hat, ändern Sie die Maße entsprechend.

6  Aus Stoff 1 ein 24 × 34 cm großes Rechteck zuschneiden. Vom rechten Rand des Rechtecks erst einen 3 cm breiten Streifen, dann einen 12 cm breiten Streifen in der Länge abschneiden.

7  Vom 12 cm breiten Stück die oberen 4 cm und die unteren 6 cm abschneiden. (Sie können beide Streifen nach Belieben auch je 5 cm breit schneiden.) Den Mittelteil entfernen. Die beiden Stoffstreifen oben und unten rechts auf rechts auf den Rahmen des Stickmotivs heften und feststeppen. Die Nahtzugaben nach außen bügeln.

8  Den 3 cm breiten Streifen rechts auf rechts auf die rechte Seite des Stickmotivs heften und feststeppen. Das übrige Stoffstück auf die linke Seite des Stickmotivs heften und feststeppen. Die Nahtzugaben jeweils nach außen bügeln.

9  Die Bügeleinlage zu einem 22,5 × 34 cm großen Rechteck schneiden und nach Anleitung auf die Rückseite des Baumwollstoffs bügeln.

10  Aus Stoff 2 zwei Rechtecke zu je 22,5 × 20 cm zuschneiden. Längs falten, sodass die Stoffrückseite innen liegt, und zusammendrücken. Mit den offenen Kanten bündig auf die rechte und die linke Kante des Einbands legen, feststecken und alle drei Kanten mit einer Nahtzugabe von 6 mm steppen. Alle Kanten versäubern.

11  Die Ecken abschneiden und den Stoff wenden. Die offenen Kanten oben und unten einschlagen und mit Blindstich annähen und festdrücken.

12  Den Etikettenhalter auf der Vorderseite unter dem Stickmotiv mit Splinten befestigen oder von Hand aufnähen. Das Etikett mit einer Jahreszahl beschriften und in den Etikettenhalter stecken. Die Hülle über ein DIN-A5-Spiralheft ziehen.

Diese Buchhüllen können jedes Jahr für ein neues Garten-
buch verwendet werden und bieten einen attraktiven Schutz.

**TIPP**
Die in der Anleitung angegebenen Maße passen
für ein DIN-A5-Spiralheft. Die fertige Hülle misst
21,5 × 33 cm.

*Die Buchhülle wird Stück für Stück zusammengefügt: Zunächst das Stick-
motiv mit einem kontrastierenden Stoff einrahmen, dann die Seitenteile aus
dem gemusterten Stoff annähen.*

# Samenpapier

Grußkarten aus handgeschöpftem Papier mit Pflanzensamen erfüllen gleich einen doppelten Zweck.

*Sie benötigen:*

* recycelbares Papier
* Schüssel und Mixer
* Lebensmittelfarbe (optional)
* Aluform (32 × 26 cm)
* Fliegengitter aus Metall
* Pflanzensamen
* alte Hand- und Geschirrtücher
* Bügeleisen

1   Das Papier in kleine Stücke reißen oder schreddern. In eine Schüssel geben, mit Wasser bedecken und 30–60 Minuten quellen lassen.

2   Die Papiermaische in den Mixer geben und mit Wasser bedecken. Zu einer dicken Paste mixen. Wenn das verwendete Papier bedruckt oder beschriftet war, erhält die Maische einen leichten Graustich. Sie kann nach Belieben mit wenig Lebensmittelfarbe bunt eingefärbt werden.

3   Das Fliegengitter rundum etwa 1 mm größer zuschneiden als die Aluform, sodass das Gitter nicht direkt auf dem Boden der Form aufliegt. Gitter in die Form legen und diese zur Hälfte mit Wasser füllen. Die Maische daraufgeben und durch Schwenken der Form gleichmäßig verteilen. Mit 1 Esslöffel Pflanzensamen bestreuen.

4   Das Fliegengitter vorsichtig herausnehmen und abtropfen lassen. Die Papierschicht sollte etwa 2 mm dick sein und das Gitter vollständig bedecken. Das Gitter auf das Geschirrtuch legen und das Papier kurz abtropfen lassen.

5   Das Geschirrtuch mit dem Gitter auf ein dickes ausgebreitetes Handtuch legen. Ein weiteres Geschirrtuch darüberlegen und mit geringer Hitze und leichtem Druck darüberbügeln, sodass weiteres Wasser herausgepresst wird. Sobald sich Dampf bildet, nicht mehr bügeln.

6   Papier vorsichtig vom Gitter ablösen und auf einem trockenen Geschirrtuch 1 Tag vollständig trocknen lassen. Getrocknetes Papier in Formen schneiden oder reißen und Karten gestalten.

*Für selbst gemachtes Samenpapier brauchen Sie nur wenige einfache Hilfsmittel aus der Küche.*

Wenn das Papier getrocknet ist, können Sie es in Formen schneiden oder reißen und Grußkarten damit verzieren. Für das Samenpapier eignen sich sämtliche kleine Gemüsesamen wie von Brokkoli, Frühlingszwiebeln, Salat oder Möhren. Fügen Sie der Karte noch eine kurze Anleitung zum Aussäen bei.

## TIPPS

* Damit beim späteren Beschreiben des Papiers die Tinte nicht verläuft, geben Sie 1 Esslöffel flüssige Stärke in die Maische.

* Sollte sich das Samenpapier wölben, legen Sie es auf ein feuchtes Geschirrtuch und drücken es mit einem kalten Bügeleisen wieder flach.

# Tischdekorationen

Nutzen Sie die Vielfalt Ihres Gemüsegartens auch, um ungewöhnliche Tischdekorationen zu gestalten, die Ihre Gäste staunen lassen. Wichtig ist, dass die Arrangements in Farben, Größen und Texturen aufeinander abgestimmt sind.

Mit Gemüse lässt sich schöner Tischschmuck im Landhausstil gestalten. Nehmen Sie nur vier bis fünf farblich harmonierende Gemüsesorten. Probieren Sie es mit diesen saisonalen Kombinationen:

**Frühling** Artischocken, Blumenkohl, Spargel, Weißkohl, Fenchel
**Sommer** Tomaten, Auberginen, Kohl, Paprika, Zucchini
**Herbst** Kürbis, Grünkohl, Zucchini, Knoblauch, Brokkoli
**Winter** Möhren, Mangold, Rosenkohl, Fenchel

## Gefäße und Behälter

Durchforsten Sie Ihre Schränke nach geeigneten Gefäßen. Eine Mischung aus unterschiedlichen Gläsern, Tassen, Tellern und Platten bietet Ihnen viele Möglichkeiten. Gemüse, das schnell welkt, in Wasser stellen. Holz- und Weidenkörbe oder Sackleinen verleihen eine noch rustikalere Note.

## Tischkarten

Mit Tischkarten lässt sich jede Tafel individuell gestalten. Wählen Sie kleine Gemüsesorten wie Knoblauch, um Namensschildchen mit Bindegarn oder einem Band daran zu befestigen. Mit Samentütchen wird jede Tischkarte ein originelles Unikat.

### Sie benötigen:

* Gefäße und Behälter, große Platte, kleine Vasen, Gläser etc.
* Bindfaden, Zahnstocher und/oder Klebmasse zum Fixieren der Arrangements
* saisonal frisches Gemüse in unterschiedlichen Größen und Texturen, farblich zueinander passend
* Samentütchen oder Pflanzenschildchen als Tischkarten

OBEN: Knoblauch, ein Pflanzenschild und ein Samentütchen bilden eine individuelle Tischkarte. Wählen Sie kleineres, robustes Gemüse, das nicht schnell welk wird.

Verschiedene Kürbissorten mit Grünkohl, Patissons und Brokkoli bilden einen farblich in Grün- und Gelbtönen gehaltenen rustikalen Blickfang für eine herbstliche Tafel.

Ein Holzkorb ist der perfekte Behälter für ein Arrangement aus Patissons, Knoblauch, Brokkoli und Grünkohl.

# Erbsen-Stickbild

Knackige, frische Grüntöne bringen Leben in dieses gestickte Bild einer einzelnen geöffneten Erbsenschote, die süße, pralle Erbsenkerne enthüllt, sodass man sie am liebsten gleich essen würde.

## *Sie benötigen:*

* ❊ 30 × 30 cm naturfarbener Leinenstoff, 11-fädig
* ❊ Stickgarn, wie in der Legende (siehe Seite 205) angegeben
* ❊ Sticknadel
* ❊ Stickschere und Stoffschere
* ❊ Stickrahmen (optional)
* ❊ Stecknadeln
* ❊ Bügeleisen und -brett, Dämpftuch
* ❊ 15 × 15 cm Schaumpappe (6 mm dick) zum Bespannen (optional)

**1** Zuerst die Kanten des Leinenstoffs provisorisch versäubern, damit sie beim Sticken nicht ausfransen.

**2** Um das Stickmotiv mittig zu platzieren, kennzeichnen Sie die Mitte des Stoffes wie folgt: Den Leinenstoff zur Hälfte falten, den Falz andrücken und diesen mit einem Faden mit großen Vorstichen markieren. Dabei dem Fadenlauf des Leinenstoffs folgen. Den Stoff senkrecht dazu falten und den dabei entstandenen Falz ebenfalls mit Vorstichen markieren.

**3** Von der Mitte ausgehend, das Motiv nach dem Zählmuster (siehe Seite 205) zweifädig im Kreuzstich über zwei Fäden aufsticken.

**4** Wenn das Kreuzstichmotiv fertig gestickt ist, in Dunkelgrün, wie im Zählmuster (siehe Seite 205) eingezeichnet, zwei Linien im Steppstich auf die Erbsenschote und die Ranken aufsticken.

**5** Den Stoff vorsichtig mit etwas Shampoo in lauwarmem Wasser waschen und ausspülen. Den Stoff auf eine glatte Fläche legen, mit Stecknadeln spannen, z. B. auf dem Bügelbrett, und trocknen lassen. Von der Rückseite mit einem Dampfbügeleisen und einem Dämpftuch glatt bügeln.

**6** Das Stickbild vom Fachmann rahmen lassen. Alternativ auf ein Quadrat Schaumpappe aufziehen und die Stoffkanten auf der Rückseite mit Garn verbinden, um das Gewebe zu spannen. Nach Belieben rahmen.

*Sie können das Stickbild auch in einen Stickrahmen gespannt aufhängen. Überstehenden Stoff auf der Rückseite abschneiden und den Stickrahmen an einem schönen Satinband an der Wand aufhängen.*

Mit einer traditionellen Bespannung und Rahmung entsteht ein dreidimensionaler Effekt, wie er hier mit einem alten Rahmen und einem Schmuckband erzeugt wurde. Die sanften Grüntöne dieser Stickarbeit passen zu vielen Dekorstilen.

*Beginnen Sie mit dem Sticken in der Mitte des Leinenstoffs. Das Zählmuster finden Sie auf Seite 205.*

# Wimpelkette

Mit dieser fröhlichen Wimpelkette können Sie Ihren Gemüsegarten einrahmen. Auch geeignet als Deko für Terrasse, Balkon oder andere Außenbereiche.

## Sie benötigen:

* Stoffreste (45 × 55 cm) aus bunt bedrucktem und unifarbenem Baumwollstoff oder Fat-Quarter-Stoffpaket
* 5 m Schrägband, vorgefalzt (2,5 cm breit)
* Pappe, Lineal und Bleistift
* wasserlöslicher Textilmarker oder Schneiderkreide
* Zickzackschere und Stecknadeln
* Nähmaschine und passendes Nähgarn
* Bügeleisen und -brett

1   Ein Dreieck auf ein Stück Pappe aufzeichnen und als Schablone ausschneiden. Die Größe des Dreiecks kann selbst festgelegt werden. Allerdings sollte die dritte Seite kürzer sein als die beiden gleich langen Seiten.

2   Die Stoffstücke rechts auf rechts doppelt legen. Die Symmetrieachse des Dreiecks verläuft im Fadenlauf. Mithilfe der Schablone so viele Dreiecke wie benötigt mit Textilmarker oder Schneiderkreide aufzeichnen. Dabei zwischen den einzelnen Dreiecken einen Abstand von mindestens 1,5 cm lassen.

3   Die beiden Stofflagen innerhalb der aufgezeichneten Dreiecke zusammenstecken und auf den eingezeichneten Linien zusammensteppen.

4   Die Dreiecke mit der Zickzackschere knapp neben der Naht ausschneiden und in der gewünschten Reihenfolge nebeneinanderlegen.

5   Die Dreiecke mit der kurzen Seite in einem Abstand von etwa 2,5 cm auf eine Hälfte des Schrägbands legen und feststecken. Dabei am Anfang und Ende mindestens 30 cm Schrägband frei lassen, um die Wimpelkette später festbinden zu können. Die andere Hälfte des Schrägbands darüberklappen und feststeppen.

### TIPPS

* Fertigen Sie so viele Dreiecke wie benötigt an, damit die Wimpelkette die gewünschte Länge erhält. Eine geeignete Größe für die Dreiecke wäre 15–20 cm für die langen Seiten und 10–15 cm für die kurze Seite.

* Der Begriff „Fat Quarter" bezeichnet ein Stück Stoff in den Maßen 45 × 55 cm. Ein Yard oder ein Meter Stoff wird zuerst in der Länge halbiert und dann noch einmal in der Breite. So erhält man „fette Viertel".

Zuerst die Dreiecke aufzeichnen, die beiden Stoffe aufeinanderstecken, an den Linien steppen und Wimpel ausschneiden.

Die Wimpel halb in das Schrägband einlegen und feststecken. Die andere Hälfte darüberklappen und steppen.

*Legen Sie die Wimpel zuerst in verschiedenen Anordnungen auf den Boden, um zu sehen, was am besten aussieht. Sind Sie mit dem Ergebnis zufrieden, nähen Sie das Schrägband an.*

Die Größe der Dreiecke und die Abstände zwischen den Wimpeln legen Sie selbst fest. Mit unterschiedlichen Farben und Designs entsteht eine fröhliche Wimpelkette, die Innen- und Außenbereiche verschönert.

# Gemüsestempel

In der Schnittfläche von vielen Gemüsesorten verbergen sich oftmals schöne Motive. Hier haben wir Stangensellerie und Okraschoten für ein originelles Geschenkpapier verwendet sowie Sellerie und Radicchio für Geschenkkarten.

## Sie benötigen:

* Gemüse mit attraktiver Schnittfläche
* Stempelkissen
* weißes Geschenk-/Einschlagpapier, Künstlerpapier und weiße Karten
* Schneidebrett und Messer
* Küchenpapier
* altes Geschirrtuch

1   Das ausgewählte Gemüse quer durchschneiden. Eine Staude Stangensellerie z.B. knapp über der Basis durchschneiden. Mit der Schnittfläche auf einige Lagen Küchenpapier setzen, um austretende Flüssigkeit aufzusaugen.

2   Die Stempelfarbe auf die Schnittseite auftragen. Ein paar Probedrucke auf Schmierpapier machen, um zu sehen, wie viel Farbe benötigt wird und wie fest aufgedrückt werden muss.

3   Ein gefaltetes Geschirrtuch unter das Papier oder die Karte legen. So entsteht eine weiche Unterlage, auf der der Gemüseabdruck gleichmäßiger wird. Den Gemüsestempel in der gewünschten Anordnung auf das Papier bzw. die Karte drücken.

4   Sobald die Farbe gut getrocknet ist, kann man das Papier bzw. die Karte verwenden.

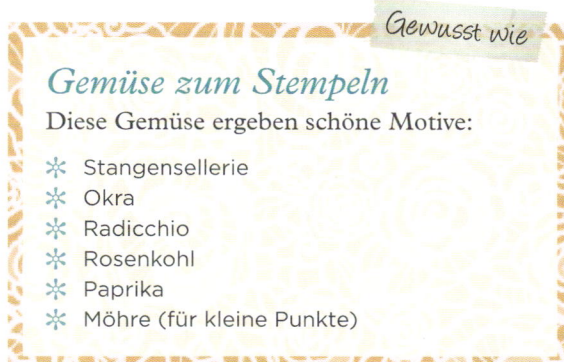

*Gewusst wie*

### Gemüse zum Stempeln
Diese Gemüse ergeben schöne Motive:

* Stangensellerie
* Okra
* Radicchio
* Rosenkohl
* Paprika
* Möhre (für kleine Punkte)

**TIPP**
Nach einer gewissen Zeit weicht der Gemüsestempel etwas auf. Schneiden Sie dann mit einem scharfen Messer eine dünne Scheibe von Ihrem Stempelgemüse ab, und schon haben Sie einen frischen Stempel.

Eine Selleriestaude, etwa 5 cm oberhalb der Basis durchgeschnitten, ergibt ein großes rosenartiges Muster (wie auf dem großen Geschenk zu sehen). Durchgeschnittene Okraschoten ergeben kleine runde Blumenformen (wie auf dem Päckchen ganz links). Das Päckchen ganz vorn wurde mit einem grün gefärbten Selleriestempel verziert. Auf den Karten sind Radicchio (oben) und Sellerie (unten) zu sehen.

*Das Stempelkissen gegebenenfalls mehrmals gegen die Schnittfläche drücken, bis diese gleichmäßig eingefärbt ist.*

# Einmachgläser dekorieren

Die konservierten Schätze aus Ihrem Garten, egal ob als Saucen, Konfitüren oder Eingelegtes, werden in schönen Gläsern und hübsch verziert zum tollen Mitbringsel.

## Sie benötigen:

❋ Stoffreste, buntes oder bedrucktes Papier, Satinbänder, Bindegarn oder Elastikband
❋ Anhänger oder dünne Pappe für Anhänger (optional)
❋ dickes Papier für Etiketten
❋ Decoupagekleber und -lack (Bastelbedarf)
❋ dünner Pinsel
❋ Zickzackschere
❋ 2-fädiges Baumwollgarn und Häkelnadel Nr. 3
❋ wasserlöslicher Textilmarker
❋ Nähnadel und -garn
❋ Schere, Bleistift und Cutter
❋ Stickgarn und -nadel

### Etiketten und Anhänger

1   Vorgefertigte Anhänger aus dem Schreibwarenhandel verwenden oder aus dünner Pappe selbst zuschneiden. Etiketten aus Papier ausschneiden. Für Anhänger und Etiketten findet man auch im Internet verschiedene Vorlagen zum Selbstausdrucken und -beschriften. Die Anhänger mit Garn oder einem Band um den Rand des Glases binden.

2   Die Vorderseite des beschrifteten Etiketts mit einer dünnen Schicht Decoupagekleber und -lack überziehen und trocknen lassen. Das Papier wellt sich eventuell, wird beim Trocknen aber wieder flach. Nun die Rückseite des Etiketts bestreichen und auf das saubere, trockene Glas kleben. Erneut Decoupagekleber/-lack auf Etikettenrand und Glas auftragen (überschüssigen Lack mit einem feuchten Lappen entfernen) und trocknen lassen. Eine weitere Schicht Kleber und Lack auftragen und erneut trocknen lassen.

### Deckeletiketten

1   Ein schönes farbiges oder gemustertes Papier auswählen. Einen Kreis im Durchmesser des Deckels auf das Papier zeichnen und ausschneiden. Das Etikett etwas kleiner ausschneiden, wenn der Rand des Deckels frei bleiben soll. Die Vorderseite des Papierkreises mit Decoupagekleber/-lack bestreichen und trocknen lassen.

2   Den Deckel und die Rückseite des Papierkreises mit Decoupagekleber/-lack überziehen. Das Papier auf dem Deckel anbringen und mit zwei Schichten Kleber/Lack über den Rand des Papiers hinaus überziehen. Jeweils trocknen lassen.

### Stoff- und Papierhauben

Stoff mit einer Zickzackschere, Papier mit einer Papierschere kreisrund oder quadratisch ausschneiden. Stoff oder Papier sollten rundum 2–3 cm größer als der Deckel sein. Mittig auf den Deckel legen und nach unten streichen. Mit Garn, einem Satin- oder Elastikband festbinden.

### Häkelhaube

1   4 Lfm mit Häkelnadel Nr. 3 anschlagen und zum Ring schließen oder einen Fadenring legen. 6 Stb in den Ring häkeln. Mit 1 Kettmasche in das 1. Stb zur Runde schließen. In der 2. Runde 1 Stb, dann 2 Stb in jede Masche der Vorrunde häkeln. In der 3. Runde 2 Stb, dann 2 Stb in jede Masche der Vorrunde häkeln. Auf diese Weise Reihe für Reihe zunehmen, bis der Kreis knapp so groß ist wie der Deckeldurchmesser.

2   Nun 1 Runde Stb ohne Zunahmen arbeiten. 2 Runden DoppelStb, dabei in der 2. Runde gegebenenfalls 2 Maschen abnehmen, sodass die Gesamtmaschenzahl durch 4 teilbar ist. Eine weitere Runde DoppelStb häkeln.

3   Für die Borte in der folgenden Runde die 1. Masche überspringen und in die 2. Masche der Vorrunde 5 DoppelStb häkeln. Die 3. Masche überspringen und 1 Kettmasche in die 4. Masche arbeiten. Wieder eine Masche überspringen, 5 DoppelStb in die nächste Masche arbeiten, 1 Masche überspringen, 1 Kettmasche. So weiterarbeiten, bis die Runde mit 1 Kettmasche in die letzte Masche der Vorrunde geschlossen wird. Den Faden abschneiden und vernähen.

4   Ein schmales Satinband durch die mittlere DoppelStb-Runde weben und die Häkelhaube damit um den Rand des Glases festbinden.

### Bestickte Haube

1   Den Umfang des Deckels auf ein Stück Stoff aufzeichnen, dann rundum einen zweiten Kreis mit einem 2–3 cm größeren Radius aufzeichnen. Den Kreis an der äußeren Linie mit einer Zickzackschere ausschneiden, alternativ mit einer Stoffschere und den Rand versäubern.

Hübsch beschriftet und dekoriert, sind die konservierten Schätze aus Ihrem Garten ein schönes Mitbringsel, über die sich jeder freut. Einmachgläser können mit Stoff, Papier und bunten Bändern individuell gestaltet werden.

**2** In der Mitte des Kreises die Konturen eines Gemüsemotivs aufzeichnen. Entweder mit einem Zierstich nur auf den Linien sticken oder das Motiv mit farbigem Garn im Kreuzstich ausfüllen.

**3** Nach Belieben den Rand mit einer Borte einfassen, entweder mit einer fertigen Schmuckborte oder einer selbst gehäkelten. Dafür mit Häkelnadel Nr. 3 eine Lfm-Kette anschlagen, die so lang ist wie der Kreisumfang. Eine Reihe Stb in jede Lfm, dann ★3 Lfm, 1 Masche überspringen, 1 Kettmasche in die folgende Masche★; ab ★ stets wiederholen. Den Faden abschneiden und vernähen. Die Borte an den Haubenrand nähen.

**ABKÜRZUNGEN**

| | |
|---|---|
| Lfm | Luftmasche |
| fM | feste Masche |
| Stb | Stäbchen |

*Für die Borte der Häkelhaube 1 Masche überspringen, 5 DoppelStb in die nächste Masche, wieder 1 Masche überspringen und 1 Kettmasche in die folgende Masche.*

# Vorlagen

*Applikationen
für Schürze,
Topflappen oder
Ofenhandschuh*

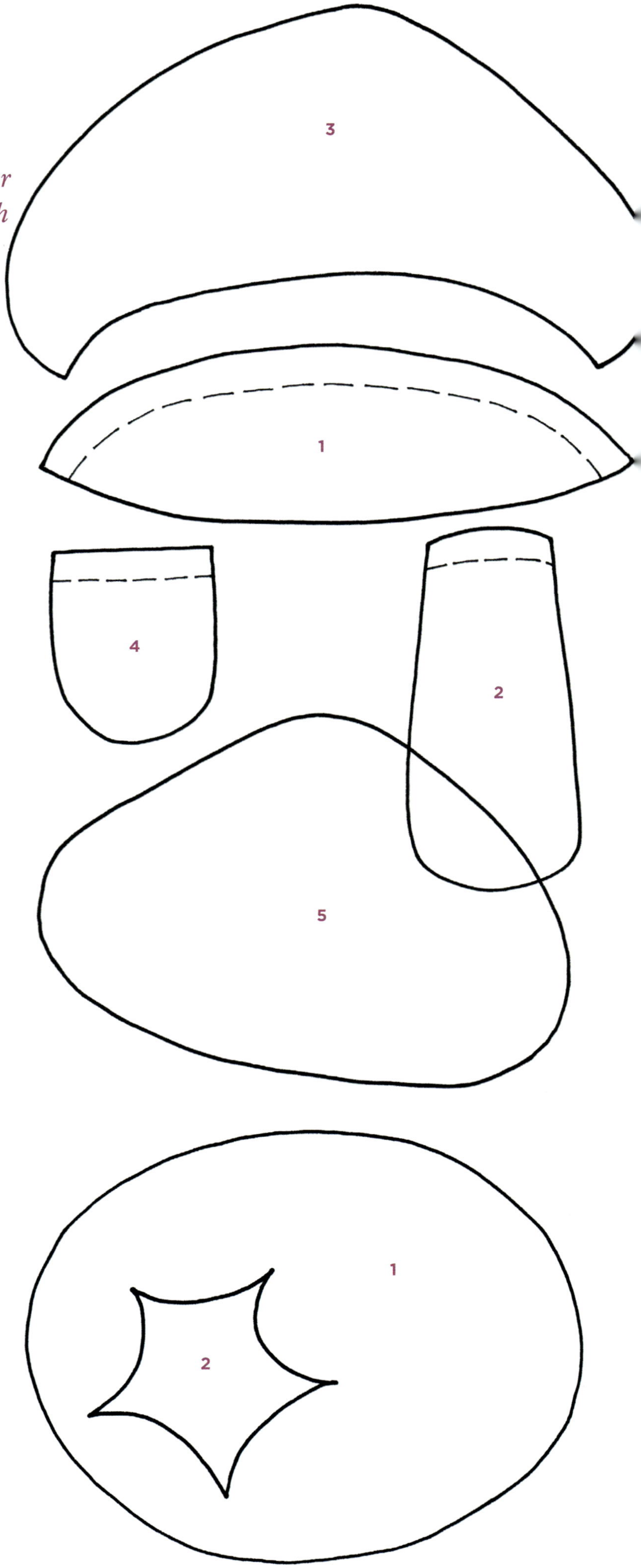

*Motive für das Gartentagebuch*

Gartentagebuch

Gartentagebuch

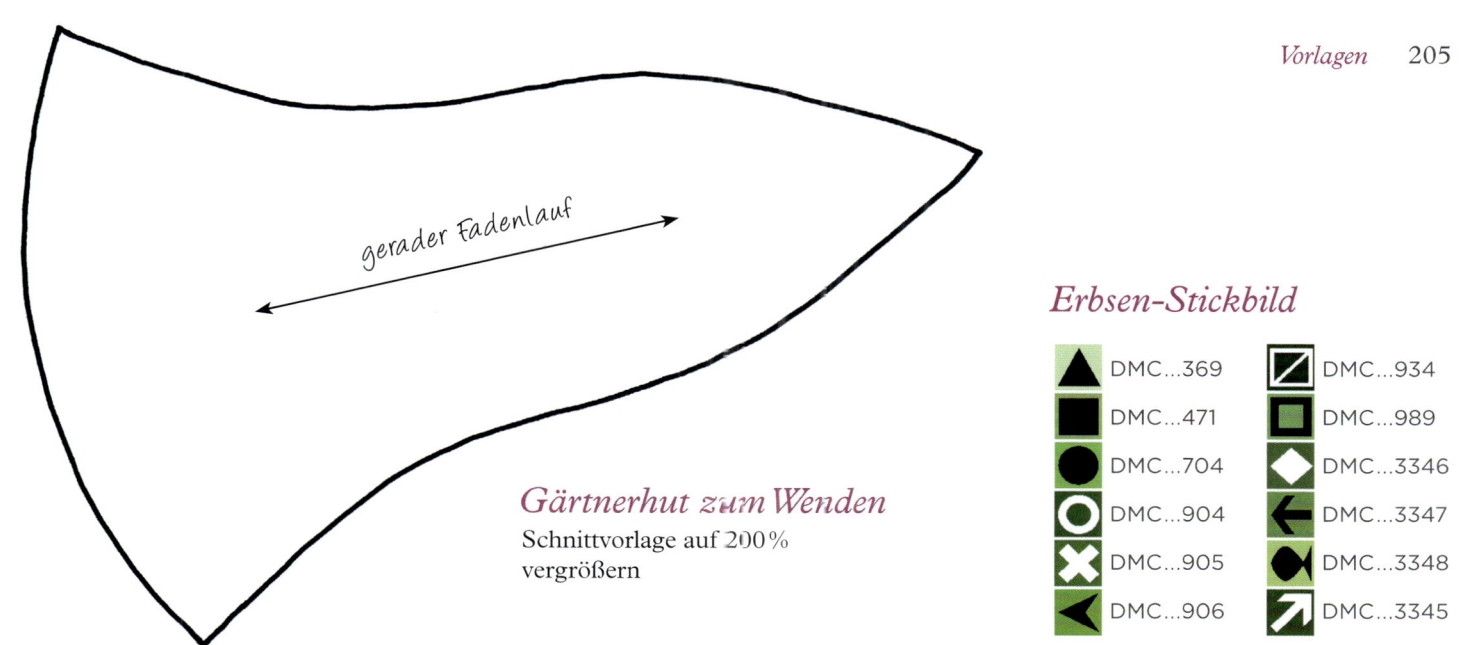

**Gärtnerhut zum Wenden**
Schnittvorlage auf 200 %
vergrößern

gerader Fadenlauf

## Erbsen-Stickbild

| | | | |
|---|---|---|---|
| ▲ | DMC…369 | ◨ | DMC…934 |
| ■ | DMC…471 | ▣ | DMC…989 |
| ● | DMC…704 | ◆ | DMC…3346 |
| ◉ | DMC…904 | ◀ | DMC…3347 |
| ✕ | DMC…905 | ◗ | DMC…3348 |
| ◀ | DMC…906 | ↗ | DMC…3345 |

# KOCHEN MIT GEMÜSE

# Hühnersuppe mit Gemüse und Klößchen

Eine klare Hühnerbrühe ist ein uraltes Hausmittel bei Erkältungen und zur Stärkung der Abwehrkräfte, und es gibt auch eine wissenschaftliche Erklärung für die Wirksamkeit: Denn neben den wohltuenden heißen Dämpfen, die den Kopf befreien, liefert Hühnerbrühe diverse entzündungshemmende Substanzen. Dieses Suppenrezept enthält neben einer Gemüseeinlage auch Klößchen aus Matzenbrot, eine traditionelle Zutat aus der jüdischen Küche.

ZUBEREITUNGSZEIT: . . . . 20 MINUTEN, PLUS KÜHLZEIT
GARZEIT: . . . . . . . . . . . 4–6 STUNDEN UND 30 MINUTEN
PORTIONEN: . . . . . . . . . . . . . . . . . . . . . . . . . . . . . . 4

## Für die Hühnersuppe

1 Suppenhuhn (etwa 1,6 kg)

3 Zwiebeln, geschält

4 große Möhren, längs halbiert, in 2 cm dicke Scheiben geschnitten

2 Pastinaken, längs halbiert, in 2 cm dicke Scheiben geschnitten

4 Stangen Sellerie, in 2 cm dicken Scheiben

½ Bund Dill, mit Küchengarn gebunden

½ Bund glatte Petersilie, mit Küchengarn gebunden

## Für die Matzenklößchen

100 g Matzenmehl oder fein gemahlenes Matzenbrot

2 Eier

125 ml Olivenöl

Für die Hühnersuppe das Suppenhuhn nach Belieben in Stücke teilen. Gemüse und Kräuter in einen großen Topf geben. Das Suppenhuhn daraufsetzen und 3–4 l Wasser aufgießen.

Den Deckel aufsetzen und bei niedriger Hitze 4–6 Stunden köcheln lassen.

Die Brühe durch ein Sieb in eine große Schüssel gießen. Die Brühe erkalten lassen, dann in den Kühlschrank stellen, damit das Fett an der Oberfläche fest wird und sich gut abschöpfen lässt. Gemüse und Fleisch aus dem Sieb nehmen. Das Hähnchenfleisch von den Knochen lösen und in mundgerechte Stücke teilen. Mit dem Gemüse beiseitestellen. Die Kräuter entsorgen.

Für die Matzenklößchen Matzenmehl, Eier, Öl und 60 ml Wasser (oder Hühnerbrühe) in einer großen Schüssel vermengen und 20 Minuten im Kühlschrank quellen lassen. Mit befeuchteten Händen zu kleinen Kugeln formen.

Die Hühnerbrühe entfetten, dann in einem großen Topf erhitzen. Die Matzenklößchen hineingeben und 20–30 Minuten gar ziehen lassen. Gemüse und Fleisch zugeben und heiß werden lassen.

**TIPPS**
Statt Matzenklößchen können Sie Eiernudeln oder Reisnudeln als Einlage in die Suppe geben.

Matzenmehl besteht aus fein gemahlenem Matzenbrot, das in gut sortierten Supermärkten erhältlich ist.

**PRO PORTION**
3464 kJ, 828 kcal, 57 g Eiweiß, 52 g Fett (11 g gesättigte Fettsäuren), 35 g Kohlenhydrate (11 g Zucker), 7 g Ballaststoffe, 348 mg Natrium

# Maiscremesuppe mit Maisbrot

Mais enthält viel Folsäure. Das restliche Gemüse in dieser nahrhaften Suppe liefert Vitamin C, die Milch steuert Kalzium bei. Das schöne gelbe Maisbrot ist eine überaus schmackhafte Beilage.

**ZUBEREITUNGSZEIT:** . . . . . . . . . . . . . . 20 MINUTEN
**GARZEIT:** . . . . . . . . . . . . . . . . . . . . . . 35 MINUTEN
**PORTIONEN:** . . . . . . . . . . . . . . . . . . . . . . . . . . . 8

**Für das Maisbrot**
Butter, zum Einfetten
225 g Mehl
180 g Polenta (Maisgrieß)
1 Päckchen Backpulver
2 EL Zucker
1 TL Salz
1 Ei
310 ml kalte Milch
60 ml Pflanzenöl

**Für die Maiscremesuppe**
1 EL Olivenöl
2 Scheiben magerer Frühstücksspeck, grob gehackt
2 große Zwiebeln, gewürfelt
2 große Möhren, gewürfelt
2 Stangen Sellerie, gewürfelt
350 g Kartoffeln, geschält und gewürfelt
1,5 l salzreduzierte Hühnerbrühe
400 g Maiskörner
500 ml Milch (1,5 %)
1 Prise frisch gemahlener schwarzer Pfeffer
1 Prise Cayennepfeffer

Für das Maisbrot den Backofen auf 200 °C vorheizen und eine quadratische Backform (20 cm Seitenlänge) einfetten.

Mehl, Polenta, Backpulver, Zucker und Salz in eine große Schüssel sieben und eine Mulde in die Mitte drücken. Ei, Milch und Öl in einem Messbecher verquirlen und in die Mulde gießen. Mit einer Gabel nach und nach in die trockenen Zutaten einarbeiten, aber nicht zu lange rühren.

Den Teig in die vorbereitete Form füllen und im vorgeheizten Ofen 20–25 Minuten goldbraun backen. Das Brot 10 Minuten in der Form abkühlen lassen. In große Quadrate schneiden und bis zum Servieren warm halten.

Für die Suppe das Öl in einem großen, schweren Topf erhitzen. Den Speck darin bei mittlerer Hitze etwa 4 Minuten anbraten. Herausnehmen und auf Küchenpapier abtropfen lassen.

Zwiebeln, Möhren und Sellerie in den Topf geben und 5 Minuten anschwitzen.

Kartoffeln und Brühe zufügen und zum Kochen bringen. Die Temperatur reduzieren und bei niedriger Hitze halb zugedeckt etwa 10 Minuten unter gelegentlichem Rühren köcheln lassen, bis das Gemüse weich ist.

Die Maiskörner untermischen und die Suppe ohne Deckel 5 Minuten kochen lassen.

Den Topf vom Herd nehmen und etwa 2 ½ Tassen Suppe im Mixer glatt pürieren.

Die pürierte Suppe mit der Milch in die restliche Suppe im Topf rühren und etwa 3 Minuten köcheln lassen. Mit Pfeffer und Cayennepfeffer abschmecken. Mit Speck garnieren und mit warmem Maisbrot servieren.

**PRO PORTION**
1525 kJ, 364 kcal, 15 g Eiweiß, 14 g Fett (3 g gesättigte Fettsäuren), 44 g Kohlenhydrate (13 g Zucker), 4 g Ballaststoffe, 1197 mg Natrium (1 Portion Maisbrot eingerechnet)

# Asiatische Nudelsuppe mit Gemüse

Pilze sind generell sehr gesund, wobei jede Sorte ihre eigenen gesundheitlichen Vorzüge hat. Sie können also in diesem Rezept nach Belieben unterschiedliche Sorten wie zum Beispiel Champignons, Shiitake, Enoki und Austernpilze mischen.

**ZUBEREITUNGSZEIT:** . . . . . . . . . . . . . . . .10 MINUTEN
**GARZEIT:** . . . . . . . . . . . . . . . . . . . . . . . 10–12 MINUTEN
**PORTIONEN:** . . . . . . . . . . . . . . . . . . . . . . . . . . . . . .4

1 EL Raps- oder Erdnussöl

2 cm frischer Ingwer, geschält, in feine Stifte geschnitten

3 Knoblauchzehen, zerdrückt

6 Frühlingszwiebeln, weißer Teil in 3 cm lange Stücke geschnitten, grüner Teil fein gehackt

400 g gemischte Pilze (z. B. braune Champignons, Shiitake, Enoki, Austernpilze und Shimeji), Stiele gekürzt, größere Exemplare halbiert oder geviertelt

2 EL chinesischer Reiswein (nach Belieben)

500 ml Wasser oder salzreduzierte Gemüsebrühe

60 ml Sojasauce

60 ml Austernsauce

60 g Reis- oder Glasnudeln

15 g frische Korianderblätter, gewaschen

Das Öl in einem Wok oder einer großen Pfanne erhitzen. Ingwer und Knoblauch darin bei hoher Hitze 1–2 Minuten unter Rühren anbraten.

Die weißen Frühlingszwiebelstücke dazugeben und 1–2 Minuten unter Rühren anbraten.

Größere Pilzstücke dazugeben und 2 Minuten unter Rühren anbraten, dann die kleineren Pilzstücke untermischen und weitere 2 Minuten braten.

Reiswein (falls verwendet), Wasser oder Gemüsebrühe, Soja- und Austernsauce dazugeben. Nudeln untermischen und nach Packungsanleitung gar kochen.

Mit grünen Frühlingszwiebelstücken und Korianderblättern garnieren und sofort servieren.

**TIPPS**

Die Suppe kann mit Hähnchenfleisch oder Fisch angereichert werden. Dazu etwas Reiswein, Soja- und Austernsauce in einer Schüssel verrühren und klein geschnittenes Hühnchenfleisch oder Fisch 20 Minuten darin marinieren. Aus der Marinade nehmen und mit den weißen Frühlingszwiebelstücken im Wok oder in der Pfanne rundum braun anbraten. Dann, wie oben im Rezept beschrieben, fortfahren.

Reisnudeln und Glasnudeln, gelegentlich auch als Mungbohnennudeln bezeichnet, haben unterschiedliche Garzeiten. Beachten Sie die Angaben auf der Verpackung.

**PRO PORTION**

677 kJ, 162 kcal, 7 g Eiweiß, 6 g Fett (< 1 g gesättigte Fettsäuren), 20 g Kohlenhydrate (7 g Zucker), 4 g Ballaststoffe, 1770 mg Natrium

# Brunnenkressesuppe

Die Brunnenkresse verleiht dieser Suppe nicht nur eine schöne grüne Farbe, sondern liefert auch reichlich Antioxidantien und Vitamine. Statt Brunnenkresse können Sie auch Spinat oder Rucola verwenden.

**ZUBEREITUNGSZEIT:** . . . . . . . . . . . . . . 10 MINUTEN
**GARZEIT:** . . . . . . . . . . . . . . . . . . . . . . . 25 MINUTEN
**PORTIONEN:** . . . . . . . . . . . . . . . . . . . . . . . . . . 4–6

2 EL Oliven- oder Rapsöl
1 Zwiebel, fein gewürfelt
2 Stangen Lauch, in feine Ringe geschnitten
200–300 g Brunnenkresse, sehr fein gehackt, einige Stängel mehr zum Garnieren
2 große Kartoffeln, geschält und gewürfelt
750 ml salzreduzierte Hühner- oder Gemüsebrühe
180 ml Kondensmilch (4–5 % Fett) oder Buttermilch
frisch gemahlener schwarzer Pfeffer

Das Öl in einem großen, schweren Topf erhitzen. Zwiebel und Lauch darin bei niedriger Hitze 5 Minuten glasig anschwitzen, aber nicht bräunen.

Drei Viertel der Brunnenkresse, Kartoffeln und Brühe zufügen und bei hoher Hitze zum Kochen bringen. Dann die Hitze auf niedrige Stufe reduzieren und 10 Minuten sanft köcheln lassen, bis die Kartoffeln weich sind.

Die restliche Brunnenkresse zufügen und 2–3 Minuten mitgaren, bis sie zusammengefallen ist.

Die Suppe mit einem Stabmixer nach Belieben mehr oder weniger glatt pürieren. Kondensmilch oder Buttermilch unterrühren und sanft erhitzen, aber nicht mehr kochen lassen.

Mit frisch gemahlenem Pfeffer abschmecken. Mit Brunnenkresse garnieren und sofort servieren.

**TIPP**
Soll die Suppe ganz glatt und sämig werden, passieren Sie sie nach dem Pürieren durch ein Haarsieb und rühren Sie dann die Milch unter. Die Suppe schmeckt auch kalt.

**PRO PORTION**
828 kJ, 198 kcal, 10 g Eiweiß, 10 g Fett (2 g gesättigte Fettsäuren), 17 g Kohlenhydrate (8 g Zucker), 5 g Ballaststoffe, 577 mg Natrium

# Borschtsch

Diese traditionelle russische Rote-Bete-Suppe sollte unbedingt mit einem Klacks saurer Sahne, Schmand oder Crème fraîche und kräftigem Roggenbrot serviert werden. Das Blattgemüse sorgt für zusätzlichen Geschmack und Nährstoffe.

**ZUBEREITUNGSZEIT:** . . . . . . . . . . . . . . 20 MINUTEN
**GARZEIT:** . . . . . . . . . . . . . . . . 40–50 MINUTEN
**PORTIONEN** . . . . . . . . . . . . . . . . . . . .4

1 EL Pflanzenöl

1 Zwiebel, fein gehackt

1 Möhre, gewürfelt

400 g Rote Beten, grob gewürfelt

1 l salzreduzierte Rinderbrühe

1 große Kartoffel, geschält und grob gewürfelt

1 Knoblauchzehe, zerdrückt

100 g grünes Blattgemüse, gehackt (z. B. Rote-Bete-Blätter, Grünkohl oder Mangold)

Salz und frisch gemahlener schwarzer Pfeffer

100 g Crème fraîche, Schmand oder saure Sahne, zum Servieren

Roggenbrot, zum Servieren

Das Öl in einem großen, schweren Topf erhitzen. Zwiebel, Möhre und Rote Beten darin bei mittlerer Hitze 10 Minuten unter gelegentlichem Rühren andünsten. Mit 250 ml Wasser ablöschen und zugedeckt zum Kochen bringen. Die Hitze etwas reduzieren und 15–20 Minuten sanft köcheln lassen, bis das Gemüse gar ist.

Die Brühe in einem zweiten großen Topf erhitzen und die Kartoffel darin bei hoher Hitze 5–10 Minuten gar kochen. Die Rote-Bete-Mischung zugeben und zum Köcheln bringen.

Knoblauch und Blattgemüse zufügen und zugedeckt 5 Minuten köcheln lassen. Den Herd ausschalten und die Suppe 10 Minuten ziehen lassen.

Mit Salz und Pfeffer abschmecken. In Suppenschalen füllen und mit einem Klacks Crème fraîche garnieren. Sofort mit Roggenbrot servieren.

**PRO PORTION**
1102 kJ, 263 kcal, 11 g Eiweiß, 16 g Fett (8 g gesättigte Fettsäuren), 21 g Kohlenhydrate (13 g Zucker), 5 g Ballaststoffe, 1237 mg Natrium

# Ribollita

In Italien wird dieses traditionelle toskanische Eintopfgericht mit Cavolo nero, auch bekannt als Toskanischer Schwarzkohl, angereichert. Sie können auch Grünkohl verwenden.

**ZUBEREITUNGSZEIT:** . . . . . . . . . . . . . . 20 MINUTEN
**EINWEICHZEIT:** . . . . . . . . . . . . . . . . . . . .ÜBER NACHT
**GARZEIT:** . . . . . . . . . . . . . . . .1 STUNDE 30 MINUTEN
**PORTIONEN:** . . . . . . . . . . . . . . . . . . . . . . . . . . . . . . .6

200 g getrocknete weiße Bohnen

1 Lorbeerblatt

1 EL Olivenöl

1 Zwiebel, fein gehackt

2 Möhren, gewürfelt

3 Stangen Sellerie, gehackt

2 Knoblauchzehen, zerdrückt

2 l salzreduzierte Hühner- oder Gemüsebrühe

400 g gehackte Tomaten (aus der Dose)

60 g grob gehackter Cavolo nero (Toskanischer Schwarzkohl), Grünkohl oder Mangold

6 dicke Scheiben Ciabatta vom Vortag, in mundgerechte Stücke geschnitten

Salz und frisch gemahlener schwarzer Pfeffer

Die Bohnen über Nacht in einer großen Schüssel Wasser einweichen. Das Wasser abgießen. Die Bohnen in einen großen Topf geben und mit frischem Wasser bedecken. Lorbeerblatt zugeben und etwa 1 Stunde garen. Abgießen und Lorbeerblatt entfernen.

Das Olivenöl in einem großen, schweren Topf erhitzen. Zwiebel, Möhren und Sellerie darin bei mittlerer Hitze etwa 10 Minuten unter gelegentlichem Rühren weich dünsten. Den Knoblauch dazugeben und 1 Minute mitgaren.

Mit Brühe ablöschen und Tomaten dazugeben. Den Deckel aufsetzen und zum Kochen bringen. Die Hitze reduzieren und bei halb aufgesetztem Deckel 10 Minuten köcheln lassen. Bohnen und Kohl oder Mangold untermischen und weitere 10 Minuten garen, bis der Kohl zusammengefallen ist. Die Brotstücke untermischen. Mit Salz und Pfeffer abschmecken und sofort servieren.

**TIPP**

Wenn es schneller gehen soll, können Sie die Suppe auch mit 400 g weißen Bohnen aus der Dose zubereiten. Waschen Sie die Bohnen vorher ab und lassen Sie sie abtropfen.

**PRO PORTION**

914 kJ, 218 kcal, 12 g Eiweiß, 5 g Fett (< 1 g gesättigte Fettsäuren), 33 g Kohlenhydrate (9 g Zucker), 7 g Ballaststoffe, 1190 mg Natrium

# Französische Zwiebelsuppe

Dieser französische Küchenklassiker mit karamellisierten Zwiebeln und mit Käse überbackenem Baguette ist immer eine gute Wahl. Greyerzer hat ein wunderbar nussiges Aroma und schmilzt gut. Sie können stattdessen auch Emmentaler verwenden.

**ZUBEREITUNGSZEIT:** . . . . . . . . . . . . . . 20 MINUTEN
**GARZEIT:** . . . . . . . . . . . . . . 1 STUNDE 20 MINUTEN
**PORTIONEN:** . . . . . . . . . . . . . . . . . . . . . . . . . . . . 4

1 kg Zwiebeln, in feine Ringe geschnitten
1½ EL Olivenöl
1 EL Zucker
Salz und frisch gemahlener schwarzer Pfeffer
1 EL frisch gehackter oder 1 TL getrockneter Thymian
125 ml trockener Weißwein
1,25 l salzreduzierte Gemüsebrühe
4 dicke Scheiben Baguette
40 g frisch geriebener Greyerzer oder Emmentaler

Den Backofen auf 220 °C vorheizen. In einer großen Schüssel die Zwiebelringe sorgfältig mit Öl, Zucker, etwas Salz und Pfeffer mischen. In einem großen Bräter verteilen und gleichmäßig mit 50 ml Wasser beträufeln. Mit Alufolie abdecken und im vorgeheizten Ofen 30 Minuten garen. Alufolie entfernen und weitere 10 Minuten garen. Den Thymian auf den Zwiebeln verteilen und weitere 20 Minuten unter häufigem Wenden im Ofen garen, bis die Zwiebeln weich sind.

Den Bräter bei hoher Hitze auf den Herd setzen. Den Wein zugießen und 2 Minuten mit einem Holzlöffel rühren, bis sich der Bratensatz vom Boden des Bräters löst und der Wein eingekocht ist.

Zwiebeln mit Bratensaft in einen großen Topf füllen. Die Brühe zugießen und zum Kochen bringen. Die Hitze reduzieren und 15 Minuten sanft köcheln lassen.

Den Backofengrill vorheizen. Die Baguettescheiben auf ein Backblech geben und unter dem Grill 2 Minuten von jeder Seite rösten.

Die Suppe in vier hitzebeständige Schalen füllen und je eine Baguettescheibe darauflegen. Mit dem Käse bestreuen und diesen unter dem heißen Grill schmelzen lassen. Sofort servieren.

**TIPP**
Sie können den Wein durch Wasser oder mehr Gemüsebrühe ersetzen.

**PRO PORTION**
1496 kJ, 357 kcal, 11 g Eiweiß, 13 g Fett (3 g gesättigte Fettsäuren), 45 g Kohlenhydrate (22 g Zucker), 5 g Ballaststoffe, 1706 mg Natrium

# Suppen

Quasi jedes Gemüse lässt sich zu einer Suppe verarbeiten. Das ist zudem eine tolle Möglichkeit, Gemüsereste zu verwerten. Suppen eignen sich wunderbar als Vorspeise und sind eine schnelle, leichte Mittags- oder Abendmahlzeit. Viele Suppen lassen sich auch gut einfrieren und sind, wenn man mal gar keine Lust oder Zeit zum Kochen hat, rasch aufgetaut und aufgewärmt.

Leckere Ideen aus der Suppenküche (von links): frische Tomatencreme-suppe, asiatische Gemüsesuppe mit Tofu und Kürbissuppe

## *Tomatencremesuppe*

Je 1 Esslöffel Olivenöl und Butter in einem großen Topf bei mittlerer Hitze erhitzen, bis die Butter geschmolzen ist. Eine gehackte Zwiebel darin 3–4 Minuten anschwitzen. 2 zerdrückte Knoblauchzehen dazugeben und 1 Minute mitgaren. 2 kg gehäutete, gehackte Tomaten, 3 Esslöffel Tomatenmark und 1 l Hühner- oder Gemüsebrühe dazugeben und zum Kochen bringen. Dann die Temperatur auf niedrige bis mittlere Hitze reduzieren und alles 5 Minuten köcheln lassen. Mit einem Stabmixer glatt pürieren. Mit Salz und frisch gemahlenem schwarzem Pfeffer abschmecken. In vorgewärmte Suppenschalen füllen, mit Basilikum garnieren und sofort servieren. **Für 4 Personen**

## *Schwarzwurzelsuppe*

400 g Schwarzwurzeln waschen und schälen. In 1 cm lange Stücke schneiden und sofort in eine Schüssel mit Wasser und 1 Spritzer Essig oder Zitronensaft geben, damit sich die Schwarzwurzelstücke nicht verfärben. 30 g Butter in einem großen Topf zerlassen. 1 in Ringe geschnittene Stange Lauch darin bei niedriger bis mittlerer Hitze 4 Minuten weich dünsten. 2 zerdrückte Knoblauchzehen 1 Minute unter Rühren mitgaren. Schwarzwurzeln abtropfen lassen, mit 1 l Hühnerbrühe zum Lauch geben und aufkochen. Hitze reduzieren und das Gemüse in 20 Minuten weich köcheln. 1 Hähnchenbrustfilet in feine Streifen schneiden, in die Suppe geben und gar ziehen lassen. Mit frischer Petersilie garnieren und servieren. Statt Schwarzwurzeln kann auch Topinambur verwendet werden. **Für 4 Personen**

## Wasserkastaniensuppe mit Wantans

1,25 l Hühnerbrühe, 1 Esslöffel Sojasauce und 1 Teelöffel Sesamöl in einem großen Topf verrühren und zum Kochen bringen. 150 g frische geschälte oder 230 g abgetropfte Wasserkastanien aus der Dose waagrecht halbieren. Mit 2 kleinen geschälten und in Scheiben geschnittenen Möhren in die Suppe geben und 2 Minuten garen. 16 kleine Wantans (gefüllte Teigtaschen aus dem asiatischen Supermarkt) dazugeben und 5 Minuten gar ziehen lassen. Mit frisch gehackten Frühlingszwiebeln garnieren und sofort servieren. **Für 4 Personen**

## Asiatische Gemüsesuppe mit Tofu

1,25 l Gemüsebrühe, 2 Stücke Sternanis, 1 Zimtstange, 3 cm geschälten und in Scheiben geschnittenen frischen Ingwer, 2 zerdrückte Knoblauchzehen, 1 rote Chili und 1 Teelöffel braunen Zucker in einen großen Topf geben und zugedeckt 10 Minuten köcheln lassen. Durch ein Haarsieb passieren, die Brühe wieder in den Topf füllen und erhitzen. Inzwischen 1 großes Bund Pak Choi oder anderes asiatisches Blattgemüse in einzelne Stiele teilen. Stiele und Blätter getrennt in Streifen schneiden. Die Stiele in der Brühe 2 Minuten köcheln lassen. 300 g festen Tofu würfeln, mit den Gemüseblättern in die Brühe geben und 2 Minuten garen, bis das Gemüse zusammengefallen ist. Mit Limettenspalten zum Beträufeln servieren. **Für 4 Personen**

## Kürbissuppe

Den Backofen auf 190 °C vorheizen. 1 Butternutkürbis (1,5 kg) schälen und entkernen. In große Stücke schneiden und auf einem geölten Backblech verteilen. Die Kürbisstücke mit Olivenöl bestreichen und 60 Minuten im vorgeheizten Ofen garen, bis sie leicht gebräunt sind. 1 Esslöffel Olivenöl in einem großen Topf erhitzen. 1 gehackte Zwiebel darin bei mittlerer Hitze 5 Minuten anschwitzen. 2 zerdrückte Knoblauchzehen und 1 Teelöffel gemahlenen Kreuzkümmel untermischen und 1 Minute andünsten. Den Topf vom Herd nehmen. Kürbis und 750 ml Gemüsebrühe zugeben und alles mit einem Stabmixer glatt pürieren. Wieder erhitzen. Mit Schnittlauchröllchen garnieren und sofort servieren. **Für 4 Personen**

## Minestrone

1 Esslöffel Olivenöl in einem Topf erhitzen. 1 fein gehackte Zwiebel und 3 gewürfelte Scheiben mageren Frühstücksspeck darin bei mittlerer Hitze 3–4 Minuten anbraten. 680 g passierte Tomaten, 1 l Rinderbrühe und 750 ml Wasser zugießen und zum Kochen bringen. 150 g Makkaroni zugeben und 8 Minuten unter gelegentlichem Rühren al dente kochen. 3 Zucchini (in Scheiben), 150 g grüne Bohnen (in kurzen Stücken) sowie 400 g weiße Bohnen (aus der Dose, abgewaschen und abgetropft) untermischen und 2–3 Minuten garen. In Suppenschalen, mit frischem Basilikum und geriebenem Parmesan garniert, servieren. **Für 4 Personen**

# Gemüsesalat mit Prosciutto und Ziegenkäse

Dieser knackige sommerliche Gemüsesalat schmeckt gut zu Fisch oder Geflügel und/oder mit in Butter geschwenkten neuen Kartoffeln.

**ZUBEREITUNGSZEIT:** . . . . . . . . . . . . . . 25 MINUTEN
**GARZEIT:** . . . . . . . . . . . . . . . . . . . . . . . . 10 MINUTEN
**PORTIONEN:** . . . . . . . . . . . . . . . . . . . . . . . . . . . 6–8

## Für den Gemüsesalat

150 g Zuckererbsen, geputzt

200 g grüne Bohnen, geputzt

300 g Erbsen in der Schote, gepalt

50 g gemischte Blattsalate, geputzt und
gewaschen

4 Scheiben Prosciutto oder Pancetta, in Stücke
geschnitten

3 große Radieschen, in feine Scheiben geschnitten

200 g weicher Ziegenkäse, zerteilt

Salz und frisch gemahlener schwarzer Pfeffer

## Für das Dressing

2 EL natives Olivenöl extra

1 EL Balsamicoessig

Salz und frisch gemahlener schwarzer Pfeffer

Einen mittleren Topf mit Wasser zum Kochen bringen. Eine Schüssel mit Eiswasser bereitstellen. Die Zuckererbsen ins kochende Wasser geben und 1 Minute blanchieren. Mit einem Schaumlöffel herausnehmen und kurz im Eiswasser abschrecken, dann auf Küchenpapier abtropfen lassen.

Das Wasser erneut zum Kochen bringen. Das Eiswasser mit frischen Eiswürfeln auffüllen. Die grünen Bohnen im kochenden Wasser 2 Minuten und die Erbsen 3 Minuten blanchieren. Anschließend im Eiswasser abschrecken und abtropfen lassen.

Für das Dressing Öl und Essig in einer Schale verrühren. Mit Salz und Pfeffer abschmecken.

Das blanchierte Gemüse mit den Blattsalaten auf einer Platte anrichten. Prosciutto, Radieschen und Ziegenkäse darauf verteilen. Mit dem Dressing beträufeln. Mit Salz und Pfeffer würzen und sofort servieren.

**TIPP**
Falls möglich, greifen Sie zu möglichst jungen grünen Prinzessbohnen. Wenn es schneller gehen soll, verwenden Sie statt frischer Erbsen 150 g aufgetaute TK-Ware, die wie frische Erbsen 1 Minute blanchiert werden muss.

**PRO PORTION**
807 kJ, 193 kcal, 11 g Eiweiß, 13 g Fett (5 g gesättigte Fettsäuren), 8 g Kohlenhydrate (4 g Zucker), 4 g Ballaststoffe, 472 mg Natrium

# Gurken-Birnen-Salat

Das Besondere an diesem Salat ist die Garnitur aus essbaren Blüten, beispielsweise Borretsch, Veilchen, Schnittlauch, Ringelblume, Rose und Kapuzinerkresse. Die Blüten sollten unbedingt von unbehandelten Pflanzen sein. Wenn sie nicht aus eigenem Anbau stammen, besorgen Sie sie vorzugsweise vom Gemüsehändler und nicht vom Floristen.

**ZUBEREITUNGSZEIT:** . . . . . . . . . . . . . . 15 MINUTEN
**PORTIONEN:** . . . . . . . . . . . . . . . . . . . . . . . . . . . . . 6

### Für den Gurken-Birnen-Salat

2 kleine Gurken
2 reife Nashi-Birnen oder gelbschalige Birnen
75 g weicher Ziegenkäse, zerkrümelt
2 EL frischer Dill
essbare Blüten, zum Garnieren

### Für das Dressing

1½ EL natives Olivenöl extra
3 TL weißer Balsamicoessig
Salz

Die Gurken mit einer Mandoline oder einem Sparschäler längs in feine Bänder schneiden. Die Birnen vierteln, Kerngehäuse entfernen und das Fruchtfleisch in feine Scheiben schneiden. Gurken und Birnen auf einem Teller anrichten.

Den Ziegenkäse darauf verteilen. Mit dem Dill bestreuen.

Für das Dressing Öl und Essig in einer Schale verrühren. Mit Salz abschmecken.

Das Dressing über den Salat träufeln. Mit den Blüten garnieren und sofort servieren.

**TIPP**
Statt mit weißem Balsamico können Sie das Dressing auch mit Verjus (Saft von unreifen weißen Trauben) oder mit Weißweinessig zubereiten. Bei Letzterem geben Sie noch etwas Honig ins Dressing. Eine andere schmackhafte Alternative ist Himbeeressig.

**PRO PORTION**
503 kJ, 120 kcal, 3 g Eiweiß, 8 g Fett (3 g gesättigte Fettsäuren),
8 g Kohlenhydrate (8 g Zucker), 2 g Ballaststoffe, 177 mg Natrium

# Bete-Salat mit Mozzarella

Die rotstieligen Blätter sowie die Gelben und Roten Beten sorgen in diesem Salat nicht nur für bunte Farben, sondern liefern auch reichlich Antioxidantien. Ein leicht scharfes Meerrettichdressing sorgt für den gewissen Pep.

**ZUBEREITUNGSZEIT:** . . . . . . . . . . . . . . . 15 MINUTEN
**PORTIONEN:** . . . . . . . . . . . . . . . . . . . . . . . . . . 4

### Für den Salat

200 g Rote-Bete-Blätter

1 Bund kleine Gelbe Beten, geputzt und in feine Scheiben geschnitten

1 Bund kleine Rote Beten, geputzt und in feine Scheiben geschnitten

1 kleine Gurke, in feine Scheiben geschnitten

200 g Mozzarella, in mundgerechte Stücke geschnitten

5 g frische Minzeblätter

2 EL frisch gehackter Dill

### Für das Dressing

2 EL Olivenöl

2 EL Zitronensaft

1 TL Zucker

2 TL geriebener Meerrettich (aus dem Glas)

Salz und frisch gemahlener schwarzer Pfeffer

Rote-Bete-Blätter waschen und trocken schwenken. Die Blätter mit Gelbe- und Rote-Bete-Scheiben, Gurke, Mozzarella und Kräutern auf einer Platte anrichten.

Für das Dressing alle Zutaten in einer Schale verrühren und mit Salz sowie Pfeffer abschmecken.

Das Dressing über den Salat träufeln und diesen sofort servieren.

**PRO PORTION**
1352 kJ, 323 kcal, 18 g Eiweiß, 22 g Fett (9 g gesättigte Fettsäuren), 15 g Kohlenhydrate (13 g Zucker), 6 g Ballaststoffe, 600 mg Natrium

# Tomatensalat mit Basilikumöl

Verwenden Sie für diesen sommerlichen Salat unterschiedliche Tomatensorten. Die aromatischsten Tomaten gibt es aus dem eigenen Garten oder auf dem Wochenmarkt und beim Gemüsehändler. Im Supermarkt ist die Auswahl meist weniger ansprechend.

**ZUBEREITUNGSZEIT:** . . . . 20 MINUTEN, PLUS ZIEHZEIT
**PORTIONEN:** . . . . . . . . . . . . . . . . . . . . . . . . . . . . . . . 4–6

70 g frische Basilikumblätter, gewaschen

80 ml natives Olivenöl extra

600 g Tomaten in unterschiedlichen Sorten, Größen und Farben

1 kleine rote Zwiebel, halbiert und in sehr feine Streifen geschnitten

200 g Feta, zerkrümelt (nach Belieben)

2 EL Pinienkerne, geröstet

frisch gemahlener schwarzer Pfeffer

Die Basilikumblätter in eine hitzebeständige Schüssel geben. Mit kochend heißem Wasser überbrühen und 30 Sekunden ziehen lassen. Wasser abgießen und Basilikum 1 Minute in Eiswasser abschrecken. Mit einem Schaumlöffel herausnehmen und auf mehreren Lagen Küchenpapier abtropfen lassen.

Das Basilikum mit dem Öl in den Blitzhacker oder Mixer geben und die Blätter fein pürieren. Ein Haarsieb mit einem Stück Musselin auslegen, auf eine Schüssel setzen und das Öl durchgießen. Das Öl sollte hellgrün und klar sein. Gegebenenfalls ein zweites Mal durch das Sieb passieren.

Die Tomaten je nach Größe halbieren oder vierteln. Mit Zwiebelstreifen und Feta (falls verwendet) auf einer Platte anrichten. Mit Basilikumöl beträufeln und mit Pinienkernen bestreuen. Mit Pfeffer würzen und sofort servieren.

**TIPP**
Zum Rösten der Pinienkerne eine beschichtete Pfanne bei mittlerer Hitze auf den Herd setzen. Die Pinienkerne zugeben und einige Minuten unter häufigem Rühren goldbraun rösten. Die Pfanne nicht aus den Augen lassen, da die Pinienkerne sehr schnell verbrennen können. Die Kerne sofort aus der heißen Pfanne auf einen Teller geben.

**PRO PORTION**
989 kJ, 236 kcal, 3 g Eiweiß, 24 g Fett (3 g gesättigte Fettsäuren), 4 g Kohlenhydrate (4 g Zucker), 3 g Ballaststoffe, 12 mg Natrium

# Gemischte Bittersalate

Dieser gemischte Salat ist mit seinen vielen Bitterstoffen die ideale Beilage zu fettem Fleisch. Wenn er allein serviert werden soll, können Sie ihm mit etwas zerkrümeltem Blauschimmelkäse und/oder Birnenscheiben mehr Substanz verleihen.

**ZUBEREITUNGSZEIT:** . . . . . . . . . . . . . . 20 MINUTEN
**PORTIONEN:** . . . . . . . . . . . . . . . . . . . . . . . . . . . . 8

## Für den Salat
50 g Walnusskerne
750 g Zichoriensalat
500 g Radicchio
1 kleiner Kopf Friséesalat (krause Endivie, etwa 400 g)
2 Chicorées (etwa 300 g)

## Für das Dressing
3 EL natives Olivenöl extra
1½ EL Weißweinessig
1 TL Dijonsenf
½ TL Honig
Salz und frisch gemahlener weißer Pfeffer

Die Walnusskerne in einer beschichteten Pfanne einige Minuten trocken rösten, bis sie zu duften beginnen. Auf ein Schneidebrett geben und grob hacken.

Vom Zichoriensalat die Blätter von den Stielen trennen und die Blätter 3–4 Minuten in kaltes Wasser legen. Anschließend in einer Salatschleuder trocknen und nach Bedarf in kleinere Stücke teilen.

Vom Radicchio, Friséesalat und Chicorée äußere Blätter entfernen, in einzelne Blätter teilen, waschen und trocken schleudern. Gegebenenfalls in mundgerechte Stücke teilen. In einer großen Salatschüssel vermengen. Mit den Walnüssen bestreuen.

Für das Dressing Öl, Essig, Senf und Honig in ein kleines Schraubglas geben und gut schütteln. Mit Salz und Pfeffer abschmecken. Über den Salat träufeln und sofort servieren.

**PRO PORTION**
312 kJ, 75 kcal, 4 g Eiweiß, 5 g Fett (< 1 g gesättigte Fettsäuren),
4 g Kohlenhydrate (1 g Zucker), 4 g Ballaststoffe, 107 mg Natrium

# Apfel-Fenchel-Salat mit gerösteten Haselnüssen

Das feine anisartige Aroma von knackigem Fenchel und die süße Frische der Äpfel werden ideal durch die Aromen von Haselnüssen und pfeffriger Brunnenkresse ergänzt. Durch das Rösten wird das Aroma der Haselnüsse intensiviert.

**ZUBEREITUNGSZEIT:** . . . . . . . . . . . . . . .10 MINUTEN
**PORTIONEN** . . . . . . . . . . . . . . . . . . . . . . .4

## Für den Salat

2 kleine Fenchelknollen, mit Grün
1 großer roter Apfel
60 g Brunnenkresse
50 g Haselnusskerne, geröstet

## Für das Dressing

2 EL Zitronensaft
3 EL natives Olivenöl extra
Salz und frisch gemahlener schwarzer Pfeffer

Das Fenchelgrün abtrennen und beiseitelegen. Die Fenchelknollen waschen, vierteln und den Strunk herausschneiden. Das Gemüse in feine Streifen schneiden. In eine große Salatschüssel geben.

Den Apfel vierteln und das Kerngehäuse entfernen. Fruchtfleisch in feine Spalten schneiden. Mit Brunnenkresse und Haselnusskernen unter den Fenchel mischen.

Für das Dressing Zitronensaft und Öl in einer Schale verrühren. Mit Salz und Pfeffer abschmecken.

Mit dem Dressing beträufeln und gut mischen. Mit Fenchelgrün garnieren und sofort servieren.

### VARIANTEN

Für einen gehaltvolleren Salat können Sie einige angebratene Garnelen oder etwas gegrilltes oder geräuchertes Hähnchenfleisch untermischen.

Bestreuen Sie den Salat mit 40 g frisch gehobeltem Parmesan.

Ersetzen Sie die Haselnüsse durch Walnüsse, Pekannüsse oder Macadamianüsse.

Ersetzen Sie den roten Apfel durch 1 grünen Apfel oder nehmen Sie jeweils eine Hälfte davon.

**PRO PORTION**
1026 kJ, 245 kcal, 4 g Eiweiß, 21 g Fett (2 g gesättigte Fettsäuren), 11 g Kohlenhydrate (11 g Zucker), 6 g Ballaststoffe, 203 mg Natrium

# Dips

Wie wäre es mit einer gesunden Rohkostplatte zum Knabbern und ein paar leckeren Dips dazu. Lassen Sie sich vom saisonalen Angebot inspirieren, zum Beispiel knackig blanchierter Spargel, junge Möhren, Radieschen und Mairübchen im Frühjahr – dazu einige Zucchiniblüten (eine pro Person). Arrangieren Sie das Gemüse ansprechend auf einer Platte und servieren Sie es mit einem oder mehreren dieser Dips.

## Paprika-Granatapfel-Dip

1 Esslöffel natives Olivenöl extra in einer kleinen Pfanne erhitzen. 40 g frische Vollkorn-Semmelbrösel und 1 Teelöffel zerstoßene Kreuzkümmelsamen darin unter häufigem Rühren goldgelb anbraten, bis sie duften. Auf Küchenpapier abtropfen lassen. 1 geröstete und gehäutete Paprika, 60 g Walnusskerne, 1 Teelöffel fein gehackten Knoblauch und ½ Teelöffel scharfe Chilipaste im Mixer glatt pürieren. Die Semmelbröselmischung, 2 Teelöffel Granatapfelsirup, 2 Esslöffel Zitronensaft und 60 ml natives Olivenöl extra einarbeiten. Mit Salz, weiterem Granatapfelsirup und Zitronensaft abschmecken. Bis zum Servieren im Kühlschrank aufbewahren. Hält sich bis zu 2 Wochen. **Ergibt 250 ml**

## Zwiebeldip

1 Esslöffel Olivenöl in einer großen Pfanne erhitzen. 2 fein gehackte milde Zwiebeln hineingeben, salzen und pfeffern. 12–15 Minuten unter häufigem Rühren goldbraun anbraten. Zimmerwarm abkühlen lassen. Mit 250 g fettreduzierter saurer Sahne, 60 g zimmerwarmem fettarmem Frischkäse, 1 ½ Teelöffel Weißweinessig und 15 g frischen Schnittlauchröllchen in einer Schüssel verrühren. Mit Salz und Pfeffer abschmecken. Vor dem Servieren etwa 1 Stunde kalt stellen, damit der Dip fester wird. Hält sich im Kühlschrank bis zu 2 Tage. **Ergibt 250 ml**

## Baba Ganoush

1 kg halbierte Auberginen im Ofen weich garen. Das Fleisch aus den Schalen lösen und grob hacken. Mit 125 g griechischem Joghurt, je 2 Esslöffeln Zitronensaft und Tahini (Sesampaste), 1 zerdrückten Knoblauchzehe und ¼ Teelöffel Salz in einer Schüssel verrühren. Nach Belieben mit gehackter glatter Petersilie garnieren und mit Olivenöl beträufeln. **Ergibt 250 ml**

## Zaziki

500 g Naturjoghurt in ein mit Musselin ausgelegtes Haarsieb geben und 50 Minuten
abtropfen lassen. Inzwischen eine kleine
Gurke schälen, halbieren, entkernen und
raspeln. Das Gurkenfleisch von Hand ausdrücken. Abgetropften Joghurt und Gurke
mit 1 zerdrückten Knoblauchzehe, 1 Esslöffel feinen Schnittlauchröllchen, 2 Esslöffeln
Olivenöl und 1 ½ Esslöffeln Zitronensaft
in einer Schüssel glatt rühren. Mit Salz
abschmecken. Abdecken und vor dem Servieren 24 Stunden im Kühlschrank durchziehen lassen. **Ergibt 500 ml**

## Cremedip mit
## Frühlingszwiebeln

200 g Crème fraîche oder saure Sahne,
4 fein gehackte Frühlingszwiebeln, je 2 Esslöffel frisch gehackter Dill, Minze und glatte
Petersilie sowie 2 Esslöffel Zitronensaft
in einer Schüssel verrühren. Mit Salz und
Pfeffer abschmecken. Abdecken und bis
zum Servieren kalt stellen. Hält sich im
Kühlschrank bis zu 3 Tage. **Ergibt 250 ml**

## Möhrendip

Den Backofen auf 200 °C vorheizen. 1 kg
grob gehackte Möhren und die Zehen
von 1 Knoblauchknolle gleichmäßig auf
einem mit Backpapier belegten Backblech
verteilen. Mit 80 ml Olivenöl beträufeln.
Salzen und pfeffern. Im vorgeheizten Ofen
60–75 Minuten garen, bis die Möhren sehr
weich sind. Zimmerwarm abkühlen lassen. Die Knoblauchzehen aus den Schalen
drücken und zusammen mit den Möhren
in den Mixer geben. 125 g Naturjoghurt
und fein abgeriebene Schale und Saft von
1 ½ Zitronen zufügen. Salzen und pfeffern.
Alles glatt mixen. Bei laufendem Motor
langsam 180 ml Olivenöl zugießen und
einarbeiten. Bis zum Servieren abgedeckt
im Kühlschrank aufbewahren. Hält sich
2–3 Tage. **Ergibt 500 ml**

Bei diesen Dips ist für jeden
Geschmack etwas dabei:
Baba Ganoush, Paprika-
Granatapfel-Dip und
Cremedip mit Frühlings-
zwiebeln (von links)

# Tarte Tatin mit Tomaten

Besonders knusprig wird der Boden einer Tarte, wenn man sie verkehrt herum bäckt. Traditionell wird eine Tarte Tatin mit Äpfeln zubereitet. Aber sie schmeckt auch als herzhafte Variante mit Tomaten oder Zwiebeln.

**ZUBEREITUNGSZEIT:** . . . . . . . . . . . . . . . .10 MINUTEN
**GARZEIT:** . . . . . . . . . . . . . . . . . . . . . . . 25 MINUTEN
**PORTIONEN** . . . . . . . . . . . . . . . . . . . . . . . . . . . . 4–6

2 EL Olivenöl

500 g gemischte Tomaten, halbiert bzw. in gleich große Stücke geschnitten

2 EL Rotwein- oder Balsamicoessig

40 g brauner Zucker

1 ausgerollter Blätterteig (aus dem Kühlregal)

100 g weicher Ziegenkäse

10 kleine Basilikumblätter

frisch gemahlener schwarzer Pfeffer

Den Backofen auf 225 °C vorheizen.

Das Olivenöl in einer ofenfesten Pfanne (22–25 cm Durchmesser) bei niedriger Hitze erwärmen. Die Tomatenhälften bzw. -stücke mit der Schnittseite nach unten dicht an dicht hineingeben. Lücken mit kleineren Stücken füllen.

Die Tomaten etwa 10 Minuten erhitzen, bis die kleineren Tomatenstücke weich sind und der Tomatensaft kocht.

Essig und braunen Zucker in einer Schale verrühren und gleichmäßig über die Tomaten in der Pfanne träufeln. Die Pfanne vom Herd nehmen.

Den Blätterteig etwas größer zuschneiden als der Pfannendurchmesser ist. Den Teig auf die Tomaten legen und den Rand nach unten zwischen Pfanne und Tomaten falten. Im vorgeheizten Ofen 15 Minuten goldgelb und knusprig backen.

Die Pfanne ein paar Mal kräftig rütteln, damit sich Teigrand und Tomaten lockern und nicht an der Pfanne haften bleiben. Eine Kuchenplatte auf die Pfanne legen und die Tarte daraufstürzen.

Den Ziegenkäse über die Tarte krümeln, Basilikumblätter darauf verteilen und mit Pfeffer übermahlen. Warm oder kalt servieren.

**TIPPS**
Schneiden Sie auf jeden Fall den harten Stielansatz aus den Tomaten heraus.

Statt weichen Ziegenkäse können Sie auch Feta oder Mozzarella verwenden.

**PRO PORTION**
1620 kJ, 387 kcal, 9 g Eiweiß, 26 g Fett (12 g gesättigte Fettsäuren), 29 g Kohlenhydrate (14 g Zucker), 2 g Ballaststoffe, 323 mg Natrium

# Avocadomousse

Diese Avocadomousse mit einem Kern aus Ricotta und Räucherlachs eignet sich zusammen mit frischem knusprigem Brot perfekt
als Vorspeise. Mit einem kleinen grünen Salat wird ein leckeres
Mittagessen daraus.

**ZUBEREITUNGSZEIT:** . . . . .60 MINUTEN, PLUS KÜHLZEIT
UND FESTWERDEN ÜBER NACHT
**PORTIONEN:** . . . . . . . . . . . . . . . . . . . . . . . . . . . . . . . 8

## Für die Avocadomousse

Pflanzenöl, zum Einfetten
3 große weiche Avocados, grob gehackt und
  1 Avocado, in Scheiben geschnitten, zum
  Garnieren
2 Knoblauchzehen
fein abgeriebene Schale und Saft von
  2 unbehandelten Limetten
Salz und frisch gemahlener schwarzer Pfeffer
1 Spritzer Tabasco oder andere scharfe Chilisauce
1 Päckchen gemahlene Gelatine (10 g)
180 g Sahne

## Für die Ricotta-Lachs-Masse

375 g Ricotta
60 g Sahne
½ Päckchen gemahlene Gelatine (5 g)
200 g Räucherlachs, fein gehackt
Salz und frisch gemahlener schwarzer Pfeffer
2 Eiweiß

Eine Kasten- oder Terrinenform (1,5 l) leicht einfetten. Avocado,
Knoblauch, Limettenschale und die Hälfte des Limettensafts im
Mixer glatt pürieren. Mit Salz, Pfeffer und Tabasco abschmecken.

Die Gelatine in einen Topf mit 60 ml Wasser einstreuen und unter
Rühren sanft erhitzen, bis sie sich aufgelöst hat. Etwas abkühlen
lassen. Das Avocadopüree in eine Schüssel füllen und die Gelatine
sorgfältig einrühren.

Die Avocadomasse in den Kühlschrank stellen, bis sie zu stocken
beginnt. Die Sahne in einem Rührbecher steif schlagen und unter
die gestockte Avocadomasse heben. Drei Viertel der Masse auf den
Boden der vorbereiteten Form verteilen, dabei einen Rand hochzie-
hen. Mit Frischhaltefolie abdecken und mit der restlichen Avocadomasse in den Kühlschrank stellen.

Für die Ricotta-Lachs-Masse Ricotta und Sahne im Mixer glatt
rühren. Die Gelatine in einen Topf mit 60 ml Wasser einstreuen und
unter Rühren sanft erhitzen, bis sie sich aufgelöst hat. Etwas abkühlen lassen, dann sorgfältig in die Ricottamasse rühren.

Den Räucherlachs unterheben, mit Salz und Pfeffer würzen.

Die Eiweiße in einem fettfreien Rührbecher steif schlagen und unter die Ricottamasse heben. Die Masse gleichmäßig auf der Avocadomasse in der Form verteilen. Mit der restlichen Avocadomasse
bedecken und glatt streichen. Mit Frischhaltefolie abdecken und am
besten über Nacht im Kühlschrank fest werden lassen.

Etwa 10 Minuten vor dem Servieren die Form kurz in heißes
Wasser tauchen und die Mousse auf eine Platte stürzen. Die
Avocadoscheiben zum Garnieren mit dem restlichen Limettensaft
beträufeln, damit sie sich nicht verfärben. Die Scheiben um die
Mousse legen. Bis zum Servieren kalt stellen.

**PRO PORTION**
1758 kJ, 420 kcal, 16 g Eiweiß, 39 g Fett (16 g gesättigte Fettsäuren),
3 g Kohlenhydrate (2 g Zucker), 2 g Ballaststoffe, 697 mg Natrium

# Gerösteter Blumenkohl mit Granatapfelkernen

Blumenkohl lässt sich ganz einfach im Backofen garen, wodurch er ein wunderbar nussiges Aroma erhält. Gewürze, Granatapfel, Minze und ein Joghurtdressing sorgen bei diesem lecker-leichten Imbiss für frische, orientalische Noten.

**ZUBEREITUNGSZEIT:** . . . . . . . . . . . . . . 30 MINUTEN
**GARZEIT:** . . . . . . . . . . . . . . . . . . . . 30 MINUTEN
**PORTIONEN:** . . . . . . . . . . . . . . . . . . . . . . . . . .6

Olivenöl, zum Einfetten
1 Blumenkohl (etwa 800 g), in kleinen Röschen
½ TL gemahlener Kreuzkümmel
½ TL gemahlener Koriander
Salz
125 g Naturjoghurt
1 EL Zitronensaft
1½ EL fein gehackte frische Minze
40 g Granatapfelkerne
frische Minzeblätter, zum Garnieren

Den Backofen auf 180 °C vorheizen. Ein Backblech mit Öl einfetten. Die Blumenkohlröschen darauf verteilen und mit Öl einpinseln. Kreuzkümmel und Koriander in ein kleines Haarsieb geben und das Gemüse damit bestäuben. Mit Salz würzen.

Im vorgeheizten Ofen 15 Minuten garen. Dann die Röschen wenden (Röschen vom Rand in die Mitte und Röschen aus der Mitte nach außen umschichten) und weitere 15 Minuten garen, bis sie leicht gebräunt und gar sind. Etwas abkühlen lassen.

Inzwischen Joghurt, Zitronensaft und Minze in einer Schale verrühren und mit Salz abschmecken.

Den Blumenkohl auf einer Platte anrichten und mit dem Joghurt beträufeln. Die Granatapfelkerne darauf verteilen und, mit Minzeblättchen garniert, servieren.

**TIPP**

Um die Granatapfelkerne zu gewinnen, den Granatapfel quer durchschneiden und die Hälften in eine große Schüssel mit kaltem Wasser geben. Die Kerne mit den Fingern unter Wasser herauspulen. Dabei sinken die Kerne nach unten, während die weiße Membran oben schwimmt. Das Wasser dann samt den Membranstückchen abgießen. Die Kerne auf Küchenpapier abtropfen lassen. Ein mittlerer Granatapfel enthält etwa 160 g Kerne. Nicht verwendete Granatapfelkerne halten sich in einem gut verschlossenen Behälter 3–4 Tage im Kühlschrank.

**PRO PORTION**
253 kJ, 61 kcal, 4 g Eiweiß, 3 g Fett (< 1 g gesättigte Fettsäuren), 5 g Kohlenhydrate (5 g Zucker), 3 g Ballaststoffe, 133 mg Natrium

# Zwiebeltorteletts

Rote Zwiebeln und Schalotten sind besonders zum schnellen Garen im Ofen geeignet, weil sie ihr Aroma bewahren und schön knackig bleiben. Servieren Sie diese Torteletts mit einem kleinen grünen Salat.

**ZUBEREITUNGSZEIT:** . . . . . . . . . . . . . . .15 MINUTEN
**GARZEIT:** . . . . . . . . . . . . . . . . . . . 20 MINUTEN
**STÜCKE:** . . . . . . . . . . . . . . . . . . . . . . . .4

Butter, zum Einfetten

200 g kleine rote Zwiebeln, in feinen Scheiben

4 große Schalotten, halbiert

4 EL Olivenöl

2 TL Zucker

16 Zweige frischer Thymian

Salz und frisch gemahlener schwarzer Pfeffer

Mehl, für die Arbeitsfläche

250 g TK-Blätterteig, aufgetaut

1 Ei, leicht verquirlt

Den Backofen auf 220 °C vorheizen und ein Backblech leicht einfetten. In einer Schüssel Zwiebeln, Schalotten, Öl, Zucker und die Blättchen von 4 Thymianzweigen mit etwas Salz und Pfeffer vermengen.

Eine Arbeitsfläche mit Mehl bestäuben. Den Teig halbieren und jedes Stück zu einem etwa 30 × 15 cm großen Rechteck ausrollen. Mithilfe eines 13–15 cm großen Tellers je 2 Kreise ausschneiden. Auf das vorbereitete Backblech legen.

Die Teigkreise mit Ei bestreichen, das Ei aber nicht über die Ränder laufen lassen.

Zwiebeln und Schalotten in die Mitte der Teigkreise geben. Dabei einen etwa 2 cm breiten Rand lassen. Je 3 Thymianzweige auf die Torteletts legen.

Im vorgeheizten Ofen 20 Minuten backen, bis der Teig aufgegangen und goldbraun ist. Heiß servieren.

**PRO PORTION**
1849 kJ, 442 kcal, 6 g Eiweiß, 34 g Fett (11 g gesättigte Fettsäuren), 28 g Kohlenhydrate (5 g Zucker), 2 g Ballaststoffe, 461 mg Natrium

# Gemüseterrine

Diese Terrine eignet sich wunderbar für ein Picknick oder ein Essen im Freien. Kaufen Sie ein wirklich gutes Pesto oder bereiten Sie es selbst zu.

**ZUBEREITUNGSZEIT:** . . . 30 MINUTEN, PLUS ZIEHEN LASSEN
**GARZEIT:** . . . . . . . . . . . . . . . . . . . . . . 1 STUNDE 20 MINUTEN
**PORTIONEN:** . . . . . . . . . . . . . . . . . . . . . . . . . . . . . . 6

Olivenöl, zum Einfetten

1 große rote Paprika, entkernt, längs in Streifen geschnitten

600 g orange Süßkartoffeln, quer in 5 mm dicke Scheiben geschnitten

3 Zucchini, längs in 5 mm dicke Streifen geschnitten

1 große Aubergine, quer in 5 mm dicke Scheiben geschnitten

4 EL Olivenöl

130 g getrocknete Tomaten, gehackt

200 g Feta, zerkrümelt

5 Eier

125 g Sahne

Salz und frisch gemahlener schwarzer Pfeffer

125 g Pesto, zum Servieren

Ciabatta, zum Servieren

Den Backofen auf 160 °C vorheizen. Eine Kastenform (20 × 10 cm) dünn mit Öl einfetten. Den Boden und die Längsseiten mit Backpapier auslegen.

Den Backofengrill vorheizen. Ein Backblech mit Backpapier auslegen. Die Paprikastreifen mit der Haut nach oben darauflegen und grillen, bis die Haut schwarz ist und Blasen wirft. In einen Gefrierbeutel geben und abkühlen lassen. Dann die Haut abziehen.

Eine Grillpfanne bei mittlerer bis hoher Hitze auf den Herd stellen. Die Süßkartoffeln mit 1 Esslöffel Öl in einer großen Schüssel wenden, dann etwa 3 Minuten von jeder Seite in der Pfanne garen, bis sie weich und leicht gebräunt sind. Die Zucchinistreifen mit 1 Esslöffel Öl in der Schüssel wenden und in der Pfanne 1–2 Minuten von jeder Seite weich garen. Nun die Auberginenscheiben im restlichen Öl in der Schüssel wenden und 2 Minuten von jeder Seite braten, bis sie weich und leicht gebräunt sind.

Boden und Seiten der Kastenform mit den Zucchinistreifen auslegen. Die Paprikastreifen daraufschichten, dann die Hälfte der Süßkartoffeln. Tomaten und Feta darauf verteilen.

Eier und Sahne in einer Schüssel verquirlen. Salzen und pfeffern. Die Hälfte der Eiermasse über das Gemüse gießen. Die Auberginenscheiben darauf verteilen und mit den restlichen Süßkartoffeln belegen. Die restliche Eiermasse darübergießen.

Im vorgeheizten Ofen 60 Minuten backen. Die Terrine 15 Minuten in der Form abkühlen lassen, dann auf eine Platte stürzen, in Scheiben schneiden und mit Pesto und Ciabatta servieren.

**TIPP**
Damit die Schichten gleichmäßig und eben werden, die Gemüsescheiben bei Bedarf zurechtschneiden.

**PRO PORTION**
1993 kJ, 476 kcal, 16 g Eiweiß, 38 g Fett (14 g gesättigte Fettsäuren), 21 g Kohlenhydrate (12 g Zucker), 4 g Ballaststoffe, 586 mg Natrium

# Escalivada

*Escalivada* leitet sich ab von einem katalanischen Wort, das so viel bedeutet wie „über Glut garen". Diese ofengeröstete Version ist eine schnelle, einfache Alternative, wenn Sie keinen Holzkohlegrill haben oder ihn nicht nur aus diesem Anlass anzünden wollen.

ZUBEREITUNGSZEIT: . . . . . . . . . . . . . . .10 MINUTEN
GARZEIT: . . . . . . . . . . . . . . . . . . . . . . 60 MINUTEN
PORTIONEN: . . . . . . . . . . . . . . . . . . . . . . . . . . . 4–6

## Für die Escalivada

1 rote Paprika
1 gelbe Paprika
2 vollreife Tomaten
2 rote Zwiebeln
1 Aubergine (etwa 400 g)
4 sehr junge Stangen Lauch oder dicke
   Frühlingszwiebeln
1 EL frisch gehackter Thymian, zum Garnieren

## Für das Knoblauchdressing

1 Knoblauchknolle
3 EL natives Olivenöl extra
Salz und frisch gemahlener schwarzer Pfeffer

Den Backofen auf 180 °C vorheizen. Paprika, Tomaten, Zwiebeln und Aubergine – ungeschält und ganz – mit der Knoblauchknolle für das Dressing auf ein Backblech legen und 40 Minuten im vorgeheizten Ofen garen.

Lauchstangen oder Frühlingszwiebeln dazugeben und weitere 20 Minuten garen, bis alle Gemüsesorten sehr weich und stellenweise geschwärzt sind.

Etwas abkühlen lassen, dann Paprika und Tomaten häuten und entkernen. Die Zwiebeln schälen. Die Aubergine halbieren und das Fleisch mit einem Löffel aus der Schale lösen. Paprika- und Auberginenfleisch in lange, 1–2 cm breite Streifen schneiden. Tomaten und Zwiebeln in Spalten schneiden. Die äußeren Lagen der Lauchstangen oder Frühlingszwiebeln abziehen. Das Gemüse auf einer Servierplatte anrichten und mit etwas Gemüsesaft aus dem Backblech beträufeln.

Für das Knoblauchdressing die Knoblauchknolle mit einem Sägemesser an der breitesten Stelle quer durchschneiden. Die weiche Knoblauchmasse herausdrücken und in eine Schale geben. Mit Öl und etwas Gemüsesaft verrühren. Salzen und pfeffern.

Das Knoblauchdressing über das Röstgemüse träufeln. Mit Thymian garnieren und sofort servieren.

**TIPP**
Escalivada lässt sich natürlich auch auf einem Holzkohle- oder Gasgrill zubereiten und wird traditionell als erster Gang oder Beilage zu Grillfleisch serviert.

**PRO PORTION**
828 kJ, 198 kcal, 5 g Eiweiß, 15 g Fett (2 g gesättigte Fettsäuren), 12 g Kohlenhydrate (10 g Zucker), 8 g Ballaststoffe, 177 mg Natrium

# Ratatouille

Ratatouille ist äußerst vielseitig und bietet sich zum Beispiel als leckere Gemüsebeilage für Fleisch, Fisch oder Hühnchen an. Es passt auch zu Pasta oder kann, mit Bohnen oder Kichererbsen angereichert, als vegetarisches Hauptgericht serviert werden. Ratatouille lässt sich außerdem gut einfrieren, sodass man immer schnell leckeres Gemüse zur Hand hat.

**ZUBEREITUNGSZEIT:** . . . . . . . . . . . . . 20 MINUTEN
**GARZEIT:** . . . . . . . . . . . . . . . . . . . . . . 30 MINUTEN
**PORTIONEN:** . . . . . . . . . . . . . . . . . . . . . . . . 6

2 EL Olivenöl

1 Zwiebel, gehackt

2 Knoblauchzehen, zerdrückt

1 rote Paprika, entkernt und klein geschnitten

2 Zucchini, längs halbiert, in Scheiben geschnitten

1 Aubergine, grob gewürfelt

5 vollreife Tomaten, entkernt und gehackt

2 EL frisch gehacktes Basilikum und einige Blätter zum Garnieren

Salz und frisch gemahlener schwarzer Pfeffer

Das Öl in einem großen, schweren Topf erhitzen. Die Zwiebel darin 7 Minuten bei mittlerer Hitze weich und goldgelb anschwitzen. Den Knoblauch zugeben und 1 Minute mitgaren.

Paprikastücke dazugeben und 2 Minuten unter gelegentlichem Rühren garen. Zucchini und Aubergine sorgfältig untermischen.

Die Tomaten ebenfalls untermischen und das Gemüse zum Kochen bringen. Die Temperatur auf niedrige Hitze reduzieren und das Gemüse bei halb aufgesetztem Deckel 20 Minuten unter gelegentlichem Rühren köcheln lassen, bis es weich ist. Das Basilikum untermischen. Mit Salz und Pfeffer abschmecken. Mit Basilikumblättern garniert, warm oder kalt servieren.

**TIPP**
Wenn Sie keine vollreifen Tomaten finden, können Sie das Tomatenaroma durch die Zugabe von 1 Esslöffel Tomatenmark intensivieren oder die Tomaten durch 800 g gehackte Tomaten aus der Dose ersetzen. Das Aroma von Tomatengerichten kann mit 1 ordentlichen Prise Zucker abgerundet werden.

**VARIANTE**
Für eine vollwertige vegetarische Mahlzeit mischen Sie gegen Ende der Garzeit 400 g abgewaschene und abgetropfte Kichererbsen oder rote Kidneybohnen aus der Dose unter das Ratatouille.

**PRO PORTION**
392 kJ, 94 kcal, 3 g Eiweiß, 7 g Fett (< 1 g gesättigte Fettsäuren),
6 g Kohlenhydrate (6 g Zucker), 4 g Ballaststoffe, 114 mg Natrium

# Geröstete Topinambure

Dieses stärkearme Knollengemüse hat einen süßlich-nussigen Geschmack, der an Kartoffeln und Artischocken erinnert. Durch das Braten im Backofen kommen die Aromen besonders gut zur Geltung.

1 EL Olivenöl
60 g Butter
500 g Topinambure, geputzt und längs halbiert
Saft von 1 Zitrone
6 Zweige frischer Thymian
Salz

**ZUBEREITUNGSZEIT:** . . . . . . . . . . . . . . . 5 MINUTEN
**GARZEIT:** . . . . . . . . . . . . . . . . . . . . . . 50 MINUTEN
**PORTIONEN:** . . . . . . . . . . . . . . . 4 (ALS BEILAGE)

Den Backofen auf 200 °C vorheizen. Das Öl in einem Bräter erhitzen. Die Butter zufügen und, wenn sie schäumt, die Topinambure mit der Schnittseite nach unten hineinsetzen. Am Topf rütteln, damit das Gemüse nicht anbrennt.

Mit Zitronensaft beträufeln und Thymianzweige darauf verteilen. Salzen.

Im vorgeheizten Ofen 50 Minuten garen, dabei einmal wenden, bis die Topinambure goldbraun und weich sind. Heiß servieren.

**PRO PORTION**
920 kJ, 220 kcal, 3 g Eiweiß, 17 g Fett (9 g gesättigte Fettsäuren), 14 g Kohlenhydrate (4 g Zucker), 4 g Ballaststoffe, 265 mg Natrium

# Pastizzi mit Dicken Bohnen und Ricotta

Bei dieser Variante der herzhaften Teigtaschen aus Malta wird TK-Blätterteig und nicht der traditionelle Filoteig verwendet. Die Dicken Bohnen sind eine aromatische Alternative zur gebräuchlichen Erbsenfüllung.

**ZUBEREITUNGSZEIT:** .... 40 MINUTEN, PLUS KÜHLZEIT
**GARZEIT:** . . ..................... 20–25 MINUTEN
**PORTIONEN:** ....4–6 (ALS BEILAGE, ERGIBT 24 PASTIZZI)

## Für den Teig

3 Platten TK-Blätterteig, aufgetaut, aber gekühlt
Mehl, für die Arbeitsfläche
1 Ei, leicht verquirlt

## Für die Füllung

1 kg frische Dicke Bohnen in der Schale oder
    500 g TK-Ware
1 EL Olivenöl
3 Frühlingszwiebeln, in Ringe geschnitten
2 Knoblauchzehen, zerdrückt
2 TL fein abgeriebene Zitronenschale
200 g frischer Ricotta, zerkrümelt
2 TL fein gehackter frischer Dill
Salz und frisch gemahlener schwarzer Pfeffer

Für die Füllung frische Dicke Bohnen palen. Frische oder TK-Bohnenkerne in einem großen Topf mit kochendem Wasser 3 Minuten blanchieren. Gut abtropfen und etwas abkühlen lassen. Dann die Kerne zwischen Daumen und Zeigefinger nehmen und aus den Häuten drücken. Die Bohnenkerne in eine große Schüssel geben und mit einer Gabel grob zerdrücken.

Das Öl in einer Pfanne erhitzen. Frühlingszwiebeln und Knoblauch darin bei mittlerer Hitze 2–3 Minuten anschwitzen. Bohnen und Zitronenschale untermischen. Vollständig erkalten lassen, dann Ricotta und Dill einarbeiten, bis eine grobe Paste entstanden ist. Mit Salz und Pfeffer abschmecken.

Eine Teigplatte auf eine leicht mit Mehl bestäubte Arbeitsfläche legen. Den Teig von einer kürzeren Seite her fest aufrollen. Die zweite Teigplatte mit einer kurzen Seite 1 cm überlappend anschließen und weiter aufrollen. Mit der dritten Teigplatte ebenso verfahren, sodass eine dicke Rolle entsteht. Die Teigrolle mit einem scharfen Messer in 1 cm dicke Scheiben schneiden. Wenn der Teig zu weich ist, nochmals im Kühlschrank kühlen.

Den Backofen auf 200 °C vorheizen. Zwei Backbleche mit Backpapier auslegen. Die Teigscheiben zwischen zwei Bögen Backpapier oder auf einer leicht bemehlten Arbeitsfläche zu etwa 10 cm großen Kreisen ausrollen. Einen Esslöffel Bohnenmasse in die Mitte der Teigkreise geben und eine Teighälfte darüberklappen. Die Ränder zusammendrücken. Mit der Naht nach oben auf die vorbereiteten Backbleche setzen und mit Ei bestreichen. Im vorgeheizten Ofen 15–18 Minuten goldbraun backen. Warm oder kalt servieren.

**PRO PORTION**
2775 kJ, 663 kcal, 19 g Eiweiß, 41 g Fett (20 g gesättigte Fettsäuren),
57 g Kohlenhydrate (2 g Zucker), 6 g Ballaststoffe, 868 mg Natrium

# Gefülltes Gemüse

Bei diesem Rezept werden unterschiedliche Gemüsesorten mit gewürztem Reis gefüllt. So kann sich jeder an seinem Lieblingsgemüse bedienen oder hiervon und davon probieren. Das gefüllte Gemüse kann als vegetarisches Hauptgericht oder als Beilage zu Fleisch serviert werden.

**ZUBEREITUNGSZEIT:** . . . . . . . . . . . . . . 45 MINUTEN
**GARZEIT:** . . . . . . . . . . . . . . . . . 1 STUNDE 35 MINUTEN
**PORTIONEN:** . . . . . . 4–6 (ALS KLEINES GERICHT)
                                  ODER 8 (ALS BEILAGE)

4 Zwiebeln (à etwa 150 g)
2 EL Olivenöl
250 g Langkornreis
2 Knoblauchzehen, zerdrückt
2 TL gemahlener Kreuzkümmel
2 TL gemahlener Koriander
2 EL Tomatenmark
310 ml salzreduzierte Gemüse- oder Hühnerbrühe
2 Auberginen (à etwa 200 g)
2 Zucchini (à etwa 150 g)
4 kleine rote Paprika (à etwa 200 g)
40 g Rosinen
2 EL Pinienkerne, geröstet
Salz und frisch gemahlener schwarzer Pfeffer
frische Korianderblätter, zum Garnieren
Naturjoghurt, zum Servieren

Den Backofen auf 200 °C vorheizen. Zwei Backbleche mit Backpapier auslegen. Von den Zwiebeln oben einen 1,5 cm großen Deckel abschneiden und die Zwiebeln schälen. Unten ebenfalls ein kleines Stück abschneiden, damit die Zwiebeln einen guten Stand haben. Mit einem Kugelausstecher so aushöhlen, dass eine dünne Wand aus zwei Zwiebelschichten stehen bleibt. Die ausgehöhlten Zwiebeln mit dem ausgelösten Zwiebelfleisch in einen Topf mit kochendem Wasser geben. Die Temperatur reduzieren und die Zwiebeln 10 Minuten köcheln lassen. Herausnehmen, abtropfen und abkühlen lassen. Das Zwiebelfleisch fein hacken.

1 Esslöffel Öl in einem großen, schweren Topf erhitzen. Das Zwiebelfleisch darin bei mittlerer Hitze etwa 4 Minuten anbraten. Den Reis dazugeben und 1 Minute mitbraten. Knoblauch, Kreuzkümmel sowie Koriander zugeben und 30 Sekunden rühren. Das Tomatenmark untermischen. Mit der Brühe ablöschen und bei aufgesetztem Deckel zum Kochen bringen. Die Temperatur auf niedrige Hitze reduzieren und alles 8 Minuten sanft köcheln lassen. Den Herd ausschalten und den Reis bei aufgesetztem Deckel 5 Minuten quellen lassen. Den Reis mit einer Gabel auflockern.

Auberginen längs halbieren. Das Fruchtfleisch mit einem scharfen Messer 6 mm vom Rand einschneiden. Dann das Fruchtfleisch rautenförmig einschneiden und vorsichtig herauslösen, sodass die Schale nicht verletzt wird. Mit den Zucchini ebenso verfahren. Das Fruchtfleisch fein hacken. Von den Paprika einen Deckel abschneiden, Kerne und Trennwände herauslösen.

Das restliche Öl in einer großen, hohen Pfanne erhitzen. Auberginen- und Zucchinifleisch darin bei mittlerer bis hoher Hitze etwa 5 Minuten anbraten. Zusammen mit Rosinen und Pinienkernen unter den Reis mischen. Salzen und pfeffern.

Reismischung in das Gemüse füllen. Das Gemüse auf die Backbleche setzen. Locker mit Alufolie abdecken und im Ofen 30 Minuten garen. Dann oberes und unteres Blech tauschen und weitere 30 Minuten garen. Mit Koriander garnieren und mit Joghurt servieren.

**PRO PORTION**
2105 kJ, 503 kcal, 15 g Eiweiß, 16 g Fett (2 g gesättigte Fettsäuren),
76 g Kohlenhydrate (21 g Zucker), 11 g Ballaststoffe, 451 mg Natrium

# Erbsen-Ricotta-Puffer

Diese einfachen Gemüsepuffer sind ein gesunder Snack und können mit einem Salat auch als leichtes Mittagessen serviert werden. Je frischer der Ricotta, desto besser die Puffer.

**ZUBEREITUNGSZEIT:** . . . . . . . . . . . . . . .10 MINUTEN
**GARZEIT:** . . . . . . . . . . . . . . . . . . . .25–30 MINUTEN
**PORTIONEN:** . . . . . . . . . . . . 4 (ERGIBT 12 PUFFER)

300 g frische oder TK-Erbsen
1 EL frisch gehackte Minze
2 EL frisch gehackter Dill
fein abgeriebene Schale von 1 Zitrone
2 Eier, leicht verquirlt
150 g frischer Ricotta
3 EL Mehl
Salz und frisch gemahlener schwarzer Pfeffer
2 EL Olivenöl
Zitronenspalten, zum Servieren

Einen großen Topf mit Wasser zum Kochen bringen. Die Erbsen darin 4–5 Minuten blanchieren. Abtropfen lassen und grob zerstampfen.

Minze, Dill, Zitronenschale, Eier, Ricotta und Mehl in die Erbsenmasse einarbeiten. Salzen und pfeffern.

1–2 Teelöffel Öl in einer großen beschichteten Pfanne erhitzen. 2 gehäufte Esslöffel Erbsen-Ricotta-Masse hineingeben und zu Puffern ausstreichen. Bei mittlerer Hitze portionsweise 3 Minuten von jeder Seite goldbraun braten. Auf einen mit Küchenpapier belegten Teller legen und warm halten, bis alle Puffer gebraten sind.

Servieren und Zitronenspalten zum Beträufeln dazu reichen.

**TIPP**
Kleine Puffer können als Fingerfood serviert werden. Dafür pro Puffer nur 1 gehäuften Esslöffel Ricottamasse in die Pfanne geben und 1–2 Minuten von jeder Seite braten.

**PRO PORTION**
1001 kJ, 239 kcal, 12 g Eiweiß, 16 g Fett (5 g gesättigte Fettsäuren), 11 g Kohlenhydrate (2 g Zucker), 4 g Ballaststoffe, 260 mg Natrium

# Gedünstetes Frühlingsgemüse

Durch sanftes Dünsten von ganzem Gemüse werden die Nährstoffe bewahrt und die Aromen intensiviert. Das Gemüsewasser wird anschließend zu einer gesunden feinen Sauce eingekocht.

ZUBEREITUNGSZEIT: . . . . . . . . . . . . . . . 15 MINUTEN
GARZEIT: . . . . . . . . . . . . . . . . . . . 20–25 MINUTEN
PORTIONEN: . . . . . . . . . . . . . . . . . . . . . . . . . 4

2 EL Butter oder Olivenöl
250 g Babylauch, geputzt
250 g sehr kleine Mairübchen, geputzt
250 g Babymöhren, geputzt
8 sehr kleine Zwiebeln oder Schalotten, geschält
125 ml salzreduzierte Gemüsebrühe
1 TL Zucker
1 Lorbeerblatt
frisch gemahlener schwarzer Pfeffer

Butter oder Öl in einem großen Schmortopf erhitzen. Lauch, Rübchen, Möhren und Zwiebeln oder Schalotten darin bei mittlerer Hitze anschwitzen und wenden, bis sie mit Öl überzogen sind und glänzen.

Brühe, Zucker, Lorbeerblatt und etwas Pfeffer dazugeben und zum Kochen bringen. Den Deckel aufsetzen und die Temperatur auf niedrige Hitze reduzieren. Das Gemüse weitere 10 Minuten dünsten, bis es gar, aber noch knackig ist. Mit einem Schaumlöffel auf eine große Platte heben und warm halten.

Die Flüssigkeit 2–3 Minuten bei hoher Hitze einkochen und das Gemüse damit überziehen. Sofort servieren.

**TIPP**
Wenn Sie kein junges Babygemüse finden, verwenden Sie größeres Gemüse, das Sie in gleich große Stücke schneiden. Für ein volleres Aroma können Sie die abgeriebene Schale und den Saft von einer Orange mit der Brühe zum Gemüse geben.

**PRO PORTION**
609 kJ, 146 kcal, 3 g Eiweiß, 8 g Fett (5 g gesättigte Fettsäuren), 15 g Kohlenhydrate (11 g Zucker), 5 g Ballaststoffe, 259 mg Natrium

# Mangoldquiche

Mangold ist ein ausgezeichnetes Gemüse für den Anbau im eigenen Garten. Je nach Bedarf können nämlich einzelne Blätter geerntet werden. Diese Quiche ist ein tolles Rezept zur Verwertung einer größeren Ernte – Mangold fällt ähnlich wie Spinat beim Garen stark zusammen.

**ZUBEREITUNGSZEIT:** . . . .35 MINUTEN, PLUS KÜHLZEIT
**GARZEIT:** . . . . . . . . . . . . . . . .1 STUNDE 10 MINUTEN
**PORTIONEN:** . . . . . . . . . . . . . . . . . . . . . . . . 6–8

### Für den Teig

190 g Mehl
90 g kalte Butter, gewürfelt
Mehl, für die Arbeitsfläche
getrocknete Hülsenfrüchte zum Blindbacken

### Für die Füllung

1 kg Mangold
1 EL Olivenöl
1 Zwiebel, gehackt
60 g geriebener Greyerzer
4 Eier
250 g Sahne
80 ml Milch
Salz und frisch gemahlener schwarzer Pfeffer

Für den Teig Mehl und Butter in einer großen Schüssel mit den Fingern zu Krümeln zerreiben. 4 Esslöffel Wasser mit einer Palette nach und nach einarbeiten, bis der Teig bindet und glatt wird.

Den Teig zu einer Kugel formen und auf einer leicht bemehlten Arbeitsfläche zu einem Kreis ausrollen. Eine Tarteform (24 cm Durchmesser) mit dem Teig auslegen, dann 20 Minuten im Kühlschrank ruhen lassen. Den Backofen auf 180 °C vorheizen.

Den Teigboden mit Backpapier belegen und mit getrockneten Hülsenfrüchten beschweren. Im vorgeheizten Ofen 15 Minuten blindbacken. Backpapier samt Hülsenfrüchte entfernen und den Teigboden weitere 15 Minuten goldgelb backen. Den Teigboden aus dem Ofen nehmen und vollständig erkalten lassen. Die Ofentemperatur auf 160 °C reduzieren.

Für die Füllung die Mangoldblätter von den Stielen trennen, waschen und trocken schwenken. Die Stiele in Stücke schneiden. Einen großen, hohen Topf bei mittlerer Hitze auf den Herd stellen. Den Mangold, gegebenenfalls portionsweise, darin in etwas Wasser dünsten. Die Stiele einige Minuten garen, bis sie weich sind, die Blätter so lange, bis sie zusammengefallen sind. Abkühlen lassen, dann von Hand ausdrücken und die Blätter grob hacken.

Das Öl in einer Pfanne erhitzen. Die Zwiebel darin bei mittlerer Hitze etwa 5 Minuten unter gelegentlichem Rühren anschwitzen. Die Zwiebel auf den Teigboden geben. Den Mangold gleichmäßig darauf verteilen und mit dem Käse bestreuen.

Eier, Sahne und Milch in einer Schüssel verquirlen. Salzen und pfeffern. Die Eimischung über den Mangold gießen. Die Quiche im Ofen 40 Minuten backen. Warm oder kalt servieren.

**PRO PORTION**
2260 kJ, 540 kcal, 15 g Eiweiß, 41 g Fett (24 g gesättigte Fettsäuren),
27 g Kohlenhydrate (4 g Zucker), 4 g Ballaststoffe, 614 mg Natrium

# Gurkensandwiches

Gurkensandwiches sind ideal für einen kleinen Imbiss zwischendurch. Verwenden Sie dafür nur ganz frisches Weißbrot und schneiden Sie die Gurken in sehr feine Scheiben.

**ZUBEREITUNGSZEIT:** . . . . . . . . . . . . . . .10 MINUTEN
**PORTIONEN:** . . . . . . . . . . . . . . 6 (ERGIBT 24 DREIECKE
ODER 18 SANDWICHSTREIFEN)

12 dünne Scheiben Kastenweißbrot
60 g weiche Butter
1 kleine Gurke
Salz
Gurkenscheiben, zum Garnieren

Die Brotscheiben entrinden und sehr dünn mit Butter bestreichen. Dadurch weichen die Gurkenscheiben das Brot nicht so stark auf.

Die Gurke in sehr feine Scheiben schneiden oder hobeln und mit Küchenpapier trocken tupfen. Die Hälfte der Brotscheiben mit Gurkenscheiben belegen. Leicht salzen und mit den restlichen Brotscheiben belegen.

Die Sandwiches diagonal halbieren oder in je 3 Streifen schneiden. Mit Gurkenscheiben garnieren. Auf einer Platte anrichten und sofort servieren.

### VARIANTEN

Sie können diese Sandwiches auf unterschiedliche Weise variieren. Achten Sie darauf, dass die Füllung immer sehr fein geschnitten ist, damit die beiden Sandwichlagen zusammenhalten.

✳ Für eine würzige Note bestreuen Sie die Gurkenschicht mit etwas Gartenkresse.

✳ Belegen Sie die Gurken mit dünnen, mit Zitronensaft beträufelten Räucherlachsscheiben.

✳ Bestreichen Sie die Brotscheiben mit Frischkäse statt mit Butter (passt besonders gut zu Räucherlachs).

✳ Bestreuen Sie die Gurken mit fein gehackten frischen Kräutern wie Schnittlauch, Minze oder Dill.

✳ Belegen Sie die Gurken mit sehr dünnen Tomatenscheiben. Die Tomaten vorher trocken tupfen.

### PRO PORTION

526 kJ, 126 kcal, 2 g Eiweiß, 9 g Fett (5 g gesättigte Fettsäuren), 10 g Kohlenhydrate (< 1 g Zucker), < 1 g Ballaststoffe, 284 mg Natrium

# Rote Bete aus dem Ofen

Damit die Roten Beten ganz zart werden und saftig bleiben, garen Sie sie langsam bei niedriger Temperatur. Dieses Gericht passt wunderbar zu Schweine- oder Entenfleisch, aber auch zu gegrillten Lammkoteletts.

**ZUBEREITUNGSZEIT:** . . . . . . . . . . . . . . 20 MINUTEN
**GARZEIT:** . . . . . 3 STUNDEN – 3 STUNDEN 30 MINUTEN
**PORTIONEN:** . . . . . . . . . . . . . . . . . . . . . . . . . . . 4

8 kleine Rote Beten (etwa 400 g)
60 g Butter
4 Frühlingszwiebeln, fein gehackt
1 EL frische Schnittlauchröllchen
2 TL frisch gehackte glatte Petersilie

Den Backofen auf 150 °C vorheizen. Die Roten Beten vorsichtig waschen, damit die Schale nicht verletzt wird. Einzeln in eingefettete Alufolie wickeln und in eine Bratform legen. Im vorgeheizten Ofen 3–3 ½ Stunden garen, bis das Gemüse weich ist und die Schalen sich einfach abziehen lassen.

Die Roten Beten aus der Folie wickeln, kurz abkühlen lassen und möglichst heiß schälen. Die Knollen in Spalten schneiden.

Die Butter in einer großen Pfanne zerlassen. Die Rote-Bete-Spalten darin mit Frühlingszwiebeln, Schnittlauch und Petersilie bei mittlerer Hitze schwenken, bis sie mit Butter und Kräutern überzogen sind. Auf eine vorgewärmte Platte geben und sofort servieren.

**VARIANTE**
Den verbleibenden Bratensaft in der Pfanne etwa 1 Minute mit 125 g Sahne einkochen und über die Rote-Bete-Spalten gießen. Nach Belieben zwei kleine Essiggurken in sehr feine Stifte schneiden und die Beten damit garnieren.

**PRO PORTION**
648 kJ, 155 kcal, 2 g Eiweiß, 12 g Fett (8 g gesättigte Fettsäuren), 9 g Kohlenhydrate (9 g Zucker), 3 g Ballaststoffe, 164 mg Natrium

# Asiatisches Gemüse

Für dieses Rezept werden zwei Bambusdampfkörbe benötigt, damit das Gemüse schneller gart; wenn es in einem Korb zu hoch gestapelt wird, muss das Gemüse während des Garens eventuell umgeschichtet werden. Durch das Dämpfen werden wertvolle Vitamine geschont. Mit Reis wird daraus eine vollwertige Mahlzeit.

**ZUBEREITUNGSZEIT:** . . . . . . . . . . . . . . . 15 MINUTEN
**GARZEIT:** . . . . . . . . . . . . . . . . . . . . . . . 5–8 MINUTEN
**PORTIONEN:** . . . . . . . . . . . . . . . . . . . . . . . . . . . 4

### Für das Gemüse

400 g Möhren, in Stifte geschnitten

375 g kleine Blumenkohlröschen

180 g kleine Brokkoliröschen

250 g grüne Bohnen, geputzt und halbiert

350 g Zucchini, in Stifte geschnitten

4 Baby-Pak-Choi, geviertelt

### Für die Sauce

2 EL Kecap Manis (süße Sojasauce)

1½ EL Austernsauce

2 TL chinesischer Reiswein

1 TL Sesamöl

Für die Sauce alle Zutaten in einer Schale verrühren und beiseitestellen.

Einen großen Wok oder Topf zur Hälfte mit Wasser füllen und bei aufgesetztem Deckel zum Kochen bringen. Möhren, Blumenkohl, Brokkoli und Bohnen in einem Bambus- oder anderen Dämpfkorb verteilen. Den Korb in den Topf einsetzen, der Korb sollte das Wasser nicht berühren. Bei aufgesetztem Deckel 2 Minuten dämpfen.

Zucchini und Pak Choi in einen zweiten Dämpfkorb geben, auf den ersten Korb setzen und weitere 2–3 Minuten dämpfen, bis das Gemüse knackig gar ist. Alternativ, wenn nur ein Dämpfkorb vorhanden ist, Zucchini und Pak Choi auf das andere Gemüse geben und weitere 3–5 Minuten dämpfen.

Die Dämpfkörbe mit Topflappen vorsichtig aus dem Topf heben und das Gemüse auf Servierschalen verteilen. Sofort mit der Sauce servieren.

### TIPP

Sie können Ingwer, Knoblauch, gewürfelten Tofu und anderes Gemüse wie Spargel, Fenchel und Pilze dämpfen. Statt der Sauce passen auch Zitronen- oder Limettensaft, Tahini oder Sataysauce.

**PRO PORTION**
498 kJ, 119 kcal, 9 g Eiweiß, 1 g Fett (< 1 g gesättigte Fettsäuren), 19 g Kohlenhydrate (17 g Zucker), 10 g Ballaststoffe, 872 mg Natrium

# Ofengemüse

Egal, ob zu Lamm-, Rinder- oder Schweinebraten oder Brathähnchen – dieses Ofengemüse passt perfekt dazu. Verwenden können Sie hierfür jede Art von Wurzelgemüse und Kartoffeln.

4 Ofen- oder mehligkochende Kartoffeln

3 Möhren

3 Pastinaken

3 mittelgroße Steck- oder Speiserüben

3 Rote Beten

Olivenöl, zum Beträufeln

Salz und frisch gemahlener schwarzer Pfeffer

**ZUBEREITUNGSZEIT:** . . . . . . . . . . . . . . . .10 MINUTEN
**GARZEIT:** . . . . . . . . . . . . . . . . . . . . . . . . 45 MINUTEN
**PORTIONEN:** . . . . . . . . . . . . . . . . . . . . . . . . . . . . . . .6

Den Backofen auf 210 °C vorheizen. Das Gemüse waschen und putzen. Mit Küchenpapier trocken tupfen. Die Kartoffeln schälen und halbieren. Möhren und Pastinaken schälen und längs halbieren. Die Rüben schälen und vierteln. Die Roten Beten ganz und ungeschält lassen.

Das Gemüse in einer großen Bratform verteilen. Großzügig mit Olivenöl beträufeln und mit Salz und Pfeffer würzen.

Im vorgeheizten Ofen 30 Minuten garen. Das Gemüse wenden und weitere 15 Minuten garen, bis es goldbraun und weich ist. Sofort servieren.

### TIPPS

Wurzelgemüse wie Pastinaken, Rüben und Möhren schmecken am besten im Herbst und Winter. Lagern Sie sie im Gemüsefach des Kühlschranks.

Kohlrabi kann ebenfalls für diese Gemüsemischung verwendet werden.

### VARIANTE

Im Sommer können Sie Gemüse nach provenzalischer Art zubereiten: Einfach halbierte Zucchini, rote und grüne Paprika, Patissons und rote Zwiebeln mit Olivenöl, Salz, Pfeffer und frischem Thymian mischen und im vorgeheizten Ofen 45 Minuten bei 180 °C garen.

**PRO PORTION**
594 kJ, 142 kcal, 5 g Eiweiß, 1 g Fett (< 1 g gesättigte Fettsäuren),
28 g Kohlenhydrate (13 g Zucker), 7 g Ballaststoffe, 167 mg Natrium

# Gefüllte Zucchiniblüten

Zucchiniblüten sind einfach zuzubereiten, sollten aber behutsam behandelt und sofort verarbeitet werden. Die Süße der Blüten ergibt mit dem knusprigen Ausbackteig und der cremigen Ricottafüllung ein harmonisches Aroma.

**ZUBEREITUNGSZEIT:** . . . . . . . . . . . . . . . 30 MINUTEN
**GARZEIT:** . . . . . . . . . . . . . . . . . . . . . . .20 MINUTEN
**PORTIONEN:** . . . . . . . . . . . . . 4–6 (ERGIBT 24 STÜCK)

150 g frischer Ricotta
2 EL fein geriebener Parmesan
2 Sardellenfilets in Öl, abgetropft und fein gehackt
1 Knoblauchzehe, zerdrückt
1 TL frisch gehackter Thymian
24 kleine Zucchiniblüten mit Fruchtansatz
150 g Mehl
1½ TL Backpulver
250 ml kaltes Mineralwasser mit Kohlensäure
Pflanzenöl, zum Ausbacken
Salz und frisch gemahlener schwarzer Pfeffer
Zitronenspalten, zum Servieren

Ricotta, Parmesan, Sardellenfilets, Knoblauch und Thymian in einer Schüssel mit einer Gabel zerdrücken und glatt rühren. Mit Pfeffer würzen.

Die Zucchiniblüten vorsichtig öffnen und mit der Ricottamasse füllen. Die Blütenblätter wieder schließen und an den Spitzen vorsichtig zudrehen.

Mehl und Backpulver in eine Schüssel sieben. Eine Mulde in die Mitte drücken. Nach und nach das Mineralwasser einarbeiten, aber nicht zu lange rühren, sonst verliert der Teig seine Lockerheit.

Eine Fritteuse oder einen großen Topf zur Hälfte mit Öl füllen und erhitzen, bis ein Brotwürfel in 15 Sekunden braun wird. Die Zucchiniblüten portionsweise (3–4 Stück) in den Teig tauchen und kurz abtropfen lassen. Vorsichtig ins heiße Fett gleiten lassen und etwa 2 Minuten goldgelb und knusprig ausbacken. Mit einem Schaumlöffel herausnehmen und auf einem mit Küchenpapier ausgelegten Backblech abtropfen lassen. Warm halten, bis alle Zucchiniblüten ausgebacken sind.

Die Blüten mit Salz bestreuen und mit Zitronenspalten zum Beträufeln servieren.

**TIPPS**
Backen Sie immer nur 3–4 Zucchiniblüten gleichzeitig aus, andernfalls fällt die Temperatur des Öls zu stark ab. Der Teig wird dann nicht knusprig, sondern saugt sich mit Öl voll.

Zum Füllen der Zucchiniblüten diese in einer Hand halten und mit dem Daumen die Blütenblätter teilen. Mit den Fingern der anderen Hand nun den Stempel und die Blütenfäden entfernen. Diesen Schritt erst unmittelbar vor der Zubereitung durchführen, da die Blüten sonst sehr schnell welken.

**PRO PORTION**
1846 kJ, 441 kcal, 13 g Eiweiß, 30 g Fett (6 g gesättigte Fettsäuren), 31 g Kohlenhydrate (5 g Zucker), 6 g Ballaststoffe, 661 mg Natrium

# Garnelen- und Gemüsetempura

Bei dieser japanischen Spezialität werden Meeresfrüchte und Gemüse in einer feinen Teighülle ausgebacken.

**ZUBEREITUNGSZEIT:** . . . . . . . . . . . . . . . 15 MINUTEN
**GARZEIT:** . . . . . . . . . . . . . . . . . . . . . 15–25 MINUTEN
**PORTIONEN:** . . . . . . . . . . . . . . . . . . . . . . . . . 4

225 g Mehl

30 g Speisestärke

1 Prise Backpulver

250 ml kaltes Mineralwasser mit Kohlensäure oder Leitungswasser

1 Ei, leicht verquirlt

Pflanzenöl, zum Ausbacken

1 Möhre, schräg in 5 mm dicke Scheiben geschnitten

¼ kleiner Kürbis, geschält, entkernt und in feine Scheiben geschnitten

1 rote Paprika, entkernt und in 8 Streifen geschnitten

1 kleine Aubergine, in 5 mm dicke Scheiben geschnitten

12 grüne Bohnen, geputzt

300 g große rohe Garnelen, ausgelöst und Darmfaden entfernt, mit intakten Schwänzen

Sojasauce und Wasabi, zum Servieren

110 g Mehl, Speisestärke und Backpulver in eine Schüssel sieben und eine Mulde in die Mitte drücken. Mineralwasser oder Wasser und Ei hineingeben und mit einem Stäbchen kurz in die Mehlmischung einarbeiten. Der Teig sollte noch klumpig sein und darf nicht zu lange gerührt werden. Die Schüssel in eine größere Schüssel mit Eiswasser stellen, damit der Teig kühl bleibt.

In eine Fritteuse oder einen großen Topf etwa 7 cm hoch Pflanzenöl füllen und auf 190 °C erhitzen, sodass ein Brotwürfel in 10 Sekunden braun wird.

Die Gemüsestücke mit Küchenpapier trocken tupfen. Das restliche Mehl auf einem Teller verteilen.

Die Gemüsestücke einzeln im Mehl wenden, überschüssiges Mehl abklopfen. Den Teig kurz durchrühren, dann das Gemüse in den Teig tauchen und abtropfen lassen. Ins heiße Fett geben und portionsweise 2–3 Minuten hellgelb ausbacken. Nicht zu viele Gemüsestücke gleichzeitig ausbacken, sonst sinkt die Temperatur des Öls zu stark ab und der Teig wird nicht knusprig. Mit einem Schaumlöffel herausnehmen und auf einem mit Küchenpapier belegten Backblech abtropfen lassen.

Die Garnelen im Mehl wenden und überschüssiges Mehl abklopfen. Am Schwanz halten und in den Teig tauchen, kurz abtropfen lassen. Im heißen Fett 3–4 Minuten ausbacken. Auf ein zweites mit Küchenpapier ausgelegtes Backblech geben.

Gemüse und Garnelen auf vier Tellern oder auf einer Platte anrichten und sofort mit Sojasauce und Wasabi servieren.

**TIPP**
Festes Gemüse wie Spargel, Möhren- oder Paprikastifte, grüne Bohnen oder Auberginen-, Zwiebel-, Kartoffel-, Kürbis- und Zucchinischeiben eignen sich gut zum Ausbacken mit Tempurateig, Gemüse mit höherem Wassergehalt wie Gurke, Kohl, Salat und Tomaten hingegen nicht.

**PRO PORTION**
1913 kJ, 457 kcal, 26 g Eiweiß, 13 g Fett (2 g gesättigte Fettsäuren), 57 g Kohlenhydrate (7 g Zucker), 5 g Ballaststoffe, 210 mg Natrium

# Gemüsepürees

In allen hier vorgestellten Rezepten können Sie das Gemüse entweder glatt pürieren oder etwas gröber zerstampft servieren. Um ein Püree besonders samtig und cremig zu machen, drehen Sie es durch eine Passiermühle („Flotte Lotte") oder streichen Sie es durch ein Haarsieb. Erwärmen Sie es vorsichtig in einem Topf oder in der Mikrowelle. Wichtig: Das Püree immer gut würzen. **Alle Rezepte sind für 4 Personen berechnet.**

### Pastinaken-Birnen-Püree

500 g Pastinaken schälen und würfeln. In einem großen Topf mit Wasser bedecken und 10 Minuten kochen. 1 geschälte, entkernte und gehackte Birne zufügen und weitere 5 Minuten garen, bis das Gemüse sehr weich ist. Abtropfen lassen und bei niedriger Hitze zum Ausdampfen wieder in den Topf geben. Glatt pürieren oder zerstampfen. 30 g weiche Butter und 1 Prise frisch geriebene Muskatnuss einarbeiten. Mit Salz und Pfeffer abschmecken. 60 g Sahne unterrühren und mit Muskatnuss bestäuben.

### Bohnenmus mit Rosmarin

820 g weiße Bohnen aus der Dose abwaschen und gut abtropfen lassen. Mit 1 gehackten Knoblauchzehe, je 2 Esslöffeln Zitronensaft und nativem Olivenöl extra sowie 1 Teelöffel frisch gehacktem Rosmarin glatt pürieren oder zerstampfen. Mit Salz und Pfeffer abschmecken. Mit frischem Rosmarin garnieren.

### Erbsenpüree mit Minze

300 g TK-Erbsen in einem Topf mit kochendem Wasser 2 Minuten blanchieren. Abtropfen lassen und mit 30 g weicher Butter, 2 Esslöffeln frisch gehackter Minze und 2 Teelöffeln fein abgeriebener Zitronenschale glatt pürieren oder zerstampfen. Mit Salz und Pfeffer abschmecken. Nach Belieben mit Minze oder Zitronenschale garnieren.

### Rote-Bete-Püree

Den Backofen auf 200 °C vorheizen. 4 Rote Beten waschen und putzen. In ein großes Stück Alufolie einschlagen und auf ein Backblech geben. Im vorgeheizten Ofen 60 Minuten sehr weich garen. Etwas abkühlen lassen, dann schälen. Die Roten Beten grob hacken und mit 125 g Naturjoghurt, 1 gehackten kleinen Knoblauchzehe und 1 Esslöffel Balsamicoessig glatt pürieren. Mit Salz und Pfeffer abschmecken. Mit einem Klacks Joghurt garnieren.

# Kartoffelpüree

800 g mehligkochende Kartoffeln schälen, in 5 cm große Stücke schneiden und in einem Topf mit kochendem Wasser 15 Minuten sehr weich garen. Das Wasser abgießen und die Kartoffeln bei niedriger Hitze zum Ausdampfen wieder auf den Herd setzen. Die Kartoffeln zerstampfen, dann 60 g weiche Butter in Stücken und 80 ml warme Milch einarbeiten. Mit einem Holzlöffel glatt rühren. Mit Salz und Pfeffer abschmecken und mit Butterflöckchen garnieren.

# Süßkartoffelstampf mit Salbei

Den Backofen auf 200 °C vorheizen. 2 Süßkartoffeln (à 400 g) auf ein Backblech legen und im Ofen 45 Minuten garen. 5 ungeschälte Knoblauchzehen zugeben und weitere 15 Minuten im Ofen garen. Die Süßkartoffeln etwas abkühlen lassen, dann längs halbieren, das Fleisch aus der Schale schaben und in eine Schüssel geben. Die Knoblauchzehen aus den Schalen drücken und zu den Süßkartoffeln geben. 2 Esslöffel natives Olivenöl extra und 2 Teelöffel frisch gehackten Salbei zufügen und alles glatt rühren. Mit Salz und Pfeffer abschmecken. Mit Salbeiblättchen garnieren.

# Möhrenpüree

500 g große Möhren schälen, in 3 cm große Stücke schneiden und 10 Minuten weich dämpfen. In eine Schüssel geben und grob zerstampfen. 1 Teelöffel Honig, ½ Teelöffel gemahlenen Kreuzkümmel, 1 große Prise Zimt und nach Belieben Cayennepfeffer zufügen. Mit einem Holzlöffel gut verrühren. Mit Salz und Pfeffer abschmecken. Mit geröstetem Sesam garnieren.

# Selleriemus

1 kg Knollensellerie schälen und in 3 cm große Stücke schneiden. In einem großen Topf mit kochendem Wasser 25 Minuten sehr weich kochen. Gut abtropfen lassen. Den Sellerie zerstampfen. 60 g Sahne und 2 Teelöffel Dijonsenf einrühren, bis das Mus fast glatt ist. Mit Salz und Pfeffer abschmecken. Nach Belieben mit etwas Sahne beträufeln.

Pürees in allen Farben (von links): Rote-Bete-Püree, Erbsenpüree mit Minze, Süßkartoffelstampf mit Salbei und Kartoffelpüree

# Gemüse mit Linsendal

Servieren Sie dieses Gemüse und das Dal mit gedämpftem Basmatireis oder etwas warmem Naanbrot und einer erfrischenden Raita aus Joghurt und Gurke.

**ZUBEREITUNGSZEIT:** . . . . . . . . . . . . . 30 MINUTEN
**GARZEIT:** . . . . . . . . . . . . . . . . . . . . . 30 MINUTEN
**PORTIONEN:** . . . . . . . . . . . . . . . . . . . . . . . . .4–6

## Für das Gemüse

1 TL Senfsamen
1 TL Kreuzkümmelsamen
2 EL Pflanzenöl oder Ghee (geklärte Butter)
1 Zwiebel, gehackt
2 Knoblauchzehen, zerdrückt
2 TL frisch geriebener Ingwer
1 lange grüne Chili, entkernt und gehackt
1 TL gemahlene Kurkuma
1 TL Garam Masala
2 große Tomaten, gehackt
1 kleiner Blumenkohl (800 g), in Röschen geteilt
1 große Möhre, grob gehackt
300 g frische Erbsen, gepalt und blanchiert oder
    150 g TK-Erbsen
½ TL Salz
10 g grob gehackter frischer Koriander,
    zum Servieren

## Für das Dal

200 g rote Linsen
½ TL Kreuzkümmelsamen
1 EL Pflanzenöl oder Ghee (geklärte Butter)
1 Zwiebel, gehackt
2 Knoblauchzehen, zerdrückt
2 TL frisch geriebener Ingwer
½ TL gemahlener Koriander
½ TL Garam Masala
½ TL gemahlene Kurkuma
¼ TL Chilipulver
½ TL Salz

Für das Gemüse eine große, hohe beschichtete Pfanne erhitzen. Senf- und Kreuzkümmelsamen darin bei mittlerer Hitze unter ständigem Rühren etwa 30 Sekunden trocken rösten, bis sie zu duften beginnen. Öl oder Ghee und Zwiebel dazugeben und unter gelegentlichem Rühren 5 Minuten anschwitzen.

Knoblauch, Ingwer und Chili zugeben und 1 Minute rühren. Kurkuma, Garam Masala und Tomaten zufügen. Den Deckel aufsetzen und 5 Minuten bei niedriger Hitze garen, bis die Tomaten weich sind. Falls die Masse zu trocken wird, bis zu 125 ml Wasser zugießen.

Blumenkohl, Möhre und Erbsen untermischen und bei aufgesetztem Deckel unter gelegentlichem Rühren gar dünsten. Salzen.

Inzwischen für das Dal die Linsen unter fließendem kaltem Wasser abwaschen, dann abtropfen lassen. Mit 500 ml Wasser in einen Topf geben und zum Kochen bringen. Die Temperatur auf niedrige bis mittlere Hitze reduzieren und unter gelegentlichem Rühren 8 Minuten köcheln lassen, bis die Linsen sehr weich sind und die Masse eingedickt ist.

Inzwischen eine kleine beschichtete Pfanne bei mittlerer Hitze auf den Herd stellen und die Kreuzkümmelsamen etwa 30 Sekunden unter ständigem Rühren trocken rösten, bis sie zu duften beginnen. Öl oder Ghee und Zwiebel dazugeben und 5 Minuten unter gelegentlichem Rühren anschwitzen. Knoblauch, Ingwer, Koriander, Garam Masala, Kurkuma und Chilipulver 1 Minute unterrühren.

Die Gewürzmischung zu den Linsen geben. Mit Salz abschmecken.

Das Gemüse mit Dal anrichten, mit frischem Koriander garnieren und sofort servieren.

**PRO PORTION**
1521 kJ, 363 kcal, 21 g Eiweiß, 16 g Fett (2 g gesättigte Fettsäuren),
34 g Kohlenhydrate (10 g Zucker), 15 g Ballaststoffe, 663 mg Natrium

# Tagliatelle mit Pilzen

Wählen Sie für diese Pilzpfanne unterschiedlichste Wald- und Zuchtpilze aus. Die feinen Pilzaromen werden wunderbar durch den Marsalawein unterstrichen. Dieses Rezept zeigt, dass eine feine Pilzsauce nicht immer mit fettreicher Sahne zubereitet werden muss.

**ZUBEREITUNGSZEIT:** . . . . . . . . . . . . . . 15 MINUTEN
**EINWEICHZEIT:** . . . . . . . . . . . . . . . . . . . . . . 15 MINUTEN
**GARZEIT:** . . . . . . . . . . . . . . . . . . . . . . . 30 MINUTEN
**PORTIONEN:** . . . . . . . . . . . . . . . . . . . . . . . . . 4

10 g getrocknete Steinpilze

2 EL natives Olivenöl extra

3 Schalotten, in Scheiben geschnitten

250 g kleine Champignons oder andere Pilze mit geschlossenen Kappen, in Scheiben

150 ml Marsala

500 g Tagliatelle

Salz und frisch gemahlener schwarzer Pfeffer

1 Knoblauchzehe, fein gehackt (nach Belieben)

500 g gemischte Pilze (z. B. Shiitake, Austernpilze, braune Champignons, Pfifferlinge oder andere Waldpilze), in Scheiben bzw. halbiert

250 g Tomaten, gehäutet, entkernt und gehackt

2 TL frischer oder 1 TL getrockneter Thymian

2 EL frisch gehackte glatte Petersilie, zum Garnieren

Die Steinpilze in einer kleinen Schüssel mit 90 ml kochend heißem Wasser übergießen und 15 Minuten einweichen lassen. Die Pilze abgießen und das Einweichwasser auffangen. Die Steinpilze in Scheiben schneiden. Harte Stellen herausschneiden.

1 Esslöffel Olivenöl in einem großen, schweren Topf erhitzen. Die Schalotten darin bei mittlerer Hitze etwa 3 Minuten anschwitzen. Die kleinen Champignons zugeben und 8–10 Minuten dünsten, bis das Wasser verdampft ist.

Marsala und Einweichwasser einrühren und die Flüssigkeit in etwa 10 Minuten auf die Hälfte reduzieren lassen.

Inzwischen die Pasta nach Packungsangabe 10–12 Minuten in kochendem Salzwasser al dente kochen.

Etwa 5 Minuten, bevor die Pasta gar ist, das restliche Öl in einer zweiten großen Pfanne erhitzen. Falls verwendet, Knoblauch, gemischte Pilze und eingeweichte Steinpilze darin bei mittlerer Hitze 3–5 Minuten anbraten.

Tomaten und Thymian in die Marsalamischung rühren und 1–2 Minuten erhitzen. Die Pilzmischung unterrühren. Mit Salz und Pfeffer abschmecken. Die Pasta abtropfen lassen und auf vier vorgewärmte Teller verteilen. Die Pilze samt Sauce darübergeben. Mit Petersilie garnieren und sofort servieren.

**TIPP**
In den meisten Rezepten werden Pilze nur in kleineren Mengen eingesetzt, sodass ihr Nährwertbeitrag zur Ernährung relativ gering ist. In diesem Gericht aber sind frische sowie hocharomatische getrocknete Pilze die Hauptzutat und liefern deshalb umso mehr wertvolle Nährstoffe.

**PRO PORTION**
2614 kJ, 624 kcal, 20 g Eiweiß, 11 g Fett (2 g gesättigte Fettsäuren), 97 g Kohlenhydrate (10 g Zucker), 8 g Ballaststoffe, 174 mg Natrium

# Wokgemüse mit Tofu

Dieses vegetarische Gericht stammt vermutlich aus buddhistischen Klöstern, ist aber auch beim chinesischen Neujahrsfest beliebt, das gern mit vegetarischen Speisen gefeiert wird. Die große Zahl von Zutaten soll Glück bringen.

ZUBEREITUNGSZEIT: . . . . . . . . . . . . . . .10 MINUTEN
EINWEICHZEIT: . . . . . . . . . . . . . . . . . . . . .30 MINUTEN
GARZEIT: . . . . . . . . . . . . . . . . . . . . . . 25 MINUTEN
PORTIONEN: . . . . . . . . . . . . . . . . . . . . . . . . . . 4

4 getrocknete Shiitakepilze

10 getrocknete Lilienknospen (etwa 20 g)

15 getrocknete Lotussamen (etwa 20 g)

20 g getrocknete oder 100 g frische Judasohrpilze

2 EL Raps- oder Erdnussöl

350 g fester Tofu, in 1 cm breite Scheiben geschnitten, diagonal halbiert

1 cm frischer Ingwer, geschält und gerieben

2 große Knoblauchzehen, zerdrückt

100 g Brokkoli, in kleine Röschen geteilt

1 Möhre, längs halbiert und schräg in dünne Scheiben geschnitten

2 Stangen Sellerie, schräg in feine Scheiben geschnitten

10–12 Babymaiskolben oder 425 g Babymais aus dem Glas, abgetropft und schräg in Scheiben geschnitten

200 g Wasserkastanien (aus der Dose), abgetropft und in feine Scheiben geschnitten

60 ml Austernsauce

1 EL brauner Zucker

1 EL Sesamöl

gekochter brauner Reis, zum Servieren

Shiitakepilze, Lilienknospen, Lotussamen und getrocknete Judasohrpilze in eine Schüssel geben. Mit kochendem Wasser bedecken und 30 Minuten einweichen (frische Pilze nicht einweichen). Das Wasser abgießen, die Pilze grob hacken. Harte Stiele von den Lilienknospen abschneiden. Die Lilienknospen nach Belieben auf traditionelle chinesische Weise zu einem Knoten binden.

Inzwischen 1 Esslöffel Öl in einer großen Pfanne erhitzen. Den Tofu darin bei mittlerer Hitze 10–15 Minuten von allen Seiten goldbraun und knusprig braten. Warm halten.

Das restliche Öl in einem Wok erhitzen. Ingwer, Knoblauch, Brokkoli, Möhre, Sellerie und frischen Mais (falls verwendet) darin bei mittlerer Hitze etwa 5 Minuten unter Rühren anbraten, bis die Möhre gar, aber noch knackig ist.

Wasserkastanien, frischen Mais oder Mais aus der Dose und die eingeweichten Zutaten dazugeben und 5 Minuten unter Rühren mitbraten.

Austernsauce, Zucker, Sesamöl und 2 Esslöffel Wasser untermischen. Tofu unterheben und sofort mit braunem Reis servieren.

**TIPP**
Dieses Gericht kann mit jedem Gemüse zubereitet werden. Sie können andere Pilze und asiatisches Blattgemüse verwenden, wenn Lilienknospen, Lotussamen und Judasohrpilze nicht erhältlich sind.

**PRO PORTION**
1403 kJ, 335 kcal, 16 g Eiweiß, 21 g Fett (2 g gesättigte Fettsäuren), 23 g Kohlenhydrate (10 g Zucker), 8 g Ballaststoffe, 737 mg Natrium

# Auberginenkroketten

Diese Kroketten machen sich toll auf einer italienischen Antipastiplatte.
Mit einem grünen Salat ergeben sie eine gesunde Hauptmahlzeit.

ZUBEREITUNGSZEIT: . . 10 MINUTEN, PLUS KÜHLZEIT
GARZEIT: . . . . . . . . . . . . . . . . . . . . . . . . . 20 MINUTEN
PORTIONEN: . . . . . . . . . 4 (ERGIBT 20 KROKETTEN)

1 große Aubergine (etwa 500 g), in großen Stücken
125 g Pinienkerne
40 g frische Semmelbrösel (von etwa 2 Scheiben
   Brot ohne Rinde)
25 g frisch geriebener Parmesan
2 EL fein gehackte glatte Petersilie
1 Knoblauchzehe, zerdrückt
1 Ei, verquirlt
200 g trockene Semmelbrösel
Oliven- oder Rapsöl, zum Frittieren
Naturjoghurt und Zitronenspalten, zum Servieren

Die Auberginenstücke in einen großen Topf
geben, mit Wasser bedecken und mit einem
Teller beschweren, damit die Auberginenstücke unter Wasser bleiben. Zum Kochen
bringen. Die Auberginenstücke bei mittlerer
Hitze 10 Minuten sehr weich garen. Abtropfen und etwas abkühlen lassen.

Inzwischen die Pinienkerne in einer beschichteten Pfanne ohne Fettzugabe
2–3 Minuten goldbraun rösten.

Die Auberginenstücke mit der Hand aus-
pressen. Fein hacken und die Stücke in einer Schüssel mit einer Gabel zerdrücken.

Pinienkerne, frische Semmelbrösel, Parmesan, Petersilie, Knoblauch und Ei sorgfältig einarbeiten.

Die trockenen Semmelbrösel auf einem
Teller verteilen. Die Auberginenmasse zu
20 kleinen Kroketten oder Bratlingen formen und in den Semmelbröseln wenden.

Reichlich Öl in einem großen, hohen Topf
erhitzen. Die Kroketten portionsweise
4–5 Minuten rundum goldbraun und knusprig frittieren. Auf Küchenpapier abtropfen
lassen und sofort mit Joghurt und Zitronenspalten servieren.

**VARIANTE**
Ersetzen Sie die Aubergine durch Zucchini
oder Fenchel. Statt Pinienkernen können
Mandeln und statt Parmesan kann ein anderer würziger Hartkäse verwendet werden.

**PRO PORTION**
2771 kJ, 662 kcal, 19 g Eiweiß, 46 g Fett (5 g gesättigte Fettsäuren),
43 g Kohlenhydrate (6 g Zucker), 6 g Ballaststoffe, 520 mg Natrium

# Rinderfilets mit Rote-Bete-Salat

Rote Bete und Rindfleisch werden perfekt durch den weichen Ziegenkäse ergänzt. Nach Belieben können Sie auch Feta verwenden. Wenn Sie nur große Knollen finden, garen Sie diese 1 Stunde und schneiden Sie sie dann in kleine Stücke. Statt Rindfleisch passt auch Wild zu diesem Salat.

8 kleine Rote Beten (400 g), geputzt, kleine Blätter aufbewahren

2 Rinderfilets (500 g), etwa 2,5 cm dick

1 EL Olivenöl

Salz und frisch gemahlener schwarzer Pfeffer

60 g Rucola, gewaschen

1½ EL Balsamicoessig

1 EL Zitronensaft

1 EL natives Olivenöl extra

75 g weicher Ziegenkäse, zerkrümelt

1 EL feine Schnittlauchröllchen

**ZUBEREITUNGSZEIT:** . . .30 MINUTEN, PLUS KÜHLZEIT
**GARZEIT:** . . . . . . . . . . . . . . . . . . . . . .10–45 MINUTEN
**PORTIONEN:** . . . . . . . . . . . . . . . . . . . . . . . . . . . . .4

Wenn Sie gegarte Rote Bete bevorzugen, die Roten Beten in einem großen Topf in kochendem Wasser 30 Minuten gar kochen. Das Wasser abgießen und die Roten Beten etwas abkühlen lassen. Schälen und in 8 Spalten schneiden. Wenn Sie rohe Rote Bete mögen, diese schälen und mit einer Mandoline oder einem scharfen Messer in sehr feine Scheiben schneiden.

Die Rinderfilets mit Olivenöl bestreichen. Salzen und pfeffern. Eine große, schwere Pfanne bei mittlerer bis hoher Hitze auf den Herd stellen. Die Filets darin von jeder Seite 5 Minuten (medium-blutig) bzw. 6–7 Minuten (medium) braten. Auf einen vorgewärmten Teller heben, locker mit Alufolie abdecken und 5 Minuten ruhen lassen.

Rote Bete mit Beteblättern und Rucola in einer großen Schüssel vermengen.

Essig, Zitronensaft und Öl in einer Schale verrühren und über den Salat träufeln.

Den Salat auf vier Teller verteilen. Mit Ziegenkäse und Schnittlauchröllchen bestreuen. Die Rinderfilets gegen die Faser in Streifen schneiden und auf dem Salat anrichten. Sofort servieren.

**PRO PORTION**
1356 kJ, 324 kcal, 32 g Eiweiß, 17 g Fett (6 g gesättigte Fettsäuren), 10 g Kohlenhydrate (10 g Zucker), 3 g Ballaststoffe, 361 mg Natrium

# Ghiveci – Gemüse rumänische Art

*Ghiveci de legume* bedeutet auf Rumänisch „Gemüsetopf". Hierfür kann man jedes vorrätige Gemüse verwerten.

**ZUBEREITUNGSZEIT:** . . . . . . . . . . . . . . .10 MINUTEN
**GARZEIT:** . . . . . . . . . . . . . . .1 STUNDE 20 MINUTEN
**PORTIONEN:** . . . . . . . . . . . . . . . . . . . .8

100 ml Olivenöl

1 Zwiebel, grob gehackt

1 große Möhre, längs halbiert und in 1 cm dicke
   Scheiben geschnitten

1 Kohlrabi, geschält und gewürfelt

1 Zucchini, längs halbiert und in 1 cm breite
   Scheiben geschnitten

1 Paprika, entkernt und in 2 cm breite Stücke
   geschnitten

1 kleine Aubergine, gewürfelt

5 Stängel glatte Petersilie, fein gehackt

2 Kartoffeln, geschält und gewürfelt

250 g Blumenkohlröschen

¼ kleiner Weiß- oder Rotkohl, fein gehobelt

100 g frische oder TK-Erbsen oder grüne Bohnen,
   in 2,5 cm lange Stücke geschnitten

3 Tomaten, gehäutet und gehackt, oder 400 g
   gehackte Tomaten aus der Dose

2 Stängel frischer Dill, fein gehackt

½ TL getrockneter Thymian

1 TL Paprikapulver, edelsüß

Saft von 1 Zitrone

Das Öl in einem Bräter erhitzen. Zwiebel, Möhre und Kohlrabi darin bei mittlerer Hitze etwa 10 Minuten anschwitzen, bis die Zwiebel glasig ist.

Den Backofen auf 150 °C vorheizen.

Zucchini, Paprika und Aubergine sorgfältig unter das Gemüse im Bräter mischen und 10 Minuten ohne Rühren garen, bis das Gemüse leicht gebräunt ist.

Die Hälfte der Petersilie sowie Kartoffeln, Blumenkohl, Kohl, Erbsen oder Bohnen, Tomaten, Kräuter, Paprikapulver und Zitronensaft untermischen.

Abdecken und im vorgeheizten Ofen 60 Minuten garen, bis die Kartoffeln weich sind. Den Deckel abnehmen, die Ofentemperatur auf 200 °C erhöhen und weitere 10 Minuten garen, bis das Gemüse etwas karamellisiert aussieht.

Mit der restlichen Petersilie garnieren und sofort servieren.

**TIPP**
Für einen frischeren grüneren Ghiveci Erbsen oder Bohnen und Kräuter erst 10 Minuten vor Ende der Garzeit untermischen. Das Gemüse schmeckt ausgezeichnet zu gebratenem Fleisch oder Hühnchen. Mischt man eine kleine Dose abgewaschene und abgetropfte weiße Bohnen oder Kichererbsen darunter, wird daraus eine vollwertige vegetarische Mahlzeit.

**PRO PORTION**
741 kJ, 177 kcal, 5 g Eiweiß, 12 g Fett (2 g gesättigte Fettsäuren), 14 g Kohlenhydrate (6 g Zucker), 6 g Ballaststoffe, 30 mg Natrium

# Vegetarische Miniburger

Diese kleinen Burger sind ideal für Partys oder für ein Picknick im Grünen. Gemüsebratlinge sind immer weicher und halten nicht so gut zusammen wie Burger auf Fleischbasis. Behandeln Sie sie beim Braten also vorsichtig.

ZUBEREITUNGSZEIT: . . . . . . . . . . . . . . . 30 MINUTEN
GARZEIT: . . . . . . . . . . . . . . . . . . . . . . . 20 MINUTEN
FÜR 8 PORTIONEN: . . . . . . . . .  8 (ALS HAUPTGERICHT,
ERGIBT 16 STÜCK)

1 EL Olivenöl und Öl zum Braten

1 kleine Zwiebel, fein gehackt

2 Knoblauchzehen, zerdrückt

2 TL gemahlener Koriander

2 TL gemahlener Kreuzkümmel

250 g Zucchini, geraspelt

350 g Süßkartoffeln, geschält und geraspelt

400 g Kichererbsen (aus der Dose), abgewaschen
    und abgetropft

175 g Haloumi (Grillkäse), gerieben

120 g frische Semmelbrösel

Salz und frisch gemahlener Pfeffer

1 Avocado, in Scheiben

2 Tomaten, in Scheiben

16 kleine Salatblätter

saure Sahne und süße Chilisauce, zum Servieren

16 Minibrötchen, durchgeschnitten und getoastet

1 Esslöffel Olivenöl in einer großen, hohen Pfanne erhitzen. Die Zwiebel darin bei mittlerer Hitze 5 Minuten weich anschwitzen. Knoblauch, Koriander und Kreuzkümmel zugeben und 30 Sekunden unter Rühren anbraten. Die Pfanne vom Herd nehmen.

Die Zucchiniraspel in ein sauberes Geschirrtuch geben und über dem Spülbecken ausdrücken. Die Pfanne wieder auf den Herd stellen. Zucchini und Süßkartoffeln zugeben und 5 Minuten unter gelegentlichem Rühren dünsten.

Die Mischung zusammen mit den Kichererbsen in den Mixer geben und grob pürieren.

Die Masse in eine Schüssel füllen. Haloumi und 40 g Semmelbrösel einarbeiten. Salzen und pfeffern.

Aus der Masse 16 etwa 5 cm dicke Bratlinge formen.

Die restlichen Semmelbrösel auf einem Teller verteilen. Die Bratlinge von beiden Seiten damit panieren.

Öl etwa 3 mm hoch in eine große Pfanne füllen. Die Bratlinge darin bei mittlerer Hitze portionsweise etwa 2 Minuten von jeder Seite goldbraun braten. Auf einen Teller heben und warm halten, bis alle Bratlinge gegart sind.

Mit Avocado, Tomaten, Salat, saurer Sahne und Chilisauce und den Brötchenhälften zu Burgern zusammensetzen.

**PRO PORTION (2 BURGER)**
952 kJ, 227 kcal, 8 g Eiweiß, 10 g Fett (3 g gesättigte Fettsäuren),
26 g Kohlenhydrate (4 g Zucker), 3 g Ballaststoffe, 570 mg Natrium

# Vegetarisches Bohnenchili

Für dieses Gericht werden dreierlei Bohnen benötigt. Wählen Sie möglichst Hülsenfrüchte mit unterschiedlichen Farben. Hier wurden beispielsweise rote Kidneybohnen, schwarze Bohnen und weiße Cannellini-Bohnen verwendet.

**ZUBEREITUNGSZEIT:** . . . . . . . . . . . . . . . 15 MINUTEN
**GARZEIT:** . . . . . . . . . . . . . . . . . . . . .30–60 MINUTEN
**PORTIONEN:** . . . . . . . . . . . . . . . . . . . . . . . 6–8

400 g gemischte Bohnen aus der Dose oder je
   100 g von drei verschiedenen getrockneten
   Bohnensorten (z. B. Adzuki, rote Kidneybohnen,
   schwarze Bohnen, Cannellini, Borlotti
   oder Pinto)
2 EL Olivenöl
4 TL Chilipulver
1 TL gemahlener Kreuzkümmel
2 Zwiebeln, gehackt
1 Knoblauchzehe, zerdrückt
1 grüne Paprika, entkernt und gewürfelt
1 TL getrockneter Oregano
1 TL Zucker
Salz und frisch gemahlener schwarzer Pfeffer
125 ml Rotwein
400 g gehackte Tomaten (aus der Dose)
saure Sahne, frischer Koriander, Limettenspalten
   und Tortillachips, zum Servieren

Bohnen aus der Dose abwaschen und abtropfen lassen. Getrocknete Bohnen nach Packungsangabe in Wasser einweichen und garen.

Das Öl in einem großen, schweren Topf erhitzen. Chilipulver und Kreuzkümmel darin bei mittlerer bis hoher Hitze 1 Minute anbraten. Zwiebeln, Knoblauch und Paprika zugeben und 5 Minuten unter häufigem Rühren anschwitzen.

Oregano, Zucker, Salz sowie Pfeffer unterrühren und 1 Minute garen. Mit Wein und Tomaten ablöschen und 2–3 Minuten einkochen.

Die gegarten Bohnen zufügen und alles zum Kochen bringen. Die Temperatur auf niedrige Hitze reduzieren und alles 20 Minuten unter gelegentlichem Rühren garen.

Das Chili in Servierschalen füllen und mit einem Klacks saurer Sahne sowie Korianderblättchen garnieren. Mit Limettenspalten zum Beträufeln und Tortillachips servieren.

**PRO PORTION**
566 kJ, 135 kcal, 4 g Eiweiß, 7 g Fett (< 1 g gesättigte Fettsäuren),
11 g Kohlenhydrate (6 g Zucker), 5 g Ballaststoffe, 286 mg Natrium

# Apfel-Rotkohl mit Schweinekoteletts

Während die meisten Gemüsesorten nur kurz gegart werden sollten, damit sie schön knackig bleiben und viele Nährstoffe bewahren, wird dieser Rotkohl durch längeres Dünsten wunderbar zart und süß. Er passt perfekt zu den Schweinekoteletts.

**ZUBEREITUNGSZEIT:** . . . . . . . . . . . . . . . 25 MINUTEN
**GARZEIT:** . . . . . . . . . . . . . . . . . . . . . . . . 35 MINUTEN
**PORTIONEN:** . . . . . . . . . . . . . . . . . . . . . . . . . . . . 6

800 g Rotkohl

30 g Butter

1 Zwiebel, halbiert und in feine Streifen geschnitten

2 säuerliche Äpfel, geschält, entkernt und geraspelt

80 ml Hühnerbrühe oder Wasser

2 EL Rotweinessig

1 EL Zucker

¼ TL frisch geriebene Muskatnuss

1 Zimtstange oder 1 Prise gemahlener Zimt

Salz und frisch gemahlener schwarzer Pfeffer

6 Schweinekoteletts, pariert

1 EL Olivenöl

300 g gedämpfte grüne Bohnen, zum Servieren

Die äußeren Kohlblätter entfernen. Den Kohl halbieren und Strunk sowie dicke Blattrippen herausschneiden. Den Kohl fein hobeln.

Butter in einem großen, schweren Topf zerlassen. Die Zwiebel darin bei niedriger bis mittlerer Hitze 5 Minuten unter gelegentlichem Rühren anschwitzen.

Kohl, Äpfel, Brühe oder Wasser, Essig, Zucker, Muskat und Zimt dazugeben. Den Kohl bei aufgesetztem Deckel 30 Minuten garen. Mit Salz und Pfeffer abschmecken.

Inzwischen die Koteletts von beiden Seiten mit Öl einreiben. Salzen und pfeffern.

Eine schwere Pfanne bei mittlerer bis hoher Hitze auf den Herd stellen. Die Koteletts darin 3–5 Minuten von jeder Seite braten. Auf einen vorgewärmten Teller heben, locker mit Alufolie bedecken und 5 Minuten ruhen lassen.

Rotkohl, Kotelett und Bohnen auf Tellern anrichten und sofort servieren.

**PRO PORTION**
1571 kJ, 375 kcal, 49 g Eiweiß, 12 g Fett (5 g gesättigte Fettsäuren), 14 g Kohlenhydrate (13 g Zucker), 7 g Ballaststoffe, 310 mg Natrium

# Schweinefleisch mit Auberginen

Bei diesem Wokgericht kommen neben anderen landestypischen Zutaten wie Chili, Fischsauce, Zucker und Kaffirlimetten auch runde weiße oder grüne Thai-Auberginen zum Einsatz. Servieren Sie duftenden Jasminreis dazu.

**ZUBEREITUNGSZEIT:** . . . . . . . . . . . . . . . 15 MINUTEN
**GARZEIT:** . . . . . . . . . . . . . . . . . . . 7–8 MINUTEN
**PORTIONEN:** . . . . . . . . . . . . . . . . . . . . . . . . . . 4

2 EL Pflanzenöl

1 Knoblauchzehe, zerdrückt

375 g Schweinefilet, in feine Streifen geschnitten

1 EL Chilipaste

1 EL salzreduzierte Gemüsebrühe oder Wasser

2 EL Fischsauce

2 TL Zucker

250 g Thai-Auberginen, halbiert oder längs geviertelt, in Scheiben geschnitten

6 Kaffirlimettenblätter, gehackt

2 große rote Chilis, entkernt und in feine Streifen geschnitten

Das Öl in einem Wok oder einer großen Pfanne erhitzen. Den Knoblauch darin bei hoher Hitze 30 Sekunden unter Rühren goldgelb anbraten.

Das Schweinefleisch zugeben und unter Rühren anbraten. Chilipaste und Brühe oder Wasser unterrühren. Fischsauce und Zucker dazugeben und unter Rühren zum Kochen bringen.

Auberginen, Limettenblätter und Chilis zugeben und weitere 2 Minuten garen. Sofort servieren.

**PRO PORTION**
901 kJ, 215 kcal, 22 g Eiweiß, 12 g Fett (2 g gesättigte Fettsäuren),
5 g Kohlenhydrate (4 g Zucker), 3 g Ballaststoffe, 1051 mg Natrium

# Kartoffelgnocchi mit Tomatensauce

Verwenden Sie für die Sauce nur vollreife, aromatische Tomaten. Für etwas mehr Farbe und ein intensiveres Aroma können Sie noch einen Löffel Tomatenmark unterrühren.

**ZUBEREITUNGSZEIT:** . . . . . . . . 45 MINUTEN
**GARZEIT:** . . . . . . . . . . . . . . . . . . 60 MINUTEN
**PORTIONEN:** . . . . . . . . . . . . . . . . . . . . . . 6

## Für die Tomatensauce

1 EL Olivenöl
1 Zwiebel, fein gehackt
2 Knoblauchzehen, zerdrückt
1 kg vollreife Tomaten, gehackt
1 TL getrockneter Oregano
½ TL getrocknete rote Chiliflocken (nach Belieben)
Salz und frisch gemahlener schwarzer Pfeffer
1 Prise Zucker
frisches Basilikum und frisch geriebener Parmesan, zum Servieren

## Für die Gnocchi

1 kg mehligkochende Kartoffeln
1 Ei, leicht verquirlt
150 g Mehl
Salz

Für die Sauce das Öl in einem Topf erhitzen. Die Zwiebel darin bei mittlerer Hitze etwa 5 Minuten anschwitzen. Den Knoblauch dazugeben und 30 Sekunden mitbraten. Tomaten, Oregano sowie Chiliflocken (falls verwendet) zugeben und 20 Minuten einkochen. Mit einem Stabmixer nach Belieben glatt pürieren. Mit Salz, Pfeffer und Zucker abschmecken.

Inzwischen für die Kartoffelgnocchi die Kartoffeln waschen. In einen großen Topf geben und mit kaltem Wasser bedecken. Den Deckel aufsetzen und die Kartoffeln 30 Minuten gar kochen. Wasser abgießen und die Kartoffeln möglichst heiß schälen. Anschließend zerstampfen oder durch eine Presse in eine große Schüssel drücken.

Ei und Mehl in die Kartoffeln einarbeiten, aber nicht zu lange rühren, sonst wird die Masse klebrig. Salzen. Die Masse zu einer Kugel formen.

Die Masse in 4 Portionen teilen und jeweils auf einer leicht bemehlten Arbeitsfläche zu etwa 2 cm dicken Rollen formen. In 2 cm breite Stücke schneiden. Zu ovalen Formen rollen und die Zinken einer Gabel hineindrücken.

Einen großen Topf Wasser zum Kochen bringen. Die Gnocchi portionsweise darin 2–3 Minuten gar ziehen lassen, bis sie an die Oberfläche steigen. Mit einem Schaumlöffel herausnehmen und in eine Form geben. Warm halten, bis alle Gnocchi gegart sind.

Die Tomatensauce wieder aufwärmen. Die Gnocchi auf vier Servierteller verteilen. Mit der Sauce überziehen und mit Basilikum sowie Parmesan servieren.

**TIPP**
Damit die Gnocchi schön locker werden, darf die Kartoffelmasse nicht geknetet oder zu lange bearbeitet werden.

**PRO PORTION**
1085 kJ, 259 kcal, 10 g Eiweiß, 5 g Fett (< 1 g gesättigte Fettsäuren), 44 g Kohlenhydrate (4 g Zucker), 7 g Ballaststoffe, 229 mg Natrium

# Kreolisches Gumbo

Gumbo ist ein Gemüseeintopf aus Louisiana, in dem sich Einflüsse der französischen, der indigenen amerikanischen, westafrikanischen und spanischen Küche widerspiegeln. Okra sondert eine Substanz ab, die die Sauce eindickt und bindet.

**ZUBEREITUNGSZEIT:** . . . . . . . . . . . . . 25 MINUTEN
**GARZEIT:** . . . . . . . . . . . . . . . . . . . . . 40 MINUTEN
**PORTIONEN:** . . . . . . . . . . . . . . . . . . . . . . 6

50 g Butter

2 EL Mehl

1 Zwiebel, fein gehackt

1 große grüne Paprika, gehackt

3 Stangen Sellerie, gehackt

3 Knoblauchzehen, zerdrückt

400 g vollreife Tomaten, gehackt

200 g Okras

500 ml salzreduzierte Hühnerbrühe oder
    Fischfond

1½ EL kreolische Gewürzmischung (siehe Tipp)

1,2 kg rohe Garnelen, ausgelöst und Darmfaden
    entfernt

glatte Petersilie und gehackte Frühlingszwiebeln,
    zum Garnieren (nach Belieben)

gedämpfter weißer Reis, zum Servieren

30 g Butter in einem kleinen Topf zerlassen. Das Mehl einstreuen und unter Rühren bei niedriger bis mittlerer Hitze 5 Minuten goldbraun anschwitzen. Den Topf vom Herd nehmen.

Die restliche Butter in einem großen, schweren Topf zerlassen. Zwiebel, Paprika und Sellerie darin bei niedriger bis mittlerer Hitze 10 Minuten anschwitzen. Den Knoblauch zugeben und 1 Minute mitgaren. Die Tomaten untermischen und unter gelegentlichem Rühren 5 Minuten einkochen. Die Mehlschwitze unterrühren.

Die Okras putzen und quer in 5 mm dicke Scheiben schneiden. Zusammen mit der Brühe oder dem Fischfond und der Gewürzmischung untermischen. Bei geschlossenem Deckel bei niedriger bis mittlerer Hitze 20 Minuten schmoren.

Die Garnelen untermischen und 3 Minuten mitgaren, bis sie rosa werden.

Das Gumbo nach Belieben mit Petersilie sowie Frühlingszwiebeln garnieren und mit Reis servieren.

**TIPP**
Wenn Sie keine kreolische Gewürzmischung im Handel finden, können Sie sie selbst herstellen. Dazu einfach 2 Teelöffel Paprikapulver, 1 Teelöffel Knoblauchpulver, je ½ Teelöffel Salz, frisch gemahlenen schwarzen Pfeffer, Zwiebelpulver und Cayennepfeffer sowie je ¼ Teelöffel getrockneten Oregano, Thymian und getrocknetes Basilikum mischen.

**PRO PORTION**
1377 kJ, 329 kcal, 44 g Eiweiß, 11 g Fett (5 g gesättigte Fettsäuren), 12 g Kohlenhydrate (4 g Zucker), 3 g Ballaststoffe, 737 mg Natrium

# Lauch-Hähnchen-Pasteten

Lauch und Hähnchenfleisch sind eine äußerst gelungene Kombination. Servieren Sie diese kleinen Pasteten mit einem grünen Salat.

**ZUBEREITUNGSZEIT:** . . . 30 MINUTEN, PLUS KÜHLZEIT
**GARZEIT:** . . . . . . . . . . . . . . . . . . . . . . . . . . . .40 MINUTEN
**FÜR 6 PORTIONEN:** . . . . . . . . . . . . . . . . . . . . . . . . . 6

2 Stangen Lauch
1 EL Olivenöl
1 kg Hähnchenschenkel ohne Haut und Knochen, in mundgerechte Stücke geschnitten
50 g Butter, mehr zum Einfetten
1½ EL Mehl
375 ml Milch
Salz und frisch gemahlener schwarzer Pfeffer
1 TL frischer Thymian
3 Rollen Mürbeteig (aus dem Kühlregal)
1 Ei, leicht verquirlt

Den weißen und hellgrünen Teil vom Lauch putzen. Längs halbieren und unter fließendem kaltem Wasser waschen. Mit Küchenpapier trocken tupfen. In 5 mm dicke Scheiben schneiden.

Das Öl in einer großen beschichteten Pfanne erhitzen. Das Hähnchenfleisch portionsweise bei mittlerer bis hoher Hitze 4–5 Minuten unter gelegentlichem Rühren anbraten. In eine Schüssel geben.

Die Temperatur auf mittlere Hitze reduzieren. Lauch in die Pfanne geben und 2 Minuten anschwitzen. Zum Hähnchenfleisch geben.

Nun die Butter in der Pfanne zerlassen und das Mehl einstreuen. Unter Rühren 1 Minute anschwitzen. Nach und nach die Milch zugießen und rühren, bis die Mehlschwitze glatt ist. Die Sauce unter das Hähnchenfleisch und den Lauch mischen. Salzen, pfeffern und Thymian unterrühren. Unter häufigem Rühren erkalten lassen.

Den Backofen auf 190 °C vorheizen. Sechs Pastetenförmchen (à 250 ml) dünn einfetten. Aus dem Mürbeteig je sechs Kreise mit 12 cm und 16 cm Durchmesser ausstechen bzw. -schneiden (bei Bedarf Teigreste zusammenkneten und neu ausrollen). Die Förmchen mit den größeren Kreisen auskleiden. Mit der Hähnchenmischung füllen und mit den kleineren Teigkreisen abdecken. Die Teigränder gut zusammendrücken. Die Teigdeckel mit Ei bestreichen und mit einer Gabel Löcher einstechen.

Im vorgeheizten Ofen 25 Minuten goldbraun backen.

**TIPP**
Sie können auch eine große Pastete zubereiten. Verwenden Sie dafür eine Form mit einem Bodendurchmesser von 10 cm und einer Höhe von 3 cm.

**PRO PORTION**
4607 kJ, 1100 kcal, 45 g Eiweiß, 67 g Fett (33 g gesättigte Fettsäuren), 80 g Kohlenhydrate (6 g Zucker), 4 g Ballaststoffe, 1007 mg Natrium

# Krebse mit Chili

Bei diesem Gericht werden Krebse mit pikanten frischen Chilis, Ingwer und einer feinen Sauce serviert. Dazu passen gedämpfter Reis und ein knackiger grüner Salat.

**ZUBEREITUNGSZEIT:** . . . . . . . . . . . . . . .10 MINUTEN
**GARZEIT:** . . . . . . . . . . . . . . . . . . . . . . . . .15 MINUTEN
**PORTIONEN:** . . . . . . . . . . . . . . . . . . . . . . . . . . 4

### Für die Krebse

4 rohe Krebse (à 300 g)

2 TL Erdnussöl

2 Knoblauchzehen, zerdrückt

2 kleine rote Chilis, entkernt und fein gehackt

2 TL fein geriebener frischer Ingwer

4 Frühlingszwiebeln, in feine Ringe geschnitten

15 g frischer Koriander, gehackt

1 TL Salz (nach Belieben)

1 rote Chili, entkernt und gehackt, zum Garnieren

### Für die Chilisauce

125 ml Fischfond, Hühner- oder Gemüsebrühe

60 ml Ketchup

2 EL süße Chilisauce

2 EL Hoisinsauce

1 EL Fischsauce

60 ml chinesischer Reiswein

2 TL Zucker

Bei den Krebsen den Panzer an der Bauchseite mit dem Daumen aufbiegen und entfernen. Mit Daumen und Zeigefinger die obere Panzerdecke fassen und ablösen. Den Darm entfernen. Den Körper mit Beinen und Scheren in vier Teile schneiden.

Für die Chilisauce alle Zutaten in einer Schüssel verrühren.

Das Öl in einem großen Wok oder einer Pfanne erhitzen. Die Krebse darin bei mittlerer bis hoher Hitze 6–7 Minuten unter gelegentlichem Rütteln der Pfanne anbraten. Knoblauch, gehackte Chilis und Ingwer zufügen und 1 Minute unter Rühren anbraten. Die Chilisauce zufügen und 3–4 Minuten unter Rühren garen, bis die Sauce kocht und etwas eindickt und das Krebsfleisch weiß ist. Drei Viertel der Frühlingszwiebeln und des Korianders unterrühren. Mit Salz abschmecken.

Mit den restlichen Frühlingszwiebeln, Koriander und Chilistreifen garnieren und sofort servieren.

**PRO PORTION**
766 kJ, 183 kcal, 15 g Eiweiß, 4 g Fett (< 1 g gesättigte Fettsäuren),
18 g Kohlenhydrate (14 g Zucker), 2 g Ballaststoffe, 1165 mg Natrium

# Vietnamesische Frühlingsrollen

Für diese Rollen wird Reispapier mit Garnelen, Nudeln, Gemüse und Minze gefüllt. Sie sind ein hervorragendes Beispiel für die Aromenvielfalt der vietnamesischen Küche. Sie werden kalt serviert, üblicherweise mit der traditionellen Nuoc-Cham-Sauce. Die Rollen lassen sich gut im Voraus zubereiten – ideal also, wenn Sie Gäste erwarten.

**ZUBEREITUNGSZEIT:** . . . . . . . . . . . . . 20 MINUTEN
**PORTIONEN:** . . . . . . . . . . . . 4 (ERGIBT 16 ROLLEN)

75 g getrocknete Reisnudeln

1 EL salzreduzierte Sojasauce

½ TL Sesamöl

16 Blätter Reispapier (15 cm Durchmesser)

30 g frische vietnamesische Minze oder Korianderblätter

8 gegarte Garnelen, ausgelöst und Darmfaden entfernt, längs halbiert

¼ Eisbergsalat, in feine Streifen geschnitten

1 kleine Möhre, geraspelt

1 kleine Gurke, entkernt, in feine Stifte geschnitten

180 g Bohnensprossen, gewaschen und geputzt

8 Frühlingszwiebeln, nur der grüne Teil, halbiert

Die Nudeln nach Packungsangaben einweichen. Abtropfen lassen und in einer großen Schüssel mit Sojasauce und Sesamöl vermengen.

Eine zweite Schüssel mit warmem Wasser füllen. Die Reispapierblätter einzeln 20 bis 30 Sekunden darin einweichen, dann auf Küchenpapier abtropfen lassen. Auf einer sauberen Arbeitsfläche ausbreiten. 1–2 Minze- oder Korianderblätter und einige Nudeln auf dem unteren Drittel verteilen. 1 Garnelenhälfte, etwas Salat, Möhre, Gurke, Sprossen und 1 Frühlingszwiebelstück daraufgeben. Die beiden Seiten einschlagen und das Reispapier fest aufrollen.

Mit den restlichen Zutaten ebenso verfahren. Servieren.

## TIPP

Für die traditionelle Nuoc-Cham-Sauce 60 ml Limettensaft, 60 ml Fischsauce, 2 Esslöffel Zucker, 1 scharfe rote Chili, entkernt und fein gehackt, 1 zerdrückte Knoblauchzehe und 60 ml Wasser in einer Schüssel sorgfältig verrühren.

**PRO PORTION**
1370 kJ, 327 kcal, 18 g Eiweiß, 2 g Fett (< 1 g gesättigte Fettsäuren), 60 g Kohlenhydrate (5 g Zucker), 4 g Ballaststoffe, 506 mg Natrium

# Lammkoteletts mit Frühlingsgemüse

Dieses sehr einfache Gericht ist ein hervorragendes Beispiel für frische Frühlingsküche. Sie können das Gemüse je nach Verfügbarkeit variieren: Ersetzen Sie beispielsweise die Bohnen durch Erbsen oder Patissons durch Zucchini.

**ZUBEREITUNGSZEIT:** . . . . . . . . . . . . . . 30 MINUTEN
**MARINIERZEIT:** . . . . . . . . . . . . . 30 MINUTEN – 4 STUNDEN
**GARZEIT:** . . . . . . . . . . . . . . . . . . . . . . . . . 15 MINUTEN
**PORTIONEN:** . . . . . . . . . . . . . . . . . . . . . . . . . . . 4

2 EL Olivenöl

2 Knoblauchzehen, zerdrückt

2 TL fein abgeriebene Zitronenschale

4 Lammkarrees mit 3–4 Koteletts (à 175 g), pariert

Salz und frisch gemahlener schwarzer Pfeffer

400 g neue Kartoffeln, gewaschen und bei Bedarf geviertelt

250 g Babymöhren mit Kraut

150 g grüne Bohnen, geputzt

175 g gelbe Patissons, geviertelt

125 g grüner Spargel, geputzt

30 g weiche Butter

1 EL fein gehackte frische Minze

Öl, Knoblauch und Zitronenschale in einer flachen Glas- oder Keramikform verrühren. Die Lammkarrees darin wenden und mindestens 30 Minuten bis zu 4 Stunden im Kühlschrank marinieren.

Den Backofen auf 200 °C vorheizen.

Eine große, schwere Pfanne erhitzen. Die Lammkarrees darin rundum anbräunen. In eine Bratform geben, salzen und pfeffern. Im Ofen 15 Minuten (medium-blutig) garen. Herausnehmen, auf einen warmen Teller heben und, locker mit Alufolie abgedeckt, 5 Minuten ruhen lassen.

Inzwischen die Kartoffeln in einem Topf mit kaltem Wasser bedecken und bei geschlossenem Deckel zum Kochen bringen. Den Deckel abnehmen und die Kartoffeln in 10 Minuten weich garen. Das Wasser abgießen.

Einen großen Topf Wasser zum Kochen bringen. Das Möhrenkraut bis auf 1 cm einkürzen, die Möhren schälen. Im kochenden Wasser 2 Minuten blanchieren. Die Bohnen dazugeben und 1 Minute mitgaren. Patissons und Spargel zufügen und weitere 2 Minuten kochen. Das Wasser abgießen und die Kartoffeln zum Gemüse geben. Butter und Minze untermischen. Salzen und pfeffern.

Die Lammkarrees in Koteletts schneiden und mit dem Gemüse auf Tellern anrichten. Sofort servieren.

**PRO PORTION**
1697 kJ, 405 kcal, 27 g Eiweiß, 26 g Fett (9 g gesättigte Fettsäuren), 20 g Kohlenhydrate (6 g Zucker), 7 g Ballaststoffe, 308 mg Natrium

# Auberginen-Lamm-Moussaka

Diese griechische Spezialität wartet mit einer ausgesprochen gelungenen Kombination auf: Aubergine und Lammfleisch. Natürlich können Sie das Gericht auch mit Rinderhackfleisch zubereiten. Kefalotyri ist ein salziger griechischer Hartkäse, der, falls nicht erhältlich, durch Parmesan ersetzt werden kann.

**ZUBEREITUNGSZEIT:** . . . . . . . . . . . . . 30 MINUTEN
**GARZEIT:** . . . . . . . . . . . . . . . .1 STUNDE 45 MINUTEN
**PORTIONEN:** . . . . . . . . . . . . . . . . . . . . . . . . . . . 6

## Für das Moussaka

4 große Auberginen (à 350 g)
125 ml Olivenöl, mehr zum Einfetten
1 Zwiebel, fein gehackt
2 Knoblauchzehen, zerdrückt
½ TL gemahlener Piment
½ TL gemahlener Zimt
750 g Lammhackfleisch
2 EL Tomatenmark
400 g gehackte Tomaten (aus der Dose)
125 ml salzreduzierte Rinderbrühe
1 TL getrockneter Oregano
Salz und frisch gemahlener schwarzer Pfeffer

## Für die Sauce

625 ml Milch
1 Lorbeerblatt
50 g Butter
50 g Mehl
80 g geriebener Kefalotyri oder Parmesan
2 Eier, leicht verquirlt

Auberginen in 1 cm dicke Scheiben schneiden. 2 Esslöffel Öl in einem großen, schweren Topf erhitzen. Die Auberginen darin portionsweise bei mittlerer Hitze etwa 2 Minuten auf einer Seite anbraten. Leicht mit Öl bestreichen, dann wenden und ebenfalls 2 Minuten anbraten. Bei Bedarf weiteres Öl zufügen. Auf Küchenpapier abtropfen lassen.

Restliches Öl in den Topf geben und die Zwiebel darin bei mittlerer Hitze 5 Minuten unter gelegentlichem Rühren anschwitzen. Knoblauch sowie Gewürze zufügen und 30 Sekunden unter Rühren anbraten. Hackfleisch zugeben und 5 Minuten anbräunen. Dabei mit einem Holzlöffel rühren und Klümpchen zerdrücken.

Tomatenmark, Tomaten, Brühe und Oregano zugeben und aufkochen. Hitze reduzieren und 30 Minuten unter gelegentlichem Rühren garen, bis die Sauce eingedickt ist. Salzen und pfeffern.

Backofen auf 180 °C vorheizen. Für die Sauce die Milch mit dem Lorbeerblatt in einem Topf zum Kochen bringen. Vom Herd nehmen und 5 Minuten ziehen lassen.

Butter in einem weiteren Topf bei mittlerer Hitze zerlassen. Das Mehl einstreuen und 1 Minute unter Rühren anschwitzen. Nach und nach die Milch zugießen und rühren, bis die Sauce glatt ist, dann 2 Minuten einkochen. 60 g Käse zugeben und unter Rühren schmelzen. Etwas abkühlen lassen, dann die Eier einarbeiten.

Eine Auflaufform (2,5 l; etwa 20 × 26 cm) leicht einfetten. Ein Drittel der Auberginenscheiben in die Form schichten. Die Hälfte der Hackfleischmasse darauf verteilen. Mit einem weiteren Drittel Auberginenscheiben belegen und mit restlichem Hackfleisch bedecken. Abschließend die übrigen Auberginenscheiben darauf verteilen. Mit der Sauce überziehen und mit restlichem Käse bestreuen.

Im vorgeheizten Ofen 45 Minuten goldbraun backen. Vor dem Servieren 15 Minuten ruhen lassen.

**PRO PORTION**
2753 kJ, 658 kcal, 41 g Eiweiß, 46 g Fett (17 g gesättigte Fettsäuren),
22 g Kohlenhydrate (15 g Zucker), 7 g Ballaststoffe, 695 mg Natrium

# Steaks mit Pommes frites

*Steak frites* ist ein französischer Bistroklassiker. Wählen Sie für die Pommes vorwiegend mehligkochende Kartoffeln. Besonders knusprig werden sie, wenn sie zweimal frittiert werden.

**ZUBEREITUNGSZEIT:** . . . . 30 MINUTEN, PLUS KÜHLZEIT
**GARZEIT:** . . . . . . . . . . . . . . . . . . . . . . . . 25–35 MINUTEN
**PORTIONEN:** . . . . . . . . . . . . . . . . . . . . . . . . . . . . 4

Pflanzenöl, zum Frittieren

1 kg vorwiegend mehligkochende Kartoffeln, geschält und längs in 1,5 cm dicke Stifte geschnitten

Salz

4 Rindersteaks (à 150 g), etwa 2 cm dick

1 EL Olivenöl

125 ml Weißwein

125 ml salzreduzierte Rinderbrühe

1 TL zerstoßener schwarzer Pfeffer

80 g Sahne

gedämpfte Erbsen oder Bohnen oder grüner Salat, zum Servieren

Einen großen Topf oder eine Fritteuse halb mit Öl füllen und erhitzen. Das Fett ist heiß genug, wenn sich um einen Brotwürfel im Öl ständig kleine Bläschen bilden.

Inzwischen die Kartoffelstifte auf einem sauberen Geschirrtuch auslegen und trocken tupfen. Die Pommes in 3–4 Portionen ins heiße Fett geben und etwa 5 Minuten frittieren. Mit einem Schaumlöffel herausnehmen und auf Küchenpapier abtropfen, abkühlen und trocknen lassen. Die Pommes können ohne Abdeckung bis zu 4 Stunden im Kühlschrank aufbewahrt werden.

Vor dem Servieren das Öl wieder erhitzen und die Pommes portionsweise etwa 4 Minuten knusprig und goldbraun frittieren. Auf Küchenpapier abtropfen lassen und salzen.

Inzwischen eine große, schwere Pfanne bei mittlerer bis hoher Hitze auf den Herd setzen. Die Steaks mit Olivenöl bestreichen und 2 Minuten von jeder Seite (medium-blutig) braten. Auf einen vorgewärmten Teller heben, locker mit Alufolie abdecken und 5 Minuten ruhen lassen.

Wein und Brühe in die Pfanne gießen und unter Rühren den Bratensatz lösen. Den Fond etwa 2 Minuten auf die Hälfte einkochen. Die Temperatur auf mittlere Hitze reduzieren und Pfeffer und Sahne unterrühren. Etwa 2 Minuten köcheln lassen, bis die Sauce leicht eingedickt ist. Die Steaks mit der Sauce überziehen und sofort mit Pommes frites, Gemüse oder Salat servieren.

## TIPPS

Am genauesten lässt sich die Temperatur des Frittierfetts natürlich mit einem Küchenthermometer kontrollieren. Beim ersten Frittieren sollte das Fett 130 °C heiß sein, beim zweiten etwa 180 °C. Der Topf darf außerdem nicht überfüllt werden.

Die fertig frittierten Pommes lassen sich im Ofen bei 160 °C warm halten.

## PRO PORTION

2502 kJ, 598 kcal, 38 g Eiweiß, 32 g Fett (12 g gesättigte Fettsäuren), 34 g Kohlenhydrate (2 g Zucker), 4 g Ballaststoffe, 221 mg Natrium

# Gedämpfter Fisch mit Ingwer und Sprossen

Dies ist eine traditionelle chinesische Art, einen ganzen Fisch zu servieren. Ingwer und Frühlingszwiebeln sind reich an Antioxidantien. Servieren Sie dazu gedämpften Jasminreis und Wokgemüse.

**ZUBEREITUNGSZEIT:** .............. 10 MINUTEN
**GARZEIT:** ..................... 20 MINUTEN
**PORTIONEN:** ....................... 4

1 großer ganzer Fisch (etwa 1 kg, z. B. Schnapper, Brasse, Makrele oder Kabeljau), küchenfertig
50 g Bohnensprossen, geputzt
4 Frühlingszwiebeln, in feine Streifen geschnitten
5 cm frischer Ingwer, geschält und in feine Streifen geschnitten
Saft von 1 Zitrone
frisch gemahlener schwarzer Pfeffer
80 ml salzreduzierte Sojasauce
1 EL Sesamöl

Den Fisch innen und außen abwaschen und mit Küchenpapier trocken tupfen. Auf beiden Seiten drei- bis viermal mit einem scharfen Messer schräg einschneiden.

Einen großen Wok oder einen Topf halb mit Wasser füllen und zum Kochen bringen. Die Hitze so reduzieren, dass das Wasser sanft köchelt. Den Boden eines großen Dämpfkorbs aus Bambus oder Metall mit einem zurechtgeschnittenen Backpapierkreis auslegen. Das Backpapier einige Male einschneiden, damit der Dampf durchdringen kann.

Den Fisch in den Dämpfkorb legen. Sprossen, Frühlingszwiebeln und Ingwer darauf verteilen. Mit Zitronensaft beträufeln und mit Pfeffer würzen.

Den Dämpfkorb in den Wok oder Topf einsetzen, der Korb darf das Wasser nicht berühren. Den Deckel aufsetzen und den Fisch etwa 20 Minuten gar dämpfen.

Inzwischen Sojasauce und Sesamöl in einer Schale verquirlen. Den Fisch auf einer vorgewärmten Servierplatte anrichten. Mit der Sauce überziehen und sofort servieren.

**TIPP**
Sie können dieses Rezept auch mit vier gleich großen Fischfilets zubereiten. Die Garzeit reduziert sich dann auf etwa 10 Minuten, abhängig von der Dicke der Filets. Machen Sie häufiger eine Garprobe, um zu vermeiden, dass der Fisch zu lange gegart wird.

**PRO PORTION**
1092 kJ, 261 kcal, 43 g Eiweiß, 8 g Fett (2 g gesättigte Fettsäuren), 4 g Kohlenhydrate (2 g Zucker), < 1 g Ballaststoffe, 909 mg Natrium

# Rote Cupcakes

Bei diesen samtig roten Törtchen wird der Teig auf ganz natürliche Art mit Roter Bete eingefärbt, die außerdem dafür sorgt, dass die Cupcakes schön saftig bleiben.

**ZUBEREITUNGSZEIT:** . . . 15 MINUTEN, PLUS KÜHLZEIT
**GAR- UND BACKZEIT:** . . . . . . . 1 STUNDE 20 MINUTEN
**PORTIONEN:** . . . . . . . . . . . . . . . . . . . . . . . . 24 STÜCK

## Für den Teig

500 g Rote Beten
125 ml Buttermilch
175 g weiche Butter, gewürfelt
200 g brauner Zucker
3 Eier
1 TL Vanillearoma
300 g Mehl
4 TL Backpulver
40 g Kakaopulver
kandierte Rosenblütenblätter, zum Garnieren

## Für das Topping

250 g Frischkäse, zimmerwarm
180 g Puderzucker, gesiebt
1 TL Zitronensaft

Den Backofen auf 200 °C vorheizen. Die Roten Beten putzen und waschen. Einzeln fest in Alufolie wickeln und auf einem Backblech 60 Minuten im Ofen sehr weich garen. Zur Garprobe 1 Rote Bete auswickeln und mit einem Messer einstechen. Schneidet das Messer leicht durch das Fruchtfleisch, ist sie gar. Die Roten Beten auswickeln, etwas abkühlen lassen und schälen. Das Fleisch grob hacken, dann mit der Buttermilch im Mixer glatt pürieren.

Die Ofentemperatur auf 180 °C reduzieren. Zwei Muffinbleche mit Papierbackförmchen auskleiden.

Butter und Zucker mit dem elektrischen Handrührgerät in einer Schüssel 5–8 Minuten hell und cremig rühren. Die Eier einzeln sorgfältig einarbeiten. Das Vanillearoma unterrühren.

Mehl, Backpulver und Kakao in eine zweite Schüssel sieben und eine Mulde in die Mitte drücken. Eier- und Rote-Bete-Masse unterziehen, aber nicht zu lange rühren. Den Teig in die vorbereiteten Förmchen füllen.

Im vorgeheizten Ofen 20 Minuten backen. Auf einem Kuchengitter erkalten lassen.

Für das Topping den Frischkäse in einer Schüssel mit dem Handrührgerät cremig rühren. Nach und nach den Puderzucker einarbeiten. Den Zitronensaft unterrühren.

Das Topping auf den Cupcakes verstreichen und mit den Rosenblütenblättern garnieren.

**TIPPS**
Die Roten Beten sollten ungefähr gleich groß sein, damit sie gleichmäßig garen.

Tragen Sie beim Schälen der gegarten Roten Beten Einmalhandschuhe, um Ihre Hände nicht rot einzufärben.

**PRO PORTION (1 CUPCAKE)**
684 kJ, 164 kcal, 4 g Eiweiß, 5 g Fett (3 g gesättigte Fettsäuren), 27 g Kohlenhydrate (18 g Zucker), 1 g Ballaststoffe, 182 mg Natrium

# Überraschungs-Schokoladencreme

Avocado in einem Dessert mag sich erst mal ungewöhnlich anhören. Aber damit lässt sich eine vegane Variante der klassischen Mousse au Chocolat zubereiten, die nur gute Fette und wenig Zucker enthält. Die Creme schmeckt herrlich schokoladig und steckt darüber hinaus voller Antioxidantien.

ZUBEREITUNGSZEIT: . . . . . . . . . . . . . . . . . . . . . . . . . . . . .15 MINUTEN
EINWEICHZEIT: . . . . . . . . . . . . . . . . . . . . . . . . . . . . . . . . 10 MINUTEN
KÜHLZEIT: . . . . . . . . . . . . . . . . . . . . . . . . . . . . . . . . . .60 MINUTEN
PORTIONEN: . . . . . . . . . . . . . . . . . . . . . . . . . . . . . . . . . . . . . 4

130 g entsteinte Datteln
1 große weiche Avocado, grob gehackt
1 EL Ahornsirup
40 g Kakaopulver
1 TL Vanillearoma
frische Minzeblätter, zum Garnieren

Die Datteln in eine hitzebeständige Schüssel geben. Mit kochendem Wasser überbrühen und 10 Minuten einweichen. Die Datteln abgießen und das Einweichwasser auffangen.

Die Datteln im Mixer glatt pürieren. Die Avocado dazugeben und ebenfalls pürieren. Ahornsirup, Kakao und Vanillearoma einarbeiten, bis die Masse glatt ist. Dabei nach Bedarf bis zu 2 Esslöffel Einweichwasser dazugeben, bis die gewünschte Konsistenz erreicht ist.

Die Creme in Dessertgläser füllen und 60 Minuten kalt stellen. Mit Minze garniert, servieren.

**TIPP**
Verwenden Sie für dieses Dessert nur hochwertiges Kakaopulver, um einen vollen Schokoladengeschmack zu bekommen.

**PRO PORTION**
1126 kJ, 269 kcal, 4 g Eiweiß, 15 g Fett (4 g gesättigte Fettsäuren), 30 g Kohlenhydrate (27 g Zucker), 5 g Ballaststoffe, 33 mg Natrium

# Dreierlei Melonensorbet

Für dieses erfrischende Dessert benötigen Sie 1 kg Wassermelone sowie eine ganze Cantaloupe- und eine Honigmelone mit jeweils etwa 1,2 kg.

350 g Zucker

700 g Wassermelonenfleisch, ohne Kerne, grob gehackt

700 g Fleisch einer orangefleischigen Cantaloupemelone, grob gehackt

700 g Fleisch einer grün- oder gelbfleischigen Honigmelone (z. B. Honeydew), grob gehackt

3 Eiweiß

ZUBEREITUNGSZEIT: . . . . . . . . . . . . . . . 15 MINUTEN
KÜHLZEIT: . . . . . . . . . . . . . . . . . . . . . . . . . 6 STUNDEN
PORTIONEN: . . . . . . . . . . . . . . . . . . . . . . . . . . . 8

Den Zucker mit 375 ml Wasser in einen Topf geben und ohne Kochen erhitzen, bis der Zucker sich aufgelöst hat. Dann zum Kochen bringen. Die Temperatur auf niedrige Hitze reduzieren und ohne Rühren 10–12 Minuten köcheln lassen, bis der Sirup etwas eingedickt, aber noch farblos ist. Zimmerwarm abkühlen lassen.

Inzwischen das Wassermelonenfleisch im Mixer glatt pürieren und durch ein Sieb in eine flache Form passieren. Den Mixer reinigen und mit den beiden anderen Melonensorten ebenso verfahren. Je ein Drittel des Zuckersirups in die drei Melonenpürees rühren.

Die Formen mit Alufolie abdecken und 3 Stunden ins Tiefkühlfach stellen, bis die Masse fast gefroren ist.

Die Masse mit einem großen Messer grob hacken. Die Wassermelonenmasse mit 1 Eiweiß in den sauberen Mixer geben und glatt pürieren. Wieder in die Form füllen. Den Mixer reinigen und mit den anderen Melonenmassen ebenso verfahren. Abdecken und erneut 3 Stunden tiefkühlen, bis das Sorbet fest ist.

Vor dem Servieren das Sorbet 15 Minuten antauen lassen.

**PRO PORTION**
1035 kJ, 247 kcal, 3 g Eiweiß, < 1 g Fett (0 g gesättigte Fettsäuren), 57 g Kohlenhydrate (57 g Zucker), 2 g Ballaststoffe, 68 mg Natrium

# Rüblitorte mit Schokoladenglasur

Die intensiv schokoladige Glasur macht aus dieser Torte einen wahren Hochgenuss.

**ZUBEREITUNGSZEIT:**........... 25 MINUTEN, PLUS KÜHLZEIT
**BACKZEIT:** . . . . . . . . . . . . . . . . . . . . . . . . . 60 MINUTEN
**PORTIONEN:** . . . . . . . . . . . . . . . . . . . . . . . . . . . . . 8–10

### Für den Teig
Butter, zum Einfetten
300 g Mehl
1 Päckchen Backpulver
350 g Zucker
250 g geriebene Möhren
180 ml Pflanzenöl
3 Eier
1 TL Vanillearoma

### Für die Glasur
20 g Butter
80 g feiner Zucker
40 g Kakaopulver
60 ml Milch

Den Backofen auf 180 °C vorheizen. Eine Springform (22 cm Durchmesser) mit Butter einfetten und den Boden mit Backpapier auslegen.

Mehl und Backpulver in eine Schüssel sieben. Den Zucker untermischen und eine Mulde in die Mitte drücken.

Möhren, Öl, Eier und Vanillearoma im Mixer glatt pürieren. Zu den Trockenzutaten gießen und unterziehen, aber nicht zu lange rühren. Den Teig in die vorbereitete Form füllen.

Im vorgeheizten Ofen 40 Minuten backen. Mit Alufolie abdecken und weitere 20 Minuten backen. Den Kuchen 5 Minuten abkühlen lassen, dann aus der Form lösen und auf einem Kuchengitter vollständig erkalten lassen.

Für die Glasur alle Zutaten in einen kleinen Topf geben und bei niedriger Hitze rühren, bis die Mischung glatt ist. Die Temperatur auf mittlere Hitze erhöhen und die Mischung 2 Minuten kochen, bis sie leicht eingedickt ist. Etwa 10 Minuten unter gelegentlichem Rühren abkühlen lassen. Den Kuchen mit der Glasur überziehen und erkalten lassen.

**PRO PORTION**
2513 kJ, 600 kcal, 8 g Eiweiß, 27 g Fett (6 g gesättigte Fettsäuren), 82 g Kohlenhydrate (53 g Zucker), 3 g Ballaststoffe, 108 mg Natrium

# Maniokkuchen

Wenn Sie keine frische Maniokknollen auftreiben können, schauen Sie in asiatischen Supermärkten nach Tiefkühlware. Wenn die TK-Ware noch nicht gerieben ist, lassen Sie die Knollen vollständig auftauen und raspeln Sie sie am Besten mit dem Raspelaufsatz der Küchenmaschine.

**ZUBEREITUNGSZEIT:** . . .30 MINUTEN, PLUS KÜHLZEIT
**BACKZEIT:** . . . . . . . . . . . . . . . . . . . . . 50 MINUTEN
**PORTIONEN:** . . . . . . . . . 8–10 (ERGIBT 15–16 STÜCKE)

Butter, zum Einfetten

1 kg geriebene Maniokwurzel, frisch oder aufgetaute TK-Ware

230 g Zucker

60 g junger Gouda, gerieben

400 ml Kokosmilch

180 ml Kondensmilch

125 ml gezuckerte Kondensmilch

2 Eier

60 g Butter, zerlassen

230 g brauner Zucker

frische oder geröstete Kokosspäne, zum Garnieren

Den Backofen auf 180 °C vorheizen. Eine rechteckige Backform (30 × 24 cm) einfetten.

Maniok, Zucker und Käse in eine Schüssel geben. Kokosmilch und beide Kondensmilchsorten sowie die Eier in einer zweiten Schüssel verquirlen. Die Eiermasse zu den Trockenzutaten geben. Die Butter zufügen und alles glatt verrühren. Den Teig in die vorbereitete Form füllen und glatt streichen.

Im vorgeheizten Ofen 45 Minuten backen, bis der Teig fest ist. In der Form erkalten lassen.

Inzwischen den braunen Zucker mit 250 ml Wasser in einen Topf geben und bei niedriger Hitze rühren, bis der Zucker sich aufgelöst hat. Die Temperatur auf hohe Hitze erhöhen und das Zuckerwasser zum Kochen bringen. Ohne Rühren 4–5 Minuten sirupartig einkochen und erkalten lassen.

Den Sirup über den Kuchen gießen und gleichmäßig verstreichen. Den Kuchen in Stücke schneiden und mit Kokosspänen garnieren.

**TIPP**
Für die Kokosspäne eine frische Kokosnuss so halten, dass die drei Augen nach oben zeigen. Zwei Augen mit einem Schraubenzieher durchbohren und das Wasser ablaufen lassen. Die Kokosnuss auf ein Backblech legen und 20 Minuten bei 200 °C im Ofen garen. Etwas abkühlen lassen. Die Kokosnuss auf eine feste Unterlage legen. Das Ende mit den Augen festhalten und den dicken Bauch der Nuss rundum in einer Linie mit Hammerschlägen bearbeiten. Nach ein paar Umdrehungen bricht die Schale auf. Ein kleines Küchenmesser zwischen Schale und Kokosfleisch schieben und große Stücke herausbrechen. Mit einem Sparschäler feine Späne ablösen. Diese nach Belieben auf einem Backblech im Ofen 5 Minuten bei 160 °C goldbraun rösten.

**PRO PORTION**
2965 kJ, 708 kcal, 9 g Eiweiß, 25 g Fett (18 g gesättigte Fettsäuren), 110 g Kohlenhydrate (74 g Zucker), 7 g Ballaststoffe, 190 mg Natrium

# Süßkartoffel-Käsekuchen

Dieser ungewöhnliche Kuchen enthält typisch amerikanische
Zutaten wie Ahornsirup, Pekannüsse und Süßkartoffeln.
Die wärmenden Gewürze sorgen für herbstliche Aromen.

**ZUBEREITUNGSZEIT:** . . . . . . . . . . . . . . . 10 MINUTEN
**KÜHLZEIT:** . . . . . . . . . . . . . . . . . . . . . . . . 2 STUNDEN
**BACKZEIT:** . . . . . . . . . . . . 1 STUNDE 25 MINUTEN
**PORTIONEN:** . . . . . . . . . . . . . . . . . . . . . . . . . 10–12

750 g Süßkartoffeln, geschält, in 2 cm große
    Stücke geschnitten
60 ml Rapsöl
2 TL gemahlener Zimt
1 TL frisch geriebene Muskatnuss
1 TL gemahlener Ingwer
140 g brauner Zucker
240 g grob gehackte Pekannusskerne
75 g Weizenmehl Type 405 oder
    Weizenvollkornmehl
60 g Haferflocken
50 g kandierter Ingwer
75 g kalte Butter, gewürfelt
250 g Frischkäse
2 Eier
125 ml Ahornsirup

Den Backofen auf 180 °C vorheizen. Ein
Backblech und eine Springform (24 cm
Durchmesser) mit Backpapier auslegen.

Die Süßkartoffeln in einer Schüssel im Öl
wenden. Zimt, Muskat und Ingwer zufügen
und mischen. Auf dem Backblech verteilen
und im vorgeheizten Ofen 10 bis 15 Minuten weich garen. Abkühlen lassen.

In derselben Schüssel 70 g Zucker und
180 g Pekannüsse mischen. Falls nötig, noch
etwas Öl zum Binden einarbeiten.

Restlichen Zucker und Nüsse mit Mehl,
Haferflocken und kandiertem Ingwer im
Mixer fein mahlen. Die Butter kurz ein-
arbeiten. Die Masse auf den Boden der
Springform drücken und einen 2 cm hohen
Rand formen. Den Teigboden 10 Minuten
backen.

Inzwischen den Mixer reinigen. Süßkartoffeln und Frischkäse darin glatt pürieren.
Eier und Ahornsirup einarbeiten. Die Masse auf den Teigboden gießen und weitere
30 Minuten backen. Die gezuckerten Pekannüsse darauf verteilen. Die Temperatur
auf 150 °C reduzieren und weitere 30 Minuten backen. Erkalten lassen. Vor dem Servieren mindestens 2 Stunden kühlen.

**PRO PORTION**
2421 kJ, 578 kcal, 9 g Eiweiß, 39 g Fett (11 g gesättigte Fettsäuren),
50 g Kohlenhydrate (33 g Zucker), 5 g Ballaststoffe, 186 mg Natrium

# Zucchinibrot

Zucchini haben wenig Eigenaroma, sorgen aber dafür, dass dieser herzhafte Kuchen schön saftig bleibt. Sie können die doppelte oder dreifache Menge zubereiten und übrige Laibe einfrieren.

**ZUBEREITUNGSZEIT:** . .20 MINUTEN, PLUS KÜHLZEIT
**BACKZEIT:** . . . . . . . . . . . . .1 STUNDE 10 MINUTEN
**PORTIONEN:** . . . . . . . . . . . . . 8–10 (ERGIBT 1 LAIB)

Butter, zum Einfetten
120 g gehackte Pekannusskerne
260 g Mehl, gesiebt
2 TL Backpulver
½ TL Salz
1 TL gemahlener Zimt
125 g weiche Butter
160 g Zucker
2 Eier
200 g geraspelte Zucchini, gut ausgedrückt
80 ml Buttermilch oder Naturjoghurt
¼ TL Bittermandelaroma (nach Belieben)

Den Backofen auf 180 °C vorheizen. Eine Kastenform (ca. 24 × 12 cm) einfetten und mit Backpapier auslegen.

Die Pekannüsse auf einem Backblech verteilen und im vorgeheizten Ofen etwa 7 Minuten rösten. Abkühlen lassen und grob hacken.

Inzwischen Mehl, Backpulver, Salz und Zimt in eine große Schüssel sieben und mischen.

Die Butter mit dem elektrischen Handrührer in einer zweiten Schüssel cremig rühren. Den Zucker einrieseln lassen und unterrühren. Die Eier einzeln einarbeiten. Die Mehlmischung portionsweise kurz unterrühren. Der Teig sollte noch klumpig sein.

Zucchini, Buttermilch oder Naturjoghurt und Bittermandelaroma, falls verwendet, in einer Schüssel mischen. Zusammen mit den Pekannüssen unter den Teig heben.

Den Teig in die vorbereitete Form füllen und im vorgeheizten Ofen etwa 60 Minuten backen. Zur Garprobe einen Holzspieß einstechen. Klebt kein Teig mehr daran, ist der Kuchen gar.

Den Laib 10 Minuten abkühlen lassen, dann auf ein Kuchengitter stürzen und vollständig erkalten lassen. In Scheiben schneiden und servieren.

**PRO PORTION**
1865 kJ, 446 kcal, 8 g Eiweiß, 27 g Fett (10 g gesättigte Fettsäuren), 46 g Kohlenhydrate (22 g Zucker), 3 g Ballaststoffe, 374 mg Natrium

# Eingekocht und eingelegt

Gemüse zu konservieren ist einfacher als gedacht, wenn die Gläser und Deckel gut sterilisiert werden. Dazu die Gläser und Deckel gut abspülen und im Ofen bei niedriger Temperatur trocknen lassen oder im Geschirrspüler bei hoher Temperatur reinigen. Achten Sie darauf, dass die Gläser warm sind, wenn man eine heiße Flüssigkeit einfüllt, damit sie nicht springen. Verschließen Sie die Gläser dicht und etikettieren Sie sie mit Inhalt und Datum. Eingemachtes sollte an einem kühlen, dunkeln Ort gelagert werden. Angebrochene Gläser im Kühlschrank aufbewahren.

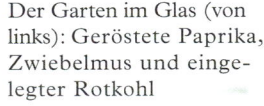

Der Garten im Glas (von links): Geröstete Paprika, Zwiebelmus und eingelegter Rotkohl

## Eingelegte Zwiebelstreifen

2 kg rote Zwiebeln schälen, halbieren und in feine Streifen schneiden. 2 Esslöffel Olivenöl in einem großen, hohen Topf erhitzen. Die Zwiebeln darin bei mittlerer Hitze etwa 20 Minuten unter häufigem Rühren weich dünsten. 440 g Zucker und 500 ml Weißweinessig zufügen und rühren, bis der Zucker sich aufgelöst hat. Dann 1 Stunde unter häufigem Rühren eindicken lassen. Mit Salz und frisch gemahlenem schwarzem Pfeffer abschmecken. In sterilisierte Gläser abfüllen und verschließen. Hält sich angebrochen 1 Monat.
**Für 4 Gläser** (à 250 ml)

## Pikante Tomatenkonfitüre

1 kg vollreife Tomaten grob hacken. 2 säuerliche Äpfel schälen, entkernen und raspeln. Tomaten und Äpfel mit 1 Teelöffel fein geriebenem frischem Ingwer und 1 Teelöffel gehackter roter Chili in einem großen Topf mischen und zum Kochen bringen. Die Hitze reduzieren und 10 Minuten köcheln lassen, bis die Masse eingedickt ist. 250 ml Weißweinessig und 220 g Zucker zufügen und rühren, bis der Zucker sich aufgelöst hat. 45 Minuten unter gelegentlichem Rühren einköcheln lassen. Gegen Ende der Garzeit häufiger rühren. In sterilisierte Gläser abfüllen und verschließen. Hält sich angebrochen 1 Monat. **Für 2 Gläser** (à 250 ml)

## Eingelegter Rotkohl

500 g fein gehobelten Rotkohl mit 50 g Salz in einer großen Schüssel vermengen. Abgedeckt über Nacht im Kühlschrank ziehen lassen. Den Kohl in einem Sieb gut abwaschen. Auf ein Geschirrtuch geben und abtropfen lassen. 500 ml Weißweinessig, 3 Esslöffel Zucker, 1 Zimtstange, 4 Pimentkörner, 1 Teelöffel Gewürznelken und 2 Teelöffel Dillsamen in einen Edelstahltopf geben und zum Kochen bringen. Rühren, bis der Zucker sich aufgelöst hat. Abkühlen und ziehen lassen. Den Kohl in sterilisierte Gläser füllen. Den Sud durch ein feines Haarsieb darübergießen, bis der Kohl vollständig bedeckt ist, und die Gläser verschließen. Hält sich 2 Monate.
**Für 3 Gläser (à 250 ml)**

## Eingelegte Perlzwiebeln

50 g Salz in einer Schüssel in 1 l Wasser auflösen. 1 kg Perlzwiebeln schälen und über Nacht im Salzwasser ziehen lassen. Abwaschen und gut trocknen. 810 ml Weißweinessig, 120 g Zucker, 2 Teelöffel schwarze Pfefferkörner, 2 Teelöffel Senfsamen und 2 Lorbeerblätter in einem Edelstahltopf zum Kochen bringen und rühren, bis der Zucker sich aufgelöst hat. Abkühlen und ziehen lassen. Die Zwiebeln in sterilisierte Gläser füllen und den abgekühlten Sud durch ein feines Haarsieb darübergießen, bis die Zwiebeln vollständig bedeckt sind. Die Gläser gut verschließen. Hält sich 2 Monate. **Für 6 Gläser (à 250 ml)**

## Eingelegtes Gemüse

600 g gemischtes Gemüse (z.B. Möhren, kleine Gurken, Paprika, Fenchel, Blumenkohl und Zwiebeln) waschen, schälen und in Stücke schneiden. In eine große Schüssel geben, mit 50 g Salz bestreuen und darin wenden. Abgedeckt über Nacht im Kühlschrank ziehen lassen. Abwaschen und trocken tupfen. 750 ml Weißweinessig, 75 g Zucker, 1 Teelöffel Koriandersamen, 1 Teelöffel schwarze Pfefferkörner, 6 Gewürznelken und ½ Teelöffel getrocknete rote Chiliflocken in einem Edelstahltopf zum Kochen bringen und rühren, bis der Zucker sich aufgelöst hat. Abkühlen und ziehen lassen. Das Gemüse in sterilisierte Gläser füllen und den Sud durch ein Haarsieb darübergießen, bis das Gemüse vollständig bedeckt ist. Die Gläser gut verschließen. Hält sich 2 Monate. **Für 4 Gläser (à 250 ml)**

## Gegrillte Paprika

Backofengrill vorheizen. Backblech mit Alufolie belegen. 6 große rote Paprikaschoten halbieren. Mit der Hautseite nach oben grillen, bis die Haut schwarz ist und Blasen wirft. Mit Alufolie bedeckt abkühlen lassen. Schälen, Kerne und Trennhäute entfernen und das Paprikafleisch in Stücke schneiden. 250 ml Weißweinessig, 50 g Zucker und 2 Teelöffel Salz erhitzen und rühren, bis der Zucker sich auflöst. Paprikastücke in sterilisierte Gläser füllen. Sud aufkochen, dann über die Paprikastücke gießen, bis sie damit bedeckt sind. Gut verschließen. Hält sich 2 Monate. **Für 3 Gläser (à 250 ml)**

# Eingekocht und eingelegt

*Fortsetzung*

## Ajvar

Den Backofen auf 200 °C vorheizen. 8 große rote Paprikaschoten und 1 Aubergine auf zwei Backbleche legen und im vorgeheizten Ofen 45 Minuten garen, bis das Gemüse weich ist und die Schalen geschwärzt sind. Locker mit Alufolie abdecken und abkühlen lassen. Die Haut abziehen, die Paprika entkernen und die Trennhäute entfernen. Die Aubergine längs halbieren und das Fruchtfleisch herausschaben. Paprika und Aubergine mit 2 Knoblauchzehen und 2 Esslöffeln Rotweinessig im Mixer grob pürieren. In sterilisierte Gläser abfüllen und verschließen. Hält sich 1 Woche im Kühlschrank oder 3 Monate im Gefrierfach. **Für 3 Gläser (à 250 ml)**

## Möhren süßsauer

1 kg geschälte und geraspelte Möhren, 1 gehackte Zwiebel, 2 zerdrückte Knoblauchzehen und 440 g Zucker mit 500 ml Apfelessig in einem großen Topf sanft erhitzen und rühren, bis der Zucker sich aufgelöst hat. ½ Teelöffel Koriandersamen, ½ Teelöffel Dillsamen und 1 Zimtstange in ein Gewürzsäckchen geben und in den Topf legen. 40 Minuten unter gelegentlichem Rühren einkochen. Gegen Ende der Garzeit häufiger rühren. Gewürzsäckchen entfernen.

Möhren in sterilisierte Gläser abfüllen und diese gut verschließen. Hält sich angebrochen 1 Monat. **Für 3 Gläser (à 250 ml)**

## Maisrelish

Die Kerne von 4 frischen Maiskolben mit einem Messer ablösen. 1 Zwiebel und je 1 rote und grüne Paprikaschote klein würfeln. 1 Esslöffel Pflanzenöl in einem großen Topf erhitzen. Die Paprikawürfel darin bei niedriger bis mittlerer Hitze 5 Minuten andünsten. 1 zerdrückte Knoblauchzehe zugeben und etwa 30 Sekunden mitgaren. Mais, 375 ml Weißweinessig, 220 g Zucker, 1 Esslöffel Senfpulver, 1 Teelöffel Salz und 1 Prise gemahlene Kurkuma zufügen und zum Kochen bringen. Die Hitze reduzieren und 15 Minuten köcheln lassen. 3 Teelöffel Speisestärke mit 3 Teelöffeln Wasser in einer Schale glatt rühren. In die Maismischung rühren und 5 Minuten eindicken lassen. In sterilisierte Gläser abfüllen und gut verschließen. Hält sich angebrochen 1 Monat. **Für 4 Gläser (à 250 ml)**

## Auberginenchutney

2 große Auberginen klein würfeln und in ein Sieb geben. Großzügig mit Salz bestreuen und darin wenden. 20 Minuten ziehen lassen. Gut abwaschen und mit Küchenpapier trocken tupfen. 125 ml Pflanzenöl in einem großen Topf erhitzen. 1 fein gehackte Zwiebel darin bei mittlerer Hitze 5 Minuten anschwitzen. 1 Esslöffel fein geriebenen frischen Ingwer und 2 zerdrückte Knoblauchzehen untermischen und 1 Minute unter Rühren garen. 1 Esslöffel gemahlenen Kreuzkümmel, 1 Teelöffel Cayennepfeffer und ¼ Teelöffel gemahlene Kurkuma 30 Sekunden unterrühren. Die Auberginenwürfel zugeben und unter gelegentlichem Rühren weich garen. 60 g Rosinen und 250 ml Weißweinessig zufügen und zum Kochen bringen. Die Hitze etwas reduzieren und 5 Minuten köcheln lassen. 100 g Zucker zufügen und rühren, bis er sich aufgelöst hat. Dann weitere 5 Minuten unter Rühren ein-

dicken lassen. In sterilisierte Gläser abfüllen und gut verschließen. Hält sich angebrochen 1 Monat. **Für 4 Gläser (à 250 ml)**

## Tomatensauce

2 Esslöffel Olivenöl in einem großen Topf erhitzen. 2 gehackte Zwiebeln darin bei mittlerer Hitze 5 Minuten anschwitzen. 4 zerdrückte Knoblauchzehen 1 Minute unterrühren. 1,5 kg gehäutete, entkernte und gehackte vollreife Tomaten zugeben und zum Kochen bringen. Die Temperatur auf niedrige bis mittlere Hitze reduzieren und 2 Teelöffel getrocknetes Basilikum unterrühren. Alles 30 Minuten köcheln lassen, bis die Sauce eingedickt ist. Mit Salz, frisch gemahlenem schwarzem Pfeffer und 1 ordentlichen Prise Zucker abschmecken. Hält sich im Kühlschrank bis zu 1 Woche. Lässt sich portionsweise auch bis zu 3 Monate einfrieren. **Für 4 Gläser (à 250 ml)**

Bunter Genuss aus dem Glas: Maisrelish, Auberginenchutney und Tomatensauce (von links)

# Register

Seitenzahlen in **fett** verweisen auf
Haupteinträge, Rezepte oder Anleitungen.

**Titel der australischen Originalausgabe**
The Ultimate Book of Vegetables

**Deutsche Ausgabe**
Übersetzung: Lisa Heilig, Köln
Fachberatung für das Kapitel Gesund und schön:
Ingeborg Pils, München

**Reader's Digest**
Redaktion: Leonie Neumann
Grafik und Prepress: Peter Waitschies
Bildredaktion: Sabine Schlumberger

Redaktionsdirektor: Michael Kallinger
Redaktionsleiterin Buch: Almuth Stiefvater
Art Director: Susanne Hauser

**Produktion**
Arvato Supply Chain Solutions SE: Thomas Kurz

**Druck und Binden**
Neografia, Martin

© der australischen Originalausgabe
2014 Reader's Digest (Australia) Pty Limited
© 2022, 2018, 2015 Reader's Digest Deutschland, Schweiz, Österreich
Verlag Das Beste GmbH, Stuttgart, Appenzell, Wien

ISBN 978-3-95619-491-7

Printed in Slovakia

Besuchen Sie uns im Internet
www.readersdigest.de | www.readersdigest.ch | www.readersdigest.at

# Bildnachweis

Alle Fotos iStock, Reader's Digest, Shutterstock.com

außer: S. 34 o.r. Bridgeman Images/Warrington Museum & Art Gallery; S. 38 u.
mauritius images/foodcollection; S. 39 o.r. Getty Images/blowpackphoto;
S. 39 u.l. mauritius images/Zoonar GmbH/Alamy; S. 39 u.r. mauritius images/
Alamy; S. 46 o. Getty Images/The National Archives; S. 53 Getty Images/Mark
Turner; S. 88 u.l. akg-images; S. 88 u.r. Alamy Stock Photo/PvE; S. 90 r. Alamy
Stock Photo/Photo 12; S. 103 o.r. mauritius images/Zoonar GmbH/Alamy;
S. 106 u. akg-images; S. 117 o. Alamy Stock Photo/Arterra Picture Library; S. 125
o. IMAGO/blickwinkel; S. 145 o. Alamy Stock Photo/Green Eyes